mémentos

Droit de la décentralisation

Principes – Institutions – Compétences

COLLECTION

- Droit et pratique de l'Union européenne – J. M. Favret (*Manuel*)
- Droit administratif – J. P. Pastorel (*Mémento*) – 3ème édition
- Droit administratif des biens – O. de David Beauregard-Berthier (*Mémento*)
- Droit commercial : instruments de crédit et instruments de paiement – D. Valette (*Mémento*)
- Droit constitutionnel et institutions politiques – J. C. Acquaviva – (*Mémento*) – 3ème édition
- Droit de la décentralisation – Principes, Institutions, Compétences – D. Turpin – (*Mémento*)
- Droit de la famille – C. Brahinsky (*Mémento*) – 2ème édition
- Le droit international public à l'épreuve de la mondialisation – R. Séroussi et J. Plantin (*Mémento*)
- Finances publiques – F. Chouvel (*Mémento*)
- Institutions et structures administratives de la France – J. P. Pastorel (*Mémento*)
- La note de synthèse – M. Deyra (*Mémento*) – 3ème édition
- Les libertés publiques – D. Turpin (*Mémento*) – 4ème édition
- Les relations internationales – J. P. Ferrier (*Mémento*)
- Mathématiques pour l'économie et la gestion – J. L. Dorier et M. Duc-Jacquet (*Mémento*)
- Procédure pénale – C. Renault-Brahinsky (*Mémento*)
- Droit civil : Introduction, les personnes, les biens – C. Renault-Brahinsky (*Mémento*)
- Travaux dirigés de Droit administratif – Ch. Bertrand et J. P. Massias (*Travaux dirigés*)
- Travaux dirigés de Droit civil – D. Valette (*Travaux dirigés*) – 2ème édition
- Travaux dirigés de Droit constitutionnel – D. Turpin (*Travaux dirigés*) – 2ème édition
- Exercices corrigés de fiscalité – Th. Lamulle (*Exercices corrigés*)
- Exercices corrigés de Note de synthèse – Ch. Bertrand et M. Deyra (*Exercices corrigés*)
- Exercices corrigés de statistique descriptive – M. Rodriguez et M. Terraza (*Exercices corrigés*)
- QCM et QRC aux concours d'entrée des Instituts Régionaux d'Administration – C. Chabanon et M. Deyra (*Annales corrigées*)

Dominique Turpin

Droit de la décentralisation

Principes – Institutions – Compétences

Gualino éditeur

Dominique TURPIN

est Professeur agrégé de droit public, président de l'Université d'Auvergne, Doyen honoraire de la Faculté de Droit de Clermont -Ferrand, ancien élu local et membre de la Communauté de communes de l'agglomération clermontoise.

ISBN 2 - 84200 - 042 - 0

Sommaire

PARTIE 2
Institutions

Avant-propos

Depuis la grande loi de décentralisation n° 82-213 du 2 mars 1982, qui a modifié ou abrogé de nombreux textes antérieurs avant d'être à son tour plusieurs fois modifiée, juristes, élus locaux et fonctionnaires territoriaux attendaient une codification permettant de synthétiser et de simplifier la compréhension d'une matière que la stratification des réformes intervenues depuis deux siècles avait rendue difficilement lisible.

Tel est l'objet de la loi n° 96-142 du 21 février 1996 relative à la partie législative du Code général des collectivités territoriales (*JO* du 24, p. 2992 et s.), qui modifie elle aussi plusieurs textes législatifs (lois n°s 95-127 du 8 février 1995 relative aux marchés publics et délégations de service public, article 8 ; 90-1067 du 28 novembre 1990 relative à la fonction publique territoriale, article 1er – I ; 92-125 du 6 février 1992 d'orientation relative à l'administration territoriale de la République, article 32bis ; 93-1436 du 31 décembre 1993 portant réforme de la dotation globale de fonctionnement) et différents codes (Code des communes, Code rural, Code des juridictions financières) par ses articles 2 à 11, et en abroge quelque cent quarante-sept par son article 12, mais surtout dont l'annexe à laquelle renvoie son article 1er, publiée le même jour (pp. 36003 à 36135 du *JO*, constitue le Code général des collectivités territoriales proprement dit, contenant les dispositions législatives (1750 articles) applicables aux communes, aux départements et aux régions (cf. le *Code bleu*, Litec, 1997, sous la direction de J. Moreau, avec également les commentaires de J.-J. Bienvenu, C. Debouy, G. Marcou et D. Turpin).

Comme le précise la circulaire du 19 mars 1996, ce Code général (ci-après CGCT) se substitue donc, d'une part aux lois codifiées et abrogées énumérées à l'article 12 de la loi 96-142 et, d'autre part, à la partie législative du Code des communes (livres I, II et III), à l'exception de celle du livre IV (personnel communal), qui reste en vigueur jusqu'à la codification des dispositions relatives à la fonction publique territoriale, toujours en projet. Des « tableaux de concordance » entre les dispositions du nouveau Code et les dispositions abrogées ont été publiés afin que l'on puisse rapprocher plus rapidement les nouvelles numérotations des articles avec les anciennes.

La partie réglementaire du Code des communes reste également en vigueur jusqu'à la publication, à venir, de la partie réglementaire du CGCT par décret en conseil d'Etat.

Alors que certains textes régissant, par exemple, la fiscalité ou les compétences des collectivités territoriales, ont vocation à figurer dans des Codes particuliers (Code général des impôts, Code de l'urbanisme, Code rural, Code de la voirie routière, Code des juridictions financières, etc.), le CGCT regroupe pour sa part les dispositions ayant trait aux institutions, à l'organisation et aux finances des collectivités territoriales et de leurs groupements, à l'exclusion de ce qui concerne leurs compétences. Sa première partie

(« Dispositions générales ») est relative, d'une part aux « principes généraux de la décentralisation » (principe de libre administration et coopération décentralisée) que nous aborderons dans le présent ouvrage ; d'autre part à divers « organismes nationaux compétents à l'égard des collectivités territoriales et de leurs groupements » (Comité des finances locales, Conseil national de la formation des élus locaux, Conseil national des services publics départementaux et communaux, Conseil national des opérations funéraires) ainsi qu'à leurs biens et aux services publics locaux (délégations de service public ; dispositions propres à certains services publics locaux : archives, bibliothèques, musées, services d'incendie et de secours), qui ne seront pas étudiées, non plus que celles du livre V consacré aux « dispositions financières et comptables ». En revanche, le contenu du livre V de la 1re partie du Code général (« Dispositions économiques » ; « Aides aux entreprises » et « Sociétés d'économie mixte locales ») sera repris à l'occasion de l'examen des compétences des collectivités territoriales. Le CGCT sera ensuite suivi de plus près dans l'étude des institutions communales, départementales, régionales et de la coopération locale.

Tel quel, cet ouvrage a donc pour objet de donner au lecteur une vue relativement synthétique du droit de la décentralisation en France à travers ses ***principes*** (1re partie), les ***institutions*** (2e partie) et les ***principales compétences*** (3e partie) des collectivités territoriales concernées, à l'exclusion de tout ce qui a trait à leurs moyens, tant financiers qu'en personnels (qui pourront prendre place dans une étude complémentaire).

PARTIE 1

Principes

Introduction

« République indivisible », ***la France est un Etat unitaire*** : alors que, dans les fédérations, plusieurs ordres juridiques partiels se superposent sur un même territoire (aux Etats-Unis d'Amérique, certains Etats fédérés pratiquent la peine de mort, autorisent l'avortement, et d'autres non), la loi y est la même pour tous et partout, à Dunkerque comme à Carcassonne ou à Clermont-Ferrand (l'Alsace-Moselle bénéficiant cependant d'un droit local dérogatoire en vertu de la loi du 1er juin 1924).

Malgré tout, ***si le fédéralisme n'exclut pas la centralisation*** – « fédérer » veut dire « rassembler » – , ***un Etat unitaire n'est pas obligatoirement centralisé***. Ainsi, le Royaume-Uni (« nation de nations », avec le succès des référendums des 11 et 18 septembre 1997 sur la « Dévolution des pouvoirs » à l'Ecosse et au Pays de Galles), l'Italie (régionalisée) ou l'Espagne (des Communautés autonomes) ont poussé assez loin l'attribution de compétences et de moyens à des instances locales.

En revanche, la France, monarchiste (colbertisme), révolutionnaire (jacobinisme), puis surtout napoléonienne (loi du 28 pluviôse an VIII), a longtemps associé Etat unitaire et centralisation. Elle devait ensuite cependant, lentement dès le XIXe siècle, de façon plus radicale à partir de 1982, se ***décentraliser***, afin de mettre en œuvre des exigences de ***liberté*** (les libertés locales, face à l'Etat incarnant l'autorité), de ***diversité*** (face à l'Etat symbolisant l'unité) et de ***démocratie*** (encore que l'exigence d'égalité puisse peser en sens inverse – sans parler du « centralisme néocratique »).

Par opposition aux conceptions anglo-saxonnes (« self-government ») ou allemande (« Selbstverwaltung »), pour lesquelles le niveau local est premier, la conception française postule une ***dé-centralisation***, avec transferts de pouvoirs du centre vers la périphérie (sur ces différentes acceptions de la notion, cf. le rapport publié en 1962 par l'ONU : « Decentralization for national and local development »).

Nous étudierons d'abord différents aspects juridiques de la décentralisation avant de tenter de la situer par rapport à l'Etat.

CHAPITRE 1

La décentralisation et le droit

On distingue ***la décentralisation territoriale***, seule abordée ici, et ***la décentralisation technique*** ou « par services », à travers ***les établissements publics*** associant théoriquement personnalité juridique et spécialité de leurs compétences. Mais, avec les organismes de coopération intercommunale (cf. *infra*, p. 76 et s.) ou encore les régions de 1972 à 1986 (cf. *infra*, p. 121) s'est développée la catégorie intermédiaire des ***établissements publics territoriaux***.

Afin d'éviter de confondre la décentralisation avec la simple ***déconcentration*** des pouvoirs de l'Etat (cf. *infra*, p. 29 et s.), il convient d'énumérer ses éléments constitutifs. On retracera ensuite les grandes étapes de son évolution historique dans notre pays, avant de mettre en avant son ancrage constitutionnel contemporain.

1 • ÉLÉMENTS CONSTITUTIFS

Ils sont au nombre de quatre.

A – La coexistence de personnalités juridiques distinctes

Avec la déconcentration, il n'y a qu'une seule personnalité juridique, celle de l'Etat, dont la responsabilité est engagée par les actes de ses agents, centraux ou locaux. Les collectivités décentralisées, en revanche, sont dotées d'une personnalité juridique distincte ; ce sont des « personnes publiques » affectées d'une vie juridique propre, possédant un ***patrimoine*** (biens, domaine, obligations, dettes), un ***budget*** voté par leurs assemblées délibérantes, engageant leur ***responsabilité*** (sauf lorsque, par exemple, un maire agit en tant qu'agent déconcentré de l'Etat) et pouvant ***ester en justice***, contre l'Etat ou contre toute autre collectivité locale (cf. CE, 11/6/1997, *Départ. de l'Oise* : requête d'une commune contre l'attribution d'une subvention illégale par le conseil général).

B – L'origine élective des autorités

« Tant qu'une autorité locale est nommée par le pouvoir central, écrivait M. Hauriou en 1891 (article « Décentralisation » du *Répertoire Béquet)*, alors même qu'elle aurait des attributions propres et jouirait d'une certaine autonomie, il y a centralisation... Cela peut constituer de la déconcentration, mais ce n'est pas de la décentralisation ».

En effet, ***si les agents déconcentrés sont nommés par le « haut »***, par la hiérarchie, ***les autorités décentralisées sont élues par la base***.

De ce point de vue, la loi du 2 mars 1982 a constitué une réelle avancée : d'une part en donnant une origine élective aux exécutifs départementaux et régionaux (transférés des préfets aux présidents de conseils généraux et régionaux), rejoignant le modèle municipal (maires élus par les conseils municipaux) ; d'autre part en subordonnant transformation des régions en collectivités territoriales à l'élection de leurs conseillers au suffrage universel direct (réforme réalisée par la loi du 10 juillet 1985, cf. *infra*, p. 125).

C – La distinction affaires nationales / affaires locales

C'est parce qu'il existe des affaires locales (municipales, départementales, régionales, etc.) qu'elles doivent être traitées localement, par des autorités locales. Tel est sans doute le principal fondement de la décentralisation : « Certains intérêts, écrivait en ce sens Tocqueville, sont communs à toutes les parties de la nation, tels que la formation des lois générales et les rapports du Peuple avec les étrangers ; d'autres intérêts sont spéciaux à certaines parties de la nation, tels, par exemple, que les entreprises communales... ».

L'existence d'« intérêts locaux », supérieurs aux intérêts privés mais inférieurs à l'intérêt national, est évoquée par de nombreux textes : les officiers municipaux « sont chargés de gérer ***les affaires particulières de la commune*** » (Constitution de 1791, titre II, art. 9) ; le conseil municipal règle par ses délibérations « ***les affaires de la commune*** » (art. L 2121-29 CGCT, clause générale de compétence étendue aux conseils généraux et régionaux pour les « affaires du département » ou « de la région » par les articles 23 et 59 de la loi du 2 mars 1982) ; « dans les départements et les territoires d'outre-mer, le délégué du gouvernement a la charge des ***intérêts nationaux*** » (Constitution de 1958, art. 72-3) et on pourrait trouver des exemples analogues dans la plupart des constitutions étrangères.

Fondement de la décentralisation, la notion d'affaires locales lui tient également lieu de limite, les collectivités territoriales ne pouvant intervenir au-delà de leurs compétences (cf. CE, 25/01/1978, *Imbert* : seul le Parlement peut instituer des « impositions de toute nature », et non un conseil municipal), ni déterminer elles-mêmes l'étendue de ces dernières, car elles ne s'administrent librement que « dans le cadre des compétences que la loi leur accorde » (CE, 25/4/1994 : *Prés^{dt} du cons. général du Territ. de Belfort* : incompétent pour faire imprimer et distribuer un tract hostile à la ratification du traité de Maastricht).

Pourtant, cette notion est ambiguë et, en fait, ***il n'existe pas d'affaires locales (ou nationales) par nature*** mais seulement, de façon contingente, en fonction de la Constitution ou des lois (en France, la répartition des compétences relève de ces dernières) du moment : Ainsi, la « défense » est certes « nationale » mais elle fut jadis locale (cf. les châteaux féodaux) et pourrait devenir un jour européenne ; les affaires étrangères relèvent de l'Etat, mais cela n'exclut ni les jumelages intercommunaux, ni la coopération régionale transfrontalière, ni les rapports directs des collectivités locales avec les autorités de Bruxelles ; enfin, ***l'enchevêtrement des compétences*** (en matière d'enseignement ou d'interventionnisme économique par exemple) et le croisement des financements rendent souvent délicate la distinction entre le national et le local.

En ce sens, tout ce qui concerne le ***territoire*** d'une collectivité locale ne constitue pas pour autant *ipso facto* une « affaire » de sa compétence : par exemple, alors que le CE (Ass., 5/3/1976, *Tarlier*) a admis qu'une région avait qualité pour intervenir dans un litige relatif à l'extension du camp militaire du Larzac « mettant en cause son aménagement et son développement », il a considéré, le 21 janvier 1977 (*Peron-Magnan*) que l'absence de consultation du conseil régional de Bourgogne n'entachait pas d'illégalité la DUP nécessaire à la construction de la ligne de TGV Paris-Lyon, qui traverse la région de part en part, au motif que cet équipement n'avait pas « le caractère d'un problème de développement et d'aménagement régional » (cf. également, comme opérations ne présentant pas un « intérêt régional direct » au sens de la loi du 5 juillet 1972, l'aménagement de la liaison fluviale Saône-Rhin (CE, 13/2/1981, *Ass. pour la protection de l'eau et des ressources naturelles du bassin inférieur du Doubs*), la transformation d'un circuit automobile (CE Sect., 30/03/1981, *Min. de l'intérieur c. Ducros et autres*), ou la réalisation d'autoroutes (CE, 30/5/1979, *Ass. départ de défense autoroute A 71, section Loiret*, et 14/12/1992, *Commune de Frichemesnil*, au motif que « la nature d'affaires régionales n'est pas reconnue à ces travaux »).

De même, l'implantation d'une centrale nucléaire sur le territoire d'une commune ne dépend pas de l'accord de ses habitants ou de ses élus car, comme l'a écrit F.P. Bénoit, « si tout ce qui touche une population locale devait être décidé localement, à terme, c'est la remise en cause de tout notre système politique, c'est la mort de l'Etat tel que nous le concevons, et donc de la notion d'intérêt général ». Notons toutefois à cet égard qu'après avoir décidé l'abandon du canal Rhin-Rhône et la fermeture de Superphénix (comme F. Mitterrand l'avait fait en 1981 pour la centrale de Plogoff et l'extension du camp militaire de Larzac), L. Jospin a exprimé sa volonté de « démocratiser la prise de décision » concernant les grands équipements, via une révision de la procédure de déclaration d'utilité publique, qui n'interviendrait plus qu'*après* l'avis des populations locales intéressées sur le principe même du projet. Reste à savoir si, dans ces conditions, il sera encore possible de réaliser quoi que soit : car personne ne veut d'une centrale nucléaire ou d'une autoroute devant chez soi et le bon TGV risque d'être celui qui s'arrête partout mais ne passe nulle part !

Enfin, territoire et compétence sont également dissociés lorsqu'une collectivité locale supporte sur son sol des équipements relevant du domaine d'autres collectivités et, donc, de l'autorité des élus de ces dernières : cf. CE, 27/10/1948, *Commune de Livry-Gargan* pour un cimetière ; 17/5/1968, *Delage* pour un camping ; 13/12/1967, *Ville de Dreux* pour un captage d'eau ; 6/3/1981, *Assoc. de défense des habitants du quartier de Chèvre-morte*, pour une rocade routière. A noter aussi que, selon l'article L 1321-1 CGCT, « le transfert d'une compétence entraîne de plein droit la mise à la disposition de la collectivité bénéficiaire des biens meubles et immeubles utilisés, à la date de ce transfert, pour l'exercice de cette compétence ».

D – Le degré d'autonomie par rapport au pouvoir central

Alors que les agents déconcentrés sont soumis à un ***contrôle hiérarchique*** de légalité mais aussi d'opportunité (les subordonnés devant, sauf exception, obéir aux ordres supérieurs), les autorités décentralisées ne subissent qu'un ***contrôle de tutelle***, plus lâche et surtout prévu par un texte (cf., pour l'application du principe « pas de tutelle sans texte » à des établissements publics, CE Ass., 3/3/1993, *Comité central d'entreprise de la SEITA* ; 4/6/1993, *Assoc. des anciens élèves de l'ENA* et *Union des groupements d'achats publics*, annulant les décisions de délocaliser ces structures prises par le Premier ministre sans l'accord de leurs instances dirigeantes).

1) La tutelle sur les personnes

Elle n'a pas été modifiée par les lois de décentralisation de 1982. Cela permet de ***dissoudre***, par décret motivé en conseil des ministres, ***une assemblée locale*** devenue ingérable faute de majorité ou ayant « perdu toute autorité morale » (cf. CE Ass., 14/1/1977, *Perrault et al.*), mais aussi de ***suspendre*** ou de ***révoquer un élu***, bien sûr sous contrôle du juge afin d'éviter toute atteinte par ce biais à la libre administration des collectivités locales (cf. CE, 22/1/1964, *Fruteau* ; 18/12/1968, *Durand et Barbero* ; 3/11/1989, *Galliot*, etc.).

2) La tutelle sur les actes

Elle s'exerçait soit ***a priori*** (décisions certes de moins en moins nombreuses, soumises à autorisation préalable), soit ***a posteriori*** (décisions immédiatement exécutoires mais susceptibles d'être annulées par le préfet – également sous contrôle du juge – sur recours des autorités locales – cf. CE, 7/6/1902, *Maire de Néris-les-bains* ; 4/8/1905, *Martin*, pour un conseiller municipal – ou d'un administré souhaitant engager la responsabilité, pour faute lourde, d'une autorité de tutelle dont la carence a entraîné un préjudice), soit enfin par l'exercice d'un ***pouvoir de substitution***, après mise en demeure, en matière budgétaire ou de police surtout.

Les lois des 2 mars et 22 juillet 1982 ont conservé la tutelle sur les personnes et la possibilité de mettre en œuvre un pouvoir de substitution, allégé les tutelles techniques, remplacé la tutelle financière par un contrôle confié aux chambres régionales des comptes, supprimé la tutelle a priori sur les actes des autorités locales et substitué un ***contrôle administratif de légalité*** à la tutelle a posteriori (cf. *infra*, p. 42 et s.).

2 • ÉVOLUTION HISTORIQUE

Les structures locales anciennes ont été progressivement recouvertes par plusieurs « couches » de centralisation. La dé-centralisation a ensuite consisté à tenter de retrouver ces structures locales traditionnelles et à les adapter aux défis contemporains.

A – L'existence de structures locales diversifiées

1) Les anciennes provinces

Au début de notre ère, ***la Gaule*** était divisée en quatre parties : la Narbonnaise (de Vienne à Toulouse, des Alpes aux Pyrénées), la Celtique (entre Suisse et Bretagne, Seine et Garonne), l'Aquitaine, et le Belgium (au nord de la Seine et de la Marne), elles-mêmes subdivisées en une soixantaine de peuplades entre lesquelles Vercingétorix notre premier héros « national », n'établit qu'une unité très provisoire. Puis, durant cinq siècles (jusqu'à la chute de l'Empire d'Occident en 476), Rome recouvrit cette réalité bigarrée du vernis de l'unité de son Empire, relayée ensuite par les barbares : Huns, Alamans, Saxons, Goths et Francs, dont le pays (excluant l'Armorique et la Provence, mais s'étendant loin en Thuringe et en Bavière) devint la « Francie » ou France (avec l'avènement de Clovis en 481, son baptême à Reims en 496 et son installation à Paris).

Ce royaume était toutefois divisé en ethnies, ensembles culturels autonomes, débordant largement les frontières de l'hexagone, tant au sud (basques et catalans) qu'au nord (flamands et wallons) ou à l'est (mosellans et alsaciens) et une opposition fondamentale entre le Nord, pays de langue d'oïl, et le Sud, pays de langue d'oc ou Occitanie, elle-même partagée, par exemple, entre zones du sud-occitan (avec trois aires dialectales – gascon, languedocien et provençal – à leur tour subdivisées en de multiples patois locaux) et du nord-occitan (avec également trois aires dialectales : limousin, provençal-alpin et auvergnat). R. Lafont a ainsi pu déceler, sous le vernis unitaire de la France contemporaine, sept populations linguistiquement et culturellement différenciées : « Corse, Euskadi-nord [*ie* Pays basque], Catalogne–nord, Occitanie, Alsace-Lorraine germanique, Pays flamand et Bretagne », concernant 18 millions de personnes, et en a conclu qu'« un Français sur trois est un minoritaire qui s'ignore », mais dont la conscience « régionaliste » et l'aspiration à l'autonomie ne demandent qu'à être réveillées.

Ainsi, sous la Révolution, la France comptait encore une soixantaine de provinces, plus 421 baillages ou sénéchaussées et de multiples circonscriptions – ecclésiastiques, administratives, judiciaires et militaires – enchevêtrées, que le Comité de constitution, inspiré par Sieyès, Thouret et Condorcet surtout, remplaça par un quadrillage rationnel du territoire, au profit des départements, avec la loi du 22 décembre 1789.

2) Les communes

Elles constituent les plus anciennes et les plus naturelles des structures administratives françaises : « associations jurées » formées par les habitants d'un bourg (les « bourgeois ») pour des raisons d'entraide mutuelle, ces « communautés » furent « affranchies » du pouvoir féodal par le roi dès le Moyen Age, au point que, sous la Révolution, Royer-Collard a pu constater que : « La commune, comme la famille, est avant l'Etat ; la loi politique la trouve et ne la créée pas. »

Du reste, après l'échec du projet de création de 720 « très grandes communes » par le Comité de constitution de Sieyès et Thouret, la loi du 14 décembre 1789 se contenta de substituer aux 44 000 paroisses d'Ancien Régime un nombre équivalent de « ***municipalités*** », toutes bâties sur le même modèle, dont il reste encore aujourd'hui quelques 36 500 communes (cf. *infra*, p. 77). Après une première ébauche de définition par la loi du 10 juin 1793 sur le partage des biens communaux (« Une commune est une société de citoyens unis par des relations locales ») la Convention décréta, par la loi du 10 brumaire an II, que « toutes les dénominations de ville, bourg et village sont supprimées et celle de commune leur est substituée ». Le Consulat, puis l'Empire conserveront ce cadre communal émietté mais le priveront de toute personnalité morale (seule l'ayant la Nation « une et indivisible ») et de toute légitimité élective (conseillers municipaux et maires étant nommés), dans le cadre d'une tendance à la centralisation retrouvée.

B – La succession de trois couches de centralisation

« C'est la centralisation qui a permis de faire la France », écrivait A. Sanguinetti (cité par J.J. Servan-Schreiber dans *Le pouvoir régional*, en 1971) ; « ... ce n'est pas par hasard si sept siècles de monarchies, d'empires et de républiques ont été centralisateurs. »

1) Le centralisme monarchique

Il a découlé, sur le plan politique, de l'invention de la notion de ***souveraineté*** (au XVIe siècle, par J. Bodin, dans *Les six livres de la République*, en réaction aux désordres causés par les guerres de religion) et, sur le plan administratif, par le développement de celle de ***colbertisme***, lorsque le roi, progressivement, à partir de son domaine d'Ile-de-France, réduit les féodalités (en attirant les nobles à la cour) comme les hérésies (cf. l'écrasement des cathares dans le midi, en 1213-1214, en même temps que la victoire remportée à Bouvines sur les Anglais par Philippe-Auguste). C'est ce que Michelet a qualifié, dans son *Introduction à l'Histoire Universelle* (1831), de « long nivellement de la France par l'action monarchique », via « cette fusion intime des races qui constitue l'identité de notre nation, sa personnalité », dès lors que « la France française a su attirer, absorber, identifier les Frances anglaise, allemande, espagnole, dont elle était environnée. Elle les a neutralisées l'une par l'autre et converties toutes à sa substance, précise-t-il : elle a amorti la Bretagne par la Normandie, la Franche-Comté par la Bourgogne ; par le Languedoc la Guyenne et la Gascogne ; par le Dauphiné la Provence. Elle a méridionalisé le Nord et septentrionalisé le Midi... ».

2) Le centralisme révolutionnaire et impérial

Il a découlé de la nécessité de compenser par un ciment nouveau ce que l'individualisme libéral triomphant pouvait avoir de dissolvant : « La France est actuellement en proie à l'anarchie la plus alarmante, s'exprime Thouret le 1er août 1789. Tous les liens de subordination sont brisés : si l'on ne se hâte de les renouer, bientôt il ne sera plus temps ». Sieyès (qui, selon Proudhon, « nourri de l'esprit de l'Eglise et de l'Empire, fut le véritable auteur de l'unité actuelle ») le 7 septembre, en réponse aux partisans d'une solution fédérale, dénonce « les faux principes... qui ne vont à rien mais qu'à couper, qu'à morceler, qu'à déchirer la France en une infinité de petites démocraties qui ne s'uniraient ensuite que par les liens d'une confédération générale », et conclut : « La France ne doit point être un assemblage de petites nations ; elle n'est point une collection d'Etats ; elle est un « tout » unique composé de parties intégrantes. Tout est perdu si nous nous permettons de considérer les municipalités, les districts ou les provinces comme autant de républiques unies seulement sous les rapports de force ou de protection commune ».

Au service de ces objectifs, l'idéologie jacobine ainsi que les théories du gouvernement représentatif et de la souveraineté de la nation (« une et indivisible »), l'unité se dévoyant même en uniformité, selon une pente accentuée encore sous le Consulat et sous l'Empire. Ainsi, notera justement Tocqueville, « la Révolution a confondu dans une même haine... le pouvoir absolu et ce qui pouvait tempérer ses rigueurs. Elle a été tout à la fois républicaine et centralisante. Ce double caractère est un fait dont les amis du pouvoir absolu se sont emparés avec grand soin ». (En 1968, dans *La Révolution régionaliste*, R. Lafont, à son tour, estimera que : « La France est une nation révolutionnaire aliénée..., (car) elle a confondu le jacobinisme conventionnel, ***centralisme politique*** qui porte la nation toute entière en avant dans l'Histoire, et le ***centralisme administratif***, qui est napoléonien, chargé précisément d'arrêter l'élan révolutionnaire »).

3) Le centralisme républicain

Il a résulté, enfin, d'une oscillation permanente entre un désir de ***liberté***, à l'origine des lois de décentralisation, et une exigence d'***égalité*** avec, pour instrument d'uniformisation ces « hussards noirs » que furent les instituteurs imposant l'apprentissage de la langue et de l'Histoire de France dans les villages les plus reculés, au grand dam d'un C. Maurras prophétisant, dans une lettre à F. Mistral, que : « Si l'on ne met pas un terme à l'abominable routine des gouvernements modernes, qui consiste à détruire par l'école primaire tout ce que l'enfant tient du sol, de la nature et des ancêtres, on va nous faire une humanité dont je connais le prototype : c'est le bohème des grands routes, sans foi ni loi, sans feu ni lieu, sans traditions ni religion ... (qui) représente exactement le petit monstre fabriqué par les instituteurs de l'internationalisme ».

C – La lente évolution vers la décentralisation

1) Au niveau communal

Depuis la chute du Premier empire, le XIXe siècle a connu un mouvement progressif vers la décentralisation. Après l'échec des projets Villèle-Siméon (1821) et Martignac (1829) sous la Restauration, c'est la Charte de 1830 qui en posa le principe, renvoyant à la loi le soin de définir « des institutions départementales et municipales fondées sur un système électif » (article 69-7). Ainsi, la ***loi du 21 mars 1831*** a rétabli l'élection des conseillers municipaux, avant que celle des 18-22 juillet 1837 n'autorise ces derniers à « exprimer leur vœu sur tous les sujets d'intérêt communal » (art. 24). Avec ***la loi du 3 juillet 1848***, toutes les assemblées, y compris locales, furent élues au suffrage universel, le maire ne cessant toutefois d'être nommé pour devenir l'élu du conseil municipal qu'en 1882, juste deux ans avant la ***loi du 5 avril 1884*** consacrant le caractère « public » des affaires communales.

A partir de là, la IIIe République a entrepris d'alléger la tutelle et d'accroître les compétences des communes, en même temps que les nécessités de l'interventionnisme dans l'économie relançaient un certain mouvement de re-centralisation au profit de l'Etat (police des débits de boissons et des établissements dangereux en 1917, des cours d'eau non navigables, répression des fraudes, etc.). La loi de 1884 est successivement devenue ***Code d'administration communale*** (ord. du 15 janvier 1959 et loi du 31 décembre 1970 sur la gestion municipale et les libertés communales), puis ***Code des communes*** (décret du 27 janvier 1977), avec une distinction entre dispositions législatives et réglementaires. En décembre 1976, O. Guichard avait rédigé un remarquable rapport : *Vivre ensemble*, à partir duquel le gouvernement élabora un ***Plan de développement des responsabilités locales*** qu'il soumit à tous les maires de France, puis au Parlement. Le 22 avril 1980, après 18 mois de débats et 1267 amendements adoptés, le Sénat vota le projet de loi, mais l'Assemblée nationale n'eut pas le temps de l'inscrire à son ordre du jour avant l'alternance politique du printemps 1981 et c'est donc le titre 1er de la loi du 2 mars 1982 qui modifia le Code en question. Finalement, la loi du 21 février 1996 a abrogé la partie législative du Code des communes (sa partie réglementaire demeurant pour l'instant en vigueur) et remplacé par le ***Code général des collectivités territoriales***, texte unique de 1750 articles divisé en cinq parties (Dispositions générales applicables à toutes les collectivités, Commune, Département, Région, Coopération locale) abrogeant ou modifiant, pour une meilleure lisibilité, quelque 150 textes (Code rural, Code des juridictions financières, lois de 1871 sur les conseils généraux de 1972 sur les régions, loi « ATR » du 6 février 1992, loi du 8 février 1995 sur les marchés publics, etc.), ainsi qu'il est expliqué dans la circulaire du 19 mars 1996.

2) Au niveau départemental

Après le marquis d'Argenson, en 1764, puis Turgot dans son *Mémoire sur les municipalités* de 1775 et diverses autres esquisses sous l'Ancien Régime, en 1789 le Comité de constitution proposa, dans son *Rapport sur les bases de la représentation proportionnelle* une division du territoire, inspirée par les travaux du géographe du roi Robert de Hesseln consistant en un quadrillage géométrique avec, en partant de Paris pour aller vers les frontières, neuf régions elles-mêmes divisées en neuf « districts », puis en « territoires », « bancs », « cantons », « tènements », « carreaux », « pièces » et « mesures », tous des multiples de neuf, y compris les 80 départements (plus un : Paris) dotés en leur centre d'un chef-lieu dont aucun habitant ne devait être éloigné de plus d'un jour de voyage à cheval (soit des carrés de 18 lieues sur 18).

Cette « méthode de l'échiquier » destinée à mettre fin aux privilèges des provinces et à favoriser l'unité nationale (selon Sieyès, « il serait bien essentiel de faire une nouvelle division territoriale par espaces égaux... Ce n'est qu'en effaçant les limites des provinces qu'on parviendra à détruire tous ces privilèges locaux... Les assemblées représentatives, une fois établies partout, opposeront aux vieilles réclamations des pays d'Etat une force irrésistible de raison et d'intérêt lié avec l'intérêt national. Je ne connais pas de moyen plus puissant et plus prompt de faire, sans troubles, de toutes les parties de la France un seul corps et de tous les peuples qui la divisent une seule nation ») fut cependant adoucie par les représentants de la « France profonde », conduits par Mirabeau et, en fin de compte, la ***loi du 22 décembre 1789*** créa 83 départements respectant beaucoup plus qu'on ne l'a dit les limites des anciennes provinces (par exemple, la Bretagne et la Normandie donnèrent chacune cinq départements, la Provence et la Franche-Comté trois, le Périgord devint la Dordogne, le Quercy le Lot et le Velay la Haute-Loire, etc.).

Ces départements devaient être gérés par un conseil général de 36 membres élus parmi les citoyens actifs par l'assemblée des électeurs pour deux ans, renouvelables par moitié chaque année ; par un directoire de huit membres, élus par le conseil général en son sein et également renouvelables par moitié tous les deux ans ; ainsi que par un procureur général syndic, représentant le roi, mais également désigné par les électeurs du département. La loi du 28 pluviôse an VIII les ramena toutefois au rang de simples circonscriptions déconcentrées de l'Etat, dirigées par un préfet assisté d'un organe technique, le conseil de préfecture (ancêtre de nos tribunaux administratifs) et d'un organe délibérant, le conseil général, dont les membres étaient nommés par le gouvernement.

Comme pour les communes, l'évolution vers une réelle décentralisation débuta sous la monarchie de Juillet, avec les ***lois des 22 juin 1833*** sur l'élection des conseillers généraux et ***10 mai 1838*** reconnaissant au département la personnalité morale et élargissant ses compétences. Puis, la ***loi du 10 mai 1866*** conféra aux conseils généraux un droit propre de décision (sauf veto impérial) dans la plupart des affaires d'intérêt départemental et, enfin, la ***loi du 10 août 1871*** sur les conseils généraux, toujours en vigueur, constitua le texte de base en la matière.

Après qu'un décret du 5 novembre 1926 eut renforcé encore leurs pouvoirs, les conseils généraux furent remplacés, en 1942, par des « conseils départementaux », mais le rétablissement de la légalité républicaine en 1944 permit de revenir à la charte de 1871. La Constitution du 27 octobre 1946 donna un statut aux départements, symboles de la République rurale et modérée (cf. la loi Treveneuc du 15 février 1872, jamais abrogée, leur confiant la sauvegarde de l'ordre public républicain en cas de dissolution irrégulière de l'Assemblée nationale), que confirma celle du 4 octobre 1958, article 72 (cf. *infra*). Toutefois, si le département a su trouver sa place dans le paysage administratif français, certains le considèrent aujourd'hui comme un cadre obsolète et trop étroit, susceptible d'être un jour supprimé au profit des régions.

3) Au niveau régional

En dépit de propositions diverses, émanant de l'extrême-gauche comme de monarchistes nostalgiques des anciennes provinces (tous regroupés au sein de la ***Fédération régionaliste française*** de Charles Brun au début du XXe siècle), la structure régionale a fait dans notre paysage administratif une apparition sensiblement plus tardive. C'est finalement le ministre du Commerce E. Clementel qui institua le premier (circulaire du 25 août 1917 et arrêté du 25 avril 1919) dix-sept « régions économiques » organisées autour d'une « métropole régionale » (influence de l'Ecole géographique française de Vidal de la Blache) et formée à partir d'une ossature de chambres de commerce. Chaque région comportait un « comité régional » (deux membres par chambre de commerce, désignés pour six ans, renouvelables par tiers) nommant un secrétaire général et assisté d'un « Comité consultatif d'action économique » associant (déjà !) des représentants socioprofessionnels et des fonctionnaires. Le 19 janvier 1925, un « Conseil national économique », appuyé sur une pyramide de régions fut institué (mais jamais organisé concrètement) et, le 14 juin 1938, un décret-loi conféra à ces régions la personnalité morale (sous forme d'établissements publics).

Il fallut ensuite attendre le régime de Vichy pour observer de nouvelles réalisations de l'idée régionale, mais dans le cadre d'une déconcentration d'un Etat autoritaire (cf. « l'acte dit loi » du 19 avril 1941 instituant dix-neuf « ***préfets régionaux*** » chargés de missions économiques et de police (assistés d'un « intendant aux affaires économiques » et d'un « intendant de police »). A la Libération, l'ordonnance du 10 janvier 1944 créa les « ***commissaires de la République*** » eux aussi investis (jusqu'en 1946) de tâches économiques et de police.

Déconsidérée par Pétain et rendue suspecte par de Gaulle, l'idée régionale fut ensuite absente de la IVe République (le titre X de la Constitution de 1946, « Des collectivités territoriales », énumérant limitativement les communes et les départements), si l'on excepte l'institution de 8 ou 9 IGAME (« inspecteurs généraux de l'administration en mission extraordinaire »).

Dans les dernières années du régime, cependant, se développa une espèce de « ***régionalisme fonctionnel*** », celui des gestionnaires et non plus des idéologues, avec les « programmes d'action régionale » (décret du 30 juin 1955), les « régions de programme »

(28 octobre 1956), les « plans régionaux d'aménagement du territoire » (31 décembre 1958) et ce mouvement « néo-régionaliste » s'amplifia sous la Ve, dans le cadre de la réforme administrative, avec en particulier vingt et une « ***circonscriptions d'action régionale*** » (décrets du 7 janvier 1959 et 30 juin 1960), dont les limites géographiques sont encore celles des actuelles régions, comprenant des « conférences interdépartementales » (fonctionnaires et personnalités intéressées à l'expansion économique régionale) présidées par des « préfets coordonnateurs ». Le 14 février 1963 fut créée la ***DATAR*** (« Délégation à l'aménagement du territoire et à l'action régionale ») et le décret du 29 juillet 1963 organisa une expérience pilote de régionalisation en Bourgogne et Haute-Normandie. Enfin, les décrets du 14 mars 1964 instituèrent des ***préfets de région***, des ***conférences administratives régionales*** et des ***CODER*** (« commissions de développement économique régional ») qui sont restés en place jusqu'en 1972.

Puis le général de Gaulle, dans son discours de Lyon du 25 mars 1968, déclara que : « L'effort multiséculaire de centralisation qui fut longtemps nécessaire ... ne s'impose plus aujourd'hui. Au contraire, ce sont les activités régionales qui apparaissent comme les ressorts de la puissance économique de demain ». Etablissant un lien étroit entre régionalisation et participation, il présenta alors, en réponse aux événements de mai 68, une réforme régionale ambitieuse mais ambiguë qui fit l'objet d'un projet de loi soumis à ***référendum le 27 avril 1969*** : Intitulé « La région », le titre 1er (48 articles) conservait le cadre des vingt et une circonscriptions d'action régionale (plus la Corse et les DOM, « départements-régions » spécifiques) mais y instituait de véritables ***collectivités territoriales***, à compétences spécialisées cependant. L'exécutif demeurait confié au préfet de région mais un « conseil régional », composé de conseillers territoriaux élus et de socioprofessionnels désignés par leurs organisations représentatives constituait l'assemblée délibérante.

Ce projet fut cependant repoussé, non à cause de son contenu, mais pour des raisons politiques externes (il était lié à une réforme du Sénat ; de Gaulle avait lié son sort au résultat le transformant en plébiscite, etc.), entraînant la démission du Général. Son successeur, G. Pompidou, reprit toutefois à son compte l'idée régionale, mais dans une perspective toute différente, qui devait aboutir au vote de ***la loi du 5 juillet 1972*** (régions simples établissements publics territoriaux, structures de coopération interdépartementale aux compétences et aux moyens très limités mais avec des potentialités d'évolution importantes, etc.).

3 • ANCRAGE CONSTITUTIONNEL

Pour certains auteurs, l'expression « collectivités locales », employée à l'article 34 de la Constitution, serait plus large que celle de « collectivités territoriales » de l'article 72, car englobant les établissements publics de coopération intercommunale. Pour d'autres, au contraire, c'est la seconde qui serait la plus large, car incluant aussi l'Etat. Mais CC et CE (3/6/1983, *Mme Vincent*, ou *Rapport 1993*) admettent que les deux sont synonymes.

Selon l'article 72-1 de la Constitution de 1958, « les collectivités territoriales de la République sont les communes, les départements, les territoires d'outre-mer. Toute autre collectivité territoriale est créée par la loi ». Ainsi l'ont été Paris (à la fois commune et département), Mayotte, Saint-Pierre et Miquelon, mais aussi les régions (établissements publics territoriaux depuis le 5 juillet 1972, transformés en collectivités territoriales par l'art. 59 de la loi du 2 mars 1982 et auxquelles le « comité Vedel » avait suggéré, dans son rapport du 15 février 1993, de donner un statut constitutionnel en les ajoutant à l'énumération de l'art. 72) et la Corse (dont le CC, par ses décisions des 25 février 1982 et 9 mai 1991, a admis le statut spécifique).

Selon l'article 72-2, « ces collectivités s'administrent librement par des conseils élus dans les conditions prévues par la loi ». Ce principe de « libre administration » locale a été précisé sur trois points par la jurisprudence. Il est également évoqué au chapitre 1er du titre unique du livre 1er de la 1ere partie qui ouvre le Code général des collectivités territoriales (art. L 1111-1 à L 1111-7, relatifs au rôle et aux compétences des collectivités territoriales, à l'interdiction pour l'une d'entre elles d'exercer sur d'autres une tutelle, aux « prescriptions et procédures techniques particulières » pouvant leur être imposées et aux sujétions qui pèsent sur elles en matière de défense).

A – Libre administration et compétence législative ou réglementaire

Alors que, dans les Etats fédéraux, voire dans certains Etats unitaires très décentralisés (Espagne depuis 1978), le statut et les compétences des composantes territoriales figurent dans le texte de la Constitution, en France cela relève de la loi (cf les articles L 1111-2 à 4 CGCT), l'article 34 de la Constitution énonçant que « la loi détermine les principes fondamentaux de la libre administration des collectivités locales, de leurs compétences et de leurs ressources ».

CC et CE ont précisé ce qui, en la matière, relève des « principes fondamentaux » réservés à la loi et ce qui ressort du règlement : ainsi, pour les premières, figurent les transferts de compétences (CC, 12/2/1967, 1/4/1971, 25/2/1982 ; avis CE, Sect. de l'intérieur, 1987), les obligations nouvelles imposées aux collectivités locales (CE, Sect., 14/5/1971, *Fasquelle* ; Ass., 21/7/1972, *Saingery* ; Ass., 29/4/1981, *Ordre des architectes* ; Ass., 3/2/1989, *Cie Alitalia* ; Ass., 7/7/1989, *Melle Calé* ; CC, 19-20/1/1984, etc.), la composition de leurs organes délibérants ou la fixation du statut de leurs membres (CC, 12/5/1964 et 8/8/1985 ; CE, Sect., 18/6/1965, *Bellet*), la délimitation de la tutelle pesant sur elles (CC, 12/5/1964, 27/2/1969, 13/11/1970, 19/11/1975, 6/10/1976) ou la détermination à leur profit de garanties (CC, 20/2/1973, 19/11/1975 et 5/1/1988). Relèvent en revanche du règlement la répartition du pouvoir de tutelle entre diverses autorités (CC, 12/5/1964 et 2/6/1976, citées), la modification du nom (CE, 30/10/1970, *Perret*, à propos des Pyrenées-Atlantiques) ou le transfert du chef-lieu d'un département (CE, Ass., 26/11/1976, *Soldani*, à propos de celui du Var), la création, modification ou suppression de cantons ou d'arrondissements (CE, Ass., 30/5/1966, *Sieur Guillain*), sauf si cela entraîne la modification des circonscriptions législatives, qui relève de la loi (CE, Ass., 18/11/1977, *Val-de-Marne* et 12/7/1978, *Val d'oise*). Enfin, saisi par le Premier ministre en application de l'article 37-2, le CC, 21 janvier 1997, a déclaré que les dispositions de l'article 2 de la loi ATR du 6 février 1992 précisant la répartition des compétences entre les administrations centrales et déconcentrées relevaient du pouvoir réglementaire, et elles ont donc été reprises par le décret n° 97-463 du 9 mai 1997.

Comme dans d'autres domaines, le CC veille à ce que le législateur utilise pleinement ses prérogatives et il censure les cas d'incompétence négative (26/1/1995 : le renvoi à un décret pour préciser les conditions de désignation des membres des futures conférences régionales d'aménagement du territoire est validé, ces instances n'ayant qu'un rôle consultatif ; de même que le renvoi à un décret pour déterminer qui représentera les collectivités locales au sein d'un GIP créé par la loi, dès lors que le principe de cette représentation est assuré. En revanche, l'article prévoyant que ces collectivités pourraient désigner par convention d'une d'entre elles comme « chef de file » pour l'exercice de compétences communes, sans définir les pouvoirs et les responsabilités, méconnaît l'article 34 de la Constitution).

B – Contenu et portée du principe de libre administration

Ce principe limite le pouvoir du législateur, qui peut le mettre en œuvre à sa façon, mais non le mettre en cause (*a fortiori*, il s'impose au pouvoir réglementaire : cf. TA Clermont-Ferrand, 26/6/1984, *COREP du PDD Commune de Puy-Guillaume* : annulant pour inconstitutionnalité l'article R. 490-2 nouveau du Code de l'urbanisme, et l'arrêt contraire du CE, 16/10/1985). Ainsi, la loi ne doit pas méconnaître la nécessité que les collectivités territoriales (mais aussi leurs établissements publics de regroupement selon CC, 26/6/1995 citée) soient administrées par des assemblées dotées d'attributions effectives et élues au suffrage universel (CC, 8/8/1985 et 18/1/1988), mais pas forcément direct.

Si, pour les uns, la « libre administration » n'est qu'un « terme vague et vide dont la fonction est de transposer au niveau administratif l'idéologie politique de la démocratie représentative » (M. Troper), d'autres y ont plutôt vu « le dépassement de la simple décentralisation administrative et la constitutionalisation des libertés locales » (M.Bourjol). Le CC, lui, a considéré, par exemple, que « le fait qu'une collectivité territoriale soit amenée à collaborer à un établissement public non créé par elle » n'y portait pas atteinte (25/2/1982, *Statut particulier de la Corse*) ; pas plus que les modifications, exceptionnelles et limitées, des dates d'élections locales afin de les regrouper ou de les mieux distinguer d'élections nationales (6/12/1990, 13/1/1994, 6/7/1994, 9/4/1996) ; ni encore diverses limitations à l'autonomie fiscale des collectivités territoriales pour des raisons de solidarité, seule la loi pouvant déterminer les ressources de celles-ci et fixer les « impositions de toutes natures » (29/5/1990, à propos de l'obligation faite aux départements d'inscrire à leur budget une contribution au fonds de solidarité pour le logement ; 6/5/1991, pour celle imposée aux communes les mieux dotées en ressources fiscales d'en transférer une partie aux plus pauvres ; 26/1/1995, pour diverses dispositions faisant bénéficier les parties défavorisées du territoire national d'un traitement fiscal privilégié dans le but, d'intérêt général, de permettre un aménagement et un développement équilibrés de ce territoire). De même, les obligations imposées aux candidats à la présidence des conseils régionaux ainsi que la procédure budgétaire rationalisée, dite du « 49-3 régional », ne privent pas ces assemblées d'attributions effectives et, « évitant le dessaisissement des organes délibérants de la région au profit du représentant de l'Etat, ... loin de porter atteinte au principe de libre administration, ... tendent au contraire à le rendre plus effectif (98 – 397 DC du 6/3/1998).

Le CC a, en revanche, censuré l'article conférant aux demandes de sursis à exécution formulées par le préfet contre les actes des autorités locales en matière d'urbanisme, de marchés et de conventions de délégation de service public un effet automatiquement suspensif jusqu'à ce que le juge ait statué (20/1/1993 : *Prévention de la corruption*). Enfin, après avoir rappelé qu'« aucune norme de valeur constitutionnelle ne garantit le principe de la liberté contractuelle » (3/8/1994), il a semblé faire découler implicitement cette dernière du principe de libre administration (26/1/1995).

C – Limites du principe de libre administration

Il doit être concilié avec d'autres principes constitutionnels, en particulier avec ceux tenant au caractère unitaire de l'Etat et à l'indivisibilité de la République, à l'égalité et aux conditions d'exercice des libertés publiques.

• Dès le 25 février 1982, à propos de la loi de décentralisation, le CC a tenu à rappeler que « s'il résulte des dispositions de l'article 72 de la Constitution que, si la loi peut fixer les conditions de la libre administration des collectivités territoriales, c'est sous la réserve qu'elle respecte les prérogatives de l'Etat énoncées à l'alinéa 3 de cet article », en particulier le « contrôle administratif » permettant au préfet « d'assurer le respect des lois et plus généralement des intérêts nationaux » (et même l'y obligeant car, selon CC, 21/1/1994, il est « tenu » de l'exercer, y compris *via* l'exercice de son pouvoir de substitution, même dans les TOM, en cas de « situation de nature à compromettre les intérêts généraux du territoire » : cf. CC, 19/1/1988, *Statut de la Nouvelle-Calédonie*).

En effet, « libre administration » ne signifie pas « libre gouvernement », ni même « libre réglementation », les articles 21 et 37 de la Constitution n'attribuant le pouvoir réglementaire qu'au Premier ministre et au chef de l'Etat. Les autorités locales ne bénéficient donc d'aucun pouvoir réglementaire « autonome », le caractère unitaire de l'Etat impliquant l'unicité du pouvoir normatif. De même, si « la loi détermine les principes fondamentaux de la libre administration des collectivités territoriales, il appartient au pouvoir réglementaire (national) d'assurer leur mise en œuvre » (CC, 30/12/1987 et 29/5/1990), ne serait-ce que pour éviter la coexistence de 36 500 règlements d'application différents, sauf peut-être, subsidiairement, sur habilitation du législateur lui-même (cf. CE Ass., 2/12/1994, *Préfet de la région Nord-Pas-de-Calais* et *Commune de Cuers* : l'art. 21 de la loi du 28/11/1990 confiant aux assemblées délibérantes locales le soin de fixer la liste des emplois susceptibles de bénéficier d'un logement de fonction, sans qu'il soit nécessaire de passer par un décret d'application).

Pour la même raison, le CC a encore jugé qu'un préfet pouvait imposer aux élus locaux certains investissements car « promouvoir le logement des personnes défavorisées répond à une exigence d'intérêt national » (29/5/1990, citée), et le CE que ces élus n'étaient pas habilités à définir eux-mêmes le contenu de la « clause générale de compétence », c'est-à-dire ce qui relève ou non des « affaires » de la commune, du département ou de la région, car ils ne s'administrent librement que « dans le cadre des compétences que la loi leur accorde » (25/4/1994, *Pdt du Cons. g^al du Territ. de Belfort*), ou encore que le renvoi par une loi à la fixation de normes « par voie réglementaire » exigeait un décret du Premier ministre et non une délibération du conseil général (CE, 1/4/1996, *Départ. de la Loire*, pour la *réglementation des services de la protection maternelle et infantile, ou encore* CC, 21/1/1997, *Prestation spécifique dépendance des personnes âgées* : créant une obligation à la charge d'une collectivité locale et mettant en œuvre la solidarité nationale, son institution relève de la loi, même si son attribution et sa gestion sont confiées aux départements).

Enfin, l'indivisibilité de la République, si elle autorise la décentralisation, exclut toute forme de fédéralisme. « Le principe de légalité, a indiqué le CC le 25 février 1982, exige à la fois le respect des attributions du législateur et celui des règles supérieures de droit pour lesquelles la Constitution... a proclamé l'indivisibilité de la République, affirmé l'intégrité de son territoire et fixé l'organisation des pouvoirs publics » (ainsi, l'article 59-6 de cette loi, devenu L 4111-3 CGCT, précise que : « La création et l'organisation des régions en métropole et outre-mer ne portent atteinte ni à l'unité de la République ni à l'intégrité du territoire »). Le même jour, à propos du statut particulier de la Corse, le Conseil a estimé que, « dans l'état actuel de la définition des attributions respectives des autorités décentralisées et des organes de l'Etat, le texte de la loi... ne comporte pas de disposition qui puisse, en tant que telle, être regardée comme portant atteinte au caractère indivisible de la République et à l'intégrité du territoire ». En revanche, le 9 mai 1991, il a considéré que la référence à un « peuple corse » était contraire à cette indivisibilité ainsi qu'au principe d'égalité devant la loi de tous les citoyens sans distinction d'origine.

• Sur ce principe, le CC a admis qu'il « ne s'oppose ni à ce que le législateur règle de façon différente des situations différentes, ni à ce qu'il déroge à l'égalité pour des raisons d'intérêt général pourvu que, dans l'un et l'autre cas, la différence de traitement qui en résulte soit en rapport avec l'objet de la loi qui l'établit » (7/1/1988). Ainsi, le 26 janvier 1995, il a refusé de censurer diverses « discriminations positives » instituées en faveur des zones les plus défavorisées, assurant par exemple que le principe d'égalité « ne fait pas obstacle à ce que le législateur édicte, par l'octroi d'avantages fiscaux, des mesures d'incitation au développement et à l'aménagement de certaines parties du territoire national dans un but d'intérêt général ». De même, par ses décisions des 18 janvier 1985 (*Loi Chevènement*) et 13 janvier 1994 (*Révision de la loi Falloux*), il a appliqué le principe d'égalité à l'exercice de la liberté – constitutionnelle – de l'enseignement, réitérant contre des majorités de gauche comme de droite son refus que « les conditions essentielles d'application d'une loi organisant une liberté publique dépendent de décisions de collectivités territoriales et ainsi puissent ne pas être les mêmes sur l'ensemble du territoire ». Mais le conseil, qui n'avait pas été saisi des lois des 7 janvier et 22 juillet 1983 transférant aux collectivités locales des compétences étatiques, a précisé, le 21 janvier 1997, que le rôle conféré aux conseils généraux dans l'attribution de la prestation spécifique dépendance ne portait atteinte ni à « l'exigence de solidarité nationale » imposée par le 11e alinéa du Préambule, ni au principe constitutionnel d'égalité de tous les citoyens devant la loi.

CHAPITRE 2

La décentralisation et l'État

On évoquera successivement la déconcentration des services de l'Etat, la politique nationale d'aménagement du territoire et, enfin, les contrôles exercés sur les collectivités locales.

1 • DÉCENTRALISATION ET DÉCONCENTRATION

Bien que Tocqueville ait défini la centralisation comme le fait de « concentrer en un même lieu et dans une même main le pouvoir de diriger », il est clair que ***la concentration*** (notion issue des sciences chimiques ou de l'art militaire : une solution concentrée, une concentration de troupes etc.) de tous les pouvoirs de l'Etat dans le bureau de son chef ne pourrait qu'entraîner, selon le mot de Lamennais, « l'apoplexie au centre du système et l'atrophie à sa périphérie ».

Par souci d'efficacité – car « on peut gouverner de loin mais on n'administre bien que de près » – les Etats centralisés se sont donc déconcentrés, en attribuant à des agents *locaux* le soin de prendre sur place un certain nombre de décisions (préfets, recteurs, services « extérieurs » ou désormais « déconcentrés » : DRAC, DASS, DDE, DDA, etc.). Inventée par L. Aucoc en 1865, la notion de déconcentration n'est donc pas l'inverse de la centralisation (ce qu'est la décentralisation), mais bien au contraire une de ses modalités, la seule concrètement viable : « Avec la déconcentration, c'est toujours le même marteau qui frappe, mais on a raccourci le manche » (O. Barrot), afin que les destinataires des décisions soient plus proches de ceux qui les prennent.

En France, les principales mesures de déconcentration ont été les suivantes :

A – Les décrets du 14 mars 1964

Relatifs aux pouvoirs des préfets, à l'organisation des services de l'Etat (dans les départements ou dans les régions) et à la déconcentration administrative, ils précisaient que : « Le préfet, dépositaire dans le département (ou dans la région) de l'autorité de l'Etat, veille à l'exécution des lois, des règlements et des décisions gouvernementales. Il est le délégué du gouvernement et le représentant de chacun des ministres ; sous l'autorité des ministres compétents, il anime et coordonne les services ... des administrations civiles de l'Etat et assure la direction générale de l'activité des fonctionnaires de ces services ».

B – La loi du 2 mars 1982

Son article 30 § 1 disposait que : « jusqu'à l'entrée en vigueur de la loi ... relative à la répartition des ressources entre l'Etat, les communes, les départements et les régions, restent à la charge de l'Etat les prestations de toute nature qu'il fournit actuellement au fonctionnement des services transférés à la collectivité départementale par la présente loi ou mis à la disposition de cette collectivité en tant que de besoin, ainsi qu'aux agents de ces services. Dans les mêmes conditions, restent à la charge des départements les prestations de toute nature, y compris celles relatives à l'entretien et l'acquisition des matériels qu'ils fournissent actuellement au fonctionnement de l'administration préfectorale et des services extérieurs de l'Etat ainsi qu'à leurs agents », dont en particulier la DDE et le parc départemental de l'Equipement (pour un montant au moins égal, la première année, à la moyenne des crédits engagés sur les budgets des trois dernières années, avec une progression annuelle ultérieure ne pouvant être inférieure au taux de progression de la dotation globale de fonctionnement du département, selon le 2e alinéa de l'art. 30, dans sa rédaction de la loi du 7 janvier 1983). Le décret du 13 avril 1982 prévoyait que cette mise à disposition ferait l'objet, pour chaque service extérieur, d'une convention Etat-départements, jusqu'à la mise en vigueur effective des lois de décentralisation répartissant les compétences et les ressources. Après abrogation de celui du 31 juillet 1985 (cf. CE, 18/11/1988, *Féd. nat. des TP et Synd. nat. des TP de France et d'outre-mer* »), c'est le décret du 13 février 1987 qui a fixé les modalités concrètes des mises à disposition et énuméré (restrictivement) les services ou parties de services transférés (cf. CE, 8/11/1991, *Féd. nat. de l'Equipement CGT*).

La loi du 11 octobre 1985, prévoyant que à compter du 1er janvier 1986 l'Etat, les départements et les régions prendraient en charge les dépenses de personnel, de fonctionnement et d'équipement des services placés sous leur autorité, aurait dû mettre fin à ce régime transitoire, son article 26 étendant aux services extérieurs le dispositif applicable aux services des préfectures et renvoyant à des décrets en CE le détail des conditions d'application pour chacun d'eux et la date de leur entrée en vigueur (le 31 décembre 1990 au plus tard. Mais cette échéance a été repoussée au 1er janvier 1992 par la loi du 28 novembre 1990, puis au 1er janvier 1993 par celle du 31 décembre 1991, un compte de commerce intitulé « Opérations industrielles et commerciales des DDE » ayant entretemps été ouvert pour onze départements pilotes par l'art. 69 de la loi de finances pour 1990, puis étendu à tous par l'art. 74 de celle pour 1991 et prorogé par l'art. 73 de celle pour 1992, afin de tenter d'en finir avec la prise en charge par les départements de ces services extérieurs de l'Etat que sont les parcs de l'Equipement). Divers textes sont également intervenus en matière de gestion des personnels (loi du 19 août 1986, art. 33 ; loi de finances pour 1991 ; décret du 30 septembre 1991, etc.). Finalement, c'est la loi du 2 décembre 1992, offrant une option entre un régime forfaitaire (ouvrant droit au maintien des prestations existantes du parc) et un régime de conventions (choisi par une vingtaine de départements, pour définir les obligations du parc et le montant, dégressif, de la participation départementale) qui a permis de « sortir » du régime de l'article 30 de la loi du 2 mars 1982, de façon malgré tout encore incomplète et insatisfaisante (cf. rappelant son maintien en vigueur faute d'adoption de la grande loi sur la répartition des ressources annoncée en 1982, CE, 15/6 et 21/12/1994, *Départ. de la Marne* ; et 17/5/1995, *Départ. de la Côte-d'Or*).

C – Les décrets du 10 mai 1982

Avec eux, on a tenté de compenser ce que les préfets venaient de perdre du fait de la loi de décentralisation du 2 mars par des mesures de déconcentration à leur niveau de prérogatives des administrations centrales ainsi que de concentration entre leurs mains des pouvoirs de la plupart des chefs des services extérieurs de l'Etat (dont ils « dirigent », et non plus seulement « coordonnent », les activités). Ainsi, les commissaires de la République (leur titre de « préfets » ne leur ayant été rendu que par le décret du 29 février 1988) sont devenus ordonnateurs secondaires uniques des dépenses de l'Etat (qu'ils peuvent engager seuls, quitte à déléguer leur signature aux chefs des services pour des dépenses mineures), disposent d'un pouvoir de proposition pour la notation des fonctionnaires et sont seuls consultés sur leurs nominations et mutations. C'est à eux que les ministres peuvent déléguer leurs compétences et non aux chefs de leurs services déconcentrés (cf. CE, 1/4/1992, *Min. de l'Eco. et des Finances c. SA Bienne Auto*) et, enfin, le champ de leur activité est élargi, notamment en matière économique ou de sécurité sociale (décrets du 17 décembre 1985).

Cependant, malgré la création du CIATER (« Comité interministériel de l'administration territoriale », chargé de « proposer toute mesure de déconcentration, au profit du préfet, des pouvoirs détenus par les ministres ») et la volonté gouvernementale affichée (cf. G. Defferre, le 24 novembre 1982 : « La décentralisation ne sera pleinement efficace que si elle est accompagnée d'une très large déconcentration des tâches de l'Etat... Il faut que les élus locaux aient en face d'eux un interlocuteur unique doté de pouvoirs propres. L'Etat doit avoir un seul représentant dans chaque département et dans chaque région, capable d'assurer la synthèse des programmes... Vous aurez un rôle différent de celui de naguère, mais il ne sera pas moins important »), le bilan, tel qu'il a été dressé par le conseil des ministres du 20 novembre 1985, est assez mitigé ; 36 décrets, 18 arrêtés et 12 circulaires portant diverses mesures de déconcentration étaient certes intervenus à cette date, mais la réticence des administrations centrales demeurait forte.

D – La loi d'orientation relative à l'administration territoriale de la République du 6 février 1992

Son titre 1er (« L'organisation territoriale de l'Etat ») spécifie, appliquant à notre pays le principe de subsidiarité, que « sont confiées aux administrations centrales les seules missions qui présentent un caractère national ou dont l'exécution, en vertu de la loi, ne peut être déléguée à un échelon territorial », tandis que « les autres missions, et notamment celles qui intéressent les relations entre l'Etat et les collectivités territoriales, sont confiées aux services déconcentrés (on ne dit plus « extérieurs ») dans les conditions fixées par les articles 34 et 79 de la loi du 2 mars 1982 ». Saisi par le Premier ministre en application de l'article 37-2 de la Constitution, le CC a déclaré, le 21 janvier 1997, « *que ces dispositions avaient en fait un caractère réglementaire* ». Elles ont donc été reprises par le décret n° 97-463 du 9 mai 1997 (qui a également institué au sein des administrations civiles de l'Etat une nouvelle catégorie de services centraux, non déconcentrables : les « services à compétence nationale », dont un autre décret du même jour, n° 97-464, précise les règles de création et de fonctionnement (cf. aussi, sur ce point, la circulaire du 9 mai 1997), venu remplacer celui du 1er juillet 1992 portant charte de la déconcentration (modalités concrètes des transferts d'attributions des administrations centrales aux services déconcentrés des administrations civiles de l'Etat et principes d'organisation de ces derniers).

Sauf exception, les services déconcentrés des administrations civiles de l'Etat sont organisés dans le cadre de trois circonscriptions territoriales : régionale, départementale et d'arrondissement (les deux premières coïncidant avec le cadre de collectivités décentralisées et la commune n'étant pas mentionnée bien que le maire exerce aussi au nom de l'Etat des compétences déconcentrées). Enfin, la loi précise que « les services déconcentrés de l'Etat peuvent concourir par leur appui technique aux projets de développement économique, social et culturel des collectivités territoriales et de leurs établissements publics de coopération qui en font la demande », par voie de conventions.

E – La loi d'orientation pour l'aménagement et le développement du territoire du 4 février 1995

Son titre III (articles 25 à 31) concerne la déconcentration et « l'action territoriale de l'Etat ». Les transferts prévus par la loi et le décret de 1992 n'étant pas tous intervenus, il est d'abord indiqué que cela devra être le cas dans les 18 mois suivant la promulgation de ce texte, délai au cours duquel devra également être publié un schéma de réorganisation des services de l'Etat précisant les niveaux d'exercice de leurs compétences, prévoyant leur regroupement fonctionnel ainsi que des adaptations de leurs implantations territoriales.

En liaison avec l'émergence des « pays » (« espaces cohérents, aux plans géographique, culturel, économique et social, qui expriment une communauté d'intérêts et scellent, le cas échéant, des solidarités réciproques entre la ville et l'espace rural », selon la circulaire Pasqua du 4 mai 1995, cf. *infra*, p. 37), le rôle d'animation et de coordination de l'action des services de l'Etat des sous-préfets d'arrondissement est renforcé.

Comme c'était déjà le cas pour les zones de montagne (loi du 9 janvier 1985) et les zones rurales (circulaire du Premier ministre du 10 mai 1993), une commission départementale d'organisation et de modernisation des services publics propose, dans chaque département et pour l'ensemble de son territoire, les dispositions de nature à améliorer l'organisation et la présence des services publics relevant de la compétence de l'Etat ou du département au préfet ou au président du conseil général. Elle doit aussi être consultée sur le schéma d'organisation et d'amélioration des services publics (en particulier s'agissant des services rendus aux usagers « *par La Poste, France Télécom, EDF-GDF et la SNCF* »). Un rapport sur les modalités de développement de la polyvalence des services publics devait être présenté par le Gouvernement dans le délai d'un an.

Dans cette optique, le décret n° 97-34 du 15 janvier 1997 relatif à la déconcentration des décisions administratives individuelles, accompagné d'un « rapport au Président de la République » (*JO* du 18 janvier, p. 919), a posé le principe selon lequel, désormais : « Les décisions administratives individuelles entrant dans le champ d'application des compétences des administrations civiles de l'Etat, à l'exception de celles concernant les agents publics, sont prises par le préfet », sans qu'il soit besoin de « remonter » à Paris, à compter du 1er janvier 1998. Des décrets du 19 décembre 1997 (nos 97-1184 à 1209), pris pour l'application de l'article 2 de celui du 15 janvier (modifié par le décret 97-1205 du 19 décembre) ont précisé, ministère par ministère et pour l'ensemble des ministres, la liste des décisions toujours prises par décret : *1)* relatives aux relations entre la France et les Etats étrangers, les institutions communautaires ou les organisations internationales ; *2)* aux instances collégiales à compétence nationale ; *3)* aux personnes morales placées sous la tutelle ou le contrôle de l'Etat dont les activités s'exercent au plan national ; *4)* à l'attribution de subventions sur crédits d'intervention ; *5)* à l'attribution de subventions d'investissement de catégorie I, à l'exception des opérations assimilées à un investissement de catégorie régionale ou départementale ; *6)* au recouvrement de créances étrangères à l'impôt ... ; *7)* prises à l'occasion de la passation et de l'exécution des contrats conclus par les administrations centrales ; *8)* aux concours et examens professionnels organisés au plan national et permettant l'accès aux professions réglementées ; *9)* à la communication de documents administratifs détenus par les administrations centrales ; *10)* à l'exercice du droit d'accès direct à des informations nominatives contenues dans un fichier informatique et à l'exercice du droit de rectification de ces informations lorsque le service désigné dans l'acte réglementaire créant ce fichier fait partie des administrations centrales ; *11)* d'habilitation à connaître les informations couvertes par le secret de la défense ; *12)* d'attribution de décorations et de distinctions honorifiques ; *13)* de saisine des inspections générales à titre de dérogation (cf. également la circulaire du 24 décembre 1997), ou bien par les préfets de zone, préfets de région, certains chefs de services déconcentrés de l'Etat, magistrats de l'ordre administratif ou judiciaire et enfin maires, non concernés par cette réforme qui vise, selon le rapport joint, à adapter les structures de l'Etat à la décentralisation mise en œuvre depuis quinze ans afin que « les élus locaux (puissent) trouver en face d'eux des interlocuteurs dotés d'une capacité authentique de décision ». Enveloppes globales, délégations de crédits plus importantes, droit de veto sur la politique immobilière des services déconcentrés devraient également renforcer encore l'autonomie des préfets en dépit des réticences des administrations centrales (cf. par exemple les décrets du 31 mai 1997, n°s 97-694 relatif à la déconcentration en matière disciplinaire et 97-695 relatif à la déconcentration en matière de mise à disposition des fonctionnaires de l'Etat. A noter qu'une circulaire du 7 mai 1997 relative à la mise en œuvre du plan de réforme de l'Etat a donné des indications sur la méthode et le calendrier d'élaboration des décrets en CE ayant pour objet d'apporter des exceptions à la compétence du préfet pour édicter, au nom de l'Etat, les décisions administratives individuelles. D'autre part, le décret du 15 janvier 1997 a déjà été modifié par l'article 6 de celui du 9 mai 1997).

Notons encore, pour en terminer, que la déconcentration (des compétences) ne doit pas être confondue avec la politique de délocalisation (des personnels) de la région parisienne vers la province, inaugurée par Mme Cresson en 1991 et confirmée par M. Balladur en 1993 (pour 15 000 emplois environ), mais parfois annulée par le CE (4 juin 1993 pour l'ENA par exemple) pour des raisons de procédure (Premier ministre incompétent pour en décider à la place des dirigeants d'établissements autonomes), politique constituant elle-même un élément de l'aménagement de notre territoire national.

2 • DÉCENTRALISATION ET AMÉNAGEMENT DU TERRITOIRE

Défini par l'un de ses inventeurs, E. Claudius-Petit, comme « la recherche d'une meilleure répartition géographique des hommes et des richesses en fonction des ressources naturelles et des activités économiques », l'aménagement du territoire traduit un certain volontarisme étatique au service de l'exigence d'égalité qu'il n'est pas toujours facile de concilier avec la liberté donnée aux acteurs de la décentralisation.

Trois périodes, très différentes, peuvent à cet égard être distinguées :

A – Les riches heures de l'aménagement du territoire (1950-1975)

Quant aux ***objectifs***, il s'agissait clairement de lutter contre l'évolution naturelle vers *Paris et le désert français* (J.-F. Gravier, 1947) grâce à la création d'une « prime spéciale d'équipement » et de « sociétés de développement régional » en 1955, ainsi qu'à l'institution de diverses exonérations fiscales destinées à rééquilibrer le développement en faveur de la province et en direction des grandes « métropoles d'équilibre », dans le cadre de politiques volontaristes, imaginatives et structurantes, afin de « partager harmonieusement les fruits de la croissance ».

Quant aux ***structures***, la DATAR (« Délégation à l'aménagement du territoire et à l'action régionale », créée en 1963), les CIAT (« Comités interministériels d'aménagement du territoire ») ou le FIAT (« Fonds d'intervention pour l'aménagement du territoire »), elles dépendaient toutes du Premier ministre, par souci de cohérence, et agissaient en liaison avec le plan – plus ou moins régionalisé – *via* la « Commission nationale d'aménagement du territoire ».

L'aménagement du territoire relevait donc alors de la volonté politique d'une administration centralisée, soutenue par un gouvernement fort, de transformer la géographie économique française à l'aube de l'ouverture européenne. Comme le rappelaient alors les circulaires du ministre de l'Intérieur aux préfets des 23 septembre 1965 et 10 septembre 1976 « relatives à l'harmonisation des aides de l'Etat et des collectivités locales », ces dernières ne pouvaient intervenir qu'en prolongement des politiques étatiques, dans le cadre de « zones » délimitées par la « carte des aides », afin d'éviter qu'elles ne deviennent les proies de « chasseurs de primes » en se livrant à une surenchère financièrement désastreuse pour attirer à tout prix des entreprises sur leur territoire (celles-ci étant naturellement portées vers les collectivités les plus riches, on eût risqué, sinon, d'accroître encore les disparités régionales et locales).

B – La remise en cause (1975-1995)

Elle est due à la conjonction de trois données nouvelles :

1) La crise économique

Celle-ci a conduit moins à diriger l'expansion qu'à secourir les « canards boiteux », entreprises ou régions en difficulté. De plus, les structures responsables de la politique d'aménagement du territoire se sont diversifiées, nuisant à la cohérence d'ensemble (cf. les nombreux « groupes », « comités » ou « fonds » : FIAT, FIDAR, FIAM, Fonds d'industrialisation de la Lorraine, de reconversion des zones minières, des chantiers navals etc.), tandis que ses crédits diminuaient (ceux de la DATAR de 40 % entre 1986 et 1989 par exemple ; ceux de la prime d'aménagement du territoire passant de 870 MF en 1985 à 360 en 1989 et ceux du FIAT de 862 à 646, etc.).

2) La décentralisation

Elle a inversé les priorités, communes, départements et régions « ***concourant*** avec l'Etat à l'aménagement du territoire » (loi du 7 juillet 1982 portant réforme de la planification, art. 1er). Aussi, désormais, « le territoire français est le patrimoine commun de la nation. Chaque collectivité publique en est le gestionnaire et le garant dans le cadre de ses compétences ... ; les collectivités locales harmonisent, dans le respect réciproque de leur autonomie, leurs prévisions et leurs décisions d'utilisation de l'espace » (loi du 7 janvier 1983, art. 35, devenu l'art. L 110 du Code de l'urbanisme). Les territoires locaux et national sont donc superposés et chaque opération d'aménagement fait intervenir plusieurs niveaux de décision, avec cependant une priorité pour l'échelon régional (cf. la loi du 7 janvier 1982 approuvant le plan intérimaire, art. 4).

3) La politique communautaire

Elle entraîne que les interventions locales en faveur de l'économie soient encadrées non seulement par l'Etat, mais aussi par la Commission de Bruxelles (articles 90 à 94 du Traité de Rome) au nom d'une philosophie libérale proscrivant toute atteinte à la concurrence.

D'autre part s'est développé le besoin d'une politique régionale communautaire traduisant une véritable solidarité envers les zones les plus défavorisées : zones agricoles traditionnelles « en retard de développement » ou zones industrielles frappées par la crise (charbon, acier, textile, chantiers navals, etc.), l'écart entre régions les plus riches et les plus pauvres de l'Europe ne cessant de s'accroître au fur et à mesure que la Communauté s'élargissait.

D'abord timide, fragmentée (FEOGA, FSE, BEI, etc.) et strictement complémentaire des politiques étatiques, la politique communautaire d'aménagement du territoire a gagné en cohérence avec la création, le 18 mars 1975, d'un fonds structurel spécifique, le « Fonds européen de développement régional » (FEDER), alors même que notre politique nationale s'atomisait et s'affaiblissait. De 1975 à 1988, le FEDER a consacré 9,2 milliards d'écus à des actions en faveur de zones défavorisées, concernant 35 % de la population et 50 % du territoire communautaire (Sud de l'Italie, Nord de la Grande-Bretagne et Irlande surtout), ses méthodes suscitant plusieurs controverses (entre pays riches, partisans de la rigueur, et pays pauvres, demandeurs de crédits ; entre partisans d'un saupoudrage des aides et partisans d'interventions concentrées en faveur des régions les plus pauvres ; entre tenants d'interventions passant par les Etats et ceux souhaitant un dialogue direct régions/commission etc.) ayant débouché sur divers compromis (distinction entre « crédits sous quotas », distribués *via* les Etats en fonction d'une clé de répartition entre eux, pour 95 % des aides et « crédits hors quotas », directement attribués par Bruxelles ; nouveau règlement du FEDER le 19 juin 1984, remplaçant ces quotas par des « fourchettes » et affectant les crédits à de véritables « programmes » pluriannuels, etc.).

A la fin des années 80 fut mise en œuvre une profonde ***réforme des fonds structurels***, en particulier du FEDER, dont l'article 130 C nouveau du Traité de Rome, résultant de l'Acte unique, spécifie qu'il est « destiné à contribuer à la correction des principaux déséquilibres régionaux dans la Communauté par une participation au développement et à la reconversion des régions industrielles en déclin ». Visant à concentrer les interventions du FEDER sur quelques objectifs prioritaires, à adapter ses moyens financiers (avec un doublement de sa dotation de 1987 à 1992) et à améliorer ses mécanismes d'intervention, cette réforme s'est réalisée au travers de cinq objectifs : n° ***1*** : rattrapage des « régions en retard de développement » ; n° ***2*** : reconversion des régions en déclin industriel ; n^os^ ***3 et 4*** : chômage de longue durée et insertion professionnelle des jeunes ; n° ***5 a et b*** : adaptation des structures agricoles et développement des zones rurales.

Pour la période 1994-1999, les fonds structurels européens devraient distribuer près de 200 milliards d'écus (environ 900 milliards de francs, près d'un tiers du budget de l'Union) pour tenter de réduire les disparités (dont 14,6 en faveur de la France, pourtant classée dans les pays les plus riches. Près d'un Français sur deux vit dans une région aidée par l'un de ces fonds), à quoi il faut encore ajouter 15 milliards d'écus du « fonds de cohésion » créé pour soutenir plus particulièrement l'Espagne, le Portugal, l'Irlande et la Grèce. Toutefois, les projections du « schéma de développement de l'espace communautaire » à l'horizon 2015 élaboré par la DATAR en mars 1995 ayant paru inacceptables, il n'est pas exclu que la politique d'aménagement du territoire de l'Union européenne relève de la compétence directe de cette dernière et non plus de la coopération entre Etats membres, à l'occasion de la révision du traité de Maastricht. En mai 1997, à Amsterdam, le « Comité des régions » de l'UE a jeté les bases d'une nouvelle réforme des fonds structurels, dans la perspective de l'élargissement, qui irait vers plus de simplification et de transparence dans l'utilisation de l'argent (sous le contrôle de la Cour des comptes de Luxembourg). Selon l'« Agenda 2000 » élaboré par la Commission, l'aide des fonds structurels européens aux régions atteindrait 275 milliards d'écus pour la période 2000-2006, mais en respectant strictement le critère de l'« Objectif n° 1 » (aide réservée aux régions « en retard de développement », dont le PIB est inférieur de 75 % à la moyenne communautaire), ce qui inclurait la plupart de celles des pays venus d'Europe de l'Est mais non l'Irlande, le Hainaut belge, la Corse et le Pas-de-Calais.

C – Le renouveau dans le cadre de l'alternance politique

1) La logique jacobine et rurale de la loi d'orientation du 4 février 1995

Au terme de riches débats, engagés lors du Comité interministériel d'aménagement et de développement du territoire de Mende du 12 juillet 1993, cette loi a été promulguée après que le CC eut admis (le 26/1/1995) que « le principe d'égalité ne fait pas obstacle à ce que le législateur édicte, par l'octroi d'avantages fiscaux, des mesures d'incitation au développement et à l'aménagement de certaines parties du territoire national dans un but d'intérêt général » et que « de telles mesures ne constituent pas en elles-mêmes une atteinte à la libre administration des collectivités locales ».

Pour atteindre les objectifs d'égalité des chances de chaque citoyen sur l'ensemble du territoire et le développement équilibré de celui-ci, le 1er des 88 articles fixe les orientations (correction des inégalités de conditions de vie, compensation des handicaps territoriaux, modulation des charges par des dispositions dérogatoires, réduction des écarts de ressources entre les collectivités territoriales en tenant compte de leurs charges) et précise que, « déterminée au plan national », la politique d'aménagement et de développement du territoire « est conduite en association avec les collectivités dans le respect de leur libre administration et des principes de décentralisation ».

Le titre 1er comprend cinq chapitres, le 1er concernant ***le schéma national d'aménagement et de développement du territoire***, qui aurait dû être voté par le Parlement après avis des collectivités territoriales (un avant-projet a bien été présenté par le gouvernement le 10 avril 1997, mais l'alternance est intervenue juste après et les nouveaux responsables ont une conception différente, cf. *infra*) et les autres ***le Conseil national d'aménagement et de développement du territoire*** (52 membres, créé en septembre 1995, installé le 5 février 1996, réuni à Auch le 10 avril 1997 pour approuver l'avant-projet de schéma national, puis le 15 décembre 1997 pour arrêter les mesures voulues par le Gouvernement Jospin ; ***les directives territoriales d'aménagement*** (devant fixer, sur certaines parties du territoire, les orientations de l'Etat, en ce qui concerne notamment l'équilibre entre les perspectives de développement économique et la protection de l'environnement. Les cinq premières ont seulement été adoptées, dans leur principe, par le gouvernement Juppé le 21 février 1996) ; ***les schémas régionaux d'aménagement et de développement du territoire*** (selon le décret du 30 mai 1997, ils doivent être élaborés par les conseils régionaux, après avis des conseils généraux, des communes chefs-lieux de département ou d'arrondissement ou de plus de 20 000 habitants ou des groupements de communes exerçant des compétences en matière d'urbanisme et d'aménagement. Le décret du 21 janvier 1983 relatif aux contrats de plan a été modifié. Désormais, « le projet de contrat de plan est établi sur la base des orientations et des engagements respectifs, d'une part de l'Etat tels qu'ils sont inscrits dans le schéma national d'aménagement et de développement du territoire et dans la seconde loi de plan ; et d'autre part de la région tels qu'ils sont inscrits dans son schéma régional... et dans son plan régional ainsi que, le cas échéant, sur la base des orientations retenues par le schéma interrégional du littoral ou par le schéma interrégional de massif ») ; ***les conférences régionales d'aménagement et de développement du territoire*** (créées par un décret du 2 novembre 1995) ; ***le groupement d'intérêt public d'observation et d'évaluation de l'aménagement du territoire*** et, enfin, les ***schémas sectoriels*** (de l'enseignement supérieur et de la recherche, des équipements culturels, relatifs aux communications, à l'organisation sanitaire etc.).

Le titre II est consacré aux « ***pays*** », destinés à revitaliser les zones rurales (42 expériences-test devaient être menées mais, en fait, plus de 200 ont émergé, l'objectif – repris à son compte par D. Voynet – étant de 4 à 500 pour 2015) ; le titre III à *l'action territoriale de l'Etat* dans l'optique de la déconcentration (cf. *supra*, p. 32) ; les titres IV et V aux mesures financières d'accompagnement ; le titre VI à des dispositions spécifiques à certaines parties du territoire (région d'Ile-de-France, zones prioritaires d'aménagement du territoire, zones éligibles à la PAT, zones de revitalisation rurale, de redynamisation urbaine) et le titre VII à la répartition des compétences entre collectivités locales, à la péréquation des finances locales (cf. le Fonds national de péréquation de la taxe professionnelle créé par décret le 2 mai 1995) et au développement local.

Au printemps 1997, le souffle – ou le soufflé – paraissait toutefois retombé : certes, une trentaine de décrets d'application avaient été édictés mais, dans la loi de finances pour 1997, le budget de l'aménagement du territoire était en diminution de 15 % en crédits de paiement et de 26 % en autorisations de programme. Le versement des primes d'aménagement du territoire (613 MF en 1995) avait baissé de 55 % en crédits de paiement sur trois ans (cf. le décret du 6 février 1995 redéfinissant ses taux et son régime) et ceux du Fonds régional d'aménagement et de développement du territoire de 40 % depuis la loi de finances pour 1995. De même, si le Fonds d'investissement des transports terrestres et des voies navigables avait été correctement doté, ce n'était pas le cas du Fonds de gestion de l'espace rural. Enfin, l'avant-projet de schéma national d'avril 1997 était non seulement tardif mais surtout en recul sur le fond, les projets initiaux de la DATAR et de M. Gaudin ayant été quelque peu écornés du fait des pesanteurs et des pressions exercées par les élus locaux.

C'est dans ce contexte que survint la dissolution, puis l'alternance politique, qui allait donner à l'aménagement du territoire une nouvelle chance, avec des priorités différentes cependant.

2) La logique européenne et urbaine du projet de loi d'orientation rédigé par D. Voynet

Le 15 décembre 1997, le CIADT a arrêté un certain nombre de mesures en faveur du « développement durable » (?) ainsi que trois programmes d'action concernant le Massif central, le pays Basque et la vallée du Doubs. Dans la loi de finances pour 1998, le budget de l'aménagement du territoire a été porté à 1,8 milliard de F (+ 6,1 %), tandis que ceux du fonds d'investissement des transports terrestres et des voies navigables augmentaient de 25 % et ceux de la PAT de plus de 100 % (320 MF en crédits de paiement).

Début mai 1998, D. Voynet, ministre en charge de ce secteur, a semblé faire prévaloir ses vues (intercommunalité, régions, Europe) sur celles du républicain jacobin J.P. Chevènement, ministre de l'Intérieur (communes, départements, Etat) et a déposé un avant-projet de loi d'orientation sur l'aménagement et le développement du territoire destiné à remplacer la « loi Pasqua » du 5 février 1995. Ce texte comporte 8 schémas nationaux de services collectifs tournés vers les besoins de la population et 22 (26 avec l'outre-mer) schémas régionaux d'aménagement et de développement du territoire consacrant l'abandon de l'idée d'un schéma national. Donnant la priorité aux villes, où vivent 80 % de la population et seules susceptibles de « tirer vers le haut » l'ensemble du territoire, ces textes devraient servir de référence à la future planification régionale (leur mise en œuvre coïncidera avec les contrats de plan Etat – régions de l'an 2000 ainsi qu'avec la réforme des fonds structurels européens) et seront arrêtés par décrets en CE au cours du premier trimestre de 1999. Leur élaboration devrait renforcer le rôle des régions en la matière, sans toutefois les autoriser à exercer sur les autres collectivités territoriales une quelconque tutelle.

3 • DÉCENTRALISATION, TUTELLES ET CONTRÔLES

La « libre administration » des collectivités locales ne les soustrait nullement au contrôle de l'Etat. L'article 72-3 de la Constitution de 1958 dispose à cet égard que : « Dans les départements et territoires (NB : mais aussi dans les autres collectivités créées par la loi : régions, Corse : cf. la décision CC du 9 mai 1991 au sujet de cette dernière), le délégué du Gouvernement a la charge des intérêts nationaux, du ***contrôle administratif*** et du respect des lois ».

Ce contrôle peut être assez poussé car, selon le CC (28/12/1982, *Loi Paris-Lyon-Marseille*), « il appartient au législateur de prévoir l'intervention du gouvernement pour pourvoir, sous contrôle du juge, à certaines difficultés administratives résultant de l'absence de décision de la part des autorités décentralisées normalement compétentes lorsque cette absence de décision risque de compromettre le fonctionnement du service public et l'application des lois ». Dans ces conditions, a-t-il précisé (19/1/1988, *Statut de la Nouvelle-Calédonie)*, « aucun principe non plus qu'aucune règle de valeur constitutionnelle ne fait obstacle à ce que la loi permette au Haut commissaire de la République d'exercer un ***pouvoir de substitution*** » lorsque, par exemple, l'absence de majorité qualifiée est « de nature à compromettre les intérêts généraux du territoire ». Ce pouvoir de substitution, maintenu par les lois de 1982, s'exerce par ailleurs surtout dans les domaines de la police (maintien de l'ordre public) et du budget (inscription d'office d'une dépense obligatoire, en liaison avec la chambre régionale des comptes, cf. *infra*, p. 41).

De nombreux ***contrôles spécifiques*** subsistent également, en matière de ***défense nationale*** (selon l'art. 26 de la loi du 9 janvier 1986, le préfet dispose d'un recours spécial, porté directement devant le CE ; et l'art. L 1111-7 CGCT rappelle que : « les collectivités territoriales exercent leurs compétences propres dans le respect des sujétions imposées par la défense nationale », l'Etat disposant « en tant que de besoin des services des communes, des départements, des régions, de leurs groupements et de leurs établissements publics » pour ce faire), ***d'action sanitaire*** (tutelle sur les organismes gérant les services sanitaires, essentiellement hospitaliers) ou ***d'urbanisme*** (secteur dans lequel tous les actes des autorités locales ne sont pas devenus immédiatement exécutoires après leur transmission au préfet : par exemple, ceux approuvant les schémas directeurs ne le deviennent que soixante jours après ; pour la maintenance des autorisations d'utilisation des sols certaines ne le sont que quinze jours après leur transmission ; de même, selon la loi du 23 décembre 1986, les décisions des conseils municipaux en vue de l'application anticipée de nouvelles dispositions des POS en cours de révision ne le sont qu'un mois après).

Enfin, la loi du 2 mars 1982 promettait un « allégement » des ***tutelles techniques*** (toujours attendu, en fait, de même que la publication d'un Code de prescriptions et normes techniques, annoncé avant deux ans, délai prolongé par la loi du 22 juillet 1983, art. 17, et actuellement promis par l'art. L 1111-6 CGCT) qui s'exercent en matière d'hygiène, prévention sanitaire, affaires culturelles, urbanisme et constructions publiques, lutte contre les pollutions et nuisances, protection de la nature, etc., et limitent encore la « libre administration » des collectivités locales.

En revanche, cette même loi a « supprimé » les tutelles financière et administrative, remplacées par des « contrôles ».

A – Le contrôle budgétaire et financier

Jadis exercé par les préfets (tutelle budgétaire), la Cour des comptes ou les agents locaux du Trésor (contrôle juridictionnel), il est désormais confié aux ***chambres régionales des comptes*** (CRC) organisées par les lois des 10 juillet 1982 et 2 décembre 1994 notamment ainsi que par les décrets des 22 mars 1983 et 23 août 1995.

1) Le contrôle budgétaire

Il s'exerce dans quatre hypothèses.

a) Budget non voté à la date limite

C'est-à-dire le 31 mars (ou le 15 avril l'année du renouvellement des assemblées délibérantes). Le préfet auquel les budgets doivent à nouveau être transmis dans les quinze jours suivant cette date limite (loi du 19 août 1986), saisit la CRC ce qui suspend les pouvoirs de l'assemblée délibérante (loi du 25 janvier 1985, art. 28 ; cf. CAA Lyon, 7/11/1996, *Préfet de la Haute-Corse*) jusqu'au règlement d'office du budget par le préfet sur proposition de la CRC (dont il peut s'écarter par décision motivée). Faute de majorité, due au mode de scrutin proportionnel, cette procédure a été mise en œuvre dans certaines régions (Haute-Normandie en 1995 et 1996, Ile-de-France en 1997), jusqu'à ce que la loi du 7 mars 1998 n'institue un mécanisme d'adoption automatique sauf « motion de renvoi » assortie d'un projet de budget alternatif (« 49-3 régional »), conforme au principe de libre administration car « visant à assurer le principe de continuité des services publics tout en évitant le dessaisissement des organes délibérants au profit du représentant de l'Etat ».

b) Budget non voté en équilibre réel

Le préfet, dans le mois suivant la transmission de ce budget, saisit la CRC (150 à 200 cas par an), qui dispose également d'un mois pour constater ou non le déséquilibre et, le cas échéant, formuler des propositions motivées pour son rétablissement. L'assemblée locale ainsi épinglée dispose encore d'un mois pour adopter les mesures nécessaires et, à défaut, le budget est réglé et rendu exécutoire par le préfet (qui inscrit des recettes supplémentaires ou diminue les dépenses). Dès lors, les budgets supplémentaires afférents à l'exercice concerné sont transmis à la chambre par le préfet (loi d'orientation du 6 février 1992, art. 45). A noter que l'existence de cette procédure empêche le préfet de déférer le budget au tribunal administratif (exception de recours parallèle : cf. CE, Sect., 23/12/1988, *Départ. du Tarn c. Limousy, Barbut et al.*) mais que, s'il ne saisit pas la CRC, les personnes lésées – qui ne peuvent accomplir cette démarche – sont recevables devant le juge administratif (cf. CE, 9/7/1997, *Commune de Garges-les-Gonesse*. D'autre part, le préfet lui-même peut saisir le juge administratif afin de faire sanctionner des délibérations à caractère budgétaire illégales pour des raisons autres qu'un déséquilibre ou un défaut d'inscription d'une dépense obligatoire (CAA Lyon, 7/11/1996, *Préfet de la Haute-Corse*, cité).

c) Compte administratif non présenté en équilibre

Si le déficit en fin d'exercice d'une collectivité locale dépasse 5 % (10 % pour les communes de moins de 20 000 habitants), le préfet doit également saisir la CRC qui propose, dans les deux mois, les mesures nécessaires au rétablissement de l'équilibre et vérifie leur accomplissement dans le budget primitif de l'exercice suivant, qui lui est transmis d'office. Si tel n'est pas le cas, elle adresse de nouvelles propositions au préfet, qui règle et rend exécutoire le budget de la collectivité (sauf subvention exceptionnelle d'équilibre accordée à une commune, vu les circonstances).

d) Dépense obligatoire non inscrite au budget

Selon les articles 11, 16, 52 et 83 de la loi du 2 mars 1982, « ne sont obligatoires que les dépenses nécessaires pour l'acquittement des dettes exigibles » (cf. TA Versailles, 4/1/1994, *M. Antoine c. Préfet de l'Essonne, Directeur des services fiscaux et commune d'Yerres*, à propos de deux emprunts contractés par une société d'économie mixte locale avec la garantie de la commune) et celles « pour lesquelles la loi l'a expressément décidé », à savoir, pour les communes, outre la rémunération des agents et les frais d'entretien de l'hôtel de ville, les dépenses relatives aux écoles publiques mais aussi privées sous contrat d'association (CE, Ass, 31/5/1985, *Min. de l'Ed. nat. c. Assoc prof. de l'école ND-les-Gray*), les charges d'entretien des voies communales, les cimetières, les dépenses des services de secours contre l'incendie, des stations d'épuration des eaux usées, les contingents d'aide sociale versés aux départements etc. Pour ces derniers, les dépenses liées à la construction et à l'entretien des collèges (ou des lycées pour les régions), au transport scolaire, à l'aide sociale, ainsi que celles liées à l'utilisation d'équipements sportifs par les élèves des collèges, à condition que ces dépenses soient « liquides et non sérieusement contestées » (TA Grenoble, 19/2/1997, *Départ. de l'Isère*).

Si une collectivité locale refuse d'inscrire une telle dépense à son budget, le préfet, le comptable public ou tout interéssé (dès lors irrecevable à former directement un recours en annulation contre un tel refus d'inscription : cf. CE, 13/2/1989, *Commune de Gardanne*) saisissent la CRC, qui doit se prononcer, dans le mois, sur le caractère obligatoire de la dépense, par une décision elle-même susceptible de recours. Si la dépense est estimée non obligatoire, le préfet ne peut l'inscrire d'office (CE, 23 mars 1984, *OGEC de Couëron* ; 10/2/1988, *Commune de Brives-Charensac* ; 4/11/1988, *Synd. mixte du collège Val-de-Sarre*). Dans le cas contraire, il peut refuser de le faire, par décision motivée (CE, 30/1/1987, *Départ. de la Moselle* ; 21/12/1994, *Départ. de la Marne* ; 9/9/1996, *Synd. CGTM des sapeurs-pompiers du départ. de la Martinique*), pouvant engager la responsabilité – pour faute lourde – de l'Etat (CE, 29/4/1987, *Min. de l'Intérieur et Min. de l'Ed. nat. c. école ND de Kernitron*). En revanche, dans cette hypothèse, la CRC doit mettre en demeure la collectivité d'inscrire la dépense obligatoire (CE, 16/10/1996, *Départ. de la Loire*).

➩ Selon le rapport publié en juillet 1991 par la Cour des comptes, moins de 1% des actes budgétaires donnent lieu à saisine d'une CRC, dont les préfets suivent presque toujours les propositions. L'efficacité de ce contrôle peut résulter d'une réduction des délais et d'une présentation plus juste des comptabilités locales (réalisée en partie par la loi du 6 février 1992, avec l'extension de la distinction autorisations de programme/crédits de paiement aux communes et aux départements, et par l'installation en février 1993 d'un observatoire des finances locales permettant de mieux déceler les situations à risques à l'occasion des contrôles.

2) Le contrôle juridictionnel des comptes

A l'exception de ceux de la Ville de Paris, qui relèvent toujours de la Cour des comptes, les CRC ont hérité du contrôle des comptes des comptables publics (et des comptables de fait : ordonnateurs ayant manié des fonds nonobstant la règle de séparation) des collectivités territoriales et des établissements publics locaux (et parfois nationaux). Toutefois, la loi du 5 janvier 1988 a redonné aux TPG le soin d'apurer les comptes des quelque 30 000 communes de moins de 2 000 habitants ayant moins de 2 MF de recettes ordinaires.

Après vérifications éventuelles sur pièces et sur place (les comptables devant produire leurs comptes avant le 31 décembre suivant la clôture de chaque exercice), les CRC rendent un jugement provisoire puis, après explications du comptable et au terme d'une procédure désormais contradictoire (selon la loi du 29 janvier 1993, toute personne morale mise en cause peut demander à être entendue), un jugement de quitus ou de débet, qui peut faire l'objet d'un recours en révision (à la demande du comptable, sur réquisitions des autorités locales ou du préfet), en appel (devant la Cour des comptes, éventuellement sur requête des contribuables locaux) et en cassation (devant le CE).

3) Le contrôle de gestion

Il permet aux CRC d'adresser des observations relatives au respect des procédures comptables et à « l'emploi régulier des crédits, fonds et valeurs » (et non plus, comme avant la loi du 5 janvier 1988, à leur « bon emploi », ce qui pouvait entraîner un certain contrôle d'opportunité) par les autorités locales (ainsi que par les dirigeants d'organismes privés bénéficiant de subventions publiques) à leur initiative ou, depuis la loi d'orientation du 6 février 1992, sur demande des exécutifs locaux ou des préfets. Alors que le texte initial les avait exclues de la liste des « documents communicables aux tiers » de la loi du 17 juillet 1978, celle du 15 janvier 1990 a spécifié que : « Les observations définitives formulées par la CRC sur la gestion d'une collectivité territoriale, d'un organisme privé (ou sur l'activité des sociétés d'économie mixte locales et sur les interventions préfectorales dans la procédure budgétaire a ajouté la loi du 29 janvier 1993) sont communiquées par l'exécutif de la collectivité à son assemblée délibérante, dès sa plus proche réunion ». Ajoutons enfin, d'une part que les conventions relatives aux marchés publics et aux délégations de service public peuvent aussi, désormais, être adressées à la CRC, pour observations, par le préfet (loi du 6 février 1992, art. 47-3) et, d'autre part, que les exécutifs des collectivités locales sont passibles, dans certains cas (réquisition de leur comptable par exemple), de la Cour de discipline budgétaire et financière (loi du 29 janvier 1993, art. 78).

B – Le contrôle administratif de légalité

Apparemment juridictionnalisé, puisque ce n'est plus le préfet qui peut annuler les actes des autorités locales mais seulement, depuis 1982, le tribunal administratif, ce contrôle « administratif » mérite en réalité bien son nom compte tenu du faible pourcentage de déférés préfectoraux par rapport au nombre d'actes transmis et de la marge de manœuvre laissée aux représentants de l'Etat dans la phase pré-contentieuse.

1) Le moment du déféré préfectoral

Selon le texte initial de la loi de 1982, les « délibérations, arrêtés et actes » des autorités locales, mais aussi des offices publics d'aménagement et de construction, offices d'HLM (CE, 27/4/1987, *COREP des Côtes-du-Nord*) ou des établissements publics médico-sociaux, devenaient « exécutoires de plein droit », sauf exceptions, dès leur publication ou notification, sans même attendre leur transmission, dans les quinze jours de leur adoption, au préfet. Ce dernier, s'il doutait de leur légalité, devait saisir le TA, mais seulement vingt jours au moins après avoir informé de ses intentions les autorités locales concernées. Mais, le 25 février 1982, le CC déclara ces dispositions contraires à l'article 72 de la Constitution, qui confie au représentant de l'Etat la charge du contrôle administratif, dès lors qu'elles l'empêchaient d'être « en mesure de connaître la teneur des actes au moment où ils sont rendus exécutoires et de saisir sans délai (NB : de 15 + 20 = 35 jours), s'il y a lieu, la juridiction administrative ».

La loi du 22 juillet 1982 a donc retenu la formule selon laquelle ces actes locaux sont transmis sans délai particulier (sauf celui de 15 jours prévu en matière budgétaire par la loi du 19 août 1986 et pour les marchés publics par celle du 6 février 1992) au préfet, cette formalité devenant cependant, pour ceux qui y sont obligatoirement soumis, une condition de leur caractère exécutoire. Les autorités locales ont donc désormais intérêt à transmettre leurs actes au plus vite afin qu'ils produisent des effets juridiques. L'absence de transmission empêche l'acte d'être exécutoire mais ne fait pas obstacle à la recevabilité du déféré si le préfet a été informé par un autre procédé de l'existence de l'acte (CE Sect., 27/2/1987, *Commune de Grand-Bourg-de-Marie-Galante*). L'inobservation de cette formalité substantielle qu'est la transmission ne peut être régularisée et entraîne la nullité des actes en cause (CE, avis contentieux du 10/6/1996, *Préfet de la Côte-d'Or*).

D'autre part, le préfet peut déférer au TA les actes « qu'il estime contraires à la légalité dans les ***deux mois*** suivant la transmission ». Le point de départ de ce délai est toutefois reporté au jour où il reçoit les documents annexes permettant de le « mettre à même d'apprécier la portée et la légalité de l'acte » (cf. la liste des pièces relatives aux conventions et marchés des collectivités locales et de leurs établissements publics à transmettre, fixée par le décret du 9 septembre 1993), ou bien à celui où le refus – explicite ou implicite – de les fournir est devenu définitif : recours « gracieux » pour complément d'information, « lettres d'observations » ou demandes de réexamen d'une délibération ont donc pour effet de prolonger le délai du déféré (CE, 18/4/1986, *COREP d'Ille-et-Vilaine c. Commune de Fougères* ; 29/4/1987, *COREP des Hauts-de-Seine c. Commune de Levallois-Perret* ; 13/7/1988, *Mutuelle générale des personnels des collectivités locales* ; 6/12/1989, *Départ. de la Haute-Corse* ; 24/1/1994, *Préfet de l'Hérault* ; Sect., 6/12/1995, *Préfet du Morbihan* et *Préfet des Deux Sèvres* ; 10/5/1996, *Ville de Nîmes* ; 8/6/1996, *Départ. des Hautes-Alpes* ; 4/11/1996, *Départ. de la Dordogne* ; 29/11/1996, *Départ. des Alpes-de-Haute-Provence*, etc.). De même, la demande adressée au préfet par une personne lésée d'exercer ce déféré (ce qui est peu fréquent, et la réponse positive des préfets encore moins) prolonge le délai du recours traditionnel en annulation de deux mois dont elle dispose jusqu'à la réponse, explicite ou non, du préfet (CE, Sect., 25/1/1991 ; *Brasseur* : qui, revenant sur sa jurisprudence antérieure – 18/11/1987, *Marcy* – estime irrecevable le recours contre le refus préfectoral de déférer un acte au TA ; ou 26/2/1992, *M. Lemée* et *M*[me] *Znamiec*). Par ailleurs, si le recours émane de membres d'une assemblée locale contre une délibération de cette dernière, le délai part du jour de la délibération et non de celui de sa publication, en vertu de la théorie dite « de la connaissance acquise » (CE, 13/6/1986, *Toribio* et *Bideau* ; 27/10/1989, *De Peretti c. Commune de Sarlat* ; 23/4/1997, *Ville de Caen c. Paysant*).

2) Les déférés assortis de demandes de sursis à exécution

Les déférés préfectoraux peuvent être assortis d'une demande de sursis à exécution, selon une procédure allégée par rapport à celle de droit commun dans la mesure où une seule condition – celle de soulever un « moyen sérieux » de nature à justifier l'annulation – est requise (quel que soit le caractère du préjudice). En revanche, lorsque le TA est saisi directement par une personne lésée, les deux conditions habituelles du sursis doivent être réunies (cf. CE, 22/11/1984, *Allain* ; 20/2/1985, *Botet*). Accompagnant près d'un déféré préfectoral sur deux, ces demandes de sursis à exécution n'avaient cependant guère atteint leur objectif car les TA n'y répondaient que cinq ou six mois après ou, plus souvent encore, se contentaient d'accélérer leur jugement au fond. C'est pourquoi la loi d'orientation du 6 février 1992, article 44, est venue spécifier que, désormais, ces demandes de sursis devraient être jugées dans le délai d'un mois, le non-respect dudit délai ne valant toujours pas, cependant, sursis à exécution et la demande de sursis n'étant pas par elle-même suspensive. L'article 83 de la loi du 29 janvier 1993 relative à la prévention de la corruption avait ensuite prévu de porter à trois mois le délai imparti aux TA pour se prononcer sur les demandes de sursis, avec suspension automatique de l'exécution des actes contestés pendant ce délai en matière d'urbanisme, de marchés et de conventions de délégation de services publics, mais le CC, dans sa décision du 20 janvier, invalida cet article qui « privait de garanties suffisantes l'exercice de la libre administration des collectivités locales prévu par l'article 72 de la Constitution ». La loi du 10 février 1994 portant diverses dispositions en matière d'urbanisme et de construction a précisé qu'en ce domaine, désormais, les décisions juridictionnelles prononçant un sursis à exécution devaient indiquer le ou les moyens sérieux de nature à justifier l'annulation de la décision attaquée (art. L 600-4) et prévu la possibilité de sursis prononcé par un juge unique (art. L 600-5, inséré dans le Code des TA et des CAA – art. L 25 – par la loi du 8 février 1995 sur la justice). Enfin, appliquant une suggestion contenue dans le rapport du groupe de travail de l'Assemblée nationale sur la corruption du 24 novembre 1994, l'article 27 de la loi d'orientation pour l'aménagement et le développement du territoire du 4 février 1995 dispose qu'en matière d'urbanisme, de marchés et de délégations de service public, la demande de sursis à exécution, présentée par le préfet dans les dix jours suivant la réception de l'acte, a un effet suspensif immédiat, d'une durée d'un mois (l'acte redevenant exécutoire si le TA n'a pas statué dans ce délai).

Par ailleurs, la loi du 2 mars 1982 a institué une procédure originale de ***sursis accéléré***, auquel il doit être fait droit dans les ***48 heures***, à l'encontre d'actes locaux « de nature à compromettre l'exercice d'une liberté publique ou individuelle » ; rarement accordé (17 fois, sur 17 demandes, en 1987 ; 4 fois sur 18 en 1988 ; 11 fois sur 11 en 1989, etc.), ce sursis accéléré est toutefois défini restrictivement par le juge (cf. CE, 18/2/1983, *COREP de la Gironde* ; 25/2/1983, *Assemblée de Corse* ; 2/7/1983, *Commune de Sarcelles* ;

14/1/1987, *COREP du Calvados*). La loi du 8 février 1995 relative à la justice a ouvert à tous les citoyens cette procédure, jusque-là réservée au préfet (art. L 27 du code des TA et CAA : sursis prononcé – concernant les actes des autorités communales exclusivement – par le président du TA ou son délégué, avec appel devant la CAA), en même temps qu'elle instituait au profit des mairies de Paris, Lyon et Marseille la possibilité de demander au président du TA le sursis à exécution de délibérations votées en 2e lecture par les conseils d'arrondissement (art. L 26 : appel devant le président de la section du contentieux du CE).

3) La nature juridique du déféré préfectoral

Pour certains auteurs, le déféré devait être distingué du recours pour excès de pouvoir : le préfet peut seul le mettre en œuvre (et a toujours, par définition, « intérêt à agir », même si, en pratique, ce n'est pas forcément vrai, ce qui le conduit à ne pas se préoccuper assez de l'exécution des jugements ou arrêts par les autorités locales) ; la procédure de sursis à exécution qui s'y attache est spécifique ; il peut viser les contrats et marchés des collectivités locales, ce qui n'est pas le cas du REP, sauf à l'encontre des actes détachables des contrats proprement dits (cf. à propos des déférés contre les contrats des collectivités locales, CE, 4/5/1994, *Départ. de la Sarthe*).

La jurisprudence a cependant consacré la thèse de l'assimilation des déférés aux REP (cf. CE, 18/4/1986, *COREP d'Ille-et-Vilaine* ; 27/2/1995, *Commune de Châlons s/Marne*, qu'il s'agisse des règles relatives aux délais (deux mois, computés pareillement : délai franc pour déterminer le point de départ : CE, 29/5/1987, *Commune de Goult*, précisant que, sauf disposition contraire de la loi, le déféré doit être « soumis aux règles du droit commun de la procédure devant les TA ») ou à leur interruption en cas de recours gracieux (auquel sont assimilées les lettres d'observations, demandes de nouvelle délibération ou de complément d'information du préfet, cf. *supra*), de l'obligation d'être motivé pour être recevable (CE, Sect., 27/2/1987, *Commune de Grand-Bourg-de-Marie Galante c. Mme Pistol)*, de la possibilité du préfet de se désister en cours d'instance ou encore de leur recevabilité sans condition de délai contre des actes « inexistants » (CE, 28/2/1986, *COREP des Landes*, à propos d'un acte fondé sur une délibération n'ayant jamais eu lieu).

A noter que cet alignement de la procédure des déférés préfectoraux sur celle des REP a été étendu aux contrats des collectivités locales (CE, Sect., 26/7/1991; *Commune de Ste-Marie de la Réunion*), privilégiant ainsi l'unité du régime des déférés, quelle que soit la nature des actes contestés, par rapport à l'unité du contentieux contractuel. Désormais d'ailleurs, le CE qualifie lui-même le déféré de REP (28/7/1989, *COREP de l'Isère c. Alain Femeau* ; Sect., 28/2/1997, *Commune du Port*).

4) Le domaine du déféré préfectoral

Paradoxalement, il était d'abord résulté de la décision CC du 25 février 1982 un alourdissement de la tutelle (qu'on avait souhaité supprimer) car, du fait de l'abrogation de certains textes antérieurs, « toutes les décisions, quelle qu'en soit la forme, susceptibles de faire grief à au moins une personne » (circulaire Defferre du 5 mars 1982), y compris les actes « de gestion les plus courants », se trouvaient devoir être transmis.

C'est pourquoi la loi du 22 juillet 1982 visant à « restreindre le champ d'application de l'obligation de transmission » en a retenu la liste limitative suivante : les délibérations des assemblées locales, y compris les pièces annexes (cf. *supra*) et les décisions prises par délégation de celles-ci ; les décisions réglementaires ou individuelles prises par le maire ou le président du conseil général dans l'exercice de leur pouvoir de police ; les actes réglementaires des autorités locales pris « dans tous les autres domaines qui relèvent de leur compétence en application de la loi » ; les conventions relatives aux marchés, emprunts, concessions et affermages de SPIC locaux, les décisions individuelles relatives à la nomination, avancement de grade, sanctions soumises à l'avis du conseil de discipline (toutes sauf l'avertissement et le blâme) et au licenciement d'agents.

La loi du 7 janvier 1983 y a ajouté les décisions relatives aux permis de construire, certificats d'urbanisme et autres autorisations d'utilisation du sol. La loi du 26 janvier 1984 sur la fonction publique territoriale a également évoqué les décisions relatives à l'avancement d'échelon des agents, celles des 25 janvier 1985 et 6 janvier 1986 certains actes des établissements publics locaux d'enseignement (en plus du contrôle des autorités académiques) et à caractère social ou médico-social ; la loi du 13 juillet 1987 les actes relatifs à l'organisation des concours, à l'établissement des listes d'aptitude, à la publicité des créations et vacances d'emplois et au budget des centres de gestion de la fonction publique territoriale ; la loi d'orientation du 6 février 1992 a précisé que les conventions relatives aux marchés communaux et intercommunaux devaient être transmises dans les 15 jours (avec les pièces annexes désignées par le décret du 9 septembre 1993) et la loi du 29 janvier 1993 a étendu cette procédure aux conventions de délégation de service public (cf. *supra*) ainsi qu'aux « décisions relevant de l'exercice de prérogatives de puissance publique prises par les sociétés d'économie mixte locales pour le compte d'une collectivité territoriale ou d'un établissement public de coopération intercommunale » !

La loi du 22 juillet 1982 et la circulaire du même jour avaient également spécifié que la transmission de ces actes se prouvait non au départ, mais à l'arrivée en préfecture, par un « accusé de réception » (ne constituant cependant pas une « formalité substantielle » du caractère exécutoire des actes, afin d'éviter toute tentative de retour à une tutelle d'opportunité si le préfet n'avait eu qu'à ne pas délivrer de récépissé pour empêcher un acte local de produire des effets juridiques), modalité de preuve, parmi d'autres, de l'accomplissement de cette obligation et point de départ du délai de déféré de deux mois.

En revanche, ne sont plus soumis à obligation de transmission tous les actes ne figurant pas dans cette liste limitative, c'est-à-dire « les multiples actes d'administration quotidienne et, notamment, les échanges de correspondance qui s'instaurent entre les élus et leurs administrés ... » (circulaire du 22 juillet 1982). Il va de soi que le préfet, s'il en a connaissance, peut intenter contre ceux de ces actes qu'il estime illégaux, non un « déféré » spécifique mais un recours pour excès de pouvoir classique, fondé sur l'article 72-3 de la Constitution, sans sursis à exécution allégé, ni accéléré (CE, 2/12/1989 ; *Charbonnel*, à propos de la modification de son règlement intérieur par un conseil général ; 10/1/1987, *COREP d'Ille-et-Vilaine c. Commune du Rheu*), de même qu'il dispose du recours en déclaration d'inexistence, sans condition de délai (CE, 28/2/1986, *COREP des Landes*, cité). C'est également en se fondant sur l'article 72-3 de la Constitution que le CE (Sect., 28/2/1997, *Commune du Port*) a étendu le champ d'application du déféré aux décisions implicites de rejet opposées à certaines demandes du préfet par les élus locaux.

Enfin, échappent naturellement à l'obligation de transmission, et donc au champ d'application du déféré, les actes pris par les autorités locales au nom de l'Etat (cf. par exemple, les articles L 2131-4 CGCT etc.), qui relèvent toujours du ***contrôle hiérarchique*** ainsi que ceux ressortant du droit privé et du juge judiciaire.

5) La fréquence du déféré préfectoral

Sa faiblesse par rapport au nombre d'actes transmis illustre la marge de manœuvre laissée aux préfets dans la phase pré-contentieuse du contrôle des actes des autorités locales qui, de ce fait, mérite bien, somme toute, son appellation d'« administratif » : En effet, sur plusieurs milliers d'actes reçus (trois en 1983, cinq en 1990), il n'en a été déféré aux TA que 1 293 en 1983-1984 (0,44 %, soit 1,64 % des recours enregistrés par ces juridictions), 1 753 en 1985-1986 (0,46 %), 1 765 en 1988 (0,38%), 1 618 en 1989 (0,32 %) etc., soit une stabilisation en valeur absolue. De surcroît, 30 à 40 % de ces déférés font ultérieurement l'objet de *désistements* en cours d'instance (312 en 1987, 406 en 1988, 419 en 1989, etc.).

Par rapport aux « lettres d'observations » envoyées par les préfets aux élus, en augmentation constante (88 000 en 1984, 91 000 en 1987, 132 000 en 1989), la proportion de déférés est également faible (54 fois moins en 1984, 80 fois moins en 1989), soit parce que les élus se sont inclinés, soit parce que les préfets, spontanément ou sur ordre, ont renoncé. En foi de quoi J.-C. Hélin a pu écrire que : « la phase administrative du contrôle, bien que non directement organisée par la loi, est la règle et la phase juridictionnelle l'exception », et constater « le déplacement quasi-irréversible du contrôle de légalité vers son amont, le contrôle administratif du préfet et de ses services, et non vers son aval, le contrôle du juge administratif ». Du reste, à la grande satisfaction des élus (cf. le *Rapport d'information Hoeffel*, Doc. Sénat, annexe au P.V. de la séance du 27 mars 1991, n° 248), la jurisprudence a plutôt tendu à allonger et renforcer cette phase pré-contentieuse de dialogue et de concertation qui évite, de plus, l'engorgement tant redouté des T.A.

Si l'on ajoute la possibilité pour les préfets de se désister en cours d'instance (CE, 16/6/1989, *Préfet des Bouches-du-Rhône*) et la précision que les « certificats de non-recours », par lesquels ils peuvent s'engager à ne pas déférer un acte au TA, ne les lie en aucune manière (CE, 14/1/1991), on vérifie combien vaste demeure leur marge de manœuvre.

Au total, le contrôle de légalité porte surtout sur la fonction publique territoriale (60 à 70 % des déférés, du fait de la complexité des textes et de l'attention sourcilleuse des services préfectoraux), puis sur l'urbanisme (permis de construire surtout), les institutions, les finances locales ou la police, ainsi que sur les marchés publics locaux (10 % environ), bien qu'il ait concerné beaucoup plus leur légalité externe que les règles de fond (Code des marchés publics, directives communautaires) les régissant et n'ait donc pu empêcher la progression de la corruption en ce domaine (d'où le renforcement de ce contrôle par les textes récents de 1992 et 1993, cf. *supra*, ou encore la consigne donnée par L. Jospin aux préfets le 24 juin 1997 de « contrôler sans faiblesse » les actes des élus locaux, quels qu'ils soient, au nom de l'impartialité de l'Etat). A noter enfin que la carence du préfet à exercer sa mission de contrôle de légalité et de contrôle budgétaire constitue une faute lourde engageant la responsabilité de l'Etat (TA Bastia, 3/7/1997, *Commune de St Florent et al. c. Préfet de Haute-Corse*).

PARTIE 2

Institutions

CHAPITRE 1

Les institutions communales

Les quelque 36 700 communes françaises possèdent chacune un nom, parfois très ancien. Selon l'article L 2111-1 CGCT, qui inaugure le titre 1er (« nom et territoire ») du livre 1er de la 2e partie de ce Code, consacrée aux communes, celles-ci peuvent changer de nom, par décret en CE, sur demande du conseil municipal et après avis du conseil général (ainsi, par exemple, le 6 novembre 1995, Châlons-sur-Marne est devenue « Châlons-en-Champagne »), sauf si cela résulte d'une modification de leurs limites territoriales.

Ces dernières, de même que les transferts des chefs-lieux de communes, ou encore leur rattachement à tel ou tel département (ainsi par exemple, celui de Han-Devant-Pierrepont à la Meurthe-et-Moselle au lieu de la Meuse le 12 août 1996), sont décidées, après enquête sur demande du conseil municipal, du tiers des électeurs inscrits ou diligentée d'office par le préfet, également par décret en CE. Des règles spécifiques sont appliquées en cas de détachement d'une section de commune et de fusion de communes (cf. *infra*, p. 77).

Enfin, une commune peut être supprimée, après rachat de tout ou partie de son territoire ou bien rattachement à une autre commune, par décret en CE, qui répartit également les droits et obligation de cette commune entre l'Etat et la ou les collectivités de rattachement, sur proposition d'une commission spécialement instituée (arts. L 2114-1 et 2 CGCT).

Selon l'article L 2121 dudit Code général, « le corps municipal de chaque commune se compose du conseil municipal, du maire et d'un ou plusieurs adjoints », que nous étudierons donc successivement, avant d'examiner les institutions intercommunales.

1 • LE CONSEIL MUNICIPAL

A – Composition et élection de ses membres

1) Composition

Le nombre de conseillers municipaux est fonction du nombre d'habitants de la commune. L'article L 2121-2, issu du chapitre III de la loi du 19 novembre 1982, précise qu'il est fixé à 9 (chiffre impair toujours) pour les communes de moins de 100 habitants, 11 pour celles de 100 à 499 habitants, 15 de 500 à 1 499, 19 de 1 500 à 2 499, 23 de 2 500 à 3 499, 27 de 3 500 à 4 999, 29 de 5 000 à 9 999, 33 de 10 000 à 29 999, etc., jusqu'à 65 de 250 000 à 299 999 habitants et 69 au-dessus de 300 000, Paris, Lyon et Marseille restant dotés d'un régime particulier (cf. *infra*, p. 95). Au total, plus de 540 000 Français sont conseillers municipaux.

2) Election

« Le conseil municipal est élu, pour six ans renouvelables, dans les conditions prévues aux articles L 1 à L 118-3, L 225 à L 270 et L 273 du Code électoral » (art. L 2121-3 CGCT). Ce dernier prévoit parfois un découpage en ***secteurs électoraux***, soit en cas de fusion de communes (art. L 255-1. cf. TA Nantes, 29/12/1995, *Elect. mun. de Cholet* ; CE, Avis contentieux, 19/1/1996, *Mme Para*), soit par décision du conseil général (cf. CE, 7/1/1991, *Commune de St-Avold*), soit, pour les grandes agglomérations, par la loi (Toulouse et Nice : loi du 19 juillet 1976 ; Paris, Lyon et Marseille : loi du 30 décembre 1982).

a) Le mode de scrutin issu de la loi du 18 juin 1964

C'était un scrutin majoritaire à deux tours. Dans les communes de moins de 2 500 habitants, « panachage », listes incomplètes, candidatures isolées ou de personnes ayant entre elles un lien de parenté étaient autorisées. Chaque candidat devait recueillir la majorité absolue des exprimés et 25 % des inscrits pour être élu au 1er tour, la majorité relative suffisant au second (on notera l'absence de commission de propagande et de remboursement de frais). Dans les communes de 2 500 à 30 000 habitants, le panachage restait autorisé mais les listes devaient comporter autant de candidats que de sièges à pourvoir, le nombre de voix étant décompté séparément pour chacun d'entre eux. Dans les communes de plus de 30 000 habitants, il fallait voter liste complète (sans panachage ni adjonction ou suppression de noms), les mêmes exigences de majorité absolue et relative étant requises pour leur élection au 1er ou au 2e tour.

b) Le mode de scrutin issu de la loi du 19 novembre 1982

Il s'applique aux communes de plus de 3 500 habitants (les autres sont donc toujours régies par le scrutin majoritaire à deux tours, avec les différences sus-mentionnées selon qu'elles comptent plus ou moins de 2 500 habitants, le CC ayant annulé, le 12 janvier 1989, pour des raisons de procédure, l'extension aux communes de 2 500 à 3 500 habitants du régime de la loi du 19 novembre 1982).

Conjuguant les avantages du système majoritaire (surtout) avec ceux du système proportionnel, ce mode de scrutin permet d'avoir dans les conseils municipaux une majorité pour gérer et une minorité pour contrôler. Il pourrait un jour être étendu à d'autres types d'élections (régionales, voire législatives). Les conseillers sont élus au scrutin de liste à deux tours, sans panachage. Si une liste obtient au 1er tour la majorité absolue des suffrages exprimés, elle emporte la moitié des sièges à pourvoir (arrondie à l'entier supérieur ou inférieur), l'autre moitié étant répartie, à la proportionnelle (avec système de la plus forte moyenne) entre toutes les listes, y compris celle qui a recueilli la majorité absolue, à condition d'avoir obtenu au moins 5 % des suffrages exprimés.

Si aucune liste n'a recueilli la majorité absolue, un second tour est organisé. Toutes les listes ayant obtenu au moins 10 % des suffrages exprimés peuvent s'y présenter. Elles peuvent aussi s'adjoindre des candidats figurant sur des listes éliminées mais ayant remporté au moins de 5 % des suffrages au 1er tour (cf. la proposition de loi R. Barre du 5 septembre 1998 visant à interdire cette pratique). A l'issue de ce 2e tour, la liste ayant recueilli la majorité relative, c'est-à-dire le plus de voix, reçoit la moitié des sièges à pourvoir, l'autre moitié étant répartie entre toutes les listes (dont cette dernière), à la représentation proportionnelle, toujours sous réserve du seuil de 5 %.

- S'agissant des ***femmes*** (17 % des sièges de conseiller), l'idée d'imposer sur les listes un quota minimum (projet M. Pelletier, adopté en nov. 1980 : 20 % ; texte initial du projet de nov. 82 : 25 % ; proposition RPR de 1996 : 30 %) a été rejetée par le CC, le 18 novembre 1982, toute « division par catégorie des électeurs et des éligibles » étant interdite, sauf révision de la Constitution.
- S'agissant des ***étrangers***, l'article 3 de la Constitution de 1958 réservant le droit de suffrage aux « nationaux français », il a fallu (cf. CC, 9/4/1992) réviser celle-ci, le 25 juin 1992, avant de ratifier le traité de Maastricht, pour y insérer un article 88-3 selon lequel « le droit de vote et d'éligibilité aux élections municipales peut être accordé... aux citoyens de l'Union (européenne) résidant en France », dans des conditions déterminées par la loi organique n° 98-404 du 25 mai 1998, en application de la directive CE/94-RO du 14 décembre 1994, étant précisé que les intéressés ne pourront « exercer les fonctions de maire ou d'adjoint, ni participer à la désignation des électeurs sénatoriaux et à l'élection des sénateurs » car cela reviendrait à les associer indirectement à l'exercice de la souveraineté nationale.
- S'agissant des ***Français de l'étranger***, la loi du 19 novembre 1982 a abrogé celle – dont l'application avait été controversée – du 19 juillet 1977 et rétabli la possibilité qu'ils s'inscrivent sur les listes électorales des communes de plus de 50 000 habitants seulement, même sans y avoir d'attache, dans la limite de 2 % des inscrits et avec deux procurations autorisées (et non plus cinq) par mandataire.
- S'agissant de la ***date des élections municipales***, la loi du 15 juillet 1994 a reporté celles de 1995 de mars à juin, afin de ne pas perturber la procédure de parrainage des candidats à l'élection présidentielle d'avril/mai. Elle a, en conséquence, porté de 12 à 15 mois la période pendant laquelle les candidats pouvaient recueillir des fonds. Le CC a estimé, le 6 juillet 1994 (comme il l'avait fait le 6 décembre 1990 pour le regroupement des élections cantonales et régionales et comme il le fera le 6 février 1996 pour l'assemblée territoriale de la Polynésie française) ce report conforme à la Constitution. Les prochaines élections municipales auront toutefois lieu en mars 2001.

Le scrutin est ouvert de 8 à 18 heures, avec possibilités d'avancer ou de retarder ces heures par le préfet (arts R 41 et R 57 du Code électoral), mais non par le président d'un bureau de vote (CE, 26/7/1996, *Elect. min. de Vieux-Habitants*).

3) Contentieux

a) Des inscriptions et radiations des listes électorales

C'est, pour toute question relative à l'état civil, le juge judiciaire (tribunal d'instance) qui est compétent (cf. Cass. civ. 2e, 23/2/1983, *Dame Lorrin* ; 10/7/1996, *Mme B.*), le juge administratif refusant ensuite, à l'occasion de la contestation d'une élection, de vérifier si le candidat satisfait ou non aux conditions, notamment de résidence (depuis CE, Sect., 10/6/1949, *Elect. mun. de Serans*, revenant sur une jurisprudence contraire. Il accepte en revanche de contrôler si l'intéressé est ou non inscrit au rôle des contributions directes ou justifie de l'être au 1er janvier de l'année de l'élection : CE, 11/6/1993, *M. Hermann Charlotte*), sauf si l'inscription sur la liste électorale apparaît comme une « manœuvre frauduleuse » susceptible d'avoir faussé le résultat (CE, 15/6/1972, *Elect. mun. du Blanc* ; 9/12/1983, *Elect. mun. de Locmiquelic* ; 17/2/1984, *Elect. mun. de Nîmes*, etc.), dont il peut saisir également le juge pénal.

Le juge administratif retrouve cependant sa compétence si le litige porte sur la régularité des opérations de révision des listes effectuées par les commissions administratives de trois membres (maire, préfet, président du TGI ou leurs délégués) existant au niveau de chaque bureau de vote ou à celui de la commune dans son ensemble (CE, 17/2/1978, *Frèche* ; TC, 12/11/1984, *Leveau*). Il exerce en la matière un contrôle très strict, voire formaliste, sur la tenue des registres et tableaux rectificatifs établis par ces commissions (CE, Ass., 3/2/1989, *Maire de Paris* ; 18/10/1993, *Commune de Marignac-Lasclares* ; 26/7/1996, *Min. de l'Intérieur c. Communes de Casaglione, de Venzolasca et de Frasseta*) mais ne peut connaître des actions en responsabilité du fait d'une radiation illégale dès lors qu'il ne peut non plus statuer sur un tel litige, relatif à la qualité d'électeur (TA Paris, 15/12/1994, *Lemonnier*).

b) Des fraudes électorales

Depuis la loi du 31 décembre 1975 (art. L 117-1 du Code électoral), le juge de l'élection doit transmettre au procureur de la République, aux fins de poursuites, les affaires dans lesquelles il a constaté l'existence de fraudes passibles de sanctions pénales (amendes, emprisonnement, privation des droits civiques de deux à dix ans etc.). A la suite des nombreuses fraudes constatées lors des municipales de 1983, a été adoptée la loi du 30 décembre 1988 qui vise à diminuer les possibilités de tricher et aggrave les sanctions.

c) Des élections municipales elles-mêmes

C'est le juge administratif – TA en 1er instance, CE en appel – qui est compétent. Les contestations doivent avoir été formulées par écrit dans le PV ou lui être adressées dans les cinq jours. Il peut ***annuler*** l'élection, mais aussi, depuis 1975, ***suspendre*** pour trois mois les élus invalidés (les bureaux de vote pour les scrutins consécutifs à sa décision étant présidés par des personnes désignées par le TGI : cf. TA Versailles, 19/5/1983, *Trappes*), voire même ***rectifier*** ou ***inverser*** les résultats (cf. CE, 21/12/1983, *La Queue-en-Brie* ; 24/2/1984, *Noisy-le-Grand*), ce qui a pu aboutir, faute d'une contestation dans les délais de l'élection du maire par une majorité ultérieurement inversée, à des situations de « cohabitation » ingérables (cf. CE, 21/12/1983, *Election du maire de Limeil-Brévannes*) conduisant à la dissolution des conseils municipaux concernés. C'est pourquoi la loi du 30/12/1988 a prévu que, désormais, « dans les communes de 3 500 habitants et plus, le mandat du maire et des adjoints prend fin de plein droit lorsque la juridiction administrative par une décision devenue définitive, a rectifié les résultats de l'élection des conseillers municipaux de telle sorte que la majorité des sièges a été attribuée à une liste autre que celle qui avait bénéficié de cette attribution lors de la proclamation des résultats à l'issue du scrutin ».

d) Les motifs d'invalidation

– L'***inéligibilité*** d'un ou plusieurs candidats, constatée par le juge administratif, entraîne l'annulation de leur élection (alors que l'***incompatibilité*** de leur mandat avec certaines fonctions publiques les oblige simplement à choisir : cf. l'art. L 237 du Code électoral) et la proclamation de celle de leurs suivants de liste (art. L 270). Outre les conditions d'âge (18 ans depuis la loi du 19 novembre 1982), de nationalité (cf. *supra*, p. 53 pour la citoyenneté de l'Union européenne), de résidence ou d'inscription au rôle des contributions directes et de non-privation des droits civiques du fait de certaines condamnations (CE, 20/3/1996 ; *Elect. mun. de Bessèges*), les cas mentionnés aux articles L 228 à L 236 du Code électoral visent ***certains fonctionnaires d'autorité*** (préfets, militaires, policiers, ingénieurs des services techniques et directeurs des services administratifs de l'Etat, de la région ou du département dans le ressort territorial où ils exercent ou ont exercé depuis moins de six mois leurs fonctions (cf. CE, 31/7/1996, *Elect. mun. de Cormelles-le-Royal*), ***les agents salariés de la commune*** (CE, 30/3/1984, *Elect. mun. d'Alliez-Moutrond* ; 3/11/1989, *Elect. mun. de Coutances* ; 3/10/1996, *Elect. mun. de Cherbourg*). Toutefois, depuis la loi du 3 décembre 1988, cela ne concerne pas les salariés saisonniers ou occasionnels des communes de moins de 1000 habitants : cf. CE, 3/11/1989, *Elect. mun. de Cully*, pour un sonneur de cloches ; 13/5/1996, *Elect. mun. d'Artemare*, pour un fossoyeur auxiliaire), ainsi que les ***« entrepreneurs de services publics municipaux »*** (définis, selon une jurisprudence abondante, comme participant régulièrement à l'exécution d'un service communal par la fourniture de biens ou de services, directement ou par l'intermédiaire d'une société au sein de laquelle ils jouent un rôle prépondérant : cf. CE, 12/2/1990, *Elect. mun. de St-Christophe-de-Guiers* ; 21/10/1996, *Gérard Harmel*, etc. Toutefois, selon l'art. 42 de la loi d'orientation du 6/2/1992, « les élus locaux agissant en tant que mandataires des collectivités territoriales ou de leurs groupements au sein du conseil d'administration ou du conseil de surveillance d'une société d'économie mixte locale – NB : mais non les membres de leur directoire – ne sont pas considérés comme entrepreneurs de services municipaux, départementaux ou régionaux ». cf. CE, 10/7/1996, *Elect. mun. de Lannemezan* ; 13/9/1996, *Elect. mun. d'Araches-la-Frasse* ; 27/11/1996, *Elect. mun. de Gérardmer*).

– ***Les irrégularités ou les fraudes*** commises pendant la campagne ou lors du dépouillement, telles que les abus de propagande (CE, 30/10/1996, *Elect. mun. de Roissy-en-Brie* ; 18/12/1996, *Elect. mun. de Vitrolles*), tracts diffamatoires (CE, 30/10/1996, *Courant et al. c. Rebaul* ; Sect., 2/10/1996, *Elect. mun. de Bassens*), ou écarts entre les listes d'émargement et le nombre de bulletins de vote (CE, 15/4/1996, *Maillot*), etc., peuvent entraîner l'annulation de l'élection si elles ont été de nature à affecter la sincérité du scrutin, surtout lorsque l'écart des voix entre les listes est faible (cf. dans le cas d'irrégularités avérées n'ayant pas entraîné l'invalidation des élus, CE, 16/3/1984, *Marseille 1er, 2e et 3e secteurs* ; Sect., 10/6/1996, *Elect. mun. de Ballainvilliers*).

– ***Les abus de propagande***, détournements à des fins politiques des moyens du service public (CE, 13/1/1984, *Elect. mun. de La-Seyne-s/Mer* ; 22/6/1990, *Elect. mun. de Sarville-la-Malgrange* ; 16/10/1996, *Elect. mun. de Mont-de-Marsan*), ainsi que les « dons » faits par les candidats à des particuliers ou à des associations (CE, 30/10/1996, *Elect. mun. de Boulogne-s/Mer*). De même, « à compter du premier jour du 6e mois précédant le mois au cours duquel il doit être procédé à des élections générales, aucune campagne de promotion publicitaire des réalisations ou de la gestion d'une collectivité ne peut être organisée sur le territoire des collectivités intéressées par le scrutin » (art. L 52-1 du Code électoral, issu de la loi du 15 janvier 1990 ; cf, CE, 28/2/1992, *Sanetti* ; 23/7/1993, *Ateni* ;

28/7/1993, *Fourcade* ; 5/6/1996, *Elect. mun. de Morhange* ; 28/6/1996, *Elect. mun. de Perthes* ; 2/18/1996, *Elect. mun. de St-Jean-de-Boisseau* et *Elect. mun. de Bassens* ; 18/10/1996, *Elect. du 16e arrondissement de Paris* ; 13/7/1997, *Elect. mun. de St-Gaudens*) et « pendant les trois mois précédant le 1er jour d'une élection, l'utilisation à des fins de propagande de tout procédé de publicité commerciale par voie de presse ou par tout moyen de communication audiovisuelle est interdite » (art. L 52-2 ; mais un journal ou une radio ont le droit d'avantager un candidat CE, 11 décembre 1996, *Elect. mun. d'Aix-en-Provence*).

– ***Les infractions à la législation sur le financement des campagnes électorales***, depuis que les règles issues des lois du 11 mars 1988 ont été étendues – par celle du 15 janvier 1990 – à toutes les élections au suffrage universel direct, y compris locales, sauf dans les communes (et les cantons) de moins de 9 000 habitants. La loi du 19 janvier 1995 leur a également appliqué l'interdiction du financement des campagnes par des personnes morales (cf. CE, 26/7/1996, *Elect. mun. de Ste-Marie* ; 18/9/1996, *Jaspard c. Gaillot* ; Sect., 10/6/1996, *Elect. mun. de Ballainvilliers* ; Sect., 2/10/1996, *Elect. mun. d'Annemasse* ; 31/7/1996, *Elect. mun. d'Auxerre*), à l'exception des partis et groupements politiques (CE, 10/5/1996), *Elect. mun. de Manosque* ; Ass., 30/10/1996 ; *Elect. mun. de Fos-s/Mer* ; 30/10/1996 ; *Benezech c. Joyerot*), ainsi que le remboursement forfaitaire des dépenses engagées, jusqu'à 50% du montant autorisé, dans les mêmes conditions que pour les législatives ; la tenue d'un compte de campagne (obligatoirement présenté par un expert-comptable agréé : CE, 18/12/1996 ; *Elect. mun. de Cambrai*), le plafonnement des dépenses (CE, 30/10/1996, *Elect. mun. de Boulogne-s/Mer* ; 30/12/1996, *Elect. mun. de Chantilly* ; 8/1/1997, *Elect. mun. d'Istres* ; 31/1/1997 ; *Elect. mun. de Mende*), l'utilisation obligatoire d'un mandataire financier ou d'une association de financement agréée pour recueillir des fonds (CE, 4/11/1996 ; *Elect. mun. de Nœux-les-Mines*), etc.

Cependant, la nouvelle rédaction de l'article L 52-5, interdisant à tout candidat d'être membre de sa propre association de financement sous peine de rejet de son compte de campagne par la commission nationale, d'inéligibilité pendant un an, d'annulation de son élection ou de déclaration de démission d'office par le juge posait problème pour les élections au scrutin de liste, en particulier pour les municipales de juin 1995. En effet, sur la foi d'une circulaire du ministre de l'Intérieur, beaucoup avaient pensé que cela ne visait que les têtes de listes. Mais le CE (avis contentieux du 5/2/1996, *Batteux, élect. mun. de Fourmies*) et la Commission nationale des comptes de campagne (rejetant, le 15 février, ceux de 18 maires de villes de plus de 9 000 habitants et ceux de 133 listes au sein desquelles l'un des membres avait fait partie de l'association de financement ou avait été désigné comme mandataire financier) en jugèrent autrement, au point qu'une loi du 10 avril 1996 dut venir préciser la portée de l'article L 52-5 (« aucun membre de la liste ne peut être membre de l'association de financement qui soutient le candidat tête de liste sur laquelle il figure », ni « mandataire financier »), valider rétroactivement les pratiques antérieures au 5 février 1996 (selon une interprétation « applicable aux instances en cours devant les juridictions administratives » ; cf. CE, 10/7/1996, *Elect. mun. de Mayeuvre-Grande* ; 28/10/1996.*F. Assoc. des électeurs toulounais ;* 10/7/1996 ; *CNCCFP c. Polelei* ; 26/7/1996, *Elect. mun. de Sainte-Marie*) et rendre facultative l'inéligibilité d'auteurs d'irrégularités financières ayant agi « de bonne foi. »

4) Démissions, dissolution

a) Démissions de conseillers

– ***Volontaire*** : Selon l'article L 2121-4 CGCT, elle doit être adressée au maire et est définitive dès réception par ce dernier, qui en informe le préfet (en revanche, si le maire ou un adjoint démissionnent simultanément de leurs fonctions et de leur mandat de conseiller, ils doivent adresser directement leur lettre au préfet : art. L 2122-15 § 3). Un conseiller qui se retire de la majorité municipale ne peut cependant pas être considéré par le maire comme « démissionnaire » (CE, 1/12/1993, *M. Segantini c. Commune de Lançon-de-Provence*).

– ***D'office*** : Selon l'article L 2121-5, tout conseiller municipal qui, sans excuse valable, a refusé de remplir une des fonctions qui lui sont dévolues par les lois, soit par une déclaration expresse, soit par une abstention persistante après avertissement (par ex. en refusant d'exercer la présidence d'un bureau de vote : CE, 20/2/1985, *Béhuret* ; 21/10/1992 ; *Commune de St-Agnan c. Alexandre*) est déclaré démissionnaire d'office par le tribunal administratif, sur saisine du maire dans le délai d'un mois à compter du refus, et doit être remplacé, sans pouvoir être réélu avant le délai d'un an. L'appel relève de la cour administrative d'appel compétente (CE, 30/11/1992, *Commune de Rouvres-la-Chétive*). A noter qu'un conseiller privé de son droit électoral ou visé par un cas d'inéligibilité ou d'incompatibilité postérieurement à son élection, est déclaré démissionnaire par le préfet (sous contrôle du juge administratif, cf. *supra*, p. 55). En revanche, depuis la loi du 2 mars 1982, le manque d'assiduité d'un élu aux séances du conseil municipal ne peut plus entraîner sa démission d'office (cf. CE, 30/1/1987, *Commune de Montbrier*).

b) Dissolution du conseil

Acte grave (mais non exceptionnel, lorsque la « cohabitation » entre un maire et la majorité des conseillers rend la commune ingérable, hypothèse rendue cependant plus rare par la loi du 30 décembre 1988 : art. L 2122-10 § 2 CGCT. cf. *supra*, p. 54), elle ne peut résulter que d'un « décret motivé rendu en conseil des ministres et publié au JO » (art. L 2121-6). En cas d'urgence, une suspension provisoire d'un mois maximum peut intervenir, par arrêté motivé du préfet.

c) Délégation spéciale

« En cas de dissolution d'un conseil municipal ou de démission de tous ses membres en exercice, ou en cas d'annulation devenue définitive de l'élection de tous ses membres, ou lorsqu'un conseil municipal ne peut être constitué, une délégation spéciale en remplit les fonctions » (art. L 2121-35). Elle est nommée par le préfet dans les huit jours. Elle élit elle-même son président (et s'il y a lieu son vice-président), qui remplit les fonctions de maire. Ses pouvoirs prennent fin dès l'installation du nouveau conseil. Elle comporte de trois (communes de moins de 3 500 habitants) à sept membres. Ses pouvoirs sont « limités aux actes de pure administration conservatoire et urgente. En aucun cas il ne lui est permis d'engager les finances municipales au-delà des ressources disponibles de l'exercice courant ; elle ne peut ni préparer le budget communal, ni recevoir les comptes du maire ou du receveur, ni modifier le personnel ou le régime de l'enseignement public » (art. L 2121-38).

Enfin, après dissolution du conseil municipal et nomination d'une délégation spéciale, il est procédé à la réélection du conseil municipal dans les deux mois (sauf si l'on se trouve dans les trois mois précédant le renouvellement général des conseils) et les fonctions de la délégation spéciale expirent de plein droit dès que le conseil municipal est reconstitué.

B – Organisation et fonctionnement

1) Réunions

a) Fréquence

Les « sessions » ayant été supprimées par la loi du 31 décembre 1970, le conseil municipal se réunit « au moins une fois par trimestre » (art. L 2121-7) mais aussi chaque fois que le maire le juge utile (art. L 2121-9) ou sur demande motivée du préfet, du tiers (communes de 3 500 habitants et plus) ou de la majorité (communes de moins de 3 500 habitants) des conseillers en exercice (dans le délai de 30 jours maximum, abrégé par le préfet en cas d'urgence). De plus, lors du renouvellement général des conseils municipaux, la première réunion se tient de plein droit au plus tôt le vendredi et au plus tard le dimanche suivant le tour de scrutin à l'issue duquel le conseil a été élu au complet.

Les « conseils privés », où peuvent être débattues des questions importantes, n'ont pas d'existence légale (leur organisation est donc libre mais ils ne peuvent prendre de décisions ; cf. CE, 16/6/1978 ; *Chuyen*). La loi d'orientation du 6 février 1992 a en revanche donné un fondement aux « ***commissions extra-municipales*** » consultatives, autorisées à étudier « tout problème communal concernant tout ou partie du territoire de la commune » (cf., à propos de « conseils municipaux d'enfants », CE, Sect., 7/10/1994, *Ville de Narbonne c. M. Arditi*). Selon l'article L 2121-22 CGCT, enfin, « le conseil municipal peut former, au cours de chaque séance, des ***commissions*** chargées d'étudier les questions soumises au conseil soit par l'administration, soit à l'initiative d'un de ses membres ». Elles sont alors convoquées par le maire, qui les préside de droit mais peut être suppléé par un vice-président. Dans les communes de plus de 3 500 habitants, « la composition des différentes commissions, y compris les commissions d'appel d'offres et les bureaux d'adjudications, doit respecter le principe de la représentation proportionnelle pour permettre l'expression pluraliste des élus au sein de l'assemblée communale ». Tous les groupes doivent donc y être représentés, mais non les sous-groupes de la minorité (TA Versailles, 12/11/1996, *M. Dainville c. Commune de Verneuil-sur-Seine*).

b) Convocations

Emanant du maire, indiquant les questions portées à l'ordre du jour, elles sont adressées au moins trois jours francs (communes de moins de 3 500 habitants, cf. CE, 5/5/1995, *Commune d'Onegoa*) ou cinq jours francs à l'avance (3 500 habitants et plus, une note explicative de synthèse sur les affaires soumises à délibération devant être jointe, faute de quoi cette dernière est entachée d'un vice substantiel de procédure : cf. TA Lyon, 5/11/1996, *M. Alexis Kolischev*). De plus, si la délibération concerne un contrat de service public, le projet de contrat ou de marché, accompagné de l'ensemble des pièces, peut, à sa demande, être consulté à la mairie par tout conseiller municipal dans les conditions fixées par le règlement intérieur, selon un progrès récent (cf., sur la situation antérieure, CE, 27/10/1989, *M. de Peretti c. Commune de Sarlat*). De surcroît, les conseillers municipaux bénéficient, au-delà des dispositions de la loi du 17 juillet 1978 sur l'accès aux documents administratifs, d'un droit général d'information sur tout document relatif aux affaires susceptibles de donner lieu à délibération (CE, 9/11/1973, *Commune de Pointe-à-Pitre* ; 29/6/1990, *Commune de Guitrancourt* ; 2/2/1996, *Commune d'Istres c. Mme Gozza et al.* ; Sect., 23/4/1997, *Ville de Caen c. M. Paysant*).

Mentionné initialement à l'article 24 du Code d'administration communale (décret du 5/11/1926, art. 26), le caractère « franc » de ce délai avait disparu, sauf urgence, dans la rédaction issue du décret du 27 janvier 1977 instituant le Code des communes. Mais le CE (3/6/1983, *Vincent* ; 25/7/1986, *Election du maire de Clichy* ; 13/10/1993, *D'André*) a jugé que, « constituant un des éléments du régime de la libre administration des collectivités locales » au sens de l'article 34 de la Constitution (cf. *supra*, p. 25), il n'aurait pu être modifié que par une loi. Celle du 6 février 1992, article 30, l'a rétabli dans tous les cas.

En cas d'urgence, ce délai peut être abrégé par le maire (dans toutes les communes), sans pouvoir être inférieur à un jour franc (c'est-à-dire 24 heures, s'écoulant totalement de 0 h 00 à minuit, sans prendre en compte ni le « dies a quo » ni le « dies ad quem ». La date d'envoi de la convocation et celle de la réunion du conseil ne sont donc pas comprises : cf. CE, 12/7/1955, *Election du maire de Mignaloux-Beauvoir*. Rien n'interdit cependant d'y inclure les dimanches et jours de fête, ni même de convoquer un conseil au mois d'août – cf. TA Amiens, 9/2/1988, *Gaine c. commune de Oissy* – à condition de bien fournir la preuve de l'envoi de la convocation), mais cela doit rester exceptionnel (cf. CE, 31/12/1976, *Elect. mun. de Sampolo* ; procédure non justifiée par l'élection d'un maire et de ses adjoints). Le maire rend compte dès l'ouverture de la séance du conseil municipal, qui se prononce sur l'urgence (sous peine d'annulation de ses délibérations : cf. TA Poitiers, 25/5/1988, *Commune de Boisredon*) et peut décider le renvoi de la discussion, pour tout ou partie, à l'ordre du jour d'une séance ultérieure.

2) Règlement intérieur

L'article L 2121-8 CGCT précise que : « Dans les communes de 3 500 habitants et plus, le conseil municipal établit son règlement intérieur dans les six mois qui suivent son installation » et que celui-ci « peut être déféré au tribunal administratif ». Il s'agit là d'une avancée récente du contrôle juridictionnel sur les règlements intérieurs (cf., pour ceux des établissements scolaires, CE, 2/11/1992, *Kherouaa* et 10/3/1995, *Aoukili*), longtemps considérés comme insusceptibles de recours, alors même que les majorités – municipales ou cantonales – n'étaient pas obligées de les respecter (cf. CE, 7/8/1891, *Nouveau-Dupin et autres* ; 22/3/1992, *Le Moign* ; 26/3/1926, *Boulonnois* ; Ass., 6/5/1966, *Guillain* ; 2/12/1983 ; *Charbonnel* ; 25/5/1988, *Tête*) dont le CE a encore élargi la portée en considérant ces règlements comme des « actes administratifs faisant grief », dont il peut donc connaître même s'ils ont été adoptés avant la loi du 6/2/1992 et même s'ils concernent des communes de moins de 3 500 habitants (10/2/1995, *M. Albert Riehl* et *Commune de Coudekerque-Branche*).

Selon l'article L 2121-19 CGCT, dans les communes de 3 500 habitants et plus, le règlement intérieur fixe la fréquence ainsi que les règles de présentation et d'examen des « questions orales ayant trait aux affaires de la commune » que les conseillers municipaux ont le droit d'exposer en séance. A défaut, ces précisions résultent d'une délibération du conseil municipal.

3) Séances

Sauf lors du vote du compte administratif (pour lequel le conseil élit un président), elles sont ***présidées par le maire*** ou, à défaut, par un remplaçant (adjoint, dans l'ordre du tableau). Le conseil désigne également, au début de chaque séance, un ou plusieurs secrétaires, assistés par des auxiliaires (personnels de la mairie) qui ne peuvent prendre part aux délibérations. Le maire « a seul la police de l'assemblée » et, à ce titre, « peut faire expulser... ou arrêter tout individu qui trouble l'ordre » (art. L 2121-16. Mais cela vaut pour le public et non pour les membres du conseil eux-mêmes sauf, peut-être, comportement « exceptionnel » : cf. TA Strasbourg, 5/5/1994, *Reeb c. Commune de Mertzwiller*), voire dresser un procès-verbal, dont le procureur est saisi, en cas de crime ou de délit. C'est également lui qui donne et retire la parole aux conseillers municipaux.

Si les ***séances*** sont ***publiques***, le conseil (mais pas le maire seul ; CE, 7/2/1994, *Degoin*) peut décider, sans débat, à la majorité absolue des membres présents ou représentés, de siéger « ***à huis clos*** » ou en « ***comité secret*** », à la demande de trois de ses membres ou du maire (cf. CE, 18/1/1967, *Election du maire et des adjoints de Laval-s/Sambre* ; 17/10/1986, *Commune de St-Léger-en-Yvelines* ; 29/10/1990, *Commune de Revest-les-Roches* ; 14/12/1992, *Feidt* ; 27/4/1994, *Commune de Rance*). L'accès à la salle doit être ouvert à tous, sauf impératif d'ordre public ou de sécurité (CE, 2/10/1992, *Malberg* ; 14/12/1992, *Ville de Toul*). Selon l'article L. 2121-18 § 3 CGCT (rédaction du 6/2/1992), sans préjudice des pouvoirs de police du maire, les séances « peuvent être retransmises par les moyens de communication audiovisuelle » (cf., déjà, annulant des arrêtés de police du maire ou des délibérations du conseil interdisant l'usage de magnétophones, CE, 2/10/1992, *Commune de Donneville c. Mme Harran et al.* ; TA Strasbourg, 26/10/1994, *Commune d'Audun-le-Tiche* ; *contra*, CE, 25/7/1980, *Sandre*).

4) Délibérations

a) Quorum

Le conseil municipal ne délibère valablement que lorsque la majorité de ses membres en exercice est présente. Ce quorum, sans lequel la délibération est illégale (CE, 15/2/1929, *Bessiat et Hugou)*, s'apprécie à l'ouverture de la séance, mais aussi au moment de la mise en discussion de toute question inscrite à l'ordre du jour (sauf si la séance n'est consacrée qu'à l'élection du maire et des adjoints : CE, 4/11/1936 ; *Elections de Plastau*). Il n'est donc pas affecté par le départ ultérieur de certains élus (CE, 16/11/1888, *Commune de Sartène* ; 22/05/1896, *Commune de La-Teste-de-Buch* ; 27/11/1935, *Élections de Ville – Chevreux* ; 18/10/1989, *Commune de Heiltz-l'Évêque* ; 19/1/1993, *Chauré*). A défaut, le conseil est à nouveau convoqué, à trois jours d'intervalle au moins, et délibère alors valablement sans condition de quorum (CE, 20/1/1937, *Crochet* et art. L 2121-17-CGCT). Un conseiller empêché d'assister à une séance peut donner procuration (pour trois séances consécutives maximum et toujours révocable) à un collègue (pas plus d'une par conseiller).

b) Adoption

Les délibérations sont prises à la majorité absolue des suffrages exprimés, la voix du président (le maire sauf exception) étant prépondérante en cas de partage égal des voix. Une délibération inexistante, « nulle et de nul effet », peut-être constatée à tout moment (CE,

9/5/1990, *Commune de Lavaur c. Lazar*). La présence d'un conseiller intéressé à l'affaire débattue rend illégale la délibération (CE, 17/11/1924, *Fayolle* et *Duc* ; TA Lille, 7/5/1969, *Kahn* ; CE, 12/2/1986, *Commune d'Ota* ; 23/9/1987, *Commune d'Ecorcheville* ; 24/6/1988 ; *Dedin-Laportos c. Ville de Périgueux* ; 6/5/1994, *Commune de St-Michel-en-L'Herm* ; 29/7/1994, *SA DIFOP, Commune de Beaugency* ; 26/10/1994 ; *Monier c. Commune de Salazac* ; 16/12/1994, *Commune d'Oullins* ; 22/11/1995 ; *Commune de La-Chapelle-St-Sépulcre* ; etc.), mais non celle d'un conseiller dont l'élection, contestée, n'est pas définitivement annulée (CE, 28/1/1994, *M. Spada ; M. Brunet*), ni celle de personnes étrangères au conseil municipal, même si elles y ont été entendues (CE, 13/2/1880, *Commune de Warmériville* ; 9/10/1968, *Sieur Pigalle*). Toutefois, les conditions de fonctionnement de ces conseils relevant de la loi, les maires ne peuvent instituer une représentation permanente de « conseillers municipaux associés » (CE, 25/7/1980, *Min. de l'Equipement c. Ass. des propriétaires de Mousterlin* ; 2/4/1993, *Commune de Longjumeau c. MM Chadel et al.* ; 19/12/1993, *Commune de Mons-en-Barœul*).

Le vote a lieu au ***scrutin public*** à la demande du quart des membres présents. Le registre des délibérations comporte le nom des votants et l'indication du sens de leur vote. Il est voté au ***scrutin secret*** lorsqu'un tiers des membres présents le réclame. Le maire ne peut imposer une telle procédure (CE, 21/6/1993, *Commune d'Evry-Gregy S/Yerre* ; 17/5/1995, *Ass. Riverie Espace à vivre c. Commune de Riverie*), mais doit faire droit à une telle demande, et non la soumettre au vote (CE, 21/11/1986, *Commune d'Orcet* ; 7/11/1990, *Ass. Vie et Environnement communal*). Les procurations restent possibles (CE, 26/11/1948, *Ourliac*) mais la voix du maire n'est plus prépondérante (en cas de partage des voix, la proposition est donc rejetée). Le scrutin secret est de droit pour les nominations ou les présentations (à la majorité absolue aux deux premiers tours, relative au troisième ; au bénéfice du plus âgé en cas d'égalité des voix), pour les commissions d'appel d'offres (CE, 18/11/1991, *Le Chaton*) ou autres (CE, 29/6/1994, *M. Agard c. Commune de Berck-s/Mer*), mais non pour la désignation du président de séance consacrée à l'approbation du compte administratif (CE, 13/10/1982, *Chaure et autres*).

Le ***retrait*** d'une délibération créatrice de droits, selon la jurisprudence *Dame Cachet* (CE, 3/11/1992), n'est possible que si elle est irrégulière et pendant le délai du recours contentieux (CE, Ass., 6/5/1966, *Ville de Bagneux* ; 22/11/1989, *Ass. Amicale laïque de Brioude* ; 28/7/1993, *Commune de Faye-d'Anjou*).

c) Publicité

Les délibérations sont inscrites par ordre de date, « signées par tous les membres présents à la séance » (mais le non-respect de cette prescription n'entraîne pas nécessairement leur nullité : CE, 10/1/1992, *Ass. des usagers de l'eau de Peyreleau*), sauf « mention de la cause qui les a empêché de signer ». Le dispositif de celles prises en matière d'interventions économiques, ainsi que celui des délibérations approuvant une convention de délégation de service public, fait l'objet d'une insertion dans une publication locale. Dans les communes de 3 500 habitants et plus, le dispositif des délibérations à caractère réglementaire est publié dans un recueil des actes administratifs. Le compte rendu de la séance est affiché dans la huitaine (mais aucune sanction n'est prévue en cas de carence et le Code ne donne pas de précision sur son contenu. Il consiste en extraits du procès-verbal, lequel n'a pas vocation à reproduire l'intégralité des débats : cf. CE, 29/1/1932, *Thievry* ; 18/8/1944, *Commune de St-Paul-du-Var* ; 25/7/1986, *Election du maire de Clichy*, cité). Toute personne physique ou morale a le droit de demander communication sur place et de prendre copie des procès-verbaux du conseil, des budgets et des comptes de la commune, ainsi que des arrêtés municipaux, voire de les publier sous sa responsabilité.

d) Actes préparatoires

Après avoir d'abord considéré que ces actes pouvaient faire l'objet de recours « à raison des vices propres dont ils étaient entachés » (CE, 22/5/1987, *Tête*), le juge administratif estime aujourd'hui que les délibérations dépourvues par elles-mêmes de conséquences juridiques ne peuvent être contestées devant lui (CE, Ass., 18/4/1996, *Synd. CGT des hospitaliers de Bédarieux* ; CAA Paris, 9/10/1997, *Commune de Vert-le-Grand*, à propos d'un projet de révision du POS avant sa soumission à enquête publique).

5) Groupes politiques

Alors que, « dans les communes de plus de 3 500 habitants, les conseillers n'appartenant pas à la majorité municipale qui en font la demande peuvent disposer sans frais du prêt d'un local commun » (art. L 2121 CGCT) dans des conditions fixées par accord entre ceux-ci et le maire ou, à défaut, par ce dernier seul (décret du 27 novembre 1992 ; cf. TA Lille, 16/2/1994, *M. Joly c. Commune de Watreloos*), dans celles de plus de 100 000 habitants, le fonctionnement des groupes d'élus peut faire l'objet de délibérations des conseils municipaux (ne portant pas sur le régime indemnitaire des élus, ni sur des subventions auxdits groupes, jadis annulées par le juge administratif – cf. TA Lyon, 16/7/1992 ; *La Vaurs* ; CE, 6/12/1993, *Courly* ; 21/7/1995, *Commune de St-Germain-du-Puy* ; 2/2/1996, *Région Alsace* – ou sanctionnés par les chambres régionales des comptes, jusqu'à ce que la loi d'orientation du 6 février 1992 soit complétée par un article 32bis, issu de la loi du 29 janvier 1993, modifiée par celle du 19 janvier 1995 validant les pratiques antérieures). Désormais, ces groupes peuvent se voir affecter, pour leur usage propre ou pour un usage commun, un local administratif, du matériel de bureau et prendre en charge leurs frais de documentation, de courrier et de télécommunications. Enfin, une ou plusieurs personnes peuvent leur être affectées, les crédits nécessaires à ces dépenses ne devant toutefois pas excéder 25 % du montant total des indemnités versées chaque année aux membres du conseil municipal. Le maire est l'ordonnateur de ces dépenses (art. L 2121-18, cf. la circ. Pasqua du 6 juin 1995).

C – Attributions

Régie par la section 5 (arts L 2121-29 à L 2121-34) du chapitre consacré au conseil municipal, cette question renvoie à la notion d'« affaires locales » (cf. *supra*, p. 16) ainsi qu'aux compétences de la commune. Néanmoins, on commentera ici la clause générale de compétence du conseil municipal ainsi que ses limites.

1) Clause générale de compétence (et attributions diverses)

Selon l'article L 2121-29, « le conseil municipal règle par ses délibérations les affaires de la commune ». Ce principe traditionnel, hérité de la loi de 1884, rappelé, diverses dispositions précisent que cette instance « décide de la création et de l'implantation des écoles et classes élémentaires et maternelles d'enseignement public » après avis du préfet (cf. *infra*, p. 196), « arrête le compte administratif qui lui est annuellement présenté par le maire » (cf. les arts L 1612-12 et s.), « entend, débat et arrête les comptes de gestion des receveurs, sauf règlement définitif » ; « dresse chaque année la liste des contribuables susceptibles d'être désignés comme membres de la commission communale des impôts directs » (cf. art. 1650 CGI); désigne ses membres ou délégués pour siéger au sein d'organismes extérieurs et procède éventuellement à leur remplacement ; donne un avis conforme permettant de rendre exécutoires les délibérations des centres communaux d'action sociale concernant un emprunt, dans les conditions et limites précisées à l'article L 2121-34 etc. Cette énumération ne donne en vérité qu'une faible idée des attributions du conseil municipal et, dans cette optique, il est sans doute plus révélateur d'examiner les limites de la clause générale de compétence.

2) Les avis et les vœux

Le conseil « donne son avis toutes les fois que cet avis est requis par les lois et règlements ou qu'il est demandé par le représentant de l'Etat dans le département. S'il refuse ou néglige de donner avis, il peut être passé outre » ; enfin, il « émet des vœux sur tous les objets d'intérêt local » (art. L 2121-29 § 2,3 et 4).

Ne faisant pas grief, ces avis sont insusceptibles de recours (CE, 11/7/1988, *M. Michel André*), sauf si les prétentions des requérants sont fondées sur des « vices propres », tenant à la légalité externe de ceux-ci (CE, 21/2/1986, *Gilles* ; 22/5/1987, *Tête*) et il en va de même pour les vœux (TA Strasbourg, 7/4/1987, *Préfet de la Moselle*). Quant à ces derniers, l'article L 121-19 du Code des communes, qui interdisait « soit de publier des proclamations et adresses, soit d'émettre des vœux politiques » (cf. CE, 17/4/1963, *Min. de l'Intérieur c. Ville de St-Denis*), ayant été abrogé par la loi du 2 mars 1982 (ainsi que l'art. 51 de la loi du 10 août 1879 sur les conseils généraux), on avait pu en déduire que les vœux politiques, même non limités aux affaires locales, étaient autorisés (cf. CE, 23/7/1986, *Didier c. Ville de Paris*, et réponse min. n° 11889, *Jo*, Sénat, Q, 21/9/1995), mais la rédaction désormais retenue semble plus restrictive.

3) Les subventions et les aides

Depuis un décret-loi du 30 octobre 1935 (devenu art. L 221-8 du Code des communes) est posé le principe d'un contrôle des « associations, œuvres ou entreprises privées subventionnées » par les collectivités publiques (sans que cela aille jusqu'à la communication au maire de la liste des adhérents, qui méconnaît la liberté constitutionnelle d'association : CE, 28/3/1997, *Solana*). L'article L 2313-1 CGCT (ex-art. L 212-14, inséré dans le Code des communes par la loi d'orientation du 6 février 1992) précise que, dans les communes de 3 500 habitants et plus, les documents budgétaires publiés sont assortis en annexe : « 2°. De la liste des concours attribués par la commune aux associations sous forme de prestations en nature et de subventions ». Mais ces aides sont soumises à un contrôle de légalité, leurs bénéficiaires devant restituer les sommes indûment perçues, et le juge pouvant même (depuis la loi du 8 février 1995 : art. L 8-2 et L 8-3 du Code des TA et des CAA) exiger que la collectivité locale procède au recouvrement des subventions illégales, dans un délai donné et sous astreinte (cf. TA Paris, 7/7/1995, *Lavaurs*, cité).

Accordées à des entreprises privées, de telles subventions ne doivent pas méconnaître la liberté du commerce et de l'industrie ni fausser le jeu de la concurrence, n'étant dès lors admises que dans des conditions très restrictives (cf. *infra*, pp. 181 et s.). Accordées à des associations, elles sont soit régies par des textes spécifiques (loi du 21 juin 1865 permettant aux communes de subventionner les associations syndicales de propriétaires, loi du 9 décembre 1905 interdisant de subventionner les associations « à objet exclusivement cultuel », mais non celles à coloration confessionnelle, pouvant présenter un intérêt local : cf. CE, 9/10/1992, *Commune de St-Louis* ; ainsi que les dispositions relatives aux aides des collectivités locales aux dépenses d'investissement et de fonctionnement des établissements d'enseignement privés sous contrat), soit par la jurisprudence administrative.

A ce titre, le juge admet les subventions pour des activités non étrangères aux compétences communales présentant un intérêt public local, telles que celles accordées à des habitants victimes d'une calamité naturelle (CE, 26/12/1908, *Commune de Lasbastide-St-Pierre*), à l'exploitant d'un cinéma éducatif (CE/16/2/1940, *Capelle*), à l'organisation sur place d'un congrès syndical (CE, 5/12/1941, *Rousteau*), à des actions sociales sur place (même mises en œuvre par des associations proches du PCF : CE, Ass., 25/10/1957, *Commune de Bondy* : arrêt de principe), au développement de la pratique du sport (CE, 10/1/1968, *Ebert* et *Lévy*), ou encore les bourses mensuelles octroyées à des étudiants étrangers (CE, Sect., 28/7/1995, *Commune de Villeneuve-d'Ascq*). En revanche, il annule celles versées au profit d'intérêts purement privés (CE, 16/2/1934, *Cons. g[al] de la Martinique* ; CE, 21/06/1993, *Commune de Chauriat* ; TA Lyon, 30/3/1989, *Ass. automobile Rhône-Afrique*, pour une équipe devant participer au Paris-Dakar, décision posant le problème de la licéité du sponsoring local, très fréquent en la matière : *ibid.* CE, 26/6/1996, *Départ. de l'Yonne*), relatives à des compétences relevant d'autres responsabilités (CE, 26/12/1908, *Commune de Remoray*, censurant une subvention sociale qui empiétait sur les attributions des établissements publics communaux de bienfaisance ; TA Nice, 6/5/1987, *Ville de Menton* : *idem* pour une allocation encourageant les naissances, la politique démographique ne relevant que de l'Etat ; CE, 1/10/1993, *Commune de Secondigny*, pour une aide à une association de défense contre un projet de stockage de déchets nucléaires), ou encore purement partisanes ou politiques (CE, 16/1/1941, *Synd. de défense des contribuables de Goussainville* : achat d'ambulances pour les républicains espagnols ; CE, 23/10/1989, *Communes de Pierrefitte, de St Ouen et de Romainville :* subventions au « Comité 93 Solidarité Nicaragua Libre » *; 11/6/1997, Départ. de l'Oise* : subvention à l'« Association pour Colombey-les-Deux-Eglises » afin de rénover ce village situé en Haute-Marne).

On retrouve ces critères s'agissant des subventions municipales à des manifestants (CE, 2/8/1912, *Flormoy* ; TA Amiens, 15/9/1987, *Préfet de l'Aisne c. Ville de Laon* ; CE, 19/11/1990, *Commune de Blénod-les-Ponts-à-Mousson* ; 6/5/1996, *Préfet des Pyrénées-Atlantiques* ; 31/7/1996, *Commune de Pierre-Bénite* ; 4/4/1997 *Commune de Béziers)* ou à des grévistes, car il n'appartient pas à une collectivité locale d'intervenir dans un conflit social en aidant l'une des parties, quand bien même l'impact économique de l'entreprise justifierait par ailleurs un soutien à cette dernière (cf. CE, 20/11/1985, *Commune d'Aigues-Mortes,* 11/10/1989, *Commune de Gardanne* ; 12/10/1990 ; *Commune de Champigny-s/Marne* ; 28/7/1993, *CCAS d'Evry*, *Communes de Vénissieux*, *d'Audincourt* et *de Béthoncourt* ; 28/7/1993 et 02/10/1996, *Territ. de Belfort* ; 12/4/1996, *Ville de*

Bobigny). Mais, si elles ne peuvent créer un fonds de soutien aux grévistes, ni accorder globalement la gratuité de la cantine à leurs enfants (CE, 11/10/1989, *Commune de Port-St-Louis-du-Rhône* et *Commune de Miramas*), il leur est loisible d'accorder, individuellement et directement, des aides sociales aux familles des intéressés dans le besoin (CE, 24/10/1941, *Sté coop. des établissements d'Ars-sur-Moselle* ; 12/10/1990, *CCAS de Villeneuve-le-Roi* et *Départ. du Val-de-Marne*).

A noter que la notion d'« affaires de la commune » se retrouve à propos de l'objet des consultations populaires que peuvent susciter les conseils *municipaux* (cf. *infra*, p. 158).

2 • LE MAIRE ET LES ADJOINTS

A – Désignation

1) Election

a) Mode de scrutin

Le maire et les adjoints sont élus par le conseil municipal, en son sein, au scrutin secret, uninominal (cf. TA Amiens, 3e ch., 19/9/1995, *M. Richard Lechki*), à la majorité absolue aux deux premiers tours et relative au troisième, au cours d'une séance présidée par le conseiller le plus âgé. Des élections complémentaires préalables peuvent être organisées pour compléter le conseil municipal (si de nouvelles vacances se produisent ensuite, on procède malgré tout à l'élection, à moins que le conseil n'ait perdu le tiers de ses membres. Dans ce cas, des élections complémentaires ont lieu dans le mois suivant la dernière vacance ; cf. CE, 28/1/1994, *Couve* et *Brunet* ; 12/2/1990, *Elect. mun. du Raincy* ; 6/11/1996, *Commune d'Asnières-s/Seine*). Dans les communes de 3 500 habitants et plus, le conseil est réputé complet, pour élire un nouveau maire, si les seules vacances existant en son sein résultent soit de démissions données lorsque le maire a cessé ses fonctions et avant l'élection de son successeur, soit d'une annulation définitive de l'élection des conseillers municipaux par le juge administratif sans proclamation concomitante d'autres élus.

Ils sont élus pour la même durée que le conseil municipal, sauf inversion des résultats de ce dernier dans les communes de plus de 3 500 habitants, qui entraîne de plein droit la fin de leurs fonctions (cf. *supra*, p. 54). Les rapports municipalité (maire et adjoints)-conseil municipal sont de type plutôt « présidentiel » que « parlementaire », en ce sens que le conseil ne peut renverser l'exécutif communal, ni être dissous par lui. En cas de conflit, seule la dissolution du conseil municipal (par décret motivé en conseil des ministres), suivie de nouvelles élections, permet donc de s'en sortir.

b) Eligibilité / incompatibilités

L'âge de l'éligibilité a été abaissé à 18 ans pour être adjoint alors qu'il faut toujours 21 ans révolus pour devenir maire. Les agents des administrations financières ayant à connaître de la comptabilité communale, de l'assiette, du recouvrement ou du contrôle de tous impôts et taxes ne peuvent être maires ou adjoints, ni en exercer même temporairement les fonctions, dans toutes les communes qui, dans leur département de résidence administrative, sont situées dans le ressort de leur service d'affectation (art. L 2122-5 assoupli depuis la loi du 28 novembre 1990 ; cf. CE, 10/1/1950, *Elect. mun. de Lincoualq* ; 20/10/1969, *Maire de Béthune* ; 1/12/1989, *Elect. mun. de Begney* ; 26/2/1990, *Elect. mun. de Bizonnes* ; Sect. 10/7/1992, *Huguet* ; 5/4/1996, *Thiebaud*) et il en va de même, dans toutes les communes du département, de la ou des régions où ils sont affectés, des comptables supérieurs du trésor, des TPG et des chefs de services départementaux ou régionaux des administrations financières (mais non plus des agents forestiers ou des gardes chasses : cf. CE, 24/11/1971, *Colombey-les-Belles* ; 27/9/1989, *Elect. mun. du Puy-Nord* ; 8/12/1989, *La Grande-Motte*).

2) Interruption du mandat

a) Remplacement / démission

Lorsque l'élection du maire ou des adjoints est annulée, ou qu'ils ont cessé leurs fonctions, le conseil, s'il est complet, doit les remplacer dans les quinze jours (la démission ultérieure des conseillers municipaux ne pouvant être prise en compte : cf. CE, Ass. 26/5/1995, *Préfet de la Guadeloupe*). S'il est incomplet, des élections complémentaires ont lieu dans le même délai et le nouveau maire est élu dans la quinzaine qui suit (cf. CE, 25/7/1986, *Elect. du maire de Clichy* ; 31/10/1986, *Elect. mun. de Pornic*).

Adressée au préfet, la démission du maire ou d'un adjoint est définitive à partir de son acceptation (et elle ne peut plus, alors, être reprise : CE, Ass., 26/5/1995, *Etna*) ou, à défaut, un mois après un nouvel envoi par lettre recommandée, les intéressés continuant, à quelques réserves près, l'exercice de leurs fonctions jusqu'à l'installation de leurs successeurs (mais, en cas de renouvellement intégral, ou lorsque le maire ou l'adjoint se démettent simultanément de leur mandat de conseiller municipal, leurs fonctions sont, à partir de l'installation du nouveau conseil jusqu'à l'élection du maire, exercées par les conseillers municipaux dans l'ordre du tableau, déterminé, selon l'art. R 121-11 du Code des communes, par la date la plus ancienne de nomination intervenue depuis le dernier renouvellement intégral du conseil municipal ; par le plus grand nombre de suffrages obtenus entre conseillers élus le même jour ; et, à égalité de voix, par priorité d'âge).

b) Suspension / révocation

Le maire et les adjoints peuvent être suspendus, par arrêté ministériel motivé et après avoir pu s'expliquer, pour un mois maximum, et révoqués, par décret motivé en conseil des ministres (ce qui entraîne de plein droit l'inéligibilité aux fonctions de maire ou d'adjoint pendant un an, sauf renouvellement général des conseils municipaux), le recours contentieux contre ces mesures étant dispensé de ministère d'avocat.

En cas d'absence, de suspension, de révocation ou de tout autre empêchement, le maire est provisoirement remplacé par un adjoint, dans l'ordre des nominations, et à défaut, par un conseiller municipal désigné par le conseil ou, à défaut, pris dans l'ordre du tableau. De même, selon l'article L 2122-26 CGCT, « dans le cas où les intérêts du maire se trouvent en opposition avec ceux de la commune, le conseil municipal désigne un autre de ses membres pour représenter la commune, soit en justice, soit dans les contrats » relevant de ses attributions.

B – Attributions

Elles sont confiées par la loi au maire seul, qui peut en déléguer une partie, « sous sa surveillance et sa responsabilité » (art. L 2122-18 CGCT), à ses adjoints ou à des conseillers municipaux (cf. *infra*, p. 76). Il peut aussi donner délégation de signature au secrétaire général, au secrétaire général adjoint, au directeur général et au directeur des services techniques. Outre sa compétence de ***chef du personnel***, exerçant le pouvoir hiérarchique, celui de nomination et prenant toutes les mesures individuelles (CE, 9/1/1959, *Ville de Nice*) et de ***chef des services municipaux*** (chargé de « prendre les mesures relatives à leur organisation interne et à la gestion de leurs agents », le conseil municipal décidant seul de leur création, de leur suppression et de leurs règles générales d'organisation : cf. CE, Sect., 6/1/1995 ; *Ville de Paris* et, pour les départements, *Synd. nat. des personnels techniques, administratifs et de service de l'Équipement CGT*), le maire ***délivre les permis de construire*** au nom de la commune lorsqu'elle est pourvue d'un POS approuvé (CE, 5/2/1988, *SCI des Granges blanches*), présente un rapport annuel au conseil municipal sur le prix et la qualité de ***l'eau potable*** (loi du 2 février 1995 relative au renforcement de la protection de l'environnement), procède à la désignation des membres du conseil municipal pour siéger au sein d'organismes extérieurs (art. L. 2122-25 CGCT), etc., mais détient surtout des attributions à un quadruple titre :

1) En tant qu'exécutif des délibérations du conseil municipal

« Le maire est chargé, d'une manière générale, d'exécuter les décisions du conseil municipal » (art. L. 2122-21), sous le contrôle et dans les limites posées par celui-ci (CE, 19/10/1973, *Patris, d'Uckermann et Ass. Centre artistique et culturel*) et sous le « contrôle administratif » du préfet (cf. *supra*, p. 42 et s.).

L'article L 2122-21 CGCT mentionne à cet égard neuf séries d'attributions, dont celle de représenter la commune pour tous les actes de la vie juridique : contrats (cf. CE, 14/5/1986, *Sté Siduic* ; 5/7/1996, *M. Holweck*), marchés, ventes, passations des baux, acceptation des dons et legs, mais aussi celle consistant à préparer le budget et à ordonnancer les dépenses, à conserver et administrer les propriétés communales, à gérer les revenus, surveiller les établissements communaux et la comptabilité, diriger les travaux, veiller à l'entretien de la voirie, sans oublier les mesures nécessaires à la destruction des animaux nuisibles : loups (TA Nice, 19/8/1996, *Préfet des Alpes-maritimes c. Commune du Belvédère*), sangliers, ... pigeons.

2) En tant que délégataire du conseil municipal

Depuis la loi du 31 décembre 1970, le maire peut, en outre, recevoir délégation du conseil municipal pour exercer à sa place tout ou partie de ses attributions dans dix-sept domaines, tels que : ***1)*** l'affectation des propriétés communales utilisées par les services publics municipaux (CE, 30/10/1987, *Commune de Levallois-Perret c. Union des synd. CGT de Levallois-Perret*) ; ***2)*** la fixation, dans les limites déterminées par le conseil, des tarifs des droits de voirie, de stationnement ... et autres n'ayant pas un caractère fiscal ; ***3)*** la réalisation des emprunts pour financer les investissements prévus par le budget de la commune ; ***4)*** la préparation, la passation, l'exécution et le règlement des marchés négociés lorsque les crédits sont prévus au budget (CE, 4/4/1997, *Préfet du Puy-de-Dôme c. Commune d'Orcet* : si le maire ne peut contracter sans l'autorisation du conseil, il peut toujours lancer et mener une procédure d'appel d'offres seul : cf. les arts. L 2122-21 et 22 CGCT fixant ses pouvoirs propres en la matière) ; ***5)*** la conclusion et la révision du louage de choses pour une durée n'excédant pas douze ans ; ***6)*** la passation des contrats d'assurance ; ***7)*** la création des régies comptables nécessaires au fonctionnement des services municipaux ; ***8)*** la délivrance et la reprise des concessions dans les cimetières ; ***9)*** l'acceptation des dons et legs non grevés de conditions ou de charges ; ***10)*** l'aliénation de gré à gré des biens mobiliers jusqu'à 30 000 F ; ***11)*** la fixation et le règlement des rémunérations, frais et honoraires des avocats, notaires, avoués, huissiers de justice et experts ; ***12)*** la fixation dans les limites de l'estimation des domaines, du montant des offres à notifier aux expropriés ; ***13)*** la création de classes dans les établissements d'enseignement ; ***14)*** la fixation des reprises d'alignement en application d'un document d'urbanisme ; ***15)*** l'exercice des droits de préemption au nom de la commune à l'occasion de l'aliénation d'un bien ; ***16)*** le règlement des conséquences dommageables des accidents ayant impliqué des véhicules municipaux, dans la limite fixée par le conseil municipal ; ***17)*** l'initiative d'actions en justice au nom de la commune ou sa défense dans les actions intentées contre elle, dans les cas définis par le conseil municipal.

Sur ce dernier point, le juge exige du Conseil municipal une délégation non pas générale (comme pour les autres compétences citées), mais propre à chaque affaire (cf. CAA Nantes, 24/10/1991, *Commune de Bonneval* ; CE, 30/12/1993, *Commune de Cap-Breton* et 7/3/1994, *Commune de Nîmes*) sauf pour les « actes conservatoires ou interruptifs des échéances » tels que les actions en référé par exemple (CE, Sect., 28/11/1980, *Ville de Paris c. Établissements Roth*). A noter que les conseillers municipaux peuvent contester les délibérations de cette instance, le délai de recours partant du jour de celles-ci en vertu de la « théorie de la connaissance acquise » (CE, 1/5/1903, *Bergeon* ; 4/8/1905, *Martin*, pour un conseiller général ; 23/3/1987, *Loparelli* ; 7/1/1991, *Durand*), du moins s'ils étaient présents et même si le litige porte sur une question non inscrite à l'ordre du jour (CE, 13/6/1986, *Toribi et Bideau*) ou sur un document non porté à la connaissance des élus (CE, 27/10/1989, *De Peretti c. Commune de Sarlat*). En revanche, le maire peut intenter un recours contre une délibération du conseil municipal sans y avoir été autorisé par ce dernier, car il s'agit là d'une « formalité impossible » (TA Strasbourg, 20/3/1986, *Maire de la commune de Hatten c. Cons. municipal de Hatten*).

Enfin, signalons que l'article L 2132-5 CGCT (in chapitre II du titre III : « Actions contentieuses de la commune ») institue un ***recours au profit de tout contribuable de la commune***, « tant en demande qu'en défense, à ses frais et risques, avec l'autorisation du tribunal administratif », s'agissant des « actions qu'il croit appartenir à la commune et que celle-ci, préalablement appelée à en délibérer, a refusé ou négligé d'exercer ». Cette procédure de substitution, ouverte par une loi du 18 juillet 1837 pour pallier les négligences des élus, fait intervenir le TA comme autorité administrative (et non comme juge) dont la décision peut faire l'objet, depuis le décret du 26 février 1992, d'un recours de pleine juridiction devant la section du contentieux du CE (et non plus d'un « recours administratif » exigeant un décret du Premier ministre, pris sur avis du CE, pouvant lui-même faire l'objet d'un recours pour excès de pouvoir de la part de la commune ou de tout tiers intéressé : cf. CE, Sect, 13/11/1931, *Laurent et Vil. de Castelnaudary* ; 29/6/1990, *Mme Courtet* ; 22/10/1990 ; *Bigot* ; 29/7/1994, *Glis et Commune de Fréjus*). Elle ne peut être déclenchée que si la commune a été, en vain, sollicitée d'intenter l'action (CE, Sect.,

11/5/1959, *Vincey* ; 26/6/1992, plusieurs arrêts ; Sect., 22/7/1992, *Avrillier* ; 8/9/1995, *M. Durand* ; 29/12/1995, *Union pour la sauvegarde des intérêts des contribuables et du patrimoine cabourgois* ; 22/11/1996, *Durand*), par un contribuable (ou plusieurs : CE / Ass., 26/6/1992, *Mme Lepage-Huglo et al.*), même conseiller municipal (si le conseil a refusé d'agir ou d'autoriser le maire à le faire : CE 17/7/1896, *Chesnay*), à condition qu'il précise clairement la nature et l'objet de l'action projetée (CE, 1/2/1993, *Mlle Chalard et Mme Fourvel*), que la commune (et elle seule, cette procédure ne s'appliquant pas aux autres collectivités locales, notamment à la région : CE, 31/7/1996, *Ternon*) y ait un intérêt suffisant (CE, 7/4/1993, *Commune de Vélizy-Villacoublay* ; 27/3/1996, *Vernier* et *Commune de St Maurice-Thizonaille* ; 30/4/1997, six arrêts, dont *Commune de Cahors c. M. Mas* ; *MM Vogel et Jarry* ; et *Emmerich et Simon-Rossignon* : la Ville de Paris n'a pas d'intérêt suffisant à se constituer partie civile pour le bail consenti au fils d'A. Juppé à un prix inférieur à celui du marché. Mais il n'est pas nécessaire que le contribuable en question soit personnellement intéressé à l'affaire (CE, 9/4/1996, *Cantayre*) et que les chances de succès soient bien réelles (CE, Sect., 22/7/1992, *Grappin* et *Berne*).

3) En tant qu'autorité de police

Selon l'article L. 2122-24 CGCT, « le maire est chargé, sous le contrôle administratif (du préfet), de l'exercice des pouvoirs de police, dans les conditions prévues aux articles L. 2212-1 et s. », qui distinguent la « police municipale », les « pouvoirs de police portant sur des objets particuliers » (circulation et stationnement ; funérailles et lieux de sépulture), la « police dans les campagnes » et les « autres polices », avec des dispositions particulières pour les « communes où la police est étatisée ».

a) Police municipale

Selon l'article L. 2212-2, elle a « pour objet d'assurer le bon ordre, la sûreté, la sécurité et la salubrité publiques », et comprend « notamment » :

- Tout ce qui intéresse la sûreté et la commodité du passage dans les rues, quais, places et voies publiques (cf CE. 16/4/1958, *Commune de Roquefort-sur-Garonne*), ce qui comprend le nettoiement, l'éclairage, l'enlèvement des encombrements, la démolition ou la restauration des édifices menaçant ruine (disposition de police générale à combiner avec celle de police administrative spéciale de l'art. L. 2213-24, selon lequel : « Le maire prescrit la réparation ou la démolition des murs, bâtiments ou édifices menaçant ruine dans les conditions prévues aux arts. L. 511-1 à L. 511-4 du Code de la construction et de l'habitation », qui seule permet, en cas de péril imputable au défaut d'entretien de l'immeuble par son propriétaire – mais non à une cause extérieure : CE, 9/11/1973, *Commune de Meudon* – de démolir ce dernier, si son évacuation, sa consolidation ou son étaiement ne suffisent pas : CE, 12/6/1987, *Ville de Reims c. M. Conrad*. Tout emploi d'un pouvoir à la place de l'autre constitue un détournement de procédure : CE, 20/2/1987, *Epoux Amoureux*. En cas de « péril imminent », le maire peut prendre toutes les mesures qui s'imposent, y compris d'office et aux frais du propriétaire, sur la base de l'art. L. 511-3 – CE, 18/1/1974, *Commune de Boigneville* ; 31/5/1974, *Ville de Digne* – , mais il ne peut ordonner la démolition que sur le fondement des articles L. 511-1 et 2 ; CE, 11/3/1983 ; *Mme Lacroix*. Sa carence peut entraîner la responsabilité de la commune – CE, 21/11/1980, *Moroni* – et le préfet peut exercer en la matière son pouvoir de substitution), l'interdiction de rien exposer aux fenêtres... qui puisse nuire par sa chute ou celle de rien jeter qui puisse endommager les passants ou causer des exhalaisons nuisibles ».

L'article L. 2212-3 ajoute que : « La police municipale des communes riveraines de la mer s'exerce sur le rivage... jusqu'à la limite des eaux » et l'article L. 2213-23 que : « Le maire exerce la police des baignades et des activités nautiques » jusqu'à une limite de 300 mètres (loi du 3 janvier 1986 et jurisprudence ayant érigé ce pouvoir de police en un véritable service public – non delégable : CE, 23/5/1958, *Dame Veuve Amondruz* – de lutte contre les accidents et d'organisation des secours, engageant la responsabilité de la commune). L'article L. 2212-2 alinéa 5 mentionne « le soin de prévenir, par des précautions convenables, et de faire cesser, par la distribution des secours nécessaires, les accidents et fléaux calamiteux ainsi que les pollutions de toute nature, tels que les incendies (cf., pour une action en responsabilité, CE, Sect., 7/3/1980, *SARL le Cinq-Sept*), inondations (CE, 22/6/1987, *Ville de Rennes c. Cie rennaise du linoléum et du caoutchouc)*, ruptures de digues, éboulements de terre ou de rochers (TA Grenoble, 2/6/1994, *Claude Raymont et autres*), avalanches et autres accidents naturels (CE, Sect, 28/4/1967, *Lafont* ; 14/3/1986, *Commune de Val-d'Isère* ; CAA Lyon, 31/5/1995, *Commune de La Grave-la-Meije*), maladies épidemiques ou contagieuses, épizooties, de pourvoir d'urgence à toutes les mesures d'assistance et de secours et, s'il y a lieu, de provoquer l'intervention de l'administration supérieure ». Par ailleurs, toujours au titre de la sécurité publique, l'article L. 2212-2 alinéa 6 confie au maire « le soin de prendre provisoirement les mesures nécessaires contre les personnes atteintes de troubles mentaux dont l'état pourrait compromettre la morale publique, la sécurité des personnes ou la conservation des propriétés » (à combiner avec le pouvoir de police spéciale qu'il tient en la matière de l'art. L. 344 du Code de la santé publique). Enfin, l'alinéa 7 y ajoute « le soin d'obvier ou de remédier aux événements fâcheux qui pourraient être occasionnés par la divagation des animaux malfaisants ou féroces » (cf. CE, 4/3/1910, *Theion* ; 4/12/1995, *Delavallade*).

• « Le soin de réprimer les atteintes à la ***tranquillité*** publique telles que les rixes et disputes accompagnés d'ameutement dans les rues, le tumulte excité dans les lieux d'assemblée publique, les attroupements, les bruits, y compris de voisinage, les rassemblements nocturnes qui troublent le repos des habitants et tous actes de nature à compromettre la tranquillité », qu'il s'agisse de réglementer les sonneries de cloches, les processions et les convois funèbres (CE, 19/2/1909, *Abbé Ollivier* ; 1/5/1914, *Abbé Didier* ; 21/1/1966, *Legastelois*), les manifestations et attroupements (déclaration préalable au maire ou au préfet : cf. CE, 28/4/1989, *Commune de Montgeron* ; 23/7/1993, *Saldon*, et la loi d'orientation et de programmation relative à la sécurité, du 21 janvier 1995, art. 16), les aboiements de chiens (CE, 26/7/1933 ; *Justin*), les activités sur les voies publiques des photographes filmeurs (CE, Ass ; 18/11/1949, *Carlier*), des véhicules publicitaires, des musiciens de rue (CE, Sect, 4/5/1984, *Préfet de police de Paris c. Guez*), des ULM (CE, 27/2/1979, *Commune de St-Germain-près-Herment* ; 27/2/1995; *Synd. nat. des pilotes et professionnels d'ULM et époux Barbier*), des « solliciteurs », SDF ou autres mendiants (CE, 11/5/1934, *Sieur Robois* ; TA Pau, 22/11/1995 ; *M. Conveinhes Jacques et Ass. Sortir du fond c. Commune de Pau*), ou encore les heures de fermeture des débits de boissons ou des discothèques, voire des boulangeries et des stations-service (CE, 7/7/1993 et 21/1/1994) avec toujours, en cas de carence, responsabilité de la commune pour faute lourde (CE, 27/11/1974, *Commune de Villeneuve d'Ornon c. Bayeu* 18/10/1989, *M. et Mme Palisse* ;

25/9/1987, *Commune de Lège-Cap-Ferret c. Martigue* ; 20/6/1990 ; *Commune de Labastide-Gabausse c. Arnould*). Toutefois, l'article L 2214-4, alinéa 1 spécifie que : « Le soin de réprimer les atteintes à la tranquillité publique, tel qu'il est défini au 2° de l'article L 2212-2 et mis par cet article en règle générale à la charge du maire, incombe à l'Etat seul dans les communes où la police est étatisée, sauf en ce qui concerne les bruits de voisinage ».

• « Le ***maintien du bon ordre*** dans les endroits où il se fait de grands rassemblements d'hommes, tels que les foires, marchés, réjouissances et cérémonies publiques, spectacles, jeux, cafés, églises et autres lieux publics ». Selon une rédaction issue de la loi du 7 janvier 1983, article 89-I, l'article L 2214-4, alinéas 2 et 3 CGCT précise également que, dans les communes où la police est étatisée, « l'Etat a la charge du bon ordre quand il se fait ***occasionnellement*** de grands rassemblements d'hommes » et que « tous les autres pouvoirs de police énumérés aux articles L 2212-2 et 3 et L 2213-9 sont exercés par le maire, y compris le maintien du bon ordre dans les foires, marchés, réjouissances et cérémonies publiques, spectacles, jeux, cafés, églises et autres lieux publics ».

• « L'inspection sur la fidélité du débit des denrées qui se vendent au poids ou à la mesure et sur la ***salubrité*** des comestibles exposés en vue de la vente ». De même, la dératisation, le traitement des ordures ménagères et des déchets industriels ou hospitaliers relèvent de cette préoccupation de salubrité publique, pouvant justifier diverses interventions du maire (sauf les interdictions générales et absolues : cf. CE, 17/10/1952, *Synd. climatique de Briançon, Sieur Dominique et autres*, annulant l'interdiction faite aux tuberculeux du sanatorium de circuler dans l'ensemble de la zone touristique de la ville). Relève en revanche du préfet la police des immeubles et îlots insalubres à usage d'habitation (CE, 7/4/1976, *Epoux Bourgeois* ; CAA Bordeaux, 11/1/1996, *SCI Résidence Hôtel Palméria*).

b) Pouvoirs de police portant sur des objets particuliers

• Police de la circulation et du stationnement

Le maire l'exerce sur les routes nationales, les routes départementales et les voies de communication à l'intérieur des agglomérations, sous réserve des pouvoirs dévolus au préfet sur les « routes à grande circulation » (et des pouvoirs de police de la conservation du domaine relevant du président du conseil général pour les routes départementales situées sur le territoire de la commune). Cela lui permet, par arrêté motivé, eu égard aux nécessités de la circulation, d'interdire à certaines heures l'accès de certaines voies ou portions de voies ou d'en réserver l'accès à diverses catégories d'usagers (riverains, livreurs) ou de véhicules (services publics, transports en commun) ; de réglementer l'arrêt et le stationnement des véhicules... ainsi que la desserte des immeubles riverains ; de réserver sur la voie publique ou dans tout autre lieu de stationnement ouvert au public des emplacements de stationnement pour les invalides, ainsi que pour les véhicules affectés à un service public (pour les besoins exclusifs de ce dernier) ; de réserver des emplacements facilitant la circulation et le stationnement des autobus et des taxis ; d'interdire l'accès de certaines voies, portions de voies ou secteurs de la commune aux véhicules dont la circulation est de nature à y compromettre la tranquillité, la protection des espèces animales ou végétales, des espaces naturels, des paysages ou des sites ou leur mise en valeur à des fins esthétiques, écologiques, agricoles, forestières ou touristiques ; ainsi qu'aux véhicules de transport de matières dangereuses visées par la « Directive Seveso » du 24 juin 1982 (cf. sur tous ces points, CE, 26/5/1975, *Saillard*, pour un sens unique ; TA Rennes,

25/1/1978, *Sieur Bougie*, pour une zone piétonne ; CE, 17/3/1978, *Sieur Gaillard et Figini* ; 1/7/1981, *SA carrières Chalumeau* ; 26/11/1993, *Ville de Grenoble c. Mme Grimaldi* : mesures plus sévères qu'au plan national, justifiées par des circonstances locales et ne présentant pas un caractère général et absolu ; CE, 5/11/1980, *Féd. nat. des transporteurs routiers* ; 14/11/1980, *Sté des transports A. Coing* : la traversée d'une commune peut être interdite aux poids lourds, pour des raisons de sécurité ou de tranquillité exclusivement même si cela les oblige à emprunter une autoroute à péage, mais, à condition que cela ne provoque pas une gêne disproportionnée dans d'autres communes : CE, 18/10/1989, *Commune d'Aigueperse*).

• ***Police des funérailles et des lieux de sépulture*** (arts. L 2213-7 à L 2213-15)

Le maire, ou à défaut le préfet, « pourvoit d'urgence à ce que toute personne décédée soit ensevelie et inhumée décemment, sans distinction de culte ni de croyance (cf. TA Grenoble, 5/7/1993, *Epoux Darmon)*. Dans les communes dotées d'un régime de police d'Etat, les opérations d'exhumation, de réinhumation et de translation de corps s'effectuent sous la responsabilité du chef de circonscription, en présence du fonctionnaire de police délégué par ses soins et, dans les autres communes, sous la responsabilité du maire, en présence du garde-champêtre ou d'un agent de police municipale délégué par le maire. La réglementation des monuments funéraires par un maire « en vue de contrôler notamment la conception esthétique de l'ensemble de l'ouvrage », et n'ayant donc pas eu « pour objet direct le maintien du bon ordre et de la décence dans le cimetière », est illégale (CE, Sect., 18/2/1972, *Chambre synd. des entreprises artisanales du bâtiment de la Haute-Garonne)*.

c) Police dans les campagnes

Curieusement distinguée de la « police rurale » – mentionnée à l'article L 2212-1 au chapitre consacré à la police municipale –, elle est « spécialement placée sous la surveillance des gardes champêtres et de la gendarmerie nationale » (art. L 2213-16), sous l'autorité du maire, lequel peut notamment, « sur l'avis conforme du conseil municipal et après avoir consulté les présidents des groupements viticoles, fixer la date à partir de laquelle la récolte des raisins de table et des vendanges est autorisée sur le territoire de la commune », ou encore « prescrire que les meules de grains, de paille et de fourrage doivent être placées à une distance déterminée des habitations et de la voie publique ».

d) Autres polices

Outre celle des baignades et des activités nautiques ou celle des édifices menaçant ruine (cf. *supra*), on relève la police des ports maritimes communaux (dans le cadre du règlement national de police fixé par décret), ou encore la compétence de prescrire aux propriétaires de terrains non bâtis, situés à l'intérieur d'une zone d'habitation d'exécuter, à leurs frais, les travaux de remise en état, pour des motifs d'environnement. Le maire prescrit également le ramonage des fours, fourneaux et cheminées des maisons et usines, au moins une fois par an, voire leur démolition si leur état de délabrement fait craindre un incendie ou d'autres accidents. Il peut, par ailleurs, prescrire aux propriétaires, usufruitiers, fermiers ou autres exploitants d'entourer d'une clôture suffisante les puits et les excavations présentant un danger pour la sécurité publique ; faire exécuter le numérotage des maisons là où l'opération est nécessaire ; ordonner les mesures nécessaires pour assurer l'assainissement et, s'il y a lieu, après avis du conseil municipal, la suppression des mares communales placées à l'intérieur des villages ou dans le voisinage des habitations si elles compromettent la sécurité publique ; et enfin prescrire aux propriétaires des mares ou des fossés à eau stagnante établis dans le voisinage des habitations d'avoir à les supprimer ou d'effectuer tous travaux pour faire cesser les causes d'insalubrité (avec, dans ces deux derniers cas, pouvoir de substitution du préfet en cas de carence).

e) Communes où la police est étatisée

C'est le cas de l'agglomération lyonnaise depuis 1851, de Marseille depuis 1908, Toulon-la-Seyne (1918), Nice (1920), Strasbourg, Metz et Mulhouse (1925), puis de 161 communes de Seine-et-Oise et de 19 de Seine-et-Marne en 1935. Ensuite, la loi du 23 avril 1941 a étendu ce mouvement à toutes les communes de plus de 10 000 habitants (les personnels de police étant gérés par le préfet et les maires conservant d'importantes attributions en la matière). L'article 88 de la loi du 7 janvier 1983 a précisé que « l'institution du régime de police d'Etat est de droit, à compter du 1er janvier 1985, si le conseil municipal le demande dans les communes dotées d'un corps de police municipale », lorsque sont réunies les conditions soit d'effectifs et de qualification professionnelle, soit de seuil démographique qu'aurait dû fixer un décret au CE. Finalement, l'article L 2214-1 CGCT, issu de la loi sur la sécurité du 21 janvier 1995 (qui a abrogé celles de 1941 et 1983), énonce que : « le régime de la police d'Etat peut être établi dans une commune en fonction de ses besoins en matière de sécurité, « appréciés » au regard de la population permanente et saisonnière, de la situation de la commune dans un ensemble urbain et des caractéristiques de la délinquance. Il est institué par arrêté interministériel lorsque la demande émane du conseil municipal ou en cas d'accord de celui-ci, par décret en CE dans le cas contraire (la suppression de ce régime intervenant dans les mêmes formes).

Dans ces communes, « les forces de police étatisées sont chargées, notamment, d'exécuter les arrêtés de police du maire », agissant soit comme agent de l'Etat sous l'autorité hiérarchique du préfet (mesures de sûreté générale, exécution des lois et règlements), soit au titre de la commune (bon ordre, sécurité et salubrité publiques, ainsi que de nombreuses polices spéciales). S'agissant de la tranquillité publique, l'article L 2214-4 CGCT (art. 89-II de la loi du 7 janvier 1983) précise clairement le partage des compétences selon qu'il se fait habituellement ou occasionnellement de grands rassemblement d'hommes (cf. *supra*, p. 71).

Par ailleurs, le maire peut proposer au conseil municipal la création d'une ***police municipale***, dont il nomme les agents (CE, 13/4/1992, *Union synd. prof. des policiers municipaux*), sous réserve de leur agrément par le procureur de la République (TA Besançon, 20/12/1994, *Régnier c. Ville de Besançon*). On compte quelque 12 000 policiers municipaux, répartis dans près de 3 000 communes, aux compétences juridiques limitées, selon l'article L. 2212-5 CGCT, « sans préjudice de la compétence générale de la police nationale et de la gendarmerie nationale, (ils) exécutent, dans la limite de leurs attributions et sous son autorité, les tâches relevant de la compétence du maire que celui-ci leur confie en matière de prévention et de surveillance du bon ordre, de la tranquillité, de la sécurité et de la salubrité publiques ; ils sont chargés d'assurer l'exécution des arrêtés de police du maire ; ils exercent leurs fonctions sur le territoire communal dans les conditions prévues aux 4e à 7e alinéas de l'article 21 du Code de procédure pénale ». Mais, dans l'attente de la loi annoncée, ils ne sont pas tenus d'être assermentés (contrairement aux gardes champêtres), sauf en matière de contrôle des infractions au stationnement (mais non à la circulation automobile ; cf. art. R 250 à R 252 du Code de la route, et Trib. police Castres, 17/5/1995). De même, agents de police judiciaire adjoints, ils ne peuvent que constater matériellement les infractions pénales, à l'exclusion de toute arrestation (sauf, comme n'importe quel citoyen, flagrant délit), ni même procéder à des contrôles et vérifications d'identité. Naturellement, le maire ne peut accroître leurs prérogatives par une délégation de sa compétence d'officier de police judiciaire, faute de texte en ce sens.

f) Relations avec le préfet et le conseil municipal

Le maire « concourt par son pouvoir de police à l'exercice des missions de sécurité publique » et est à ce titre associé par le préfet « à la définition du programme de prévention de la délinquance et de la sécurité » (art. L. 2211-1, issu de la loi du 21/1/1995). Ses pouvoirs de police ne font pas obstacle à ceux du préfet, qui peut prendre, « pour toutes les communes du département ou plusieurs d'entre elles, et dans tous les cas où il n'y aurait pas été pourvu par les autorités municipales, toutes mesures relatives au maintien de la salubrité, de la sûreté et de la tranquillité publiques », éventuellement après mise en demeure du maire s'il s'agit d'une seule commune. De même, si le maintien de l'ordre est menacé dans deux ou plusieurs communes, il peut se substituer, par arrêté motivé, aux maires pour l'exercice des pouvoirs mentionnés aux articles L 2212-2 § 2 et 3 et L 22-13-3. Il prend seul les mesures relatives à l'ordre, à la sûreté, à la sécurité et à la salubrité publiques dont le champ d'application excède le territoire d'une commune. Il anime et coordonne la prévention de la délinquance et de la sécurité et associe les maires à cette mission. Selon l'article L 2215-3, les pouvoirs confiés au maire en ce qui concerne les restrictions à la circulation pour motifs de tranquillité publique et de protection de l'environnement ne font pas obstacle à ce qu'il puisse, pour plusieurs communes ou pour une seule après mise en demeure vaine, interdire, par arrêté motivé, l'accès de certaines voies ou de certaines portions de voies ou de certains secteurs de la ou des communes aux véhicules afin de protéger l'environnement (cf. *supra*, p. 72). Enfin, selon l'art. L 2215-4, « les permissions de voirie sont délivrées par (lui), après que le maire a donné son avis dans le cas où il ne lui appartient pas de les délivrer lui-même » et, selon l'article L 2215-5, les permissions de voirie à titre précaire ou essentiellement révocable sur les voies publiques qui sont placées dans les attributions du maire et ayant pour objet, notamment, l'établissement dans le sol de la voie publique des canalisations destinées au passage ou à la conduite de l'eau ou du gaz peuvent, en cas de refus du maire non justifié par l'intérêt général, être accordées par le préfet.

Par ailleurs, rappelons que les pouvoirs de police appartiennent au maire seul, qui peut les déléguer à un adjoint (CE, 3/6/1994, *Ville de Lyon c. Mme François*) mais non au conseil municipal (CE, 9/1/1980, *Consorts Champault*). Ce dernier ne peut se substituer au maire en ce domaine (CE, 24/7/1934, *Souillac*), ni lui adresser des injonctions (CE, 6/5/1949, *Hamon*) et son avis en la matière ne lie pas le maire (CE, 22/6/1983, *Ville de Lyon* ; TA Nice, 12/11/1996, *M. Allemand et al. c. Ville de Nice* : pas besoin de consulter le conseil pour organiser une « consultation locale » sur la mendicité. Mais, cette consultation n'ayant valeur que d'avis, elle ne lie pas le maire. Il n'y a donc pas « préjudice irréparable » et donc pas de sursis à exécution possible).

4) En tant qu'agent de l'Etat

A ce titre, le maire – qui possède la « double casquette » d'autorité décentralisée et d'agent déconcentré – est chargé, sous l'autorité (hiérarchique) du préfet, de la publication et de l'exécution des lois et règlements, de l'exécution des mesures de sûreté générale et de certaines fonctions spéciales qui lui sont attribuées par les lois (art. L 2122-27). Le maire, ou son remplaçant, est également tenu de légaliser toute signature apposée en sa présence. Avec ses adjoints, il a qualité d'officier de police judiciaire et d'officier d'état civil (un « adjoint spécial » pouvant remplir ces dernières fonctions et être chargé de l'exécution des lois et règlements de police dans la partie de la commune pour laquelle il a été désigné). Le préfet exerce, là encore, son pouvoir de substitution au cas où le maire refuse ou néglige d'accomplir un des actes qui lui sont prescrits par la loi.

C – Rapports maire-adjoints

1) Nombre et types d'adjoints

a) Nombre

Le conseil municipal le détermine, avec un maximum de 30 % de son effectif légal (art. L 2122-2, issu de la loi du 19/11/1982. Auparavant, ce nombre était fixé par la loi, en fonction de la population et de l'ampleur de la tâche, avec une distinction entre « adjoints réglementaires » et « supplémentaires »).

Bien qu'élus séparément, maire et adjoints sont solidaires puisque toute nouvelle élection du premier entraîne une nouvelle élection des seconds (ainsi que des délégués de la commune au sein d'organismes extérieurs). De même, après une élection partielle, le conseil municipal peut décider qu'il sera procédé à une nouvelle élection des adjoints. Les agents salariés du maire ne peuvent devenir ses adjoints (CE, 17/11/1954, *Elect. mun. de Palestre* ; 13/5/1966, *Pagny-la-Blanche-Côte* ; 21/10/1992, *Couveinhes* ; 15/1/1997, *Elect. mun. d'Héricourt*).

b) Adjoints spéciaux

« Lorsqu'un obstacle quelconque, ou l'éloignement, rend difficiles, dangereuses ou momentanément impossibles les communications entre le chef-lieu et une fraction de la commune, un poste d'adjoint spécial peut être institué par délibération motivée du conseil municipal » (art L. 2122-3). S'ajoutant au nombre légal des adjoints, il est choisi parmi les conseillers municipaux mais, si aucun d'eux n'habite la fraction de commune concernée, un habitant de celle-ci peut être désigné (CE, 21/12/1983, *Beauregard*). Le juge administratif annule de telles créations de poste lorsqu'elles ne sont pas justifiées (CE, 15/7/1960, *Commune de St-Laurent-de-Neste* ; 1/10/1986, *Commune de Cagnes-s/mer* ; 17/1/1996, *Commune de St-Cyprien* ; 2/10/1996, *Ville de Bastia*). Un ou plusieurs postes d'adjoint spécial peuvent également être institués en cas de fusion de communes.

Leurs fonctions sont limitées à celles d'officier d'état civil et d'exécution des lois et règlements de police dans leur fraction de commune (art. L 2122-33). Le maire ne peut pas leur en déléguer d'autres (TA Orléans, 15/6/1965, *Préfet du Cher c. Commune d'Henrichemont* ; CE, 9/3/1990, *Epoux Bruère*).

2) Délégations

Si le maire est « seul chargé de l'administration » de la commune, il peut « sous sa surveillance et sa responsabilité, déléguer par arrêté une partie de ses fonctions à un ou plusieurs de ses adjoints et, en l'absence ou en cas d'empêchement des adjoints, à des membres du conseil municipal » (art. L 2122-18). Ces délégations sont individuelles (cf. TA Besançon, 3/7/1987, *Conchet* ; décision prise par « le maire et ses adjoints » nulle et non avenue, aucun texte n'attribuant compétence à la municipalité pour agir à la place du maire ou du conseil municipal ; TA Lyon, 9/10/1996, *Fraysses et al.*, annulant une délégation permanente à titre de « chargés de mission » attribuée à 26 conseillers municipaux), précises (cf. CE, 12/3/1975, *Commune de Loges-Margueron* ; TA Nantes, 11/5/1988, *Gonduchon* ; CE, 1/2/1989, *Commune de Grasse* ; 3/6/1994, *Ville de Lyon c. Mme François*) et doivent faire l'objet d'une publicité adéquate (CE, 1/12/1993, *M. Veillard*). La priorité doit aller aux adjoints et, seulement en cas « d'absence ou d'empêchement » de ceux-ci, interprétés restrictivement par le juge (CE, Ass., 2/2/1951 ; *Préfet de la Marne* ; 18/3/1955, *De Peretti* ; 8/4/1987, *Ville de Frejus*), à des membres du conseil municipal, pas nécessairement dans l'ordre du tableau.

De même, « lorsque le maire a retiré les délégations qu'il avait données à un adjoint, et si celui-ci ne démissionne pas, ces délégations peuvent être attribuées à un conseiller municipal ». Ce retrait doit être inspiré par le souci d'une bonne marche de l'administration communale exclusivement (CE, 24/3/1976, *Commune de Bouc-Bel Air* ; 20/5/1994, *Commune de Tomblaine* ; 25/10/1996, *Commune de Montredon-la-Bessonnié*) et n'étant donc pas une sanction, il n'a pas à être motivé en vertu de la loi du 11 juillet 1979 et l'adjoint concerné n'a pas à présenter par écrit ses observations sur le fondement de l'article 8 du décret du 28 novembre 1983 (CE, 29/6/1990, *De Marin*). Le 1er adjoint, remplaçant le maire empêché dans toutes ses attributions, peut lui aussi, pour la même raison, retirer des délégations consenties à d'autres adjoints (CE, 1/10/1993, *M. Bonnet et al.*). Le retrait (qui est plutôt une abrogation) de la délégation entraîne la suppression des indemnités correspondantes (CE, 29/4/1988, *Commune d'Aix-en-Provence c. Mme Joissans* ; 20/3/1996, *Mme Richard*), y compris si le ou les intéressés demeurent officiers d'état civil, qualité (bénévole) qu'ils tiennent de la loi et non du maire (CE, 11/10/1991, *MM. Ribaute et Balanca* ; 25/10/1996 ; *Commune de Montredon-la-Bessonnié*, cité).

3 • L'INTERCOMMUNALITÉ

A défaut d'avoir adopté en 1789 le projet du Comité de constitution visant à regrouper les 44 000 paroisses d'Ancien Régime en 720 « très grandes communes » de 576 km^2 et 35 000 habitants chacune, la France s'est dotée de 44 000 « municipalités » isolées face à l'Etat. Nous comptons encore aujourd'hui quelque 36 757 communes (sur un total de 81 310 en Europe, dont 16 510 en Allemagne, 1 539 en Grande-Bretagne, 8 189 en Italie, 8 149 en Espagne, 5 921 en Grèce, 2 310 en Autriche, 652 aux Pays-Bas, 602 en Belgique, 461 en Finlande, 325 au Portugal, 300 en Suède, 289 en Danemark, 188 en Irlande et 118 au Luxembourg). De surcroît, ce nombre est en augmentation (36 394 en

1975, 36 548 en 1989) du fait de certaines « défusions » (après épuisement des avantages financiers ayant incité à fusionner). Enfin, nombreuses sont celles qui, du fait de l'exode rural, sont très petites, quant au nombre d'habitants sinon quant à la surface et au coût des infrastructures et équipements à entretenir : 1 053 microcommunes ont en effet moins de 50 habitants (et même 4 sont inhabitées), 4 078 (11,2 % du total) moins de 100, 16 144 (44,3 %) moins de 300, 22 190 (60,9 %) moins de 500, 28 642 (78,6 %) moins de 1 000, 34 147 moins de 3 500 (soit 93,7 %, qui ne bénéficient ni du scrutin majoritaire-proportionnel de la loi du 19 novembre 1982, ni des possibilités de démocratie locale introduites par la loi d'orientation du 6 février 1992, mais font en revanche l'objet d'une attention privilégiée dans celle du 4 février 1995, les incitant à se regrouper en « pays ». cf. *supra*, p. 37), contre 2 286 seulement de plus de 3 500 habitants, dont 89 de plus de 20 000 et 46 de plus de 100 000.

Pour tenter d'atténuer cet émiettement qui constitue une « exception française », deux démarches sont proposées : ***la fusion*** (évoquée au chapitre III du livre 1er, titre 1er de la 2e partie du CGCT, articles L 2113-1 à L 2113-26), qui a largement échoué, et ***la coopération***, via la création d'établissements publics territoriaux (traitée dans le livre II de la 5e partie du CGCT, articles L 5211-1 à L 5351-1), qui connaît un succès croissant bien qu'ambigu.

A – L'échec des tentatives de fusion

La loi du 16 juillet 1971 avait prévu près de 10 000 opérations de fusions, dans le cadre de plans départementaux élaborés par les préfets, mais moins du 1/10e furent réalisées (beaucoup ayant de surcroît « défusionné » depuis). Malgré quelques assouplissements apportés par les lois des 31 décembre 1982 et 22 juillet 1983 (création, obligatoire ou facultative, de conseils consultatifs dans chaque commune associée, etc.), l'« esprit de clocher » a empêché le succès de cette formule, néanmoins régie par les articles 2113-1 et s. CGCT, qui prévoient plusieurs sortes de fusions.

1) Les fusions simples

Par elles, deux ou plusieurs communes se fondent en une seule. Les actes d'état civil sont établis à la mairie de la nouvelle commune, avec cependant des possibilités de prévoir des mairies annexes (art. L 2113-10). La demande peut émaner des conseils municipaux (la moitié d'entre eux représentant les deux tiers de la population totale ou vice-versa) avec consultation des électeurs sur l'opportunité de cette opération. La fusion est prononcée par arrêté préfectoral si elle a recueilli l'accord de la majorité absolue des suffrages exprimés correspondant à un nombre de voix au moins égal au quart des électeurs inscrits dans l'ensemble des communes concernées. Cependant, une commune ne peut être contrainte à fusionner si la consultation fait apparaître que les deux tiers des suffrages exprimés représentant au moins la moitié des électeurs inscrits s'y sont opposés (L 2113-3).

L'acte de fusion prévoit les modalités concrètes de l'opération (nombre de conseillers provenant de chacun des anciens conseils municipaux, dévolution de tout ou partie des biens ou droits des anciennes communes, etc.). Ce type de fusion demeure très rare (une ou deux par an, voire parfois zéro) et, par conséquent, le contentieux s'y rapportant également (cf. TA Besançon, 7/4/1976, *Dame Mongin*).

2) Les fusions-association

Elles se réalisent selon les mêmes modalités que les fusions simples mais aboutissent à une situation beaucoup plus souple, « comportant la création d'une ou plusieurs communes associées », qui conservent leur nom et sont pourvues d'un maire délégué (officier d'état-civil et officier de police judiciaire, chargé de l'exécution des lois et règlements de police, pouvant recevoir délégation du maire, etc., et dont les fonctions sont incompatibles avec celles de maire de la commune : cf. CE, Sect., 27/6/1982 ; *M. François*), d'une mairie annexe et d'une section du centre d'action sociale dotée de la personnalité juridique.

Dans les communes de plus de 100 000 habitants, il est créé un ***conseil consultatif*** pour chaque commune associée, dont les membres (proportionnels à la population) sont élus à la même date, dans les mêmes conditions et selon le même mode de scrutin que les conseillers municipaux de la commune (les mandats n'étant d'ailleurs pas incompatibles). Dans les communes comptant moins de 100 000 habitants après fusion, la création d'une commune associée entraîne de plein droit le ***sectionnement électoral*** prévu par l'article L 255-1 du Code électoral, sauf si le conseil municipal opte pour la création d'un conseil consultatif (au lieu de la « commission consultative » pouvant être prévue, par convention, dans chaque commune associée, afin de faire au maire des propositions sur les affaires intéressant directement la population ou le territoire de la commune associée, ainsi que de veiller au bon fonctionnement de certains équipements ou services mis à la disposition de la population ; cf. sur ce point, TA Nantes, 29/12/1995, *Elect. mun. de Cholet*).

3) La dissociation des communes fusionnées

Pour des questions de personnes ou du fait de la disparition des incitations financières à la fusion, les « défusions » ou divorces ne sont pas rares. Juridiquement, ces dissociations peuvent résulter, soit de l'annulation par le juge de la décision de fusion (cf. CE, 19/6/1981, *Commune fusionnée de Manosque* ; Ass., 20/6/1975, *Min. de l'Intérieur c. Sieur Bréant*) soit, s'il l'accepte, du préfet à la demande des intéressés et après avis du conseil général.

B – La variété des formules de coopération

L'intercommunalité par coopération semble avoir servi d'ersatz aux impossibles regroupements ou fusions : on laisse ainsi en place le décor – les 36 757 mairies, avec leurs élus, leur école, leur monument aux morts, leur clocher, type « image d'Epinal » – mais derrière celui-ci on transfère un nombre toujours plus élevé de compétences à des établissements publics de coopération intercommunale (EPCI), dont les formules sont aujourd'hui variées au terme d'une longue évolution historique.

Si, en effet, sous l'Ancien Régime, les organisations intercommunales étaient nombreuses et diverses (coopération inorganisée, donc libre), la Révolution – tant par hostilité envers les corps intermédiaires que par souci d'uniformité – tenta de les interdire. Cependant, après l'échec des projets de l'an III (« municipalités de canton », en regroupant toutes les communes de moins de 5 000 habitants, prévues par la Constitution) ou de ceux de Villèle en 1821, une loi autorisa en 1837 les ***ententes intercommunales***, puis celle du 5 avril 1884 les ***conférences intercommunales***. Vinrent ensuite, avec la loi du

22 mars 1890, les ***syndicats intercommunaux à vocation unique*** (SIVU), puis avec les ordonnances du 5 janvier 1959 les ***syndicats intercommunaux à vocation multiple*** (SIVOM) et les ***districts urbains*** (devenus « districts » tout court avec la loi du 31 décembre 1970 autorisant leur constitution en zone rurale) et avec la loi du 31 décembre 1966 (modifiée notamment par celles des 31 décembre 1982, chap. III, et 6 février 1992) les ***communautés urbaines***.

La loi du 2 mars 1982 s'étant contentée d'annoncer que « des lois détermineront... les modalités de la coopération entre communes... » (art. 1er), tel fut l'objet de celles des 31 décembre 1982 (dite « PLM », cf. *infra*, p. 94), 7 janvier 1983 (coopération dans le cadre de conventions de prestations de service, d'agences départementales et, surtout, de ***chartes intercommunales de développement et d'aménagement***), 13 juillet 1983 (substituant aux « syndicats communautaires d'aménagement » de la loi du 10 juillet 1970 sur les villes nouvelles des ***syndicats d'agglomérations nouvelles***), sans oublier les ***« syndicats intercommunaux d'études et de programmation »*** de l'article L 121-11 du Code de l'urbanisme (chargés d'élaborer dans les cinq ans, les schémas directeurs ou schémas de secteur, puis dissous de plein droit ; cf. l'art. 74-IV de la loi « ATR » du 6 février 1992, ainsi que CE, Sect. 1/3/1996, *Synd. intercommunal d'études et de programmation de la région urbaine de Reims*). Enfin, la loi « ATR » a inauguré deux nouvelles formes : les ***communautés de communes*** et les ***communautés de villes***, selon des modalités modifiées depuis par divers textes (loi du 29 janvier 1993, art. 85 ; loi du 31 décembre 1993, portant réforme de la dotation globale de fonctionnement ; loi du 30 décembre 1995 tendant à faciliter la transformation des districts en communautés urbaines ; loi du 4 avril 1997 tendant à harmoniser les règles applicables aux districts et aux communautés de communes pour la représentation au sein des syndicats de communes : art. L 5213-15-1 CGCT : « Pour l'exercice de ses compétences, le district est également substitué aux communes qui en font partie lorsque celles-ci sont groupées avec des communes extérieures au district au sein de syndicats de communes. Cette disposition ne modifie ni les attributions ni le périmètre de syndicat préexistants »).

Adopté en conseil des ministres le 21 mai 1997, un projet Perben a été abandonné du fait de la dissolution de l'Assemblée nationale, puis repris par MM. Chevènement et Zucarelli en décembre ; ce texte, qui devrait être voté en 1999, vise à simplifier (regrouper districts et communautés de communes en une seule catégorie) et à démocratiser (sans aller jusqu'à l'élection directe des dirigeants par le peuple) le dispositif institutionnel de l'intercommunalité, ainsi qu'à favoriser la généralisation de la « taxe professionnelle d'agglomération » unique, au sein de ***communautés d'agglomération*** auxquelles l'adhésion des communes ne serait toutefois pas obligatoire.

1) Les commissions et les schémas départementaux de la coopération intercommunale

Instituées par la loi « ATR » du 6 février 1992 (mise en œuvre par un décret du 6 mai 1992) et désormais évoquées aux articles L 5211-13 et s. CGCT, ces commissions, présidées par le préfet, comprennent au moins 40 membres, dont 60 % représentant les communes, 20 % les EPCI et les communes associées dans une charte intercommunale de développement et d'aménagement, 15 % le conseil général et 5 % le conseil régional. Elles ont élaboré des schémas départementaux (dans un délai d'un an à compter de la promulgation de la loi ATR, délai prorogé jusqu'au 6 août 1993 par l'art. 84 de la loi du 29 janvier 1993, puis jusqu'au 31 décembre 1993 par celle du 29 juin 1993). Mais, en réalité, la plupart des communautés de villes ou de communes ont été créées en dehors de ces schémas. Désormais, les commissions départementales établissent et tiennent à jour un état de la coopération intercommunale dans le département, sont informées de tout projet en la matière et peuvent formuler des propositions tendant à renforcer cette coopération (art. L 51211-16).

2) Objet et intensité de la coopération intercommunale

« Le progrès de la coopération intercommunale, proclame l'article L 5210-1 CGCT, se fonde sur la libre volonté des communes d'élaborer des projets communs de développement au sein de périmètres de solidarité ». Il s'agit là d'un ***objet fonctionnel***, qui était initialement celui de la loi de 1890 sur les SIVU, c'est-à-dire la recherche de la taille optimale pour gérer un ou des services ou développer un projet commun. Réapparu en 1992, cet objet fonctionnel avait été entre-temps largement occulté par un ***objet institutionnel***, caractérisé par la simple volonté de compenser l'émiettement de nos communes, faute d'avoir pu y mettre fin par des fusions (cf. *supra*), ce qui a abouti à souvent privilégier la forme sur le fond, la structure sur son utilité réelle (nombre d'EPCI étant chargés de gérer plusieurs services publics, voire aucun lorsque ceux qui leur avaient été confiés sont à leur tour concédés ou affermés par eux). Du reste, on peut relever que les statuts des EPCI, les textes les concernant ou encore la jurisprudence à laquelle ils ont donné lieu privilégient cet aspect « institutionnel » (nombreux arrêts relatifs à la désignation des organes de gestion, aux modalités de la participation financière des communes membres, à la délimitation des compétences transférées, aux procédures de création ou de retrait, etc.).

De plus, on peut noter que la plupart des schémas départementaux de coopération intercommunale adoptés n'ont pas véritablement choisi entre ***l'approche fonctionnelle, ou « administrative »*** (consistant par exemple à simplifier, harmoniser les structures intercommunales existantes, ainsi, beaucoup d'entre eux recommandent de regrouper par cantons les plus petits SIVU) et une ***approche résolument institutionnelle ou « géographique »*** (regroupements dans le cadre de « périmètres naturels de solidarité », bassins, « pays », axes de circulation, pôles de développement local, etc.), sans parler d'une ***approche « sectorielle »***, consistant à analyser les transferts de compétences des communes aux EPCI, à les hiérarchiser et à tenter de définir des cohérences de regroupements par grandes catégories de compétences. Enfin, ils n'ont pas toujours établi non plus nettement la distinction entre ***intercommunalité de proximité***, de quotidienneté ou de services, correspondant plutôt aux formules d'avant 1992, dites « de la première génération », et ***intercommunalité de projet*** (de développement et d'aménagement de l'espace), pour laquelle les formules de la deuxième génération, privilégiant un véritable instrument financier basé sur l'activité économique, la taxe professionnelle, paraissent plus adaptées.

Mais, plutôt que d'opposer ainsi les formules de la première génération de coopération intercommunale et celles de la seconde (souvent mélangées d'ailleurs, au point qu'une clarification et une simplification s'imposent), nous préférons classer les quelques 14 500 SIVU, 2 500 SIVOM, 11 000 syndicats mixtes, 1 000 communautés de communes,

323 districts, 12 communautés urbaines, 7 syndicats d'agglomération nouvelle et 4 communautés de villes en trois catégories, selon leur ***degré d'intégration***. Nous distinguerons ainsi ***les formules associatives*** (les plus nombreuses mais les moins intégrées), les ***formules intermédiaires*** (districts et communautés de communes, qui font d'ailleurs double emploi) et, enfin, ***les formules fédératives***, épousant une logique d'agglomération mais au détriment de l'autonomie des communes membres, de loin les moins nombreuses.

3) Les formules associatives

Il s'agit des ***syndicats intercommunaux***, nés de la coopération de plusieurs communes en vue de gérer un ou plusieurs services d'intérêt commun, et dont 99 % des communes françaises sont membres. Ils ont cru de 33 % de 1972 à 1980, puis de 12 % de 1980 à 1988, et encore de 13 % de 1988 à 1994, tout en conservant, en fait, une assez faible densité de relations au sein de chacun d'eux. Ils sont désormais régis par les articles L 5212-1 à L 5212-34 CGCT.

a) Les différents types de syndicats intercommunaux

– ***Les syndicats intercommunaux à vocation unique (SIVU)*** de la loi du 22 mars 1890, les plus nombreux, correspondent bien au principe de spécialité des établissements publics et à l'aspect fonctionnel de gestion en commun d'un service public (adduction d'eau, électrification, urbanisme, transports en commun, ramassage et traitement des ordures ménagères, etc.)

– ***Les syndicats intercommunaux à vocation multiple (SIVOM)*** de l'ordonnance du 5 janvier 1959 traduisent davantage une idée de territorialité et un objet institutionnel car ils peuvent exercer toutes les compétences déléguées par les communes composantes, notamment en matière d'équipements (ils peuvent d'ailleurs recevoir directement des subventions d'équipement) et de gestion.

– ***Les syndicats mixtes*** regroupent divers types de composantes : syndicats, districts, départements, organismes consulaires, etc. et peuvent aussi, depuis 1970, se constituer en SIVOM. Selon la nature des services publics qu'ils gèrent, ils prennent la forme juridique d'établissements publics à caractère administratif ou à caractère industriel et commercial (CE, avis du 18/2/1975 ; TA Strasbourg, 20/11/1990, *Ehrmann* et *Offner*). La loi du 5 janvier 1988 (art. 42) leur a permis d'adhérer à d'autres EPCI, formant ainsi des « syndicats de syndicats ».

– ***Les syndicats « à la carte »*** constituent l'aspect le plus novateur de cette loi du 5 janvier 1988 puisque, selon son article 30 (art. L 5212-16 CGCT), « une commune peut adhérer à un syndicat pour une partie seulement des compétences exercées par celui-ci », définies avec précision dans la décision institutive, avec une clé de répartition de la contribution de chaque commune et des règles particulières pour leur représentation au sein des organes de gestion. Cette formule, qui peut résulter d'une création directe ou bien de la transformation d'un SIVOM classique, est sans doute complexe mais sa souplesse permet d'éviter les inconvénients d'une superposition de compétences au sein des syndicats et de faire ainsi « respirer » mieux l'intercommunalité.

b) Les règles d'organisation et de fonctionnement

La création d'un syndicat intercommunal résulte soit d'un accord unanime des conseils municipaux intéressés, soit de l'établissement d'une liste de communes par le préfet, sur l'initiative de certains d'entre eux et après avis du ou des conseils généraux (cf. CE, 23/7/1974, *Commune de Cayeux-s/mer* ; 13/3/1985, *Ville de Cayenne*). Est ensuite requis l'accord des conseils municipaux des deux tiers au moins des communes intéressées représentant plus de la moitié de la population totale de celles-ci ou vice-versa, cette majorité devant nécessairement comprendre les conseils municipaux des communes dont la population totale est supérieure au quart de la population totale concernée (art. L 5212-2). Enfin, la création est autorisée par le préfet du département ou par arrêté conjoint des préfets concernés si le syndicat s'étend sur plusieurs départements.

Le syndicat est administré par un « ***comité*** » au sein duquel chaque commune est représentée par deux délégués titulaires (« tout citoyen réunissant les conditions requises pour faire partie d'un conseil municipal » selon l'article L 5212-7, c'est-à-dire éventuellement issu d'une autre commune, à la seule condition qu'il ne soit pas salarié de l'EPCI) et éventuellement de suppléants (cf. CE, 22/4/1977, *Sieur Picot* : pas de membres de droit), élus par les conseils municipaux au scrutin secret (majorité absolue aux deux premiers tours, relative au troisième). L'organe exécutif est le ***président*** du syndicat, entouré de vice-présidents et d'un ***bureau***, auxquels il peut – ainsi que le comité syndical lui-même sauf pour certaines matières énumérées à l'article L 5212-12 – déléguer une partie de ses attributions (cf., sur l'élection de ces organes, CE, 30/4/1971, *Lebosse* ; 22/4/1977, *Election du bureau du comité du syndicat de Caux maritime* ; 15/12/1978, *Macher* ; 24/9/1990, *Gaucher* ; 27/3/1991, *Le Crom* ; 19/6/1992, *Desgris* c. *Commune de Mirabeau* ; 10/07/1995, *M. Dumaire* : présidence tournante impossible).

Le comité se réunit une fois par trimestre (SIVOM) ou par semestre (SIVU) au moins, au siège du syndicat ou, depuis la loi du 5 janvier 1988, « dans un autre lieu choisi dans l'une des communes membres » (cf., avant cette loi, CE, avis du 25/4/1978 ; ou TA Paris, 8/6/1987, *COREP du Val-de-Marne c. Synd. intercommunal pour l'entretien et l'aménagement du ruisseau le Morbras*).

Les ***compétences*** dévolues à un syndicat (ou à un autre EPCI) sont limitatives (cf. TA Montpellier ; 7/12/1978, *SIVOM de Maugio-Pérols* ; CE, 4/5/1984 ; *Min. de l'Intérieur c. Commune des Aubiers* ; 19/11/1975, *Commune de Thaon-les-Vosges* ; un district auquel ses statuts confient l'assainissement ne peut créer une usine d'incinération des ordures ménagères ; 23/10/1985, *Commune de Blaye-les-Mines* ; un SIVU chargé de l'***étude*** d'un projet d'alimentation en eau potable ne peut se charger des opérations de distribution d'eau ; 20/1/1989, *SIVOM de l'agglomération rouennaise* ; les « transports urbains de voyageurs » peuvent impliquer le versement d'une subvention à la SNCF en vue d'un aménagement de la gare afin d'améliorer le transit trains-autobus ; 10/5/1989, *District de Rennes* ; compétent pour l'étude du plan d'urbanisme mais non pour élaborer ou approuver un POS ; TA Poitiers, 5/7/1991, *P. Dessendier c. District de Poitiers et Commune de Migné-Auxances* ; 5/7/1996, *Synd. d'agglomération nouvelle de St-Quentin-en-Yvelines* ; incompétent pour prendre en charge le déplacement de 35 personnes aux JO de Barcelone, etc.). Elles sont en revanche théoriquement exclusives, dessaisissant les communes adhérentes (cf. CE, 16/10/1970, *Commune de St-Vallier*), sauf exception lorsque, par exemple, un EPCI « redélègue », conformément à ses statuts, telle compétence – ordures ménagères souvent – à une commune, qui l'exerce au nom du groupement (cf. CE, 31/7/1996 ; *Commune de Sète*).

Les ***ressources*** du syndicat proviennent de la contribution des communes membres (cf. CE, 23/7/1974, *Commune de Cayoux-s/mer* ; 17/12/1978, *Commune de Charnoz*), des taxes ou redevances pour services rendus (TA Amiens, 17/1/1987 ; *Commune de Villeneuve-St Germain*), des revenus des biens, des produits des dons et legs ainsi que des subventions de l'Etat (parfois majorées à titre incitatif), à l'exclusion de toute fiscalité propre.

c) Admissions, modifications, retraits, dissolution

De nouvelles communes peuvent être admises, avec le consentement du comité syndical et après avis des conseils municipaux des communes membres (sauf si plus d'un tiers d'entre eux s'y oppose), par décision du préfet (dont le rôle, en matière d'intercommunalité, reste important, malgré la décentralisation intervenue en 1982 !). De même, le comité délibère sur l'extension des attributions ou sur la modification des conditions initiales de fonctionnement ou de durée du syndicat. Là encore, c'est le préfet qui décide, s'il obtient l'accord de la majorité qualifiée (2/3 – 1/2 ou vice-versa) des conseils municipaux intéressés.

Une commune peut également se retirer d'un syndicat, dans des conditions élargies par la loi du 5 janvier 1988. Normalement, il faut l'accord du comité, qui précise les conditions financières (participation à la dette, etc.) et des deux tiers au moins des conseils municipaux concernés, le préfet prenant toujours la décision. Ce dernier peut également autoriser une commune à se retirer, même sans l'accord des autres, « si, par suite d'une modification de la réglementation ou de la situation de la commune au regard de cette réglementation, la participation de cette commune au syndicat est devenue sans objet (art. L 5212-19 §1). De même, lorsqu'une commune, adhérant depuis six ans au moins, « estime que les dispositions statutaires relatives à la représentation des communes au comité..., ou aux compétences exercées par le syndicat, ou à la contribution des communes aux dépenses, sont de nature à compromettre de manière essentielle son intérêt à participer à l'objet syndical », elle peut demander la modification des statuts ou bien son retrait du syndicat dans les conditions ci-dessus décrites (art. L 5212-30). La loi du 5 janvier 1988 a institué dans chaque département une ***commission de conciliation*** composée d'élus, obligatoirement consultée par le préfet avant qu'il ne se prononce sur toute demande de retrait.

La ***dissolution*** d'un syndicat intercommunal intervient de plein droit à l'expiration de la durée fixée par la décision institutive ou à l'achèvement de l'opération qu'il avait pour objet de conduire, ou encore à la date du transfert à un autre EPCI (district, communauté urbaine, de communes ou de villes) des services en vue desquels il avait été institué ; ou encore par le consentement de tous les conseils municipaux intéressés. Il peut également être dissous, soit par demande motivée de la majorité de ces conseils, par arrêté préfectoral, après avis de la commission permanente du conseil général ; soit d'office par un décret rendu sur l'avis conforme du conseil général et du Conseil d'Etat (cf. CE, 31/3/1989, *Gaignault*), précisant les conditions de la liquidation et de la répartition des personnels entre les communes membres (après avis des commissions administratives paritaires compétentes). Enfin, le syndicat qui n'exerce aucune activité depuis deux ans au moins peut être dissous par arrêté préfectoral après avis des conseils municipaux des communes membres (cf. CE, 13/12/1996, *Commune de St-Florent*). Le retard du préfet à exercer ce contrôle de légalité ainsi que le contrôle budgétaire et à dissoudre un syndicat en faillite constitue une faute lourde susceptible d'engager la responsabilité de l'Etat (TA Bastia, 3/7/1997, *Commune de St-Florent et al. c. Préfet de Haute-Corse* : requête des communes, dans le budget desquelles le préfet avait inscrit d'office des sommes nécessaires à la reprise du passif du SIVOM qu'il avait dissous trop tardivement).

4) Les formules intermédiaires

Il s'agit, pour celles de la première génération des districts et, pour celles de la seconde, des communautés de communes. La différence entre les deux formules étant assez ténue, le projet de loi Perben adopté par le conseil des ministres le 21 mai 1997 puis, un an plus tard, le projet Chevènement, visent à les regrouper en une catégorie unique.

a) Les districts

Créés par une ordonnance du 5 janvier 1959 avec une vocation urbaine, ils ont été autorisés en zone rurale par la loi du 31 décembre 1970. Formule souple, permettant de commencer modestement une coopération, plus intéressante financièrement que celle des SIVOM (éligibles à la DGF allouée par l'Etat aux EPCI à fiscalité propre, ce qu'ils sont tous depuis fin 1995 en vertu de la loi de finances pour 1990, art. 92) et moins contraignante que celle des communautés urbaines, le district a connu un succès croissant (95 en 1972, 147 en 1980, 165 en 1988, 312 en 1994, 323 en 1995) même après l'institution de communautés de communes, a priori plus attrayantes, par la loi d'orientation du 6 février 1992, et sont de taille très variée (cf. celui d'Alta Rocca, en Corse du Sud : 4 000 habitants ; ou celui de Nantes : 20 communes, 500 000 habitants).

Les modalités de création sont les mêmes que pour les syndicats intercommunaux. Il est impossible de faire adhérer à un district des communes membres d'un SIVOM ayant des compétences identiques (CE, 28/7/1995, *District de l'agglomération de Montpellier*). Le district est administré par un ***conseil*** composé de délégués des communes dont le nombre est fixé par la décision institutive et éventuellement de suppléants, et par un ***bureau***, qui peut être chargé du règlement de certaines affaires et recevoir à cet effet délégation du conseil. A sa tête se trouvent un président et des vice-présidents.

Les ***compétences*** exercées à titre obligatoire par les districts sont très restreintes puisqu'elles se réduisent à deux : la gestion des services de logement créés en application des articles L 621-1 et s. du Code de la construction et de l'habitation d'une part, celle des centres de secours contre l'incendie d'autre part, du moins lorsqu'ils n'ont pas été départementalisés (loi d'orientation du 6 février 1992, art. 89 ; loi du 13 mai 1996, art. 52). Mais ils peuvent également exercer de nombreuses compétences facultatives, énumérées dans leur décision institutive ou exercées auparavant par un SIVOM associant exactement les mêmes communes (art. L. 5213-15 CGCT).

Les ***recettes*** des districts sont les mêmes que celles des syndicats intercommunaux, auxquelles s'ajoute une fiscalité propre (ils votent leurs taux concernant le foncier bâti et non bâti, la taxe d'habitation et la taxe professionnelle, qui s'appliquent aux bases correspondant à ces différents taxes pour l'ensemble de leur territoire, soit aux bases cumulées des communes membres) ce qui leur permet de bénéficier de la dotation globale de fonctionnement. La loi « ATR » du 6 février 1992 a permis aux districts existant à cette date et exerçant des compétences en matière de développement économique et d'aménagement de l'espace d'instituer, comme les communautés de communes ou de villes, une taxe professionnelle de zone ou une taxe unique.

Rien n'est prévu, dans le CGCT, concernant les possibilités de ***retrait*** d'une commune d'un district, mais la jurisprudence l'accepte aux mêmes conditions que dans le cas des syndicats intercommunaux. Le Code général mentionne seulement les hypothèses ***d'extension des attributions*** d'un district et de ***modification*** de ses conditions initiales de fonctionnement ou de durée (délibération du conseil districal, à la majorité des deux tiers au moins de ses membres représentant plus de la moitié de la population ou vice-versa, puis décision prise par le préfet sauf si plus d'un tiers des conseils municipaux, obligatoirement consultés, s'y oppose, selon l'art. L. 5213-22). De nouvelles communes peuvent être admises, toujours par décision préfectorale, avec le consentement du conseil du district.

La ***dissolution*** du district intervient, soit de plein droit à l'expiration de la durée fixée par sa décision institutive, ou à la date du transfert de la totalité de ses compétences à une communauté urbaine ayant le même périmètre (des décrets en CE fixant les modalités concrètes de la liquidation) ; soit à la demande de la moitié au moins des conseils municipaux représentant plus de la moitié de la population totale du district (un arrêté préfectoral fixant alors les modalités concrètes de la liquidation et de la répartition des personnels entre les communes membres).

Le Code général prévoit enfin diverses possibilités de ***transformation*** des districts, en communautés de communes (par décision du conseil, prise à la majorité des deux tiers au moins de ses membres, pour ceux existant au 8 février 1992), en communautés de villes (mêmes conditions, pour ceux regroupant plus de 20 000 habitants), en syndicats de communes (pour ceux renonçant à percevoir les ressources prévues au 1° du a de l'art. L. 2331-3) et, depuis la loi du 30 décembre 1995, en communautés urbaines. Par ailleurs, en attendant la grande réforme – par simplification – de l'intercommunalité, la loi du 4 avril 1997 « tendant à harmoniser les règles applicables aux districts et aux communautés de communes pour la représentation au sein de syndicats de communes » a mis en place un mécanisme par lequel une commune membre à la fois d'un district et d'un syndicat de communes préexistant peut être représentée par ce district au sein des instances syndicales (art. L. 5214-21 § 2 et 3, CGCT), comme cela existait déjà pour les communautés urbaines, les communautés de communes et de villes (Cf. *supra* p. 79).

b) Les communautés de communes

Instituées par la loi d'orientation du 6 février 1992 (art. L. 5214-1 à L. 5214-29 CGCT) et par l'article 85 de la loi du 29 janvier 1993 qui a permis aux agglomérations urbaines de recourir également à cette formule, elles ont pour objet « d'associer des communes au sein d'un espace de solidarité en vue de l'élaboration d'un projet commun de développement et d'aménagement de l'espace » . Elles sont créées par le préfet aux conditions habituelles de majorité qualifiée sans seuil de population ni exigence de continuité territoriale entre elles, ni même d'appartenance à un même département ou à une même région. Même si la majorité requise est atteinte, le préfet n'est cependant pas obligé de procéder à la création (CE, 2/10/1996, *Commune de Civaux*). Les communes n'ayant pas délibéré dans le délai de quatre mois et situées dans le périmètre sont réputées défavorables à cette création mais peuvent néanmoins être incluses dans la communauté par le préfet (CE, 2/10/1996, *Commune de Bourg-Charente c. al. ; contra* cf. TA Dijon , 15/3/1994, *Commune de Baucourt-le-Bois*) sauf si elles participent à un autre EPCI ayant des compétences en matière d'aménagement de l'espace ou de développement économique dont le territoire est contigu au leur et à condition que les communes membres l'acceptent, toujours à la même majorité qualifiée.

Les organes de gestion sont le ***conseil de la communauté*** (chaque commune disposant au minimum d'un siège et aucune ne pouvant en avoir plus de la moitié), dont les membres sont désignés selon les modalités régissant les autres EPCI, le ***bureau*** et le ***président*** qui en est l'organe exécutif. Le conseil se réunit au moins une fois par trimestre au siège de la communauté ou dans l'une des communes membres) éventuellement en comité secret.

L'une des originalités de cette formule tient aux ***compétences*** de la communauté, qui sont de quatre sortes ; ***1)*** d'abord, la communauté exerce de plein droit, au lieu et place des communes membres, les compétences en matière d'aménagement de l'espace et d'actions de développement économique intéressant l'ensemble de la communauté (art. L. 5214-16-I) ; ***2)*** D'autre part, elle doit exercer des compétences relevant d'au moins un des quatre groupes suivants : protection et mise en valeur de l'environnement, le cas échéant dans le cadre de schémas départementaux ; politique du logement et du cadre de vie ; création, aménagement et entretien de la voirie ; construction, entretien et fonctionnement d'équipements culturels et sportifs et d'équipements de l'enseignement préélémentaire et élémentaire (le choix étant effectué à la majorité qualifiée 2/3 – 1/2 ou vice-versa traditionnelle) ; ***3)*** De plus, la communauté « conserve l'intégralité des compétences antérieurement exercées par le district (ou le SIVOM) auquel elle se substitue » ; ***4)*** Enfin, les communes membres peuvent à tout moment lui transférer, en tout ou partie, certaines de leurs compétences et les équipements ou services publics utiles à l'exercice de celles-ci (décision par délibérations concordantes du conseil de la communauté et de la majorité qualifiée susmentionnée des conseils municipaux concernés, précisant les conditions financières et patrimoniales de ces transferts ainsi que l'affectation des personnels).

Une autre originalité concerne le ***financement*** ; outre une fiscalité propre, additionnelle aux quatre taxes locales, les communautés de communes peuvent se doter d'une ***taxe professionnelle unique*** (comme les communautés de villes, cf. *infra* p. 89) ou seulement « ***de zone*** », c'est-à-dire perçue exclusivement dans les zones d'activités qu'elles créent ou qu'elles gèrent (cette « zone » pouvant être discontinue. Les entreprises situées à l'intérieur sont imposées à un taux unique et le produit de la taxe est affecté à la communauté ; les autres restent imposées à la fois au taux de chaque commune et à celui de la communauté). De plus, elles bénéficient, comme tous les EPCI à fiscalité propre, de la DGF (réformée par la loi du 31 décembre 1993), à 50 % seulement la première année, de la DGE (majorée de 25 % pour celles relevant du régime dit « de la première part »), du Fonds de compensation de la TVA sur les investissements de l'année en cours (et non deux ans après au vu du compte administratif, nouveauté sans doute très attractive) et, enfin, du versement-transport (si cette compétence a été transférée, à partir de 20 000 habitants, avec majoration possible de 0,05 % des taux maximum).

5) Les formules fédératives

Ce sont celles qui poussent le plus loin l'intégration des communes membres. Mais ce sont aussi, pour cette raison même, les moins nombreuses. On distinguera les communautés urbaines de la première génération, les communautés de villes ainsi que, à la limite de la décentralisation, les syndicats d'agglomération nouvelle.

a) Les communautés urbaines

Créées et aménagées par la loi du 31 décembre 1966 (modifiée par celle du 31 décembre 1982, art. 41 à 61, explicitée par la circulaire Grimaud du 2 février 1983), elles ne concernaient initialement que les agglomérations de plus de 50 000 habitants. Les quatre premières ont été créées autoritairement par la loi en 1966 (Bordeaux, Lille-Roubaix-Tourcoing, Strasbourg et Lyon) et les suivantes par la majorité qualifiée habituelle de conseils municipaux intéressés : Dunkerque, Le Mans, Le Creusot-Montceau-les-Mines, Cherbourg et, en 1973, Brest. Puis, en dépit de quelques tentatives vaines à Caen ou à Orléans, ainsi qu'à Paris en 1982 (projet de transformation de la ville en vingt « municipalités de plein exercice », finalement abandonné : cf *infra*, p. 94) cette formule paraissait en crise, du fait de la lourdeur de ses structures, des contraintes fortes concernant les transferts de compétences ainsi que de désaccords politiques fréquents au lendemain des élections municipales. (Ainsi à Bordeaux en 1977. D'où le vote de la loi du 22 juillet 1977, autorisant le retrait unilatéral de la commune-centre dans les six mois suivant les municipales. « Loi de circonstance » abrogée par celle du 31 décembre 1982). Toutefois, cette formule paraît avoir retrouvé quelque actualité, avec la création des communautés urbaines de Nancy (à compter du 1er janvier 1996) et d'Alençon (à compter du 1er janvier 1997) ainsi que la loi du 30 décembre 1995 tendant à faciliter la transformation des districts en communautés urbaines (en revanche, le projet DATAR de création autoritaire d'une dizaine de nouvelles structures de ce type a été abandonné au printemps 1997).

La loi d'orientation du 6 février 1992 avait, il est vrai, rendu leur création plus facile, par une sorte d'alignement sur les procédures valables pour les communautés de communes ou de villes ; seuil démographique minimal abaissé à 20 000 habitants (art. L 5215-1 CGCT), autorisation par arrêté préfectoral et non plus par décret, majorité requise comprenant désormais obligatoirement le conseil municipal de la commune dont la population est supérieure à la moitié – et non plus au quart – de la population totale concernée. Cette même loi a également rendu possible la transformation des communautés urbaines existantes en communautés de villes (à la majorité des deux tiers des membres de leur conseil), éventuellement en étendant le périmètre de l'EPCI à d'autres communes, ***sur leur accord*** ; ou encore, pour celles qui préfèrent demeurer communautés urbaines, la possibilité d'aligner leur régime fiscal sur celui des communautés de villes ou de communes (perception de l'intégralité de la taxe professionnelle, unique ou de zone, en échange d'un renoncement à tout prélèvement au titre des taxes foncières ou d'habitation).

Le conseil de communauté est composé de délégués des communes, « désignés par chaque conseil municipal en son sein » (qui ont un « intérêt pour agir » contre les délibérations du conseil de communauté : CE, 31 juillet 1996, *Tête*), sauf s'il en faut davantage (art. L 5215-9 CGCT ; sur cette élection, cf CE, 30/5/1973, *Sieur Charrion*), dont le nombre est fixé ainsi ; si la communauté comporte moins de vingt communes, le conseil doit avoir 50 membres (pour 200 000 habitants maximum), 80 (de 200 à 600 000), 90 (de 600 000 à 1 000 000) ou 120 (plus de 1 million) ; si elle comprend de 21 à 50 communes, ces chiffres passent, toujours en fonction de la population totale, à 70, 90, 120 et 140 membres ; enfin, au-delà de 50 communes, respectivement à 90, 120, 140 ou 155 membres. Selon l'article L 5215-7 CGCT, un siège est attribué à chaque commune, puis participent à la répartition de ceux qui restent à pourvoir uniquement « les communes dont la population municipale totale est supérieure au quotient obtenu en divisant la population municipale totale de l'agglomération, telle qu'elle résulte du dernier recensement général, par le nombre total de sièges à pourvoir ». Les sièges restant encore à pourvoir sont répartis entre les communes suivant le système de la représentation proportionnelle à la plus forte moyenne, sur la base de leur population municipale totale diminuée d'un nombre d'habitants égal au quotient sus-mentionné, ce qui est rien moins que simple.

Si les dispositions relatives au président et au bureau des communautés urbaines sont classiques (celles relatives aux conditions d'exercice du mandat de membre du conseil l'étant moins : indemnités de fonction de 28 % maximum de celles des maires, adjoints ou conseillers municipaux des communes de plus de 100 000 habitants – cf *infra*, p. 167 – dans les communautés urbaines de 400 000 habitants au moins ; fonctionnement des « groupes de délégués » par affinités politiques, etc.), les ***compétences*** de cette forme d'EPCI sont particulièrement vastes, avec une sorte de « clause générale » à l'article L. 5215-19 (« Le conseil de la communauté urbaine règle par ses délibérations les affaires qui sont de la compétence de la communauté urbaine ») et pas moins de douze compétences obligatoires : ***1)*** Chartes intercommunales de développement et d'aménagement, schémas directeurs, plans d'occupation des sols, programmes locaux de l'habitat, constitution de réserves foncières, après avis des conseils municipaux ; ***2)*** Création et réalisation de ZAC ; actions de développement économique ; création et équipement de zones d'activité industrielle, tertiaire, artisanale, touristique, portuaire ou aéroportuaire ; actions de réhabilitation d'intérêt communautaire ; ***3)*** Programme d'aménagement (art. L 332-9 du Code de l'urbanisme) ; ***4)*** Construction, aménagement et entretien de certains locaux scolaires ; ***5)*** Services d'incendie et de secours (non départementalisés ; cf. la loi du 13 mai 1996) ; ***6)*** Transports urbains de voyageurs ; ***7)*** Lycées et collèges ; ***8)*** Eau, assainissement, ordures ménagères ; ***9)*** Cimetières et crématoriums ; ***10)*** Abattoirs, marchés d'intérêt national ; ***11)*** Voirie et signalisation ; ***12)*** Parcs de stationnement. De plus, la communauté urbaine est substituée de plein droit, et pour la totalité des compétences qu'il exerce, au district qu'elle remplace. Enfin, les communes membres peuvent toujours transférer tout ou partie de leurs compétences à la communauté urbaine (et vice-versa) par délibération à la majorité qualifiée habituelle. La responsabilité de la communauté urbaine se substitue à celle de la commune lorsque la compétence en question, par exemple la voirie, a été transférée (cf. CAA Bordeaux, 13/7/1989, *Commune de Bordeaux*).

b) Les communautés de villes

Constituées par la loi d'orientation du 6 février 1992, leurs modalités de création et de fonctionnement sont à peu près les mêmes que celles des communautés de communes (à condition de regrouper au moins 20 000 habitants ; art. L 5216-1 CGCT), mais elles représentent un modèle de coopération beaucoup plus intégré, plus contraignant, ce qui explique sans doute leur nombre très réduit (La Rochelle, Aubagne, Cambrai, Flers, etc.).

Leurs ***compétences*** se présentent également comme celles des communautés de communes (cf. *supra*, p. 86), celles obligatoires étant cependant mentionnées avec plus de précision à l'article L 5216-16 CGCT : ***1)*** Aménagement de l'espace : schéma directeur ou de secteur, charte intercommunale de développement et d'aménagement, programmes locaux de l'habitat, ZAC ; ***2)*** Actions de développement économique, création et équipement de zones d'activité industrielle, tertiaire, artisanale, touristique, portuaire ou aéroportuaire ; d'autre part, la communauté urbaine doit exercer au moins l'un des quatre groupes de compétences suivant : ***1)*** Protection et mise en valeur de l'environnement, politique du cadre de vie, lutte contre la pollution des eaux et de l'air ; lutte contre le bruit, assainissement, collecte, traitement et élimination des déchets (dans le cadre de schémas départementaux s'ils existent) ; ***2)*** Politique du logement et actions de réhabilitation ; ***3)*** Création, aménagement et entretien de la voirie, plans de déplacements urbains et transports urbains ; ***4)*** Construction, entretien et fonctionnement d'équipements culturels et sportifs et d'équipements relevant de l'enseignement préélémentaire et élémentaire ; action et animation culturelles.

Sur le plan financier, les communautés de villes sont substituées aux communes membres pour l'application des dispositions relatives à la taxe professionnelle et perçoivent une taxe unique d'agglomération, au terme d'une période d'harmonisation progressive. Par ailleurs, les incitations à la coopération sont les mêmes que celles bénéficiant aux communautés de communes.

c) Les syndicats d'agglomération nouvelle

Selon l'article L. 5311-1 CGCT, « les agglomérations nouvelles contribuent à un meilleur équilibre social, économique et humain des régions à forte concentration de population grâce aux possibilités d'emploi et de logement, ainsi qu'aux équipements publics et privés qui y sont offerts ; elles constituent des opérations d'intérêt national et régional, dont la réalisation est poursuivie dans le cadre du plan ; elles bénéficient de l'aide de l'Etat ; les régions et les départements concernés y apportent leur concours, notamment par convention ».

Créées en 1966 par G. Pompidou afin de maîtriser la croissance anarchique des banlieues autour de Paris et des grandes métropoles, ainsi que d'éviter le « mitage » des campagnes, les villes nouvelles répondent d'abord à des préoccupations volontaristes, étatiques, d'aménagement du territoire, de lutte contre la spéculation foncière, de planification urbaine et de développement du logement social et se situent donc à la limite de la décentralisation. Elles existent dans de nombreux pays, notamment du tiers-monde, sous des appellations diverses, en particulier pour empêcher la prolifération des bidonvilles (cf. également les « new towns » britanniques ou les « villes-champignon » créées de toutes pièces : Brasilia, Chandigarh en Inde ou Islamabad au Pakistan).

En France, cinq sont situées dans la région parisienne (Evry, Cergy-Pontoise, Saint-Quentin-en-Yvelines, Marne-la-Vallée et Melun-Sénart) et les autres en province (L'Isle-d'Abeau près de Lyon, Rives-de-l'étang-de-Berre près de Marseille et Lille-Est. Le Vaudreuil, près de Rouen, est redevenu une commune de droit commun en 1981).

Initialement créées par décret en CE, après avis des diverses communes concernées, les villes nouvelles ont d'abord pris la forme d'« établissements publics d'aménagement » gérés par un directeur nommé par le Gouvernement et par un conseil d'administration comprenant pour moitié des élus locaux et pour moitié des représentants de l'Etat. La « loi Boscher » du 10 juillet 1970 les transforma en « syndicats communautaires d'aménagement », établissements publics dirigés par un conseil composé de délégués des conseils municipaux et s'occupant de nombreux problèmes, notamment d'investissements, à la place des communes composantes, lesquelles étaient d'ailleurs dessaisies de leurs prérogatives fiscales, et souvent juridiques (cf. CE, 13/2/1985, *Synd. communautaire d'aménagement de l'agglomération nouvelle de Cergy-Pontoise*, sur la question du pouvoir réglementaire des autorités locales).

La « loi Rocard » du 13 juillet 1983 (modifiée, notamment par celle du 17 décembre 1991 sur le plan financier et fiscal), qui constitue le droit positif (art. L 5311-1 à L 5341-2 CGCT) accorde aux villes nouvelles un statut plus démocratique (les conseils municipaux retrouvant d'anciennes prérogatives perdues), plus simple (quant au partage des responsabilités entre communes composantes et organes communautaires) et plus juste (suppression des distinctions fiscales entre habitants des quartiers neufs et des bourgs anciens) tout en s'efforçant de réaliser un meilleur équilibre entre l'autonomie des communes concernées et les exigences nationales d'aménagement du territoire.

C'est le préfet qui propose, après concertation, la liste des communes intéressées par la ***création*** d'une agglomération nouvelle et le projet de périmètre d'urbanisation. Il prend la décision en cas d'avis favorable des conseils municipaux concernés. A défaut, la décision relève d'un décret en CE. Puis, dans les six mois, les conseils municipaux des communes membres de l'agglomération nouvelle doivent choisir entre quatre formules juridiques : ***1)*** Création d'une nouvelle commune, par fusion simple ou fusion-association, après consultation de la population ; ***2)*** Transformation en commune unique, suivant le régime de la fusion simple, des communes ou portions de communes comprises à l'intérieur du périmètre d'urbanisation ; ***3)*** Création d'une communauté d'agglomération nouvelle : EPCI dont l'organe délibérant est élu au suffrage universel direct (art. L 5331-1 à L 5331-3 CGCT) ; ***4)*** Création d'un syndicat d'agglomération nouvelle, solution retenue dans tous les cas pour l'instant.

Ces syndicats sont soumis aux dispositions applicables aux syndicats de communes, sous réserve de spécificités relatives à leurs compétences et à leur régime financier. Ils sont administrés par un comité composé de membres élus par les conseils municipaux, selon une répartition fixée par la décision institutive tenant compte de la population. Chaque commune doit y être représentée par deux délégués au moins et aucune ne peut disposer de la majorité absolue (CE, 20/6/1990, *Philippe et al. c. Rossot*).

Ils exercent les compétences des communes en matière de programmation et d'investissement dans les domaines de l'urbanisme (ZAC, schémas directeurs), du logement, des transports et gèrent les équipements reconnus d'intérêt commun. Ils perçoivent la taxe professionnelle à un taux unique, les budgets des communes membres étant pour leur part alimentés par les taxes foncières et d'habitation. Un mécanisme de péréquation permet aux syndicats de reverser aux communes une dotation de compensation des transferts de charges. Enfin, depuis la loi du 5 janvier 1988, ils perçoivent la DGF.

Quinze ans plus tard, les villes nouvelles connaissent pour la plupart d'importants problèmes financiers (diminution des constructions et du nombre d'habitants) et souhaitent pouvoir passer de la formule du syndicat d'agglomération nouvelle à celle de la communauté urbaine, qui leur conférerait de surcroît plus d'autonomie par rapport au Gouvernement.

6) Autres formes de coopération intercommunale

a) Ententes, conventions et conférences intercommunales

Deux ou plusieurs conseils municipaux peuvent conclure une entente « sur les objets d'utilité communale compris dans leurs attributions et qui intéressent à la fois leurs communes respectives » (art. L 5221-1 CGCT), ou encore « passer entre eux des conventions à l'effet d'entreprendre ou de conserver à frais communs des ouvrages ou des institutions d'utilité commune » (*ibid.*). Les questions d'intérêt commun sont débattues dans des conférences où chaque conseil municipal est représenté par une commission spéciale nommée à cet effet (trois membres, désignés au scrutin secret). Mais les décisions prises ne sont exécutoires qu'après avoir été ratifiées par les conseils municipaux intéressés.

b) Biens et droits indivis entre plusieurs communes

Dans ce cas, elles peuvent créer, pour gérer ces biens ou droits et les services publics qui s'y rattachent, une personne morale de droit public administrée par une commission syndicale (composée des délégués des conseils municipaux des communes intéressées et par les conseils municipaux de ces communes) créée par arrêté préfectoral et présidée par un syndic élu par les délégués en leur sein. Il peut être mis fin à l'indivision, soit parce que chaque commune reprend ce qui lui appartient, soit par transformation en un syndicat intercommunal.

c) Chartes intercommunales de développement et d'aménagement

Elaborées et approuvées par les communes, elles « définissent les perspectives à moyen terme de leur développement économique, social et culturel, déterminent les programmes d'action correspondants, précisent les conditions d'organisation et de fonctionnement des équipements et services publics » (art. L 5223-1). Leur périmètre est arrêté par le préfet, sur proposition des communes intéressées et après avis du conseil général et, dans le cas d'agglomérations de plus de 100 000 habitants ou d'ensembles de communes situées dans plusieurs départements, du conseil régional. Ces chartes peuvent servir de base à des conventions avec le département, la région ou l'Etat pour la réalisation des projets et programmes qu'elle a définis. En zone rurale, elles se substituent aux plans d'aménagement rural.

4 • LE STATUT DE PARIS, LYON ET MARSEILLE

« Les communes de Paris, Marseille et Lyon sont soumises aux règles applicables aux communes », sous réserve d'un certain nombre de dispositions spécifiques, énonce l'article L. 2511-1 CGCT. Il n'en va en réalité ainsi que depuis les lois du 31 décembre 1982.

A – Le statut de Paris jusqu'à fin 1982

Capitale de la France, siège des pouvoirs publics et point de départ des révolutions, Paris (et sa banlieue) a longtemps été soumise à un régime dérogatoire, à plusieurs titres.

1) La ville de Paris en tant que commune

Héritière de la Commune de 1871, elle posséda longtemps un ***conseil municipal élu*** (à la RP, puis au scrutin majoritaire dès 1965) selon un découpage en secteurs électoraux. Il y avait alors un ***président du conseil municipal***, qui dirigeait les séances, mais pas de maire élu (ses fonctions – état civil, listes électorales etc. – étant réparties entre les ***maires d'arrondissement*** nommés par le Gouvernement). Le ***préfet de la Seine*** était chargé de l'administration générale et de l'exécution des délibérations du conseil municipal et le ***préfet de police*** du maintien de l'ordre.

La loi du 10 juillet 1964 fit de Paris une « collectivité locale à statut particulier, ayant des compétences de nature à la fois communale et départementale » (art. 2), le conseil municipal devenant le ***Conseil de Paris*** (90 membres, élus pour six ans par secteurs électoraux, tenant quatre sessions annuelles et élisant un « président ») qui cumulait les attributions de l'ancien conseil municipal et celles de l'ancien conseil général de la Seine. Les maires d'arrondissement subsistaient. La ville ne détenait, comme les EPCI, que des ***compétences*** d'attributions, le préfet agissant seul pour le reste et exerçant sur le Conseil de Paris une tutelle étroite. Le ***préfet de Paris*** héritait quant à lui des compétences du préfet de la Seine (décret du 19 janvier 1968) et le préfet de police conservait les siennes, y compris dans les trois départements limitrophes.

Puis la loi du 31 décembre 1975 soumit la Ville de Paris à un régime pratiquement identique à celui des autres communes (pour ses attributions communales) et à celui des autres départements (pour ses attributions départementales) afin de renforcer les moyens des élus parisiens et d'alléger la tutelle pesant sur eux. Le Conseil de Paris, passé de 90 à 109 membres, acquérait une compétence générale (communale et départementale) et l'exécutif n'était plus confié au préfet mais au ***maire de Paris***, élu pour six ans selon le droit commun (J. Chirac fut le premier). La division en vingt arrondissements subsistait, mais les ***maires et maires-adjoints d'arrondissement*** devenaient des magistrats municipaux, assistés de ***commissions d'arrondissement*** composées de conseillers élus dans l'arrondissement, d'officiers municipaux nommés par le maire et de membres élus par le Conseil de Paris parmi les représentants des activités sociales, familiales, éducatives, culturelles etc., exercées dans le ressort de l'arrondissement (qui se réunissaient dans des « mairies annexes » pour donner leur avis sur les affaires concernant l'arrondissement qui leur étaient soumises et pour « animer la vie locale »).

2) La Ville de Paris en tant que département

A l'origine, existait le département de la Seine, avec un conseil général de 60 membres élus par la banlieue, auxquels s'ajoutaient de droit les 90 conseillers municipaux de Paris. La tutelle était plus étroite sur ce conseil général que sur les autres. Ses compétences concernaient la gestion de certains services (ordures ménagères etc.). La loi du 10 juillet 1964 réorganisa également ce département en créant, d'une part la « Ville de Paris », collectivité territoriale à statut particulier (commune et département, cf. *supra*) et, d'autre part, des départements nouveaux (Hauts-de-Seine, Seine-St-Denis, Val-de-Marne dans l'ex-territoire de la Seine, Essonne, Val-d'Oise et Yvelines) régis par le droit commun des départements (sauf pour les attributions du préfet de police dans ceux de l'ex-Seine), supprimant donc les départements de la Seine et de la Seine-et-Oise.

3) Le district et la région

Sans remonter au « Comité supérieur de l'aménagement et de l'organisation générale de la région parisienne » de 1928, ni même au « Service d'aménagement de la région parisienne » de 1943, il faut noter la création, par l'ordonnance du 4 février 1959, du « district de Paris », remplacé par le « district de la région parisienne » (loi du 2 août 1961, modifiée par celle du 17 décembre 1966). Cet établissement public fut spécialisé dans les études, ainsi que dans diverses interventions (réalisation de projets, gestion de services etc.) et joua pendant dix ans un rôle déterminant dans l'aménagement et le développement de la région parisienne. Recouvrant l'ensemble des départements sus-évoqués, il avait à sa tête un ***délegué général***, nommé par le Gouvernement, et un ***conseil d'administration*** de 54 membres élus par les collectivités intéressées. Il disposait de ***ressources propres*** telles que la taxe spéciale d'équipement.

Après que la loi du 10 juillet 1964 eut d'abord réorganisé la région parisienne comme simple circonscription administrative, sans personnalité juridique (mais coïncidant avec le district, qui en avait une), un décret du 10 août 1966 créa un ***préfet de la région parisienne*** dont les fonctions ne furent pas confondues avec celles des préfets des départements mais avec celles du délégué général du district, et qui fut doté de très larges attributions.

La loi du 5 juillet 1972 ne s'appliqua pas à la région parisienne, laquelle fut concernée par la loi du 6 mai 1976 portant création de la ***région Ile-de-France*** (cf. aussi les décrets des 22 novembre 1976, 31 décembre 1976 relatifs au régime financier et comptable, modifié par celui du 10 juin 1983) avec pour objet « d'aligner cette région sur le régime de droit commun tout en tenant compte de ses particularités ». Cet établissement public se substituait au district, dans le cadre géographique de la circonscription administrative définie par la loi du 10 juillet 1964. L'assemblée délibérante, devenue ***conseil régional***, cessa de comporter des personnalités nommées et vit son rôle accru, tant du fait de sa composition que du mode de désignation de ses membres (164). A ses côtés, un ***comité économique et social*** consultatif.

La loi du 2 mars 1982 s'est appliquée immédiatement à la région Ile-de-France (ainsi que celles de 1983-1984 sur les transferts de compétences), avec remplacement du préfet de région par le président du conseil régional comme organe exécutif et transformation de la région en collectivité territoriale (cf. *infra*, p. 121). Aujourd'hui, cette région est régie par les articles L. 4411-1 à L. 4414-8 CGCT. Il y est précisé notamment que « les fonctions de président du conseil régional sont incompatibles avec celles de maire de Paris » (loi du 6 mai 1976, modifiée par celle du 6 janvier 1986) ; que la région Ile-de-France définit la politique régionale en matière d'espaces verts, de forêts et de promenades et est obligatoirement consultée sur les programmes d'investissements correspondant à sa mise en œuvre. Elle peut d'ailleurs participer aux dépenses d'acquisition, d'équipement et d'entretien de ces espaces. Une agence des espaces verts de la région d'Ile-de-France, établissement public à caractère administratif (décret 85-317 du 8 mars 1985), est chargée de mettre en œuvre cette politique et de coordonner en ce domaine les actions de la région avec celles de l'Etat et des ses établissements publics. Enfin, en matière de transports, la région Ile-de-France définit, après avis des conseils généraux, la politique régionale de circulation et de transports de voyageurs et assure sa mise en œuvre. Des dispositions financières complètent le régime spécifique de cette région.

B – Le statut PLM des lois du 31 décembre 1982

Après qu'a été tranchée la question du transfert des pouvoirs du préfet de département au maire de Paris (les socialistes, s'appuyant sur l'art. 107 de la loi du 2 mars 1982, entendaient reculer cette échéance, alors que J. Chirac, se fondant sur l'art. 104, estimait que ce transfert devait être, comme ailleurs, immédiat. Le CE, par son avis du 1/7/1982, lui donna raison et le transfert fut réalisé par l'art. 15 de la loi du 22 juillet 1982), se posa brutalement celle du « démembrement » de Paris par des conseils d'arrondissement, qui se transforma en une réforme, moins audacieuse mais plus vaste, de Paris, Lyon et Marseille.

1) La tentative de « démembrement » de Paris

Conformément à une ancienne proposition de loi Mitterrand et autres de 1974, mais contrairement aux promesses réitérées depuis le 10 mai 1981, le gouvernement Mauroy annonça, le 30 juillet 1982, sa volonté de « décentraliser » le statut de Paris en créant « une municipalité de plein exercice par arrondissement », dotées chacune d'un conseil et d'un maire élus et associées dans une communauté urbaine dont le maire de Paris serait devenu le président. Le Conseil de Paris, quant à lui, aurait été remplacé par une « assemblée des délégués des municipalités », tandis que les « commissions d'arrondissement » de la loi du 31 décembre 1975 auraient été supprimées.

La réaction très vive de J. Chirac, évoquant dans sa campagne « Sauvons Paris », cet « attentat inoui contre les libertés locales » et l'impact négatif dans l'opinion de ce qui passait pour un « coup politique » contre le président du RPR, déterminèrent cependant le Gouvernement à opérer un repli stratégique tout en élargissant la réforme à Marseille (dont le ministre de l'Intérieur était maire) et à Lyon (qui n'avait rien demandé).

2) Le statut « PLM »

Prélude à un statut des grandes villes, il fut adopté malgré l'avis négatif du CE et des conseils municipaux concernés et avec un vote défavorable du Sénat, le Conseil constitutionnel estimant toutefois, le 28 décembre 1982, « qu'aucun principe ou règle de valeur constitutionnelle n'interdit au législateur d'instituer des divisions administratives au sein des communes, ni d'instituer des organes élus autres que le conseil municipal et le maire ».

a) La loi n° 82-1169 du 31 décembre 1982 relative à l'organisation administrative de Paris, Marseille, Lyon et des établissements publics de coopération intercommunale

Elle comporte, outre un chapitre III relatif aux communautés urbaines (cf. *supra*, p. 87), un chapitre I contenant des dispositions communes à ces trois grandes métropoles (désormais art. L 2511-1 et s. CGCT) et un chapitre II contenant des dispositions particulières à chacune d'elles (art. L. 2512-1 et s. CGCT).

– ***Les dispositions communes*** évoquent d'abord ***les conseils d'arrondissement*** (respectivement 20, 16 et 9 arrondissements, modifiables par décret en CE après avis conforme du conseil municipal). S'ils ne constituent plus des « mairies de plein exercice », ils bénéficient cependant de compétences non négligeables : possibilité d'adresser au maire des questions écrites sur toute affaire intéressant l'arrondissement, de droit inscrites à l'ordre du jour du conseil municipal en l'absence de réponse écrite dans les trois mois ; débats sur toutes affaires intéressant l'arrondissement et vœux sur ces dernières (art. L. 2511-2) ; saisine pour avis des rapports de présentation et des projets de délibération concernant les affaires dont l'exécution est prévue dans les limites de l'arrondissement préalablement à leur examen par le conseil municipal ; consultation sur les questions d'urbanisme et d'aménagement ; délibération sur l'implantation des crèches, jardins d'enfants, maisons et clubs de jeunes, espaces verts inférieurs à 1 ha, gymnases, stades... ou tous équipements équivalents destinés aux habitants de l'arrondissement (mais dont la réalisation reste soumise au vote du conseil municipal), dont ils assurent la gestion et supportent les dépenses de fonctionnement (sauf celles de personnel et les frais financiers). De même, « les logements dont l'attribution relève de la commune et qui sont situés dans l'arrondissement sont attribués pour moitié par le maire d'arrondissement et pour moitié par le maire de la commune » (art. L. 2511-20-1). Enfin, ils sont consultés sur les conditions générales d'admission dans les crèches, écoles maternelles, résidences pour personnes âgées et foyers – logements relevant de la commune, ainsi que sur les conditions d'utilisation des équipements sportifs situés sur leur territoire, en liaison avec les associations concernées, ou encore sur l'élaboration et les modifications du POS, sans compter diverses attributions exercées par délégation du conseil municipal.

Ces conseils d'arrondissement sont composés des conseillers municipaux et des conseillers d'arrondissement (le double des premiers) élus dans l'arrondissement (cf. *infra*). Les règles de tutelle sont à peu près celles du droit commun : Si, le 12 janvier 1989, le CC a annulé l'article 16 de la loi portant diverses dispositions relatives aux collectivités territoriales qui abrogeait le régime spécifique de contrôle des crédits de fonctionnement du conseil de Paris (car issu d'un amendement sans lien avec le reste de la loi), le titre IV de la loi du 8 février 1995 relative à l'organisation des juridictions et à la procédure civile, pénale et administrative a introduit dans le Code des TA et des CAA un article L 26, reproduisant le dernier alinéa de l'article 19 de cette loi du 31 décembre 1982, selon lequel les maires des villes de Paris, Lyon et Marseille peuvent déférer au TA les délibérations de leurs conseils d'arrondissement, après seconde lecture, assorti d'une demande de sursis à exécution à laquelle le président du TA ou son délégué doivent répondre dans les 48 heures (avec appel possible devant le président de la section du contentieux du CE) si l'un des moyens soulevés paraît sérieux.

– ***Les maires d'arrondissement*** (art. L 251-25 et s.) sont élus au sein de ces conseils, ainsi que leurs adjoints. Ils doivent être membres du conseil municipal (mais on ne peut être à la fois maire de la commune et d'un arrondissement, la loi étant muette sur la question du cumul des fonctions d'adjoint). A Paris, ils remplacent les officiers municipaux nommés (depuis 1975) par le maire. Maires et adjoints sont chargés dans l'arrondissement des attributions relevant du maire de la commune en matière d'état-civil, d'affaires sociales ou, sur certains points, électorales. Ils président la caisse des écoles s'il en existe une dans l'arrondissement, donnent leur avis sur toute autorisation d'utilisation du sol ou permission de voirie délivrée par le maire, etc.

– ***Les dispositions spécifiques à Paris*** rappellent que cette collectivité demeure une commune-département, ainsi que le statut particulier du préfet de police. Selon l'art. L 2512-12 CGCT, celui-ci exerce « les pouvoirs et attributions qui lui sont conférés par l'arrêté des consuls du 12 messidor an VIII » modifié (mais toujours en vigueur : cf. CE, 8/4/1987, *Mme Virmaux*), qui lui confère de vastes attributions de police (générale et spéciale), ajoutées à celles qu'il exerce au nom de l'Etat (police des manifestations, des étrangers, etc.), à ses pouvoirs de police judiciaire (à Paris et dans les trois départements de la petite couronne), à ses prérogatives à l'intérieur de la « zone de défense » de Paris (14 départements) et à son autorité sur la brigade des sapeurs-pompiers de Paris (cf. art. L. 2512-17 et s. CGCT : « Secours et défense contre l'incendie ») et même sur la garde républicaine. De même, l'article L 2512-14 rappelle qu'en matière de circulation et de stationnement les pouvoirs de police habituellement dévolus aux maires sont exercés par lui (ainsi, bien sûr, que ceux conférés aux préfets sur les routes à grande circulation par l'art. L 2213-1).

Seules modifications apportées par la loi du 31 décembre 1975, le fait que « les personnels du service des parcs et jardins de la commune de Paris sont autorisés à constater les infractions au règlement départemental relatif à ces espaces (art. L 2412-16), ainsi que celui selon lequel « les dispositions de l'article L 48 du Code de la santé publique sont applicables aux inspecteurs de la salubrité » qui officient dans les zones piétonnières. La loi du 29 décembre 1986 a conféré au maire de Paris quelques prérogatives en matière de salubrité sur la voie publique et de maintien du bon ordre dans les foires et marchés et, sous réserve de l'avis du préfet de police, de tout permis de stationnement accordé aux petits marchands, de toute permission et concession d'emplacement sur la voie publique (art. 2512-13 § 2) et il est en outre « chargé de la police de la conservation sur les dépendances domaniales incorporées au domaine public de la commune de Paris ». De plus, la loi d'orientation et de programmation sur la sécurité du 21 janvier 1995 a énoncé que, « sous réserve des dispositions du Code de procédure pénale relatives à l'exercice de la mission de police judiciaire..., à Paris, le préfet de police associe le maire à la définition du programme de prévention de la délinquance et de la sécurité » (art. L 2512-5), comme les préfets de département le font avec les autres maires. Enfin, il résulte de l'article 6 dernier alinéa de cette loi, complétant l'article 34-III de celle du 2 mars 1982, que : « le préfet de police coordonne l'action des préfets des départements de la région d'Ile-de-France pour prévenir les événements troublant l'ordre public ou y faire face lorsqu'ils intéressent Paris et d'autres départements de la région. »

– ***Ces dispositions spécifiques à Marseille et à Lyon*** (art. L 2513-1 et s.) précisent que le conseil municipal de ces communes est composé, respectivement, de 101 et de 73 membres et que leur dissolution entraîne de plein droit celle des conseils d'arrondissement.

b) La loi n° 82-1170 du 31 décembre 1982 portant modification de certaines dispositions du Code électoral relatives à l'élection des membres du Conseil de Paris et des conseils municipaux de Lyon et de Marseille

Elle applique à ces derniers le système « majoritaire-proportionnel » issu de la loi du 19 novembre 1982 cf. *supra*, p. 52) mais dans le cadre de ***secteurs électoraux*** qui, pour Paris et Lyon correspondent aux arrondissements (élisant chacun un nombre variable de conseillers, en fonction de leur population : de 3 à 17 à Paris, de 4 à 12 à Lyon) alors que, pour Marseille (ville dont le ministre de l'Intérieur, G. Defferre, était maire) chacun des six secteurs regroupait différents arrondissements, selon des tableaux annexés à la loi, en fonction de critères politiciens qui ont conduit certains à parler de « découpage-charcutage » et ont aidé le maire sortant à être réélu avec 3 000 voix... de moins que son adversaire ! La loi du 9 juillet 1987, consécutive à l'alternance politique, a ensuite regroupé deux par deux les seize arrondissements de Marseille en huit secteurs électoraux et le Conseil constitutionnel (qui n'avait pas été saisi de la loi n° 82-1170) l'a déclarée conforme à la Constitution au motif que « la répartition des sièges entre les secteurs a pris essentiellement en compte l'ensemble des habitants résidant dans chaque secteur » et que « même si le législateur n'a pas jugé opportun, pour deux des cent un sièges à attribuer de faire une stricte application de la représentation proportionnelle à la plus forte moyenne, les écarts de représentation entre les secteurs selon l'importance respective de leur population... ne sont ni manifestement injustifiables ni disproportionnés de manière excessive ».

L'élection des conseillers d'arrondissement a lieu en même temps que celle du Conseil de Paris ou des conseils municipaux de Lyon ou Marseille, selon le même mode de scrutin et les mêmes conditions relatives aux inéligibilités et aux incompatibilités. Dans chaque secteur, les listes doivent comprendre « autant de candidats qu'il y a à pourvoir dans le secteur de sièges de membres du Conseil de Paris ou du conseil municipal et de sièges de conseiller d'arrondissement » (art. L. 272-3 nouveau du Code électoral). Ainsi, « une fois effectuée l'attribution des sièges de membre du Conseil de Paris ou du conseil municipal, les sièges de conseiller d'arrondissement sont répartis dans les mêmes conditions entre les listes. Pour chacune d'elles, ils sont attribués dans l'ordre de présentation en commençant par le premier des candidats non proclamé élu membre du Conseil de Paris ou du conseil municipal ». De plus, lorsqu'un siège de conseiller de Paris ou de conseiller municipal devient vacant (décès, démission, destitution), c'est le conseiller d'arrondissement élu juste derrière, sur la même liste, qui occupe ce siège, tandis que le premier non élu conseiller d'arrondissement sur cette même liste occupe son siège de conseiller d'arrondissement.

CHAPITRE 2

Les institutions départementales

• *Nom et territoire*

Créés par la loi du 22 décembre 1789 (cf. *supra*, p. 22), les départements sont à la fois des circonscriptions administratives déconcentrées de l'Etat (cf. la loi « ATR » du 6 février 1992) et des collectivités territoriales (cf. l'art. 72 de la Constitution). Leurs noms ont été choisis dès 1790 par l'Assemblée constituante (ex : le Puy-de-Dôme aurait dû s'appeler « Mont Dore » mais y a renoncé de peur... de faire riche !). Tout changement intervient par décret en CE sur demande du conseil général (art. L 3111-1 CGCT). Ainsi, la Charente et la Seine « inférieures » sont devenues « maritimes », la Loire-Inférieure « atlantique », tandis que les Basses-Pyrénées se transformaient en « Pyrénées-atlantiques » et les Basses-Alpes en Alpes-de-Haute-Provence (cf. CE, 30/10/1970, *Perret*) ou encore plus récemment, les Côtes-du-Nord en Côtes-d'Armor (décret du 27/2/1990).

Chaque département regroupe, en moyenne, environ 400 communes et entre 30 et 70 cantons. Leur population totale n'entraîne pas de modifications dans le mode d'élection de leur assemblée délibérante (contrairement aux communes, selon qu'elles ont plus ou moins de 3 500 habitants. cf. *supra*, p. 52) mais tout de même dans celle des ***sénateurs*** (ceux qui élisent moins de cinq sénateurs le font au scrutin majoritaire à deux tours, la quinzaine d'autres, les plus peuplés, à la représentation proportionnelle) ainsi que dans le nombre de leurs représentants dans les ***conseils régionaux*** (cf. *infra*, p. 126).

• ***Le nombre des départements*** est passé de 83 en 1789-1790 à 130 sous l'Empire, du fait des conquêtes territoriales, 86 en 1815 après Waterloo, 89 en 1860 après l'annexion de la Savoie et du Comté de Nice, ramenés à 86 (plus le Territoire de Belfort) en 1871 au moment du vote de la grande loi du 10 août sur les conseils généraux. On mentionnera ensuite la loi du 19 mars 1946 créant les départements d'outre-mer (cf. *infra*, p. 113) et celle du 10 juillet 1964 portant réorganisation de la région parisienne, qui remplaça les deux départements de la Seine et de la Seine-et-Oise par ceux des Hauts-de-Seine, Seine-Saint-Denis, Val-de-Marne, Essonne, Yvelines et Val-d'Oise, portant le nombre actuel de départements métropolitains à 94 (Paris devenant une collectivité territoriale à statut particulier, à la fois commune et département : cf. *supra*, p. 92).

Un projet de création d'un département « Pays Basque », séparé du Béarn avec lequel il est actuellement regroupé au sein des Pyrénées-Atlantiques, resurgit de manière récurrente depuis le XIXe siècle (cf. la proposition n° 54 du « Programme commun de gouvernement » de la gauche de 1972, les propositions de loi du député RPR M. Inchauspé, ou encore la consultation des maires intéressés en septembre 1996). A défaut, Pays Basque et Béarn envisagent de se constituer en « pays » et il en va de même de la création éventuelle d'un département du Hainaut, par scission de celui du Nord.

• En tout état de cause, ***la modification des limites territoriales des départements***, selon l'ordonnance du 2 novembre 1945 (art. L 3112-1 CGCT), exige une loi, après consultation des conseils généraux intéressés et audition du CE (cf. outre celle du 10 juillet 1964 relative à ceux de la région parisienne, citée, la loi du 29 décembre 1967 attribuant au département du Rhône une partie de ceux de l'Ain et de l'Isère, ou celle du 15 mai 1975 divisant la Corse en Haute-Corse et Corse-du-Sud). Toutefois, en cas d'accord des conseils généraux sur ces modifications, un décret en CE suffit (pas d'exemple à notre connaissance ; cf. sur ce sujet, deux arrêts anciens : TC, 10/2/1904, *Belin c.* Etat et CE, 26/7/1947, *George c. Naudin*).

• ***Le transfert du chef-lieu d'un département*** est décidé par décret en CE, après consultation du conseil général, des conseils municipaux de la commune siège du chef-lieu et de celle où le transfert est envisagé (cf. celui du département de la Loire de Montbrison à Saint-Etienne en 1865 et celui du Var de Draguignan à Toulon par le décret du 4 février 1974 : CE, Ass., 26/11/1976, *Soldani*). La procédure est identique pour ***modifier les limites territoriales et transférer le chef-lieu des arrondissements*** (cf CE, Sect., 18/10/1968, *Ville de Sceaux*), sauf si cela implique des changements dans les circonscriptions législatives, qui nécessitent une loi organique. Enfin, les ***modifications des limites territoriales des cantons***, les créations et suppressions de cantons et le transfert du siège de leur chef-lieu sont décidés par décret en CE après consultation du conseil général (art. L 3113-2). Cf., pour le transfert de chefs-lieux de cantons, CE, 1/3/1957, *Commune de Port-Louis* ; 18/12/1991, *Commune de Vergèze* : le choix relève de l'opportunité et ne peut être discuté au contentieux ; pour le découpage des cantons, CE, Ass., 30/5/1966, *Sieur Guillain* ; Ass., 18/11/1977, *Commune de Fontenay-sous-Bois*, à propos du Val-de-Marne ; 12/7/1978, *Commune de Sarcelles et al.*, à propos du Val-d'Oise ; 23/10/1985, *Pierratte et al.* et *Commune d'Allos c. Min. de l'Intérieur et de la Décentralisation* ; ou bien les arrêts de section du 30/11/1990, *Elections cantonales de Chauffailles, Tête, Assoc. les Verts*, et 17/12/1990, *Assoc. les Verts*, précisant – contrairement à CE, 25/7/1986, *Elections cantonales d'Amiens II, Nord-Ouest*, plus libéral, que l'illégalité du découpage, qui n'est pas un acte réglementaire, ne peut être utilement invoquée à l'appui d'un recours dirigé contre une élection cantonale qu'autant que cet acte n'est pas devenu définitif. A noter également que, selon CE, Ass., 13/12/1991, *Département du Loir-et-cher*, annulant le découpage, « si le gouvernement est autorisé, lorsqu'il l'estime opportun pour des motifs d'intérêt général et afin notamment de tenir compte de l'évolution démographique, à procéder au remodelage des circonscriptions cantonales d'un département, une telle opération, sous réserve en outre de ne porter atteinte à aucune disposition législative régissant l'organisation administrative, ne saurait avoir pour objet ni pour effet d'accroître les disparités qui existaient auparavant entre les cantons ». A noter également que, depuis la loi du 11 décembre 1990, toute modification des limites des cantons est proscrite dans les douze mois qui précédent l'échéance normale du renouvellement des conseils généraux (CE, 18/12/1991, *Berthelot*). Enfin, le CE, 29/1/1992, *Roussel*, a rappelé que les cantons (issus le plus souvent d'arrêtés des consuls de l'an X pris en application de la loi du 8 pluviôse an IX portant réduction des justices de paix) sont de simples « divisions du territoire » et non des « collectivités publiques ».

1 • LE CONSEIL GÉNÉRAL

A – Composition et élection de ses membres

1) Mode de scrutin

Depuis la loi du 22 juin 1833, les conseillers généraux sont élus dans le cadre du canton, dans des conditions fixées ensuite par les articles 4 et suivants de la loi du 10 août 1831 et qui n'ont guère changé depuis (cf. les art. L 191 et L 192 du Code électoral, auxquels renvoie l'art. L 3121-2 CGCT). En effet, alors même que les modes de scrutin nationaux, ou même municipaux, ont beaucoup varié selon les régimes, les conseillers généraux ont toujours été élus au ***scrutin majoritaire uninominal à deux tours*** pour une durée de ***six ans.*** Ils sont renouvelés par moitié tous les trois ans (alors qu'en 1833, ils étaient élus pour neuf ans, avec renouvellement par moitié tous les trois ans).

Les départements français ont donc été divisés, par tirage au sort, en deux séries de cantons (en mars 1994, 1178 d'entre eux ont été renouvelés). Le Conseil constitutionnel a précisé, le 2 décembre 1982 (n° 82-147 DC) que ce cadre cantonal, assurant « la représentation des composantes territoriales du département », devait être maintenu partout, y compris dans les DOM (cf. *infra*, p. 114).

La majorité absolue des suffrages exprimés, comprenant au moins le quart des électeurs inscrits, est requise pour être élu au premier tour. Au second, la majorité relative suffit. Depuis la loi du 19 juillet 1976, nul ne peut y être candidat s'il ne s'est présenté au premier tour et s'il n'a obtenu au moins 10 % des électeurs inscrits (cependant, si un seul candidat remplit cette condition, celui qui a obtenu le meilleur score après lui peut se maintenir, cette faculté ne jouant pas si deux candidats ont obtenu ce minimum mais que l'un d'eux n'est pas présent au 2e tour : CE, 23/3/1994, *de Caumont*. Si aucun candidat ne remplit cette condition, ce sont les deux ayant obtenu le plus de suffrages au premier tour qui peuvent se maintenir). Les dispositions relatives aux inéligibilités et aux incompatibilités, ainsi qu'à la limitation du cumul des mandats électifs, sont les mêmes que celles régissant les élections municipales (cf. *supra*, p. 55). Rappelons néanmoins qu'il faut être âgé de 21 ans pour pouvoir être élu (23 avant la loi du 21 juillet 1970), être inscrit sur une liste électorale, avoir satisfait aux obligations du service national tant qu'elles existent (ce qui n'empêche pas les exemptés ou les réformés de se présenter), avoir fait acte de candidature (depuis le décret du 10 mai 1969, devenu art. L 210-1 du Code électoral : plus de candidat « de dernière heure » ou « malgré lui »), être domiciliés dans le département (mais non dans le canton) ou y être inscrit au rôle des contributions directes (un quart des conseillers généraux pouvant même ne pas être domiciliés dans le département. Si cette proportion est dépassée, il y a lieu d'éliminer le surplus par tirage au sort, en séance publique) et, enfin, avoir versé un cautionnement de 50 F, remboursable – avec les autres dépenses électorales cf. *infra* – à condition d'avoir obtenu 5 % au moins des suffrages exprimés.

Ayant lieu traditionnellement en mars (depuis 1963), les scrutins cantonaux peuvent cependant être reportés à l'automne si une autre élection, présidentielle ou législative, vient les concurrencer (cf. les lois des 21 décembre 1966, 4 décembre 1972 ou 8 janvier 1988). Mais le Conseil constitutionnel a censuré, le 5 janvier 1988 (87-233 DC) les dispositions permettant aux préfets de procéder « en cas de vacance survenue pendant le premier trimestre », à des élections cantonales partielles dans un délai de six mois au lieu de trois, cela risquant « d'affecter les conditions d'exercice de la libre administration des collectivités locales », le législateur abandonnant à des autorités administratives une prérogative qui lui est conférée par l'article 34 de la Constitution.

A cette même époque, P. Joxe envisagea d'introduire, en tout ou partie (dans les zones urbaines surtout) la représentation proportionnelle et, tous les mandats étant de six ans, de regrouper les élections locales. Ainsi, la loi du 11 décembre 1990 organisa la concomitance entre cantonales et régionales, en reportant d'un an (à mars 1992) les premières, alors que la moitié des sièges des conseillers généraux à pourvoir en 1994 ne le seraient que pour quatre ans, afin qu'à partir de 1998 tous les conseillers généraux soient élus, pour six ans, ensemble (plus de renouvellement par moitié) et en même temps que les conseillers régionaux. Le Conseil constitutionnel valida cette réforme (compte tenu de son caractère exceptionnel, du maintien d'une périodicité raisonnable, etc. : cf. sa décision du 6 décembre 1990. Cf. également celle du 6 juillet 1994 relative au report des élections municipales, *supra*, p. 53) mais la loi du 18 janvier 1994 est venue ensuite rétablir le principe du renouvellement par moitié, tous les trois ans, des conseils généraux.

2) Contentieux des élections cantonales

Les règles ne sont guère différentes de celles valant pour le contentieux des élections municipales (cf. *supra*, p. 53), puisque celui des cantonales relève également des TA en première instance (sauf pour ce qui concerne les questions d'état civil et les fraudes constitutives d'infractions pénales) et du CE en appel (et non des cours administratives d'appel), sur requête du préfet, de tout candidat (y compris présent seulement au premier tour : cf. CE, 8/10/1993, *Brault et élect. cantonale de St-Brice-en-Coglés*, revenant sur sa jurisprudence du 11/6/1975, *Elect. cantonale de Tarascon*) ou membre du conseil général et de tout électeur du canton (le juge sanctionnant toutefois les requêtes abusives, en application de l'art. L 8-1 du Code des TA et des CAA) formulée dans les cinq jours (quinze pour le préfet) suivant le scrutin, l'élu demeurant en fonction jusqu'à ce que la décision de justice ait été rendue de façon définitive.

Les causes d'annulation sont également similaires : outre les cas d'***inéligibilités*** (cf. CE, 23/10/1989, *Clavaud* ; 10/11/1989, *Proudhon* ; 29/12/1989, *Dechonne* et *Gautron* ; Sect., 7/1/1994, *Eude* ; 25/9/1995, *Grusol, Elect. cantonale de Ste-Luce*), on relève diverses irrégularités qui doivent être « de nature à avoir altéré la sincérité du scrutin », en particulier lorsque l'écart des voix est faible (cf. par ex, CE, 25/10/1993, *Salvan* ; 8/9/1995 ; *M. Gaujal, Elect. cantonales de Montpellier VIII*, etc.).

Enfin, la loi du 15 janvier 1990 a soumis les candidats aux élections cantonales (du moins dans les cantons de plus de 9 000 habitants) aux dispositions relatives au financement de leur campagne et au plafonnement de leurs dépenses : ainsi de l'obligation de recueillir les fonds et de régler les dépenses, pendant l'année précédant le scrutin, par l'intermédiaire d'un mandataire ou d'une association de financement, sous peine de rejet du compte de campagne par la Commission nationale des comptes de campagne et des financements politiques. Celle-ci doit se prononcer dans les six mois à compter du dépôt du compte si l'élection n'est pas contestée devant le juge administratif et dans les deux mois si elle l'est. En cas de compte rejeté (ou déposé hors délai par le candidat), elle saisit le juge de l'élection, qui peut déclarer l'intéressé inéligible pendant un an (pour le même type d'élection seulement) et, s'il s'agit de celui qui a été élu, démissionnaire d'office (cf. CE, 20/10/1993, *Pare*, *Ferling* et *Sorgniard* ; Sect., 7/1/1994, *Hoarau*, etc.). Selon B. Bhasin et Y.M. Doublet, *CRFDC* n° 23, 1995, chron., pp 587-607), après les cantonales des 20 et 27 mars 1994, 1 152 candidats sur un total de 6 762 ont fait l'objet d'une contestation de nature strictement électorale ou relative au financement de leur campagne. La commission a, pour sa part, approuvé, éventuellement après réformation, 95 % des comptes, 2 % ayant été non déposés ou hors délai et 3 % (174) rejetés (63 % pour défaut de présentation du compte par un expert-comptable, 25 % pour des irrégularités diverses relatives au financement de la campagne, 15 % pour absence ou insuffisance de pièces justificatives et un seul cas pour dépassement du plafond légal des dépenses). A noter que la contestation des décisions de cette Commission approuvant le compte d'un candidat élu ne peut intervenir qu'à l'occasion de la contestation de l'élection elle-même, dont elle met en cause la validité (CE, Sect., 7/1/1994, *Roth*).

Le calcul du plafond des dépenses prend en compte le nombre d'habitants (au-dessus de 9 000 toujours) et s'établit, selon la loi du 19 janvier 1995 qui l'a abaissé d'un tiers environ, à 4,2 F par habitant dans les cantons qui en comptent moins de 15 000 (au lieu de 6,42 auparavant), 3,5 F dans ceux en ayant entre 15 et 30 000, 2,8 F entre 30 et 60 000 habitants, et 2 F entre 60 et 100 000. La Commission réintègre éventuellement certaines dépenses qui n'avaient pas été prises en considération dans le compte de campagne, ce qui peut entraîner un dépassement du plafond (CE, 1/12/1995, *Mme Popard* ; 15/3/1996, *Elect. cantonales de Bourg-en-Bresse*). Outre l'inéligibilité (non automatique) du candidat et la démission d'office de l'élu prononcées par le juge, cette situation conduit également la Commission à fixer une somme, égale au dépassement, que le candidat doit verser au Trésor.

S'agissant du financement des campagnes cantonales, la loi du 19 janvier 1995 les a fait bénéficier d'un financement public amélioré (remboursement forfaitaire des dépenses engagées jusqu'à 50 % des dépenses autorisées, moins si ce plafond n'a pas été atteint) en échange d'une interdiction de toute contribution émanant de personnes morales (entreprises), partis et groupements politiques exceptés (cette règle, qui vise à lutter contre la corruption, valant d'ailleurs pour toutes les élections). Quant aux dons des personnes physiques, ils ne peuvent pas dépasser un total de 30 000 F.

Enfin, on mentionnera l'application toujours délicate de l'interdiction faite à tout candidat de vanter, pendant les six mois précédant celui de l'élection, les réalisations ou la gestion d'une collectivité locale au-delà de ce qui se pratique habituellement (cf. CE, 22/11/1995, *M. Meillaud, Elect. cantonales de Bois-Colombes* et *M. Lavenu, Elect. cantonales de Brunoy*).

3) Démissions, dissolution

Les conseillers généraux peuvent présenter leur démission (au président du conseil général, qui en avise le préfet) ou être déclarés démissionnaires d'office par le TA lorsqu'ils ont, sans excuse valable, refusé – expressément ou par une abstention persistante après avoir été avertis – de « remplir une des fonctions qui (leur) sont dévolues par les lois » (art. L 3121-4 CGCT). Dans ce dernier cas, ils ne peuvent être réélus avant un an.

Le conseil général peut être dissous, par décret motivé pris en conseil des ministres, « lorsque son fonctionnement se révèle impossible », le Parlement étant informé dans le plus bref délai. La dissolution ne peut jamais être prononcée par voie de mesure générale (comme cela s'est produit le 25/12/1830 et le 12/10/1940). En cas de dissolution, de démission de tous les conseillers en exercice ou encore d'annulation devenue définitive de leur élection, le président du conseil général est chargé de l'expédition des affaires courantes, par des décisions qui ne sont alors exécutoires qu'avec l'accord du préfet. La réélection du conseil doit intervenir dans les deux mois.

B – Organisation et fonctionnement

Le conseil général a son siège à l'hôtel du département et établit son règlement intérieur, lequel peut désormais être déféré devant le tribunal administratif (art. L 3121-8 CGCT) dans les mêmes conditions que celui des conseils municipaux (cf. *supra*, p. 59).

1) Réunions

Avant 1982, le Conseil général se réunissait en deux ***sessions*** ordinaires annuelles, en dehors des sessions ordinaires du Parlement (loi du 19 novembre 1963) afin de permettre le cumul des mandats (15 jours en avril, un mois en automne), à quoi il fallait ajouter des sessions extraordinaires, à la demande écrite des deux tiers du conseil ou de la « commission départementale ».

Depuis la loi du 2 mars 1982 (art. 35-2, devenu l'art. L 3121-9 CGCT), le Conseil général se réunit « à l'initiative de son président, au moins une fois par trimestre, dans un lieu du département choisi par la commission permanente », mais aussi à la demande de cette dernière ou du tiers de ses membres (dans ce cas, sur un ordre du jour déterminé, pour une durée ne pouvant excéder deux jours. Un même conseiller ne peut présenter plus d'une demande de réunion par semestre). Il est également réuni de plein droit, sous la présidence de son doyen d'âge, le second vendredi qui suit le premier tour de scrutin les années où a lieu le renouvellement triennal. Enfin, « en cas de circonstances exceptionnelles, les conseillers généraux peuvent être réunis par décret », sans oublier les dispositions de la « loi Tréveneuc » de 1872, sorte d'« article 16 républicain », sans doute obsolètes bien que non expressément abrogées, faisant obligation à ces derniers de se réunir pour maintenir l'ordre républicain en cas de dissolution illégale de l'Assemblée nationale.

2) Séances

Les séances du conseil général sont publiques sauf si celui-ci décide, sur demande de cinq de ses membres ou de son président, à la majorité absolue et sans débat, de se réunir à huis clos. Ce président a seul la police de l'assemblée. Pour des motifs d'ordre public et de sécurité, il peut n'autoriser l'accès à la salle qu'à un nombre limité de personnes (mais non réserver cet accès aux seules personnes munies de cartes d'invitation distribuées par lui ou par les conseillers généraux, sans nuire au principe de publicité des séances : CE, 23/11/1979 ; *Parti de libération coloniale de la Guyane française* ; 21/5/1982 ; *Départ. de la Guadeloupe*). Depuis la loi d'orientation du 6 février 1992, il est également admis que les séances peuvent être retransmises, comme celles des conseils municipaux, « par les moyens de communication audiovisuelle » tels que magnétophones, caméras vidéo etc. (cf. *supra*, p. 60). Le président peut également faire expulser ou arrêter tout individu qui trouble l'ordre et dresser procès-verbal (dont le procureur est immédiatement saisi) en cas de crime ou de délit. En accord avec lui (ou sur demande du Premier ministre) le préfet est entendu par le Conseil général, qu'il informe en outre chaque année, par un rapport spécial donnant éventuellement lieu à débat, de l'activité des services de l'Etat dans le département.

Tout conseiller général ayant droit, dans le cadre de sa fonction, d'être informé des affaires du département faisant l'objet d'une délibération, le président adresse à chacun d'eux, douze jours au moins avant la réunion (au lieu de huit avant la loi du 6 janvier 1986 cf. CE, Ass., 2/12/1983, *Charbonnel* ; 31/3/1989, *M. Gaignault*), un rapport sur chacune des affaires qui doivent leur être soumises. A défaut, la délibération intervenue est entachée d'illégalité.

Les conseillers généraux ont le droit d'exposer en séance des ***questions orales*** ayant trait aux affaires du département, dans des conditions (de fréquence et de présentation) fixées par le règlement intérieur. ***Les vœux*** politiques, même non limités aux affaires du département, ne leur sont plus interdits depuis la loi du 2 mars 1982 mais, ne faisant pas grief, ils sont insusceptibles d'être déférés au juge administratif (cf. les conclusions du commissaire du Gouvernement sous CE, 23/7/1986, *Didier c. Ville de Paris*), de même que les ***avis*** des conseils généraux contre lesquels les recours sont irrecevables (CE, 12/3/1930, *Cie des chemins de fer de la Provence* ; 6/5/1955, *Commune de Laurazet c. Sieur Bégué*, alors que la solution semble différente pour ceux émis par les conseils municipaux).

Le procès-verbal de chaque séance, rédigé par un des secrétaires, est arrêté au commencement de la séance suivante et signé par le président et le secrétaire. Il contient les noms des membres qui ont pris part à la discussion et l'analyse de leurs opinions.

Enfin, on notera que, chaque année, le président du conseil général doit rendre compte à celui-ci, par un rapport spécial donnant lieu à débat, de la situation du département, de l'activité et du financement des différents services et des organismes qui dépendent du département, en précisant notamment l'état d'exécution des délibérations du conseil général et la situation financière du département.

3) Délibérations

Le conseil général ne peut délibérer si la majorité absolue de ses membres en exercice n'est présente. A défaut, il se réunit de plein droit trois jours plus tard et ses délibérations sont alors valables quel que soit le nombre des présents. Jadis, ce quorum s'appréciait au moment du vote sur chacune des questions délibérées (CE, 9/4/1909, *Pères et autres membres du conseil général de l'Ariège* ; 7/4/1937, *Election du bureau du conseil général de Seine-et-Marne* ; TA Montpellier, 10/3/1981, *Assoc. pour la protection de l'environnement dans les quartiers riverains du Verdanson à Montpellier*). Mais, depuis l'abrogation de l'article 30 § 1 à 5 de la loi du 10 août 1871 par l'article 38 de celle du 2 mars 1982 (rendu applicable aux conseils régionaux par celle du 6 janvier 1986. cf. *infra*, p. 122), il s'apprécie désormais, pour toutes les assemblées locales, à l'ouverture de la séance, ce qui prive d'effet la manœuvre consistant pour certains à se retirer ultérieurement afin que le quorum ne soit plus satisfait (cf. CE, Ass., 11/12/1987, *M. Le Vern c. M. Fossé et al.* pour un conseil régional).

Les délibérations sont prises à la majorité des suffrages exprimés. Chaque fois que le sixième des membres présents le demande, les votes sont recueillis au scrutin public. La voix du président est prépondérante en cas de partage. Les votes sur les nominations ont toujours lieu au scrutin secret. Le résultat des scrutins publics, énonçant le nom des votants, est reproduit au procès-verbal. Un conseiller empêché peut donner délégation de vote (une seule par mandataire) à un collègue pour une réunion. Les délibérations du conseil général, ainsi que celles de sa commission permanente lorsqu'elles sont prises par délégation de l'assemblée, sont publiées dans les mêmes formes. Tout électeur ou contribuable du département a le droit de demander la communication sans déplacement et de prendre copie de toutes les délibérations du conseil général ainsi que des procès-verbaux des séances publiques, et de les reproduire par voie de presse. Ces délibérations doivent être publiées dans un recueil des actes d'une périodicité au moins mensuelle (décret n° 93-1121 du 20 septembre 1993).

4) Commissions – Représentation au sein d'organismes extérieurs

Après l'élection de sa commission permanente (cf. *infra*, p. 108), le conseil général peut former ses commissions, permanentes (depuis la loi du 6 janvier 1986. cf. l'art. L 3121-22 CGCT) ou « ad hoc », en nombre conforme à ses souhaits et sans avoir à respecter la représentation proportionnelle quant à leur composition (ce qu'impose en revanche la loi d'orientation du 6 février 1992 pour les commissions d'adjudication ou d'appel d'offres et celle du 29 janvier 1993 pour celle chargée d'ouvrir les offres en matière de délégations de service public), et il désigne ceux de ses membres appelés à siéger au sein d'organismes extérieurs, dans les cas et conditions prévus par les dispositions régissant ces organismes.

5) Groupes politiques

En application de la loi n° 95-65 du 19 janvier 1995, article 27 (cf. également la circulaire du 6 mars 1995, *JO* du 26), validant les pratiques antérieures « ayant pour objet des mesures de même nature » (cf. CC, n° 95-363 DC du 11 janvier 1995), des groupes d'élus peuvent désormais se constituer, dans les conseils généraux (art. L 3121-24 CGCT) comme dans les autres assemblées locales (cf. *supra*, p. 62 et *infra*, p. 132), par la remise au président d'une déclaration commune. Le fonctionnement de ces groupes peut faire l'objet de délibérations mais « sans que puissent être modifiées, à cette occasion, les décisions relatives au régime indemnitaire des élus ». Dans les conditions qu'il définit, le conseil général peut affecter à ces groupes, pour leur usage propre ou pour un usage commun, un local administratif, du matériel de bureau et prendre en charge leurs frais de documentation, de courrier et de télécommunications. Le président du conseil général peut, dans les conditions fixées par cette assemblée et sur proposition des représentants de chaque groupe, affecter aux groupes d'élus une ou plusieurs personnes. Le conseil général ouvre au budget du département, sur un chapitre spécialement créé à cet effet, les crédits nécessaires à ces dépenses, sans qu'ils puissent excéder 25 % du montant total des indemnités versées chaque année aux conseillers généraux. Le président du conseil général est l'ordonnateur de ces dépenses.

C – Compétences

1) Clause générale

Selon l'article L 3211-1 CGCT, « le conseil général règle par ses délibérations des affaires du département », en vertu de la clause générale qui lui a été étendue (de même qu'au conseil régional) par la loi du 2 mars 1982. « Il ***statue***, est-il encore précisé, sur tous les objets sur lesquels il est appelé à délibérer par les lois et règlements et, généralement, sur tous les objets d'intérêt départemental dont il est saisi – Il donne son ***avis*** sur tous les objets sur lesquels il est consulté en vertu des lois et règlements ou dont il est saisi par les ministres et notamment sur les changements proposés aux limites territoriales du département, des arrondissements, des cantons et des communes et sur la désignation de leur chef lieu » (cf. *supra*, p. 99).

Le caractère très général de cette clause de compétence s'arrête cependant aux affaires d'intérêt departemental, le juge administratif marquant par exemple les limites de celle-ci – comme pour les conseils municipaux cf. *supra*, p. 63) – en matière de subventions ou aides financières diverses (à des grévistes ou à des manifestants : CE, 12/10/1990, *Département du Val-de-Marne*, 5 espèces ; 6/5/1996, *Département de l'Aude* ; 2/10/1996, *Territoire de Belfort* cité ; pour la restauration de Colombey-les-Deux-Eglises, située hors du département : TA Amiens, 4/4/1995, *Commune de Breteuil c. Président du Cons. g*[al] *de l'Oise* ; créant un fonds destiné à accorder aux communes des prêts avec intérêt dans des conditions illégales : CE, 30/11/1994, *Préfet de la Meuse*, etc.).

2) Budget, emprunts

En matière budgétaire le conseil général vote le budget du département (« dans les conditions prévues aux articles L 3312-1 et s. CGCT ») ainsi que les taux des impositions et taxes dont la perception est autorisée par les lois au profit du département. Il répartit chaque année les contributions directes, après avoir statué sur les demandes en réduction de contingent délibérées par les conseils compétents. Il se prononce définitivement sur les demandes en réduction de contingent formulées par les communes et préalablement soumises au conseil compétent. Il peut déléguer à sa commission permanente ses pouvoirs en matière de contrôle budgétaire sur les collèges (mais non la fixation du montant prévisionnel de la participation du département aux dépenses de fonctionnement et d'équipement des collèges, selon l'art. 15-9 introduit dans la loi du 28 juillet 1983 par celle du 25 janvier 1985).

Par ailleurs, le conseil général statue sur les offres faites par les communes, les associations ou les particuliers pour concourir à des dépenses quelconques d'intérêt départemental (cf. à propos du régime de ces offres de concours, CAA Paris, 1ere ch., 18/4/1989, *Ville d'Aulnay-sous-Bois* ; ou CAA Nantes, 18/2/1993). Il décide des emprunts du département ainsi que les garanties d'emprunt dans les conditions prévues aux articles L 3231-4 et L 3231-5 CGCT (cf. Tome II).

3) Gestion du patrimoine

En ce qui concerne la ***gestion du patrimoine*** départemental, le conseil général statue sur les acquisitions, aliénations et échanges de propriétés mobilières ou immobilières, le mode de gestion de ces dernières, les baux de biens donnés ou pris à ferme ou à loyer, les changements de destination des propriétés et des édifices (cf. CE, 1/2/1995, *Préfet de la*

Meuse ; ou à propos d'un partage de compétences Etat, région, département pour la désaffectation de biens utilisés par un établissement d'enseignement du second degré, CE, Ass, 2/12/1994, *Départ. de Seine-S*[t]*-Denis*) ou d'assurances des bâtiments départementaux. Toute cession d'immeubles ou de droits réels immobiliers pour un département donne lieu à délibération motivée du conseil général portant sur les conditions de la vente et ses caractéristiques essentielles. Il délibère au vu de l'avis du Service des domaines (réputé donné à l'issue d'un délai d'un mois). Ces cessions, intervenues sur le territoire d'un département, sont inscrites sur un tableau récapitulatif annexé au compte administratif du département concerné lorsque l'opération a été conclue par le département lui-même ou par une personne, publique ou privée, agissant dans le cadre d'une convention. Cette inscription précise la nature du bien, sa localisation, l'origine de la propriété, l'identité du cédant et du cessionnaire ainsi que les conditions de la cession. Le bilan des acquisitions et cessions opérés sur le territoire d'un département donne lieu chaque année à une délibération du conseil général et est annexé au compte administratif du département.

4) Voirie

Le conseil général délibère également sur les questions relatives à la voirie départementale (cf. les art. L 131-1 à L 131-8 du Code de la voirie routière). Il décide de l'établissement et de l'entretien des bacs, passages d'eau et ouvrages d'art sur les routes départementales et fixe les tarifs de péage (dans les limites prévues à l'article L 153-4 du Code de la voirie routière. cf. la loi du 12 juillet 1979 et la décision CC du même jour cf. CE, 10/7/1989, *Régie départ. des passages d'eau de la Charente-Maritime* ; 2/10/1985, *S*[té] *d'éco mixte du pont de St-Nazaire* et *Seisson* ; 28/7/1989, *Comité d'action et de défense des intérêts oléronais*).

5) Action sociale

Le conseil général adopte le règlement départemental d'aide sociale définissant les règles selon lesquelles sont accordées les prestations d'aide sociale relevant du département (à des conditions plus favorables que celles prévues, le cas échéant, par les lois et règlements nationaux : cf. CE, 4/11/1994, *Départ. de la Dordogne*, annulant les dispositions du règlement départemental relatives à l'attribution de l'allocation compensatrice des personnes handicapées). Il statue sur l'organisation et le financement des services et des actions sanitaires et sociales relevant de sa compétence.

Il attribue et retire également les bourses départementales (sans discrimination fondée sur le caractère public ou privé de l'établissement scolaire fréquenté : CE, 20/1/1982, *Départ. du Tarn-et-Garonne* ; 10/8/1988, *Départ. du Pas-de-Calais*. Cf. également, à propos d'aides aux frais de transport scolaire, CE, 14/1/1987, *Départ. du Pas-de-Calais* ; 19/6/1992, *Départ. du Puy-de-Dôme c. M. Bouchon*, etc.) sur l'avis motivé du proviseur ou du principal et du conseil d'administration pour les lycées ou les collèges et du responsable d'établissement pour les établissements d'enseignement privé. L'autorité compétente peut prononcer le retrait dans les cas d'urgence. Elle en donne avis immédiatement au président du conseil général et en fait connaître les motifs.

6) Travaux

Le conseil général statue sur les projets, plans et devis des travaux à exécuter sur les fonds départementaux et désigne les services auxquels ces travaux seront confiés. Il décide des concessions à des associations, à des entreprises ou à des particuliers de travaux d'intérêt général (cf. Code des marchés publics, Livre III). Il statue sur la part contributive du département aux dépenses intéressant à la fois, celui-ci et les communes, sur celles à imposer au département dans les travaux exécutés par l'Etat qui l'intéressent, ainsi que sur les difficultés soulevées relativement à la répartition de la dépense des travaux qui intéressent plusieurs communes du département.

7) Divers

Parmi les compétences attribuées au conseil général par le CGCT, on relève notamment celles consistant à statuer sur les ***transactions*** concernant les droits du département (art. L 3213-5), sur l'acceptation des ***dons et legs*** (art. L 3213-6), ou encore à réviser, « par un travail d'ensemble comprenant toutes les communes du département », les ***sections électorales*** et à en dresser le tableau (art. L 3216-1 cf. les arts. L 854 à L. 255-1 du Code électoral).

2 • LA COMMISSION PERMANENTE, LE BUREAU ET LE PRÉSIDENT

A – La commission permanente

Emanation du conseil général plus qu'organe exécutif, elle remplace le « bureau », qui subsiste néanmoins, et se différencie de la « commission départementale » instituée par la loi du 10 août 1871.

1) Feu la commission départementale

Elle se présentait, déjà, comme l'émanation du conseil général, afin que les élus puissent siéger et surveiller le préfet de façon permanente, dans l'intervalle des sessions. Composée de 4 à 7 membres (selon la population et le nombre de cantons du département) élus chaque année par le conseil général, en son sein (cependant, en vertu d'une loi du 16 décembre 1876, les parlementaires du département et le maire de la ville chef-lieu ne pouvaient en faire partie, tant par manque de temps que pour éviter d'installer face au préfet des rivaux trop puissants), la commission devait se réunir au moins une fois par mois, sans compter ses réunions extraordinaires, sur convocation de son président ou du préfet (qui y assistait et y parlait lorsqu'il le désirait). Le mandat de ses membres était bref (un an) afin d'empêcher toute velléité d'indépendance à l'égard du conseil général. Ce caractère est encore accentué par une disposition de la loi du 26 juin 1964 selon laquelle « il est exceptionnellement procédé à sa réélection à l'ouverture de la session qui suit chaque renouvellement triennal du conseil général ».

Quatre types de compétences avaient été dévolues à la commission départementale : *1)* Surveiller et conseiller le préfet dans l'exercice de ses fonctions d'exécutif des délibérations du conseil général, surtout pour l'exécution du budget (qu'elle étudiait avant son envoi au conseil général. De même, elle recevait chaque mois communication de l'état des mandats délivrés par le préfet ; elle donnait son avis sur le compte administratif et sur toutes les affaires qui lui étaient communiquées à cet effet dix jours avant le conseil général). Dans deux cas (dont celui des contrats passés au nom du département), le préfet ne pouvait agir qu'avec son avis conforme ; ***2)*** Vérifier l'état des archives et du mobilier ainsi que les évaluations cadastrales, préciser certaines décisions de principe arrêtées par le conseil général (répartition de subventions, fixation de l'ordre de priorité des travaux etc.) et autres attributions propres directement confiées par la loi de 1879 ; ***3)*** Agir par délégation (temporaire cf. CE, 9/5/1959 ; *Consorts Frette*) du conseil général, portant sur ***une seule*** (CE, 13/3/1873 ; *Cons. g^al^ des Bouches-du-Rhônes*) ou sur une ***catégorie*** d'affaires de même nature (CE, 9/5/1958, *Consorts Frette* cité ; et 22/4/1970, *Commune de Saint-Barthélémy* ; ***4)*** Donner divers ***avis*** et prendre des ***décisions***, sous forme de délibérations (au régime juridique très complexe).

2) L'actuelle commission permanente

Instituée par la loi d'orientation du 6 février 1992, elle est régie par les articles L 3122-4 et 5 CGCT et composée du président du conseil général, de quatre à dix vice-présidents et éventuellement d'un ou plusieurs autres membres, tous élus par le conseil général (soit par accord entre les groupes s'il n'y a qu'une candidature par poste, soit au scrutin de liste, à la représentation proportionnelle à la plus forte moyenne, sans panachage ni vote préférentiel). Chaque conseiller général ou groupe de conseillers généraux peut présenter une liste de candidats (pouvant comporter moins de noms que de sièges à pouvoir), mais le président du conseil général (ou régional : cf. CE, 13/11/1992, *Descaves*) peut refuser d'enregistrer une liste comportant pour certains sièges la mention de la qualité de vice-président, puisque cette procédure ne s'applique que faute d'accord au sein de l'assemblée sur la répartition des postes. Après la répartition des sièges, le conseil général procède à l'affectation des élus à chacun des postes de la commission permanente au scrutin uninominal dans les mêmes conditions (et pour la même durée) que pour l'élection du président et détermine l'ordre de leur nomination. En cas de vacance de siège de membre de la commission permanente autre que le président, le conseil général peut décider de compléter cette instance, selon la procédure ci-dessus décrite. A défaut d'accord, il est procédé au renouvellement intégral des membres en question.

Le ***fonctionnement*** de la commission permanente relève, non de la loi mais du règlement intérieur établi par le conseil général. Ses ***pouvoirs*** expirent à l'ouverture de la première réunion du conseil général (au moins une fois par trimestre ou, de droit, après chaque renouvellement triennal). Il s'agit d'attributions exercées par délégation du conseil général, à la fonction délibérante duquel elle participe, exception faite du budget et de l'arrêté des comptes, mais affaires sur lesquelles le conseil général statue au nom ou pour le compte de l'Etat incluses, et ceci sous le contrôle du juge administratif (cf. TA Amiens, 1/12/1987, *Brame et Vatourme* ; CE, 22/11/1985, *COREP du département du Maine-et-Loire* ; Sect., 17/10/1990, *Préfet de la Guadeloupe* ; 20/5/1994, *Gérante*, 22/2/1995, *Gertosio* ; TA Bastia, 3/10/1996, *Stefani* ; annulation d'une délégation du conseil général pour voter le taux des impôts locaux).

B – Le bureau

Il est formé du président et des membres de la commission permanente ayant reçu délégation du président du conseil général dans les conditions mentionnées à l'article L 3221-3 dernier alinéa CGCT (art. L 3122-8 CGCT, issu de la loi d'orientation du 6 février 1992, art. 38, dernier alinéa). En réalité, cependant, tous les vice-présidents ne sont pas obligatoirement membres du bureau (le président du conseil général n'étant pas tenu de déléguer à chacun d'eux une partie de ses attributions) et la loi ne paraît donc pas très bien rédigée sur ce point.

Remplacé par la commission permanente par l'article 37 de la loi du 6 février 1992, le « bureau » a donc été néanmoins, maintenu, dans sa nouvelle composition, par l'article 38 dernier alinéa de ce même texte. Il s'agit bien d'un organe exécutif dont les seuls attributions sont celles déléguées par le président du conseil général.

C – Le Président

Comme prévu à l'article 87 de la Constitution du 27 octobre 1946, il assure aujourd'hui – mais depuis la loi du 2 mars 1982 seulement – la fonction d'exécutif du département, aux lieu et place du préfet. Le modèle communal (exécutif élu par l'organe délibérant) a donc été généralisé à toutes les collectivités locales ou régionales.

1) Désignation

Le conseil général élit son président lors de la réunion de droit (présidée par le doyen d'âge) qui suit chaque renouvellement triennal (le second vendredi suivant le premier tour de scrutin, cf. *supra*), si les deux tiers de ses membres sont présents (à l'ouverture de la séance, cf. pour un conseil régional, CE, Ass., 11/12/1987, c. *Le Vern* et *Fossé*, cité). Sinon la réunion se tient de plein droit trois jours plus tard et l'élection a lieu sans condition de quorum. Elle est acquise pour une durée de trois ans, à la majorité absolue des membres du conseil général (ou, au 3e tour, à la majorité relative, et au bénéfice de l'âge en cas d'égalité des voix : CE, 28/9/1983, *Bierge*). Il est précisé, depuis la loi du 30 décembre 1985, que les fonctions de président de conseil général et de président de conseil régional (mais non de membre du bureau ou de la commission permanente) sont incompatibles. Contrairement à la règle traditionnelle en la matière « tout président de conseil général élu président d'un conseil régional cesse de ce fait même d'exercer sa première fonction » (aucune application).

Une fois le président élu, le conseil général fixe le nombre des vice-présidents (ainsi que des autres membres de la commission permanente, cf. *supra*), entre quatre et dix, et procède à leur désignation, soit par accord général, soit à la proportionnelle (cf. *supra*). Tout électeur du département a intérêt à contester, devant le juge administratif, ces élections (CE, 28/9/1983, *Bierge*, cité). Si l'élection d'un conseiller général qui a été désigné comme vice-président est ultérieurement annulée, cette désignation l'est aussi, par voie de conséquence (CE, 28/1/1987, *M. Baloup c. M. Grévoul et autres*) et il en va de même pour celle du président (CE, 29/12/1995, à propos de celui de la Creuse).

En cas de vacance du siège de président (mais non d'empêchement de son titulaire, hypothèse non prévue par la loi mais qui entraîne certainement son remplacement par un vice-président, dans des conditions relevant du règlement intérieur de chaque conseil général), les fonctions de président sont provisoirement exercées par un vice-président, dans l'ordre des nominations, et à défaut par un conseiller général désigné par le conseil (par analogie avec la solution municipale cf. *supra*, p. 66). Il est procédé au renouvellement de la commission permanente dans le délai d'un mois (après élections complémentaires de conseillers généraux si nécessaire). En cas de démission du président et de tous les vice-présidents, le conseil général est convoqué par le doyen d'âge, soit pour procéder à la désignation du conseiller général destiné à suppléer le président, soit pour procéder au renouvellement de la commission permanente.

2) Attributions

« Organe exécutif du département », le président du conseil général « prépare et exécute les délibérations du conseil général » (art. L 3281-1 CGCT). Il est l'ordonnateur des dépenses du département et prescrit l'exécution des recettes (sous réserve des dispositions particulières du Code général des impôts relatives au recouvrement des recettes fiscales des collectivités locales). Il est « seul chargé de l'administration » du département, comme l'était jadis le préfet (de la loi du 28 pluviôse an VIII à celle du 2 mars 1982), mais peut déléguer, sous sa surveillance et sa responsabilité, l'exercice d'une partie de ses fonctions aux vice-présidents et, en l'absence ou en cas d'empêchement de ces derniers, à d'autres membres du conseil général. Il est le chef des services du département (à ce titre, s'il peut prendre des mesures relatives à leur organisation interne, seul le conseil général peut créer ou supprimer des services ou encore définir leurs missions ; le président n'est donc pas compétent pour confier l'une de celles-ci à une entreprise privée : CE, Sect., 6/1/1995, *Synd. nat. des personnels techniques, administratifs et de service CGT*) et peut, sous sa signature et sa responsabilité toujours, donner délégation de signature en toute matière aux responsables desdits services.

Il gère également ***le domaine*** du département et exerce à ce titre les ***pouvoirs de police*** afférents à cette gestion, notamment en ce qui concerne la circulation sur ce domaine, sous réserve des attributions dévolues aux maires et au préfet en la matière ainsi que du pouvoir de substitution reconnu à ce dernier par l'article L 3281-5 CGCT (cf. à propos de cette police du domaine, CE, 11/4/1975, *Département de Haute-Savoie* ; 15/1/1988, *Assoc. foncière de Semoutiers et M. Raoult*). De même, il est chargé de la police spéciale des ports maritimes départementaux (sans que cela fasse obstacle à l'exercice de la police générale de l'ordre public dans l'enceinte portuaire par les autorités compétentes). A ce titre, il veille à l'exécution des dispositions du Code des ports maritimes (livre III) et de ses règlements d'application, mais peut établir des règlements particuliers (compatibles avec le règlement général de police établi par l'autorité de l'Etat).

Le président du conseil général désigne les membres de cette assemblée pour siéger au sein d'organismes extérieurs dans les cas et conditions prévus par les dispositions régissant ces derniers. Il procède à la nomination des gardes champêtres (cf. l'art. L 8813-17 CGCT).

En matière d'***action sociale***, il exerce les compétences qui lui sont dévolues par la loi du 22 juillet 1983 et par le Code de la famille et de l'aide sociale. En particulier, c'est lui qui autorise la création des établissements et services sociaux fournissant exclusivement des prestations départementales, ce qui les habilite à recevoir les bénéficiaires de l'aide sociale départementale (cf. à propos de refus d'autorisation ou de décision ordonnant la fermeture de tels établissements, CE, 12/6/1995, *Razafimanantsoa* ; 29/12/1995 ; *Départ. du Nord c. Debaillie* ; cf. également CE, 30/7/1997, *Départ. des Vosges et du Val-de-Marne*, annulant la circulaire gouvernementale du 27/1/1995 d'application de l'« amendement Créton » du 13/1/1989 sur le maintien des handicapés profonds de plus de vingt ans dans les établissements pour enfants et adolescents lorsqu'il n'y a plus de place pour eux dans les établissements pour adultes) ou, conjointement avec le préfet, les établissements ou services dont les prestations sont versées par le département et l'Etat ou la Sécurité sociale (le préfet seul pouvant ordonner une fermeture pour raisons de sécurité : CE, 29/12/1993, *Garcia*).

C'est également lui qui fixe le tarif des prestations d'aide sociale et d'action sociale délivrées par les établissements aux personnes prises en charge (seul ou conjointement avec le préfet) ; qui attribue, par décision motivée et après avis du maire de la commune de résidence, la prestation spécifique dépendance aux personnes âgées bénéficiaires ; qui accorde et retire l'agrément des assistantes maternelles (CE, 26/7/1996, *Départ. de Seine-et-Marne c. Péret, Départ. du Maine-et-Loire c. Le Barillec, Départ. du Maine-et-Loire c. Le Floch*) ; qui agrée les personnes souhaitant adopter un pupille de l'Etat ou un enfant étranger (CE, 4/11/1991, *M. et M*me *H., Président du cons. général des Yvelines c. M*lle *L.* et *M. et M*me *C.* ; 24/4/1992, justifiant un refus d'agrément à une femme témoin de Jehovah ; *contra*, CA Versailles, 3/11/1994, refusant le retrait de la garde d'un enfant pour ce seul motif ; ou encore CE, 3/12/1993, *Départ. de Seine-et-Marne*).

Enfin, le président du conseil général peut faire tous actes conservatoires (y compris l'acceptation des dons et legs) et interruptifs de déchéance. Il intente les actions au nom du département en vertu d'une décision du conseil général (du moins si le département a qualité pour agir : CAA Nancy, 27/6/1996, *Départ. du Doubs c. Jarrot*) et peut, sur l'avis conforme de la commission permanente, défendre à toute action intentée contre le département (l'appel introduit par lui étant recevable alors même que le bureau du conseil général ne l'a formellement habilité à agir qu'après l'expiration du délai d'appel : CE, 1/2/1995, *M. de Bray*).

3) Relations avec les services de l'Etat

Outre les services du département proprement dits, dont il est chef, le président du conseil général peut disposer, en tant que de besoin, pour la préparation et l'exécution des délibérations du conseil général, des services déconcentrés de l'Etat ***mis à sa disposition*** (art L 3141-1 CGCT). Il adresse directement aux chefs de ces services toutes instructions nécessaires pour l'exécution des tâches qu'il confie à ces derniers et en contrôle l'exécution. Il peut, sous sa surveillance et sa responsabilité, donner délégation de signature aux chefs desdits services pour l'exécution des missions qu'il leur confie. La mise à disposition repose sur une convention qu'il passe avec le préfet, dans les conditions précisées par le décret du 13 avril 1982 (cf. pour les services déconcentrés de l'Equipement, les dispositions particulières relatives à la mise en place d'un compte de commerce pour le financement des prestations : lois de finances pour 1990, art. 69 et pour 1991, art. 74 ainsi que la loi n° 92-1955 du 2 décembre 1992 et les décrets du 31 décembre 1992).

La ***coordination*** entre les services départementaux et ceux de l'Etat dans le département est assurée conjointement par le président du conseil général et le préfet. Une conférence d'harmonisation des investissements (cf. pour son organisation et son fonctionnement, le décret du 22 avril 1983) se réunit au moins deux fois par an pour échanger des informations sur les programmes d'investissement de l'Etat et du département (des représentants des maires participant à ces réunions). Président du conseil général et préfet arrêtent conjointement un schéma d'organisation et d'implantation des services publics, après avis d'une commission d'organisation et de modernisation de ces derniers (loi du 9 janvier 1995 art. 15 ; loi d'orientation du 4 février 1995 art. 28).

La ***responsabilité*** du département est supprimée ou atténuée lorsqu'une autorité relevant de l'Etat s'est substituée, dans des hypothèses ou selon des modalités non prévues par la loi, au président du conseil général pour mettre en œuvre des mesures de police.

3 • LES DÉPARTEMENTS (ET TERRITOIRES) D'OUTRE-MER

Selon l'article 72 de la Constitution de 1958, « les collectivités territoriales de la République sont les communes, les départements, les territoires d'outre-mer. Toute autre collectivité territoriale est créée par la loi ». L'article 73 est relatif aux départements d'outre-mer (aussi que les articles L 3441-1 à L 3443-2 CGCT) ; les articles 74, 75 et 76 aux TOM.

A – Les départements d'outre-mer

Ce sont, depuis la loi du 19 mars 1946, la Guadeloupe, la Guyane, la Martinique et la Réunion (Saint-Pierre-et-Miquelon, érigé en DOM par celle du 19/7/1976, a été transformé en « collectivité territoriale de la République » par la loi du 11/6/1985, avec un conseil général aux compétences accrues et un comité économique et social consultatif).

L'article 73 de la Constitution précise que le statut des DOM, normalement identique à celui des autres départements (si ce n'est que, depuis 1972, ils sont des « départements-régions » faisant coexister sur un même territoire ces deux collectivités, avec deux assemblées distinctes, un conseil général et un conseil régional) peut « faire l'objet ***d'adaptations*** nécessitées par leur situation particulière ». L'article L 3441-1 CGCT confirme que ces départements « exercent les compétences que les lois, dans leurs dispositions non contraires à celle du présent titre (NB : consacré au département) attribuent à l'ensemble des départements ».

De la 58e des « 110 Propositions pour la France » du candidat F. Mitterrand aux élections présidentielles de 1981 (« Dans les DOM, institution d'un conseil départemental élu à la représentation proportionnelle et responsable de la vie locale de chaque département ») à la loi du 2 août 1984 relative aux compétences des régions de Guadeloupe, Guyane, Martinique et Réunion en passant par celle du 31 décembre 1982 (consécutive à l'invalidation prononcée par le CC le 2/12/1982), les DOM ont fait l'objet d'une empoignade juridico-politique aujourd'hui quelque peu apaisée.

La réforme stoppée par le CC visait en effet à supprimer la coexistence de deux assemblées distinctes, tout en maintenant dans chaque DOM un département et une région, au profit d'une ***assemblée unique*** (baptisée « conseil général et régional ») élue pour six ans à la proportionnelle (à un seul tour, avec seuil d'éligibilité de 5 % des suffrages exprimés pour ne pas reproduire l'erreur du statut de l'Assemblée de Corse : cf. *infra*, p. 145), à l'exception de quelques petites îles (Marie-Galante, La Désirade, etc.) qui auraient élu leurs conseillers au scrutin uninominal majoritaire à deux tours et ***d'un seul exécutif*** (le président de l'assemblée unique).

En réalité, ce projet traduisait un double choix, politique (la « démocratisation » et la suppression des privilèges, contre la départementalisation-assimilation prônée par la droite) et surtout juridique : Le Conseil constitutionnel a en fin de compte estimé qu'il résulte des articles 72 et 73 de la Constitution « que le statut des DOM doit être le même que celui des départements métropolitains, sous la seule réserve des mesures d'adaptation que peut rendre nécessaires la situation particulière des DOM » mais que, en l'occurrence, « en confiant la gestion des DOM à une assemblée qui, contrairement au conseil général des départements métropolitains..., n'assure pas la représentation des composantes territoriales du département (NB : les cantons), ... (cette loi) va au-delà des mesures d'adaptation que l'article 73 de la Constitution autorise en ce qui concerne l'organisation des DOM » (seuls les TOM pouvant avoir, selon l'article 74, une « organisation particulière », l'« unité » de la République impliquant pour le reste des pouvoirs locaux uniformes, ou presque : la décentralisation n'est pas le fédéralisme, même outre-mer).

Le Gouvernement de l'époque ayant pris acte de cette décision déposa un nouveau projet de loi respectant la distinction entre le conseil général et le conseil régional de chaque DOM (loi du 31 décembre 1982, selon laquelle ces conseillers régionaux, élus pour six ans à la proportionnelle, détiennent un maximum de compétences, afin d'assurer si possible leur suprématie sur les conseils généraux dont on n'était pas parvenu à se défaire. Ils sont assistés d'un comité économique et social consultatif – devenu ultérieurement « conseil » – et d'un comité de la culture, de l'éducation et de l'environnement : cf. le décret du 26 mars 1984, modifié par celui du 24 décembre 1997).

La loi du 2 août 1984 a amplifié cette tendance en transférant de nombreuses compétences des conseils généraux aux conseils régionaux des DOM. Depuis, la question de l'assemblée unique ressurgit régulièrement. En fin de compte, alors que les DOM ont fêté (en 1996) leur cinquantenaire, l'assimilation aux départements métropolitains demeure forte, à l'exception de quelques spécificités fiscales (taxe sur les carburants alimentant des fonds routiers départementaux, droits de douane spéciaux institués après accord des autorités communautaires ; « octroi de mer » sur la consommation de tous les produits importés, même de la métropole, perçu depuis 1670, dont les tarifs sont fixés, depuis la loi du 2 août 1984, par les régions et non plus par les départements d'outre-mer, mais qui doit se mettre en conformité avec l'article 95 du Traité de Rome d'ici le 1er janvier 2003 ; cf. également les articles L 3443-1 et 2 CGCT : « Dispositions financières »), administratives (prérogatives particulières du préfet en matière de police, de pollution marine, de fixation du taux de certains impôts locaux ou de respect des accords internationaux) ou concernant les compétences régionales (pouvoir de proposition sur toutes les dispositions législatives et réglementaires les concernant, interventions approfondies en matière de transports, logement, développement économique, tourisme etc.). Depuis 1996 enfin, les prestations sociales ont été harmonisées avec celles de la métropole et le salaire minimum a été aligné.

B – Les territoires d'outre-mer

On ne traitera pas ici de ces territoires n'ayant pas le statut de « collectivités territoriales de la République » que sont l'ilôt de ***Clipperton*** dans le Pacifique (français en vertu d'une sentence arbitrale de 1931) ou ***les îles éparses de l'océan Indien*** (Tromelin, Glorieuses, Juan de Nova, Europa et Bassas de India), initialement rattachées au gouvernement général de Madagascar puis, à l'indépendance, placées « sous l'autorité du ministre chargé de la France d'Outre-mer » (décret du 1er avril 1960) et confiées « provisoirement » à l'administration du préfet de la Réunion (arrêté du 19 septembre 1960) avec pour adjoint le chef du service météo de ce DOM. Par ailleurs, certains TOM ont depuis 1958 acquis leur indépendance (***Comores***, Territoire français des Afars et des Issas, ex-Côte française des Somalis, devenu Etat de ***Djibouti***) et, enfin, certaines « collectivités territoriales de la République » ont été dotées d'un statut particulier (***Mayotte*** en décembre 1975 ; ***Saint-Pierre-et-Miquelon***, ex TOM, transformé en DOM par la loi du 19 juillet 1976 puis en une collectivité territoriale *sui generis* par celle du 11 juin 1985). Restent donc ces « confettis d'Empire » que sont la ***Polynésie française***, ***la Nouvelle-Calédonie***, les îles ***Wallis et Futuna*** et les ***Terres australes*** et ***antarctiques françaises*** (TOM depuis la loi du 6 août 1955), dont on peut étudier d'une part l'étendue de leur autonomie au sein de la République, d'autre part les conditions de leur autodétermination, et enfin les nouveaux concepts issus de l'« accord de Nouméa » d'avril 1998.

1) Autonomie

Selon l'article 74 de la Constitution de 1958 : « Ces territoires d'outre-mer de la République ont une organisation particulière tenant compte de leurs intérêts propres dans l'ensemble des intérêts de la République ; – les statuts des TOM sont fixés par des lois organiques qui définissent, notamment, les compétences de leurs institutions propres, et modifiés dans la même forme, après consultation de l'assemblée territoriale intéressée , – les autres modalités de leur organisation particulière sont définies et modifiées par la loi après consultation de l'assemblée territoriale intéressée » (distinction entre mesures « statutaires », relevant de la loi organique, et « autres », relevant de la loi ordinaire, introduite par la révision constitutionnelle du 25 juin 1992).

L'autonomie des TOM se vérifie à trois niveaux mais connaît aussi d'évidentes limites :

a) Le principe de spécialité législative

Il implique que, du fait de leurs particularités géographiques, économiques ou ethniques, les TOM ne se voient pas appliquer de plein droit les lois françaises (à l'exception de certains principes généraux du droit par nature transposables à l'ensemble des territoires de la République, de celles dont le Parlement évoque expressément l'applicabilité outre-mer, ou encore de celles qui ne concernent pas l'« organisation particulière » de ces territoires mais ne constituent que des mesures d'application ponctuelle d'une législation existant par ailleurs). Pour la Cour de cassation (chambres réunies, 29/4/1959, *Malika*) et désormais pour le CE (9/02/1990, *Elections municipales de Lifou*), les lois modifiant celles expressément déclarées applicables à un TOM, doivent elles-mêmes être étendues à ce territoire par une disposition expresse afin de pouvoir s'y appliquer (la loi du 4 janvier 1993 portant dispositions diverses relatives à l'outre-mer a institué à cet effet le principe d'une « loi-balai » régulière pour récapituler celles des lois votées qui sont applicables aux TOM et apporter sur ce point un peu de clarté aux intéressés).

b) L'« organisation particulière »

« Tenant compte de leurs intérêts propres dans l'ensemble des intérêts de la République », (art. 74 de la Constitution) a été interprétée de façon large par le CC (80-122 DC du 22/7/1980) et ne se limite pas au « statut » proprement dit d'un TOM (organisation et fonctionnement des pouvoirs locaux, compétences) mais s'étend à toute la législation qui leur est applicable (cf. CC, 81-129 DC des 30-31/10/1981 ; 82-141 DC du 27/7/1982 ; 82-151 DC du 12/1/1983 ; 83-165 DC du 20/1/1984 ; 84-169 DC du 28/2/1984 ; 86-208 DC des 1-2/7/1986; 86-217 DC du 18/9/1986 ; 89-269 DC du 22/1/1990, etc.). « Statut » et « organisation particulière » d'un TOM différent en effet : le premier, mentionné à l'article 76 de la Constitution, est d'ordre constitutionnel et vaut pour l'ensemble des TOM ; la seconde, évoquée à l'article 74, relève du législateur, qui peut l'aménager sur mesure en fonction des « intérêts propres » à chacun d'eux (distinction entérinée, on l'a vu, par la révision du 25 juin 1992, l'article 74 de la Constitution opposant les « statuts » des TOM, fixés par des lois organiques et « les autres modalités de leur organisation particulière » par la loi ordinaire, dans les deux cas « après consultation de l'assemblée territoriale intéressée »).

c) L'attribution de compétences quasi-étatiques

« Assemblée territoriale » (Polynésie) ou « Congrès du territoire » (Nouvelle-Calédonie), les organes délibérants des TOM ne limitent pas leur rôle « à la simple administration » et doivent donc être élus, pour être représentatifs, sur des bases « essentiellement démographiques » (CC, 8 et 23/8/1985). Quant au pouvoir exécutif, il est confié à un « Président du gouvernement du territoire », à la tête d'un « Conseil des ministres » (Polynésie). De même, certains TOM se voient dotés d'un drapeau, d'un hymne ainsi que de compétences très larges, y compris dans des domaines normalement dévolus à la loi par l'article 34 de la Constitution, tels que par exemple la fiscalité ou les relations extérieures (cf. la Polynésie, dans le cadre de son statut du 6 septembre 1984, puis de celui du 12 avril 1996. Le CC, 96-373 et 93-374 DC du 9/04/1996, a estimé que ces prérogatives ne portaient pas atteinte à la souveraineté de l'Etat. En revanche, il a invalidé les dispositions qui lui paraissaient priver les citoyens de ce territoire d'une égale protection de leurs libertés fondamentales).

d) Les limites de la « libre administration » des TOM

Elles demeurent cependant celles propres à tout Etat unitaire (même outre-mer, la France n'est pas une fédération). Ainsi, le principe de spécialité législative, d'ailleurs hérité de l'époque coloniale, exclut les « lois de souveraineté ». De même la « libre administration » se limite à l'existence de compétences propres pour les affaires locales, d'autorités élues (sauf à Wallis et Futuna et dans les TAAF). L'« organisation particulière » ne peut remettre en cause l'indivisibilité de la République (cf. CC, 84-177 DC du 30/8/1984 ; 93-321 DC du 20/7/1993 ; 96-373 DC du 9/4/1996). Le régime des libertés publiques doit être identique « sur l'ensemble du territoire » (*ibid.*). Les compétences des assemblées territoriales relèvent certes de la loi mais non de la Constitution et celles-ci ne possèdent donc pas de pouvoir normatif autonome. Les normes qu'elles édictent sont soumises au contrôle du juge administratif. Enfin, si elles doivent être ***consultées*** préalablement à toute législation relative à l'organisation particulière du territoire, c'est le Parlement français qui conserve la compétence exclusive pour tout ce qui concerne le « statut » et l'« organisation » en question (cf. *supra*).

2) Autodétermination

Si la Constitution de 1958 ne connaît qu'un seul « peuple » (cf. CC, 91-290 DC du 9/5/1991, *Statut de la Corse*) elle distingue celui-ci des « peuples d'outre-mer, auxquels est reconnu le droit à la libre détermination » (*ibid.*). Ceux-ci l'ont exercé d'abord en 1958 et le conservent de nos jours sous certaines conditions.

a) Les options offertes en 1958

« Fidèle à sa mission traditionnelle, proclame le Préambule de 1946, la France entend conduire les peuples dont elle a pris la charge à la liberté de s'administrer eux-mêmes et de gérer démocratiquement leurs propres affaires », soit en adhérant aux institutions et aux valeurs de la République française, soit en choisissant de s'en émanciper, à l'occasion du référendum du 28 septembre 1958 (le rejet de la nouvelle Constitution entraînant, comme pour la Guinée, l'indépendance ; son adoption le maintien dans la République).

Pour les peuples ayant opté pour le maintien, l'article 76 de la Constitution de 1958 ouvrait trois options : a) conserver le statut de TOM (ce que firent, faute de délibération expresse de leur assemblée territoriale dans le délai de quatre mois prévu à l'article 91-1, les Comores, la Côte française des Somalis, la Nouvelle-Calédonie, Saint-Pierre-et-Miquelon et la Polynésie française) ; b) Par délibération spéciale devenir DOM (aucun) ; c) Devenir, groupés entre eux ou non, Etats membres de la Communauté (ce que firent douze d'entre eux, africains, les plus peuplés, avant d'accéder à l'indépendance en 1960). A l'issue des quatre mois accordés, soit le 4 février 1959, la porte ainsi entre ouverte était supposée définitivement fermée, les principes d'indivisibilité de la République et d'intégrité de son territoire interdisant toute « sécession », au demeurant non mentionnée parmi les hypothèses de l'article 53-3 de la Constitution. Pourtant, ultérieurement, divers scrutins d'autodétermination ont permis à certains TOM d'accéder à l'indépendance au nom du droit des peuples à disposer d'eux-mêmes.

b) Le droit des peuples à disposer d'eux-mêmes

Principe de droit international (cf. la « Déclaration sur l'octroi de l'indépendance aux pays et peuples coloniaux », résolution 1514 (XV) du 14/12/1960 de l'Assemblée générale des Nations-Unies), mais aussi de droit constitutionnel interne, il est mentionné à l'article 53-3 de la Constitution de 1958, selon lequel : « Nulle cession, nul échange, nulle adjonction de territoire n'est valable sans le consentement des populations intéressées ».

Bien qu'il ne soit pas question de « sécession », c'est-à-dire d'accès à l'indépendance (celles de l'Algérie puis de Djibouti n'ayant pas été soumises au CC), la « doctrine Capitant » a été consacrée, à propos des Comores, par le Conseil constitutionnel précisant, le 30 décembre 1975 (75-59 DC) que les dispositions de l'article 53-3 « doivent être interprétées comme étant applicables non seulement dans l'hypothèse où la France céderait à un Etat étranger ou bien acquerrait de celui-ci un territoire, mais aussi dans celle où un territoire cesserait d'appartenir à la République pour constituer un Etat indépendant ou y être rattaché ».

A ce stade, le « territoire » en question pouvait encore n'être pas nécessairement d'« outre-mer » (et viser la Corse, voire l'Auvergne ou la Bretagne !). Aussi, le CC (87-226 DC du 2/6/1987, *Autodétermination de la Nouvelle-Calédonie*) a-t-il décidé de fonder ce droit, non plus sur l'article 53-3 (assimilation de la « sécession » à la « cession » valable pour n'importe quel « territoire »), mais sur « les principes de libre détermination des peuples et de libre manifestation de leur volonté spécifiquement prévus pour les TOM par l'alinéa 2 du préambule », ce qui exclut tout autre territoire de leur bénéfice, ainsi que l'a confirmé la décision du 9 mai 1991 relative à la Corse.

S'agissant des modalités de cette autodétermination le Conseil exige le respect de deux conditions ; d'une part l'autorisation donnée par la nation au moyen d'une loi, ordinaire (Djibouti, Comores, Nouvelle-Calédonie les 23 août 1985 et 17 juillet 1987) ou référendaire (Algérie les 8 janvier 1961 et 8 avril 1962 ; Nouvelle-Calédonie le 6 novembre 1988) ; d'autre part la consultation locale des « populations intéressées ». Le CC aurait pu se prononcer sur cette notion lorsqu'en ont été exclus les résidents de moins de trois ans dans le territoire (Côte française des Somalis en 1966 ; Territoire français des Afars et des Issas en 1977 ; Nouvelle-Calédonie en 1987) ou, *a fortiori*, ceux non inscrits sur les listes électorales depuis dix ans (Nouvelle-Calédonie en 1988) car, dans le reste de la République cette condition de résidence n'est que de six mois. Mais, soit il n'a pas été saisi (1966, 1977), soit ce point particulier concernant l'égalité des citoyens devant la loi et le suffrage n'a pas été contesté et il n'a pas jugé bon de le soulever d'office (décision du 2/6/1987 sur la Nouvelle-Calédonie), soit enfin il ne pouvait pas exercer son contrôle du fait du choix d'une procédure référendaire (6 novembre 1988). L'« accord de Nouméa » du 21 avril 1998 prévoit quant à lui un corps électoral restreint pour l'autodétermination à venir (« pourront voter... les personnes qui pourront justifier, en 2013, de vingt ans de domicile connu en Nouvelle-Calédonie ») et, pour rendre cela juridiquement possible, a programmé une révision constitutionnelle, voire l'élaboration d'une Constitution « annexe » propre à ce territoire, dès l'été 1998, dans le cadre d'une démarche audacieuse, à bien des égards totalement nouvelle.

3) Partage progressif de souveraineté

Dans cet accord, les mots « tabous » d'« indépendance » et d'« autonomie » ne figurent pas, mais un transfert « progressif » et « irréversible » de souveraineté est organisé sur une durée de quinze à vingt ans, puisqu'au cours du 4e mandat du congrès du territoire (entre 2013 et 2018) le corps électoral (restreint cf. *supra*) aura à décider du « transfert à la Nouvelle-Calédonie des compétences régaliennes (justice, ordre public, défense, monnaie, affaires étrangères), de l'accès à un statut international de pleine responsabilité et de l'organisation de la citoyenneté en nationalité ». En cas de réponse négative, un tiers des membres du congrès pourra, à deux reprises, provoquer l'organisation d'une nouvelle consultation. Si le « non » l'emportait toujours, l'organisation politique instaurée par l'accord de 1998 resterait de manière irréversible en vigueur. Enfin, les « populations intéressées » en question formeront irrémédiablement un tout, puisque « une partie de la Nouvelle-Calédonie ne pourra accéder seule à la pleine souveraineté, ou conserver seule des liens différents avec la France, au motif que les résultats de la consultation électorale y auraient été différents du résultat global » (afin de ne pas reproduire l'exemple de Mayotte en 1975).

En attendant, les assemblées provinciales en place pourront être complétées par des membres non présents au Congrès du territoire (un peu sur le modèle des conseillers d'arrondissement à Paris), dont certaines délibérations « auront le caractère de loi du pays et, de ce fait, ne pourront être contestées que devant le CC ». De plus, un « Sénat coutumier » sera obligatoirement saisi des projets de lois du pays et des délibérations concernant l'identité kanak. L'exécutif sera exercé par un « gouvernement collégial élu par le congrès et responsable devant lui » aux lieu et place du Haut commissaire de la République. Quant aux transferts de compétences étatiques, certains pourront intervenir rapidement, après révision constitutionnelle (état civil, régime comptable des collectivités locales, propriété foncière, enfance délinquante, enseignement du second degré), d'autres demeurant « partagées » (relations internationales dans la zone Pacifique, entrée et séjour des étrangers, audiovisuel, maintien de l'ordre, réglementation minière, dessertes aériennes internationales, enseignement supérieur et recherche). Enfin, dans l'attente du transfert des compétences « régaliennes » (cf. *supra*), la Nouvelle-Calédonie sera pourvue de « signes identitaires » forts : nom, drapeau, hymne, devise, graphisme spécifique sur les billets de banque, nom du pays sur les documents d'identité « comme signe de citoyenneté ». Bref, ici, de plus en plus « partagée », la notion de « souveraineté une et indivisible » n'a plus beaucoup de sens : ce n'est pas encore tout à fait l'indépendance mais c'est déjà bien au-delà de la simple autonomie.

4 • L'AVENIR DU DÉPARTEMENT

Création artificielle de la Révolution (victoire des thèses de Sieyès et de Thouret sur celles de Mirabeau et des provincialistes), moins qu'on ne l'a dit cependant (cf. *supra*, p. 22), le département serait aujourd'hui une structure obsolète, trop petite pour faire face aux défis du monde moderne, et menacée par des niveaux d'administration locale concurrents, à commencer par la région.

Dès le 24 novembre 1975, à Dijon, le président Giscard d'Estaing avait noté que : « La France n'est pas assez riche pour être le seul pays du monde à avoir quatre échelons d'administration : communal, départemental, régional et national » (il y en a d'ailleurs aujourd'hui davantage encore, si l'on ajoute celui de l'Union européenne ainsi que celui des structures intercommunales, sans parler de l'émergence des « pays », susceptibles de concurrencer les cantons, composantes fondamentales des départements !). Etat et communes étant incontournables (même s'il conviendrait de regrouper ces dernières ou, à défaut, de renforcer l'intercommunalité) c'est bien la question de l'existence des deux structures intermédiaires – régions et départements – qui est posée. Alors que de Gaulle, en 1969, avait choisi les premières (cf. le discours de Lyon : « Ce sont les activités régionales qui apparaissent comme les ressorts de la puissance économique de demain »), G. Pompidou avait préféré privilégier les seconds (parlant de « créer sans détruire, rénover à partir de ce qui est, plutôt que de prétendre imposer de nouvelles structures technocratiques ») dans la loi du 5 juillet 1972, que V. Giscard d'Estaing appliqua de façon restrictive durant son septennat, favorisant ainsi *de facto* le département.

La loi de décentralisation du 2 mars 1982 avait paru ne pas choisir, mais les « lois compétences » de 1983 ont donné à penser que, quantitativement du moins, c'est le département qui avait gagné le plus. Ainsi, en 1984, pour un total de dépenses de l'ensemble des collectivités locales d'environ 460 milliards de F (40 % du budget de l'Etat), 335 revenaient aux communes et à leurs groupements, 113 aux départements et 13 seulement, soit 4 % des budgets locaux, aux régions, dont la fiscalité par habitant est restée plafonnée jusqu'en 1987. Les régions étaient donc les moins richement dotées : en 1984 toujours, chaque contribuable avait dépensé, en moyenne, 280 F pour sa région contre 2075 pour son département et 4067 pour sa commune. De surcroît, cette même année; les départements ont bénéficié de transferts de compétences représentant 22,5 millions de F, contre 2,8 seulement pour les régions (et 3 environ pour les communes).

Cependant, ces apparences étaient sans doute trompeuses : plus restreint, le budget des régions est aussi plus souple d'utilisation : En 1984, 61 % étaient encore consacrés à l'investissement, contre 25 % dans les départements et l'on pourrait comparer la rivalité entre les deux types de collectivités à la lutte d'un obèse contre une adolescente en pleine progression. De plus, les compétences spécifiques attribuées à la région – emploi, formation, culture, cf. *infra*, p. 176 et s. – sont celles qui intéressent les enjeux essentiels de demain, tandis que celles dans lesquelles sont spécialisés les départements – voirie, aide sociale, aménagement rural, etc. – permettraient presque de tracer une ligne de partage entre la « France qui gagne » (jeune, intellectuelle et urbaine), se retrouvant dans la région, et celle « qui meurt », accompagnée dans son déclin à coup de saupoudrages de crédits cantonaux et de subventions aux associations de joueurs de boules par une collectivité décidément bien obsolète.

Deux dangers menacent cependant la collectivité régionale : d'une part la hausse de ses dépenses de fonctionnement due au poids des dépenses de personnels et à la charge des intérêts de la dette ; d'autre part l'absence de véritables stratégies de développement au profit d'un saupoudrage des crédits pas toujours dirigées vers les compétences spécifiques dévolues par la loi aux régions. Celles-ci ont donc sans doute intérêt à s'en tenir à leur rôle de levier, pour des actions lourdes réalisées par d'autres (en 1995 et en 1996, les régions françaises ont accordé quelque 20 milliards de F de subventions à d'autres collectivités, à des entreprises et associations ou à l'Etat, contre 14 seulement consacrés à l'investissement direct) ; d'animation et de réflexion plutôt que de gestion et d'exécution. Enfin, la « cohabitation » départements/régions aurait pensons-nous, d'autant plus de chances de perdurer que la taille de ces dernières serait élargie afin qu'elles acquièrent une dimension – européenne – moins proche de celle des départements.

CHAPITRE 3

Les institutions régionales

• ***Création et nature juridique :*** Tardivement apparues dans le paysage administratif français, sous forme de ***circonscriptions déconcentrées*** (les 21 circonscriptions d'action régionale instituées par le décret n° 60-516 du 2 juin 1960), puis ***d'établissements publics territoriaux*** (loi du 5 juillet 1972) et enfin, dans les mêmes limites (cf. l'art. L 4111-1 CGCT), de ***collectivités territoriales*** (loi du 2 mars 1982 ; transformation devenue effective après l'élection des premiers conseillers régionaux au suffrage universel direct, le 16 mars 1986, selon le mode de scrutin issu de la loi du 10 juillet 1985), selon les modalités précisées par la loi du 6 janvier 1986 (art. 1er : « Il est créé, dans les limites territoriales précédemment reconnues aux établissements publics régionaux, des collectivités territoriales qui prennent la dénomination de « régions » ; art. 29 : « Les établissements publics régionaux auxquels se trouvent substituées les régions sont dissous de plein droit à la date de la première réunion des conseils régionaux issus de l'élection prévue au 1er alinéa de l'art. 59 de la loi du 2 mars 1982 précitée. A la même date, l'ensemble de leurs biens sont transférés aux régions ; ces transferts ne donnent pas lieu à la perception de droit, taxe ou honoraire »), les régions n'ont qu'un ***statut législatif***, n'étant pas mentionnées à l'article 72 de la Constitution de 1958 (« Les collectivités territoriales de la République sont les communes, les départements, les territoires d'outre-mer. Toute autre collectivité territoriale est créée par la loi ») et leur existence même demeure donc – théoriquement – à la merci d'une simple majorité politique.

Elles peuvent « passer des conventions avec l'Etat (cf. les contrats de plan : art. L 4251-1 à L 4251-4 CGCT) ou avec d'autres collectivités territoriales ou leurs groupements (pour les ententes inter-régionales, cf. les arts. L 5621-1 et s. CGCT) pour mener avec eux des actions de leur compétence » énonce l'article L 4111-2 CGCT. Cependant, « la création et l'organisation des régions en métropole et outre-mer ne portent atteinte ni à l'unité de la République ni à l'intégrité du territoire » (L 4111-3), la France n'étant pas un Etat fédéral, ni même « régional » (cf. les décisions CC nos 82-138 DC du 25/2/1982 et 91-290 DC du 9/5/1991 sur la Corse, *infra* p. 146).

• ***Nom*** : Le nom d'une région peut être modifié par la loi après consultation du conseil régional et des conseils généraux intéressés ou sur demande de ces assemblées (art. L 4121-1), mais aucune application concrète n'est intervenue.

• ***Nombre et limites territoriales*** : La question de l'espace régional le plus approprié a été posée, dès 1844, par Omalius d'Halloy, dans la première étude consacrée à l'idée de région, intitulée *Notes sur les divisions géographiques* (où il préconisait sept « régions naturelles »). Depuis, les suggestions les plus diverses ont été formulées, allant de six à quarante-sept régions, avec toutes les formules intermédiaires, le droit positif privilégiant le choix de vingt-deux (petites) régions en métropole (plus quatre outre-mer).

Jusqu'en 1972, les limites territoriales (et le nom) des régions, non encore érigées en collectivités territoriales, pouvaient être modifiées par décret (cf. celui n° 60-516 du 2 juin 1960, cité, confirmé par celui n° 64-251 du 14 mars 1964 relatif à l'organisation des services de l'Etat dans les circonscriptions d'action régionale, puis modifié par celui n° 70-18 du 9 janvier 1970 portant création de la région de Corse). Le projet référendaire du 27 avril 1969 (art. 3) donnait compétence à la loi mais conservait, quant à lui, le découpage de 1960. La loi du 5 juillet 1972, article 2, prévoyait (outre un régime transitoire de modification des limites régionales, sur proposition des conseils généraux intéressés, jusqu'au 1er avril 1973) une initiative concurrente du gouvernement, des conseils régionaux ou des conseils généraux intéressés – les propositions de ces assemblées locales ne devaient pas conduire à accroître le nombre total des régions ni aboutir à la création des régions comprenant moins de trois départements – ainsi qu'une compétence du décret en CE (relevant d'une pure « appréciation d'opportunité » et donc insusceptible de tout recours contentieux : cf., à propos du refus gouvernemental de rattacher la Loire-Atlantique à la Bretagne et de supprimer la région « Pays de Loire » CE, 9/11/1984, *Assoc. Bretagne-Europe, Fédération bretonne des régions d'Europe*).

Avec la transformation des régions en collectivités territoriales, cela relève désormais de leur « libre administration », et donc de la loi. Celle du 6 janvier 1986 a modifié en conséquence l'article 2 § 1, 2 et 3 de la loi du 5 juillet 1972 et institué une procédure nouvelle, codifiée à l'article L 4122-1 CGCT, qui supprime les réserves susmentionnées en cas d'initiative des assemblées locales intéressées. Ainsi, désormais, « les limites territoriales des régions sont modifiées par la loi après consultation des conseils régionaux et des conseils généraux intéressés » ou, sur leur demande, étant toujours précisé que « lorsqu'un décret en CE modifie les limites territoriales de départements limitrophes n'appartenant pas à la même région, et qu'un avis favorable a été émis par les conseils généraux et par les conseils régionaux, ce décret entraîne la modification des limites de la région ».

Cette procédure pourrait être utilisée pour régler certaines revendications telles que, par exemple, la réunification des deux régions de Haute et Basse-Normandie ; les projets de constitution d'une grande région Aquitaine-Midi-Pyrénées (présentés par les conseils généraux des Pyrénées-Atlantiques – lui-même confronté à l'éventualité de la scission d'un département basque, cf. *supra*, p. 98 – et de la Gironde, consistant à associer la Charente et la Charente-Maritime, qui n'y sont pas hostiles, et la Vienne qui l'est résolument ; cf. également la demande de création d'une région catalane parfois présentée par les élus des Pyrénées-Orientales) ; les revendications des Bretons sur la Loire-Atlantique (cf. *supra*) ; la demande formulée par le département de l'Aisne en faveur d'une région Picardie-Champagne-Ardennes (dont la Somme ne veut pas entendre parler) ou le souhait de l'Indre de quitter la région Centre pour celle du Limousin (d'accord pour l'accueillir, mais en surmontant l'hostilité du Cher) ; la création, en 1983, d'une « entente régionale » par les départements de Savoie et de Haute-Savoie, destinée à préparer une éventuelle région par détachement de Rhône-Alpes ; le désir des Alpes-Maritimes de retrouver leur autonomie par rapport à une région Provence-Alpes-Côte d'Azur dominée par Marseille ; l'idée de rattacher l'Auvergne à la région Rhône-Alpes (à laquelle V. Giscard d'Estaing n'est pas favorable) ou de la regrouper avec le Limousin, etc.

Au-delà de ces exemples, la grande question demeure celle du choix entre quelques « grandes » régions (six ou sept) ou des « petites » plus nombreuses (une vingtaine au moins), dont on peut penser qu'elle a été mal posée car ***préalablement*** aux réformes régionales (qui n'ont jamais remis en cause le découpage territorial effectué en 1960, malgré l'accroissement des compétences et le changement de nature juridique des régions) et non comme la ***conséquence*** de celles-ci et du rôle que l'on entendait confier à ces nouvelles collectivités territoriales.

Le choix de vingt-deux petites (sauf l'Ile-de-France et Rhône-Alpes) régions revenait en effet à privilégier trois facteurs : la tradition historique, la primauté de l'État central (cf. J.-M. Jeanneney présentant le projet du 27 avril 1969 aux députés : « Si le gouvernement a pris position contre un petit nombre de régions, c'est... parce qu'il estime que l'unité nationale pourrait se trouver mise en cause ») et le souci de se fonder sur une véritable conscience régionale (cf. J. Bancal favorable, en 1945, à 22 régions : « Pour que les futures provinces soient homogènes, pour qu'elles aient leur personnalité accusée, il faut avant tout qu'elles réunissent des populations ayant en commun des souvenirs, des coutumes, un genre de vie, une tournure d'esprit, parfois un même langage, plus souvent un même accent, voire un type physique, autant d'éléments qu'il faut violer à chaque instant si l'on cherche à grouper dans un même cadre territorial des villes qui font du commerce entre elles », c'est-à-dire si l'on privilégie le critère économique).

Or, le paradoxe est que – en 1917, 1960, 1969, 1972 ou 1982 – c'est bien ce dernier critère qui a été retenu, alors que la dimension choisie a été celle s'y prêtant le moins ; celle de régions nombreuses mais de taille et de puissance financière limitées. Cette dimension s'est révélée trop étroite pour les missions de planification, d'aménagement du territoire et d'interventionnisme économique prioritairement imparties aux régions. De plus, elle les conduit d'une part à concurrencer la structure départementale dont elles sont trop proches ; d'autre part elle est inadaptée à la concurrence européenne (face aux Länder allemands, aux régions italiennes ou aux Communautés autonomes espagnoles, nos régions font pâle figure). De nombreuses propositions, émanant de politiques ou d'universitaires, mais aussi de l'INSEE, de la DATAR ou des gouvernements successifs, visent régulièrement à regrouper les régions pour renforcer leur puissance, mais elles se heurtent à trop de pesanteurs, si bien que les réformes importantes sont bien souvent traitées à un échelon plus large (cf. le « plan Massif-Central », le « plan Grand Sud-Ouest », etc.).

Juridiquement, l'article L 4123-1 CGCT organise une procédure, calquée sur celle relative aux fusions de communes, consultation populaire en moins (cf. *supra*, p. 77), selon laquelle deux ou plusieurs régions peuvent demander à se regrouper en une seule par délibérations concordantes des conseils régionaux intéressés. Cette demande doit être accompagnée de l'avis favorable exprimé par une majorité qualifiée constituée de la moitié des conseils généraux représentant les deux tiers de la population, ou les deux tiers des conseils généraux représentant la moitié de la population. Le regroupement est alors prononcé par décret en CE. A défaut, les régions peuvent conclure des conventions ou bien créer des institutions d'utilité commune (cf. l'art. L 5611-1 CGCT) ou encore constituer des ententes inter-régionales (art. L 5621 et s.).

• ***Chef-lieu*** : Selon une procédure calquée sur celle des départements (art. L 3112-2, cf. *supra* p. 99) mais n'ayant reçu à ce jour aucune application concrète, l'article L 4122–2

CGCT dispose que « le transfert du chef-lieu d'une région est décidé par décret en CE après consultation du conseil régional et des conseils généraux ainsi que des conseils municipaux de la ville-siège et de celle où le transfert du chef-lieu est envisagé ».

1 • LE CONSEIL RÉGIONAL

« Les régions sont administrées par un conseil régional élu au suffrage universel direct » (art. L 4131-1 CGCT), lequel, par ses délibérations, « concourt à l'administration de la région », au même titre que son président « par l'instruction des affaires et l'exécution de (ses) délibérations » ou que le conseil économique et social régional par ses avis (art. L 4131-2).

A – Composition et élection de ses membres

On distinguera le système mis en place par la loi du 5 juillet 1972 tel qu'il a fonctionné jusqu'au 16 mars 1986, puis celui résultant de la loi du 2 mars 1982 tel qu'il continue à être mis en œuvre depuis 1986.

1) Selon le système mis en place en 1972

L'article 5 de la loi du 5 juillet 1972 précisait que le conseil régional était composé de trois types de membres.

a) Les députés et sénateurs élus dans la région

Ils étaient, de droit, membres du conseil régional, afin d'y représenter l'intérêt national et d'assurer ainsi une plus grande cohérence des choix nationaux et régionaux, et devaient même représenter la moitié des membres de cette assemblée (et, en fait, ils les présidaient souvent).

b) Les représentants des collectivités locales élus par les conseils généraux

Les régions n'étant alors que des fédérations de départements, chaque Conseil général devait être représenté au sein de l'assemblée régionale directement par trois personnes, le total de leurs représentants devant constituer 30 % au moins de l'effectif du conseil régional (quitte à attribuer des sièges supplémentaires à certains conseils généraux). Malgré le luxe de détails contenus dans la loi du 5 juillet 1972 et le décret du 5 septembre 1973 modifié, le juge administratif dut préciser la notion même de « représentants des collectivités locales » indiquant par exemple que cette qualité était subordonnée à la détention préalable d'un mandat électif cantonal ou municipal (CE, Sect., 25/6/1977, *Serieyx*), ou encore celle selon laquelle « la moitié au moins de ces représentants doivent être choisis parmi les maires des communes qui ne sont pas représentées au conseil régional » au titre de la 3ᵉ catégorie (cf. la circulaire n° 83-68 du 7 mars 1983, ainsi que TA NICE, 2/6/1976, *Elections au conseil régional de Corse* ; TA Châlons-s/Marne, 13/4/1976, *Elections au conseil régional de Champagne-Ardennes* ; CE, 13/12/1976, *Elections au conseil régional d'Aquitaine* ; et CE, 24/11/1982, *Corse et autres*, 3 espèces).

c) Les représentants des agglomérations désignés en leur sein par les conseils municipaux ou les conseils des communautés urbaines l'étaient à raison d'un pour chaque commune de 30 000 habitants ou chef-lieu de département, un deuxième pour celles de plus de 100 000 habitants par tranche de 200 000 au dessus de ce nombre (sauf si elles faisaient partie d'une communauté urbaine, auquel cas cette dernière était représentée par un délégué, plus un autre par tranche de 200 000 habitants également), tous élus au scrutin secret et à la majorité absolue (relative au 3e tour), leur mandat prenant fin en même temps que celui au titre duquel ils avaient été désignés ou lors de chaque renouvellement, général ou partiel, de l'assemblée qui les avait élus. Ces sièges étaient répartis entre les départements proportionnellement à leur population (cf. les tableaux d'effectifs annexés au décret du 5 septembre 1973, modifiés après chaque recensement de population).

d) Critiques

Cette composition des conseils régionaux présentait de nombreux inconvénients, à commencer par la présence obligatoire des parlementaires (source d'absentéisme et de politisation). Par ailleurs, les modalités – très complexes – de désignation des autres conseillers montraient bien que les régions n'avaient alors été conçues que comme les émanations des collectivités locales traditionnelles, avec un avantage consenti aux départements et aux grandes agglomérations, sûres d'être représentées directement. Mais surtout, cette origine de leurs membres a été la cause d'incessantes perturbations dans la composition, parfois dans la majorité, des conseils régionaux, puisque chaque élection cantonale, municipale, législative et sénatoriale entraînait, pratiquement chaque année, des modifications (c'est d'ailleurs pourquoi président et bureau du conseil régional n'étaient élus que pour un an, ce qui nuisait à leur efficacité et affaiblissait leur autorité face au préfet de région).

2) Selon le système mis en place en 1982-1986

a) Le choix d'une loi ordinaire

Conformément aux promesses du candidat F. Mitterrand aux élections présidentielles (cf. « 110 propositions pour la France », nos 47 et 54), l'article 59 de la loi du 2 mars 1982 affirmait que les régions, collectivités territoriales, « sont administrées par un conseil régional élu au suffrage universel direct » et cela, précisait l'article 60, « dans des conditions qui seront déterminées par une loi ultérieure », laquelle n'intervint que le 10 juillet 1985 (après qu'eut été abandonnée une tentative de régler la question par décret). Le choix d'une loi ordinaire, et non organique, traduisait le souhait de pouvoir se passer, le cas échéant, de l'accord du Sénat (qui, selon l'art. 24 de la Constitution, « assure la représentation des collectivités territoriales de la République ». L'instauration d'une représentation spécifique des régions aurait nécessité une augmentation du nombre de sénateurs. Or, selon l'article 25 de la Constitution, « le nombre des membres » du Sénat est fixé par une loi organique. Enfin, selon l'article 46-4, « les lois organiques relatives au Sénat doivent être votées dans les mêmes termes par les deux assemblées »). En effet, la composition du collège électoral des sénateurs (« élus dans chaque département ») relève de la loi ordinaire, pour l'adoption de laquelle l'Assemblée nationale peut avoir le dernier mot en cas de désaccord avec le Sénat : il a donc suffi d'intégrer les représentants des conseils régionaux au sein de chacun des collèges électoraux départementaux sénatoriaux, ce qui imposait – hélas ! – le choix du cadre départemental pour l'élection de ces derniers.

Ainsi, la loi n° 85-692 du 10 juillet 1985 a inséré dans le Code électoral un livre IV, articles L 335 à L 364, auquel se réfère aujourd'hui le CGCT (art. L 4132-1 : « La composition des conseils régionaux et la durée du mandat des conseillers sont régies par les dispositions des articles L 336 et du Code électoral »), le décret n° 85-1236 du 22 novembre 1985 ajoutant également un livre IV à sa partie réglementaire. Ces dispositions ont été appliquées le 16 mars 1986 pour la première fois, puis le 22 mars 1992 et, enfin, le 15 mars 1998 (le projet de loi tendant à repousser ce scrutin à juin 1998 du fait d'un calendrier électoral chargé – sénatoriales en septembre, cantonales en mars et législatives –, adopté par le Sénat le 18 mars 1997, étant devenu sans objet du fait de la dissolution et des élections législatives consécutives de juin 1997).

b) Le mode de scrutin

Il s'agit d'un scrutin de liste à un tour, proportionnel à la plus forte moyenne, sans panachage ni vote préférentiel, dans le cadre du département. Seules les listes ayant obtenu au moins 5 % des suffrages exprimés sont admises à la répartition des sièges. Les listes doivent comporter autant de candidats que de sièges à pourvoir dans le département (« augmenté de deux » dans ceux comportant un nombre de sièges à pourvoir égal ou inférieur à cinq, selon l'al. 3 ajouté à l'art. L 346 du Code électoral par l'art. 39 de la loi du 6 janvier 1986, compte tenu de la limitation du cumul des mandats instituée par la loi n° 85-1406 du 30 décembre 1985). Nul ne peut être candidat sur plus d'une liste (CE, 16/11/1984, *Elect. régionale de la Guadeloupe* ; cf. également, à propos d'un refus d'enregistrer une liste, CE, 4/12/1992, *Elect. régionale de la Guadeloupe*).

Diverses propositions, visant à supprimer le cadre départemental, à instaurer une prime à la liste arrivée en tête afin de renforcer la stabilité des conseils régionaux (de 1992 à 1998, 18 régions sur 22 n'ont pas eu de majorité et, en Haute-Normandie – 1995 et 1996 – ou en Ile-de-France – 1997 – on a dû recourir à la procédure de règlement d'office du budget par le préfet. Depuis les élections du 15 mars 1998, seules les régions Limousin et Pays de Loire ont une majorité absolue, huit autres une majorité relative, le Front national étant posé en arbitre dans les onze dernières) ou à établir un scrutin mixte du type de celui fonctionnant dans les communes de plus de 3 500 habitants (cf. *supra*, p. 52) ont été repoussées : A. Juppé a d'abord dû y renoncer au bout de 18 mois de débats et, après l'alternance, L. Jospin s'est résigné à une attitude similaire en août 1997, se résolvant à faire adopter, pour compenser, la loi du 7 mars 1998 permettant, notamment, le vote des budgets régionaux sans majorité (cf. *infra*, p. 131). En 1998 ou 1999, la modification du mode de scrutin régional devrait enfin, peut-être, intervenir.

c) Incompatibilités, inéligibilités (art. L 342 à L 345 et L 339 à L 341 du Code électoral)

Elles sont les mêmes que celles concernant les conseillers généraux (loi n° 86-16 du 6 janvier 1986, art. 33-III). Sont, de plus, inéligibles au conseil régional les fonctionnaires placés auprès du préfet de région et affectés au secrétariat général des affaires régionales ainsi que, pour un an, les présidents de conseils régionaux qui n'auraient pas déposé la déclaration prévue à l'article 2 de la loi du 11 mars 1988 sur la transparence financière de la vie politique. De même, l'éligibilité d'un candidat remplaçant un conseiller régional dont le siège est devenu vacant peut être contestée, devant le CE, dans les dix jours (CE, 23/7/1993, *Jamet, Elect. régionales du Languedoc-Roussillon*). Enfin, il faut pour être élu avoir l'âge de 21 ans révolus, être inscrit (ou justifier qu'on devrait l'être) sur une liste électorale et être domicilié dans la région, ou bien être inscrit (ou justifier qu'on devrait l'être) au rôle d'une contribution directe au 1er janvier de l'année de l'élection.

d) Aspects financiers

La loi n° 90-55 du 15 janvier 1990 relative à la limitation des dépenses électorales et à la clarification du financement des activités politiques s'applique aux élections régionales, de même que la loi n° 93-122 du 29 janvier 1993 relative à la prévention de la corruption et à la transparence de la vie économique et des procédures publiques et celle n° 95-65 du 19 janvier 1995 relative au financement de la vie politique. Ces textes concernent le financement des dépenses électorales recueilli pendant l'année précédant l'élection, exclusivement *via* un mandataire ou une association de financement. Ils établissent des plafonds pour les dons des personnes physiques et, depuis 1995, l'interdiction des dons des personnes morales autres que les partis et groupements politiques (cf., sur les modalités de versement de ces fonds, CE, Ass., 18/12/1992, *Commission nat. des comptes de campagne et des financements politiques c. M. Schwartzenberg* ; sur le plafonnement des dons ainsi que des dépenses à imputer dans le compte de campagne, CE, Sect., 7/5/1993, *Elect. régionales de la Réunion, M. Lallemand et autres, Commission nat. des comptes de campagne*), l'obligation de produire un compte de campagne retraçant l'ensemble des recettes et des dépenses effectuées par les candidats pour eux-mêmes ou pour leur compte pendant la période considérée.

En cas de dépassement du plafond des dépenses, outre diverses sanctions pénales et le reversement au Trésor d'une somme équivalente, le CE, juge en premier et dernier ressort des élections régionales, saisi par la commission ou après avoir sursis à statuer jusqu'à ce que cette dernière se prononce sur ce point s'il a été saisi d'une contestation de l'élection, même portant sur un autre grief, *peut* prononcer (en fonction de l'ampleur du dépassement et de la bonne foi des intéressés) l'inéligibilité des candidats pendant un an.

En cas de non-dépôt du compte de campagne dans les deux mois de l'élection, la Commission nationale *devait* saisir le juge pénal et le juge de l'élection, dans les six mois (sous peine d'irrecevabilité), par une décision non détachable de la procédure juridictionnelle, non motivée (cf. CE, Sect., 7/5/1993, *Elect. régionales de la Réunion*, cité) et insusceptible de recours, afin qu'il constate l'inéligibilité et, le cas échéant, annule l'élection (cf. CE, 1/10/1993, *Commission c. M. Barral* ; 15/12/1993, *Commission c. M. Roussel* et deux autres espèces, 17/12/1993, *M. Pierre Day*, *Commission c. M. Fortuné*, *M. Malsa*, *M. Sae* ; 17/1/1994, *Commission c. M. Tauran*, etc.), mais la loi n° 96-300 du 10 avril 1996 a rendu cette inéligibilité facultative dans cette hypothèse (en même temps qu'elle précisait la portée de l'incompatibilité entre la situation de candidat et la fonction de membre d'une association de financement ou de mandataire financier, dans le cas de scrutins de liste : cf. *supra,* p. 56).

e) Contentieux

Contrairement à celui des autres élections locales, le contentieux des élections régionales est porté directement devant le CE, dans les dix jours de leur proclamation, par tout candidat ou tout électeur du département, ainsi que par le préfet du département (alors que, sur le fondement du décret du 5 septembre 1973, il ne pouvait l'être que par le préfet de région, dans les quinze jours). Si l'ensemble des opérations électorales réalisées dans un département sont annulées (cf. CE, 16/1/1987 ; *Elect. régionales en Haute-Corse* ; Sect., 7/5/1993, *Elect. régionales de la Réunion, M. Lallemand et autres*, cité), de nouvelles élections y sont organisées dans les trois mois. Une annulation partielle peut intervenir seulement en cas d'inéligibilité d'un ou plusieurs candidats ou d'incompatibilité de leurs fonctions avec le mandat de conseiller régional, ou bien si le juge peut reconstituer avec précision la répartition des voix (cf. CE, Sect., 7/5/1993, *Pierret*). Lorsque les élections législatives et régionales sont couplées, l'irrégularité entachant la première est sans effet sur la seconde, sauf si elle a une incidence sur celle-ci (CE, 25/3/1987, *Houteer*). Les élections régionales peuvent avoir lieu en même temps que les cantonales, quitte à modifier exceptionnellement les dates de ces derniers (loi n° 90-1103 du 11/12/1990 et CC, n° 90-280 DC du 6/12/1990). A noter enfin que les dispositions législatives interdisant tout procédé de publicité commerciale et de promotion des réalisations des collectivités locales dans les six mois précédant l'élection s'appliquent également aux élections régionales (CE, 28/12/1992, *Elect. régionales de Provence-Alpes-Côte d'Azur*).

F) Composition des conseils régionaux

Selon l'article L 337 du Code électoral, « l'effectif des conseils régionaux et la répartition des sièges à pouvoir entre les départements de chaque région sont fixés conformément au tableau n° 7 annexé au présent code ». Il est plus ou moins proportionnel à la population de chaque région et, en son sein, de chaque département, conformément au critère démographique dégagé par le CC les 8 et 23 août 1985 à propos de la Nouvelle-Calédonie, mais avec de forts correctifs au profit des moins peuplés (l'écart de population entre régions est de 1 à 14 en métropole, et même de 1 à 138 si on inclut les régions d'outre-mer), le principe retenu étant de deux fois le nombre de parlementaires élus dans la région plus un, avec d'assez nombreuses exceptions. Ainsi, de 1986 à 1992 (sur le fondement de la loi du 10 juillet 1985), on avait limité le nombre de conseillers de la région Ile-de-France à 197 (au lieu de 270 si l'on avait appliqué une stricte proportionnalité démographique) et porté celui du Limousin à 41 (au lieu de 30 en doublant le nombre de parlementaires) avec toutes sortes de formules intermédiaires, pour un total de 1 840 conseillers régionaux. Après le recensement de 1990 (authentifié par le décret n° 90-1172 du 21 décembre 1990), le tableau n° 7 a été modifié par la loi n° 91-1384 du 31 décembre 1991 : avec un total de 1880 conseillers, six régions et soixante et un départements sont restés sans changement, tandis que certaines régions gagnaient 2 (onze d'entre elles), 4 (Midi-Pyrénées), 6 (Provence-Alpes-Côte d'Azur et Rhône-Alpes) et même 12 sièges (Ile-de-France) et certains départements 1 (vingt d'entre eux), 2 (neuf) ou 3 (quatre) sièges.

g) Démission, dissolution

A l'exemple des conseillers généraux (cf. *supra* p. 102), les conseillers régionaux peuvent adresser leur démission au président de leur assemblée, qui en avise immédiatement le préfet de région (art. L 4132-2 CGCT). Il existe également des cas de démission d'office pour incapacité, inéligibilité ou incompatibilité survenue en cours de mandat (Code électoral, art. L 341 à L 344-2 ; cf. TA Lyon, 20/9/1994, *Tête*).

Par ailleurs, lorsque le fonctionnement d'un conseil régional se révèle impossible, le gouvernement peut en prononcer la dissolution par décret motivé pris en conseil des ministres. Il en informe le Parlement dans le délai le plus bref. La dissolution ne peut jamais être prononcée par voie de mesure générale (art. L 4132-3 cf. le décret du 29 juin 1984 prononçant la dissolution de l'Assemblée de Corse, *infra*, p. 145). En cas de dissolution d'un conseil régional, de démission de tous ses membres ou d'annulation définitive de leur élection, le président est chargé de l'exécution des affaires courantes (sur cette notion, cf. CE, 19/10/1962, *Brocas*) et ses décisions ne sont exécutoires qu'avec l'accord du préfet de région. Il est procédé à la réélection du conseil régional dans les deux mois. Celui-ci se réunit de plein droit le premier vendredi qui suit, au lieu et à l'heure fixés par le préfet de région, qui convoque chaque conseiller élu.

B – Fonctionnement

1) Siège et règlement intérieur

Le conseil régional a son siège à l'hôtel de la région. Il établit son règlement intérieur dans le mois qui suit son renouvellement. Selon le décret n° 73-854 du 5 septembre 1973, ce règlement devait déterminer la composition du bureau et fixer le nombre, la composition, les compétences et les règles de fonctionnement des commissions. Depuis la loi d'orientation du 6 février 1992, article 31, modifiant l'article 39 de celle du 2 mars 1982, applicable aux régions (loi du 5 juillet 1972, art. 11 ; désormais art. L 4132-6 CGCT) son contenu est libre, sauf en ce qui concerne les questions orales posées par les conseillers régionaux (cf. l'art. L 4132-20).

Comme dans le cas des conseils municipaux (cf. *supra* p. 59) et généraux, le règlement intérieur du conseil régional peut, depuis cette même loi, être déféré devant le tribunal administratif (cf. TA Orléans, 8/7/1993 et, en appel, CE, 18/12/1996, *Région Centre*).

2) Réunions

Les textes sont ici ceux concernant le conseil général, rendus applicables aux régions par la loi du 6 janvier 1986. Ainsi, outre la première réunion de plein droit le premier vendredi qui suit son élection, le conseil régional se réunit, à l'initiative de son président, au moins une fois par trimestre, aussi souvent qu'il le souhaite et sans limite de durée, dans un lieu de la région choisi par la commission permanente (art. L 4132-8 CGCT). Il est également réuni à la demande de la commission permanente ou du tiers de ses membres (dans cette dernière hypothèse la réunion a lieu « sur un ordre du jour déterminé, pour une durée qui ne peut excéder deux jours ». Le juge peut alors traditionnellement vérifier, le cas échéant, qu'une délibération ne porte pas sur un objet étranger à l'ordre du jour en question : CE, 14/5/1915, *Crémieux et Fauché*). Selon une réponse ministérielle à une question orale (cf. Bulletin de l'Assemblée nationale n° 110 du 12/2/1997), par analogie avec les dispositions du Code des communes, lorsque le nombre requis de conseillers régionaux a demandé la tenue d'une réunion, celle-ci doit être convoquée par le président dans un délai de trente jours.

Enfin, en cas de circonstances exceptionnelles, les Conseils régionaux peuvent être réunis par décret.

3) Séances

Les séances du conseil régional sont publiques. Il a été jugé que ce principe de publicité était respecté dès lors que la presse était présente et que les débats avaient été « retransmis par circuit interne de télévision dans une salle voisine où se tient le public » (CE, 16/1/1987, *Election du président du conseil régional de Picardie, Ansallem*) et l'article L 4132-10 CGCT a confirmé depuis que, sans préjudice des pouvoirs de police de l'assemblée conférés au président du conseil régional, « ces séances peuvent être retransmises par les moyens de communication audiovisuelle ».

Toutefois, sur la demande de cinq membres ou du président, le conseil régional peut décider, sans débat, à la majorité absolue des membres présents ou représentés, de se réunir à huis clos.

A noter que ce principe de publicité des séances ne s'applique pas à celles de la commission permanente (CE, 18/12/1996, *Région Centre*, cité), ce qui n'est pas tout à fait logique, dans la mesure où cette dernière est l'émanation du conseil régional et exerce ses attributions par délégation de celui-ci (cf. *infra*, p. 134).

Exerçant seul la police de l'assemblée, le président du conseil régional peut faire expulser de l'auditoire ou arrêter tout individu qui trouble l'ordre. En cas de crime ou de délit, il dresse procès-verbal et le procureur de la République en est immédiatement saisi. Le président ne peut déléguer cette compétence, mais il peut être « remplacé » par un vice-président ou un conseiller régional (cf. *infra*, p. 136).

4) Délibérations

Le procès-verbal de chaque séance est arrêté au commencement de celle qui suit et signé par le président ainsi que par le secrétaire qui l'a établi. Il contient les rapports, les noms des membres qui ont pris part à la discussion et l'analyse de leurs opinions.

Faute de ***quorum***, la délibération d'un conseil régional est illégale (tout contribuable régional ayant qualité pour demander l'annulation d'une telle délibération : CE, 28/4/1995, *Bigaud*). Ce quorum s'apprécie à l'ouverture de la séance mais aussi au moment de la mise en discussion de toute question inscrite à l'ordre du jour, comme pour les autres assemblées locales (cf. *supra*, p. 60 et 104) *et* il n'est donc pas affecté par le départ ultérieur de certains élus.

Lors de la réunion de plein droit qui suit chaque renouvellement des conseils régionaux, la majorité des deux tiers est exigée à l'ouverture des séances consacrées à l'élection du président et du bureau ainsi que, en cas de suspension, à la reprise (CE, Ass., 11/12/1987, *Le Vern et Fossé*). Les conseillers empêchés d'assister à une réunion peuvent donner procuration (cf. l'art. L 4132-15) mais ils ne comptent pas pour le calcul des présents (TA Toulouse, 28/6/1987, *Dubrez*).

Les votes sont recueillis au scrutin public toutes les fois que le sixième des membres présents le demande et les résultats, énonçant le nom des votants, sont reproduits au procès-verbal. La voix du président est prépondérante en cas de partage. Néanmoins, les votes sur les nominations ont lieu au scrutin secret, sous peine d'annulation (CE, 12/5/1989, *Joly* ; 16/11/1990, *Chapuis et Klein* ; 13/11/1992, *Fabius* ; 20/3/1997, *Broutin*). Un conseiller empêché d'assister à une réunion peut donner délégation de vote, pour cette réunion, à un autre conseiller (qui ne peut recevoir qu'une seule délégation). Il n'est pas obligé de la résilier s'il est néanmoins présent à ladite réunion (CE, 16/1/1987, *Election du président du conseil régional de Picardie, Ansallem*, cité).

Les délibérations du conseil régional, ainsi que celles de sa commission permanente prises par délégation, sont publiées dans les mêmes formes, dans un recueil au moins mensuel des actes administratifs de la région (par alignement sur les règles relatives aux délibérations du conseil général, réalisé par la loi du 6 janvier 1986, art. 6a et 21 ; cf. l'art. L 4132-16 CGCT, ainsi que le décret n° 93-1181 du 20 septembre 1993, art. 4). Cette publication conditionne le caractère exécutoire des délibérations. Tout électeur ou contribuable régional a le droit de demander communication sans déplacement et de prendre copie de toutes les délibérations du conseil régional ainsi que des procès-verbaux des séances publiques et de les reproduire par voie de presse.

5) Adoption du budget

L'absence de majorité stable, due au mode de scrutin régional (cf. *supra*, p. 126) a empêché certains conseils régionaux de pouvoir voter leur ***budget***, faute de quorum (La Réunion en décembre 1996) ou de majorité (Haute-Normandie en 1995 et 1996, Ile-de-France, Rhône-Alpes, Centre en 1997). Aussi, la loi du 7 mars 1998 relative au fonctionnement des conseils régionaux facilite-t-elle, désormais, ce vote en instituant un mécanisme d'adoption automatique sauf vote, à la majorité absolue, d'une « motion de renvoi » assortie d'un projet de budget alternatif. Selon cette procédure de « parlementarisme rationalisé », dite improprement du « ***49-3 régional*** », si le budget n'est pas adopté au 20 mars de l'exercice auquel il s'applique (ou le 30 avril l'année du renouvellement des conseils), le président du conseil régional présente, dans les dix jours, un nouveau projet, élaboré sur la base du projet initial modifié, le cas échéant, par les amendements présentés au cours de la discussion et qui doit avoir été approuvé par le bureau (s'il en existe un). Ce nouveau projet de budget est « considéré comme adopté » sauf si une « motion de renvoi » est présentée et adoptée par la majorité absolue des membres du conseil (présentée dans les cinq jours qui suivent la communication du nouveau projet de budget par le président, cette motion doit comporter la liste de ses signataires et, en annexe, un projet de budget alternatif, de surcroît soumis au CESR qui émet, dans les sept jours, un avis sur ses orientations générales, le vote sur la motion de renvoi ne pouvant intervenir avant 48 heures après l'avis du CESR et au plus tard sept jours après). Cette procédure (art. L 4311-1-1 CGCT), destinée à verrouiller la « majorité plurielle » et à surmonter l'obstruction éventuelle des conseillers Front national, a été utilisée en 1998 par les régions Centre et Ile-de-France, dont les présidents (PS) ont préféré suspendre les débats jusqu'au 30 avril afin d'éviter un vote sur un budget amendé par une majorité hétéroclite d'opposants à l'occasion du vote par chapitre et présenter ensuite leur propre texte (pour ne pas avoir à exécuter celui voulu par d'autres), adopté sans vote faute de « motion de renvoi », ce qui constitue une « interprétation » de la loi du 7 mars 1998 dont le juge administratif a été saisi (en Rhône-Alpes, en revanche, le budget de C. Millon a pu être adopté grâce à l'appui des voix du FN). C'est pourquoi cette procédure devra être à nouveau réformée, en même temps que le mode de scrutin régional, afin d'autoriser les présidents à recourir au « vote bloqué » (sur leur texte initial et les seuls amendements acceptés par eux) et à permettre d'utiliser ce « 49-3 » pour les décisions budgétaires modificatives et, peut-être, les contrats de plan Etat-régions. Enfin, il est question d'instaurer la « motion de défiance constructive » obligeant (comme en Allemagne ou, déjà, en Corse) à accompagner toute motion de renvoi du budget du nom de celui qui, au cas où elle serait votée, remplacerait automatiquement le président du conseil régional désavoué.

6) Information

Tout membre du conseil régional a le droit, dans le cadre de sa fonction d'être informé des affaires de la région faisant l'objet d'une délibération, sous peine d'illégalité de cette dernière (cf. TA Rennes, 10/7/1991 ; *Doré*). Dans cette perspective, le président adresse aux conseillers régionaux, douze jours au moins avant la réunion de l'assemblée, un rapport sur chacune des affaires qui doivent leur être soumises (comme pour les conseillers généraux, cf. *supra*, p. 104). Les projets sur lesquels le CESR est obligatoirement et préalablement consulté leur sont adressés simultanément. Chaque année, le président rend compte au conseil régional, par un rapport spécial, de la situation de la région, de l'état d'exécution du plan régional, ainsi que de l'activité et du financement des différents services de la région et des organismes qui dépendent de celle-ci. Ce rapport précise l'état d'exécution des délibérations du conseil régional et de la situation financière de la région. La méconnaissance de cette formalité substantielle entraîne l'annulation de la délibération (TA Poitiers, 7/10/1987, *Fromenteil et al.*). Enfin, comme leurs homologues départementaux, les conseillers régionaux ont le droit d'exposer en séance des questions orales ayant trait aux affaires de la région, selon une fréquence, des conditions de présentation et d'examen fixées par le règlement intérieur.

7) Commissions, représentation au sein d'organismes extérieurs

Comme le conseil général (cf. *supra*, p. 105), le conseil régional peut, après l'élection de sa commission permanente, former ses commissions et désigner ses délégués dans divers organismes extérieurs (arts. L 4132-21 et 22 CGCT).

8) Groupes d'élus

Leur fonctionnement peut faire l'objet de délibérations, mais sans que puissent être modifiées à cette occasion les décisions relatives au régime indemnitaire des conseillers régionaux. Par exemple, il peut leur être affecté, pour l'usage propre de chacun ou pour un usage commun, un local administratif, du matériel de bureau, ainsi que la prise en charge de leurs frais de documentation, de courrier et de télécommunications, à l'exclusion de toute subvention. La loi d'orientation du 6 février 1992 a été complétée sur ce point par un article 32bis (loi du 29 janvier 1993 complétée par celle du 19 janvier 1995) destiné à valider les pratiques antérieures (cf. CC, n° 95-363 DC du 11/1/1995), mais cela ne concerne que les délibérations ayant pour objet des mesures de même nature que celles prévues à titre permanent aux I et II de cet article. Dans ces conditions, le CE (2/2/1996, *Région Alsace*) considère que « l'octroi d'une subvention aux différents groupes constitués au sein du conseil régional ne présente aucun caractère d'intérêt régional » et doit donc être annulé.

Le président du conseil régional peut, dans des conditions fixées par l'assemblée et sur proposition des représentants de chaque groupe, affecter aux groupes d'élus une ou plusieurs personnes. Ce conseil régional ouvre au budget de la région, sur un chapitre spécialement créé à cet effet, les crédits nécessaires à ces dépenses, sans qu'ils puissent excéder 25 %

du montant total des indemnités versées chaque année aux conseillers régionaux. Il est l'ordonnateur de ces dépenses.

Constitués par la remise au président du conseil régional d'une déclaration signée de leurs membres, les groupes politiques ne possèdent pas la personnalité juridique et n'ont donc pas, en tant que tels, accès au prétoire (TA Clermont-Ferrand, 23/2/1988, *Chaubard*).

C – Compétences

Reprenant la formule traditionnelle (cf. *supra* p. 63 et 105), l'article L 4221-1 CGCT dispose que : « Le Conseil régional règle par ses délibérations les affaires de la région » (cf., sur cette notion, CE, 21/1/1977, *Péron-Magnan* ; 30/5/1979, *Assoc. départ. de défense autoroute A 71, section Loiret* ; 13/2/1981, *Assoc. pour la protection de l'eau et des ressources naturelles du bassin inférieur du Doubs* ; Sect., 30/3/1981, *Min. de l'Intérieur c. Ducros* ; 14/12/1992, *Commune de Frichemesnil* ; 2/2/1996, *Région Alsace*, cités).

Plus précisément, le conseil régional « a compétence pour promouvoir le développement économique, social, sanitaire, culturel et scientifique de la région et l'aménagement de son territoire et pour assurer la préservation de son identité, dans le respect de l'intégrité, de l'autonomie et des attributions des départements et des communes. Il peut engager des actions complémentaires de celles de l'Etat des autres collectivités territoriales et des établissements publics situés dans la région », dans les domaines des compétences attribuées à la région (cf. *infra*, p. 176 et s.).

Dans cette perspective, le conseil régional « délibère en vue d'émettre des avis sur les problèmes de développement et d'aménagement de la région au sujet desquels il est obligatoirement consulté (la construction d'une ligne de TGV – CE, 21/1/1977, *Péron-Magnan* – ou d'une autoroute traversant le territoire régional – CE, 6/7/1992, *Assoc. pour la protection de la mise en valeur des bords de la Loire* et 14/12/1992, *Commune de Frichemesnil*, cité – ne constituent pas un « problème de développement et d'aménagement de la région » et l'avis du conseil régional n'est donc pas obligatoirement requis). Il concourt à l'élaboration et à l'exécution du plan de la nation, élabore et approuve le plan de la région et concourt, dans le cadre de ses compétences, à l'aménagement du territoire. Il propose aux collectivités territoriales de la région toutes mesures tendant à favoriser la coordination des investissements publics locaux dans la région.

Bien entendu, le conseil régional vote le budget de la région (cf. les art. L 4311-1 et s. CGCT). Par ailleurs, toute cession d'immeubles ou de droits réels immobiliers par une région donne lieu à délibération motivée du conseil régional portant sur les conditions de la vente et ses caractéristiques essentielles, au vu de l'avis du Service des domaines. Toute cession intervenue en la matière est inscrite sur un tableau récapitulatif annexé au compte administratif de la région concernée (précisant la nature du bien, sa localisation, l'origine de la propriété, l'identité du cédant et du cessionnaire ainsi que les conditions de la cession) et un bilan des acquisitions et cessions opérées sur le territoire d'une région (par celle-ci ou par une personne publique ou privée agissant dans le cadre d'une convention avec cette région) donne lieu chaque année à une délibération du conseil régional et est également annexé au compte administratif de la région (art. L 4221-4 CGCT ; cf. la loi n° 95-127 du 8 février 1995 relative aux marchés publics et aux délégations de services publics, qui a renforcé les contraintes afin de mieux lutter contre la corruption).

2 • LA COMMISSION PERMANENTE, LE BUREAU ET LE PRÉSIDENT

A – La commission permanente

1) Composition et modalités de désignation de ses membres

Créée par la loi d'orientation du 6 février 1992, elle est une émanation du conseil régional, qui élit ses membres, après avoir fixé le nombre des vice-présidents de cette commission (de quatre à quinze, avec un maximum de 30 % de l'effectif du conseil) et des autres membres éventuels de cette dernière, soit par accord général (s'il n'a été déposé qu'une seule candidature par poste à pourvoir), soit à la représentation proportionnelle à la plus forte moyenne, sans panachage ni vote préférentiel (art. L 4133-4 et 5 CGCT ; cf., CE, 13/11/1992, *Descaves*). Après la répartition des sièges, attribués aux candidats d'après l'ordre de présentation sur chaque liste (présentée par tout conseiller régional ou groupe politique), le conseil régional procède à l'affectation des élus à chacun des postes de la commission permanente au scrutin uninominal (dans les mêmes conditions que pour l'élection du président) et détermine l'ordre de leur nomination. Ces membres sont nommés pour la même durée que le président. En cas de vacance d'un siège, le conseil régional peut décider de compléter, selon la procédure sous-indiquée, la commission permanente. A défaut d'accord, il est procédé au renouvellement intégral des membres autres que le président.

Il a été jugé que les séances de la commission permanente pouvaient ne pas être publiques, contrairement à celles du conseil régional dont elle est pourtant l'émanation (CE, 18/12/1996, *Région Centre*, cité, revenant sur TA Orléans, 2e ch., 8/7/1993, *Thalineau*).

2) Attributions

Le conseil régional peut déléguer une partie de ses attributions à sa commission permanente, à l'exception de celles relatives au vote du budget, à l'approbation du compte administratif et aux mesures prises au nom ou pour le compte de l'Etat (art. L 4221-5 CGCT). Ces délégations ne doivent pas être trop générales, se limiter à des simples mesures d'exécution (cf. TA Rouen, 19/3/1991, *Préfet de région de Haute-Normandie, Préfet de la Seine-Maritime c. Région de Haute-Normandie*) et elles ne peuvent porter que sur des compétences appartenant à la région (cf. CE, 16/10/1992, *Sté Applications techniques des plastiques* ; 20/5/1994, *Gérante* ; ou TA Toulouse, 28/1/1997, *Cervera c. Région Midi-Pyrénées*).

B – Le bureau

« Le président et les membres de la commission permanente ayant reçu délégation... forment le bureau », rappelle l'article L 4133-P CGCT, confirmant que cette instance n'a pas disparu malgré le transfert de ses attributions à la commission permanente en février 1992.

Il a été jugé qu'à supposer même que le conseil régional ait valablement délégué à son bureau le pouvoir de décider d'instituer des indemnités au personnel de la région, ledit bureau ne pouvait subdéléguer cette compétence au président du conseil régional (« TA Rouen, 19/3/1991, *Préfet de la région de Haute-Normandie*, confirmé par CE, 14/6/1995, *Région de Haute-Normandie* ; cf. également, à propos de la compétence du seul conseil régional – et non de son président – pour arrêter les dispositions statutaires relatives au personnel de la région, CE, 9/12/1987, *Barral et al.*).

A l'issue des élections régionales de mars 1998, faute de majorité (sans le Front national), plusieurs présidents, comme celui de la région Rhône-Alpes, ont renoncé à faire élire certains vice-présidents, se contentant de confier des délégations à des conseillers régionaux, lesquels ont formé le « bureau ». Mais cette pratique a fait l'objet de recours pour excès de pouvoir.

C – Le Président

Comme son homologue du conseil général (cf. *supra*, p. 110), il assure depuis la loi du 2 mars 1982, la fonction d'exécutif de la région aux lieu et place du représentant de l'Etat.

1) Désignation

Les dispositions relatives à l'élection du président du conseil général sont transposables, dans l'ensemble, à celle du président du conseil régional (cf. *supra*, p. 110). Mais, d'une part le contentieux relève, comme celui de l'élection des conseillers régionaux, du CE en premier et dernier ressort ; et d'autre part, depuis la loi du 7 mars 1998, « nul ne peut être élu président (l'élection ne donnant lieu à aucun débat) s'il n'a, préalablement à chaque tour de scrutin, remis aux membres du conseil régional, par l'intermédiaire du doyen d'âge, une déclaration écrite présentant les grandes orientations politiques, économiques et sociales de son action pour la durée de son mandat » (mais non, comme il en avait été question, la liste de ceux auxquels il compte donner délégation de pouvoir) alors que, jusque là, rien ne l'obligeait à avoir fait acte de candidature ou à avoir recueilli des suffrages au premier ou au second tour pour pouvoir être élu à la majorité relative au troisième.

Le quorum des deux tiers des membres du conseil régional, requis par l'article L 4133-1 CGCT, s'apprécie également à l'ouverture de la séance (CE, Ass., 11/12/1987, *Le Verne et Fossé*, cité) et une délégation de vote pour cette élection ne devient pas nécessairement caduque du fait de la présence du mandant à cette réunion (CE, 16/1/1987, *Election du président du cons. régional de Picardie, Ansallem*, cité).

Le non-respect du secret du vote (art. L 59 du Code électoral) entraîne l'annulation de l'élection en cas de scrutin secret (CE, 12/5/1989, *Elections au cons. régional d'Aquitaine* et *M. Joly*), mais non si l'écart des voix obtenues par les candidats est important (CE, 13/11/1992, *Election du président du cons. régional de Haute-Normandie, Fabius*).

En cas de vacance du siège de président, ses fonctions sont provisoirement exercées par un vice-président, dans l'ordre des nominations et, à défaut, par un conseiller régional désigné par le conseil. Il est procédé au renouvellement de la commission permanente dans le délai d'un mois. En cas de démission du président et de tous les vice-présidents, le conseil régional est convoqué par le doyen d'âge, soit pour procéder à la désignation du conseiller régional ci-dessus évoqué, soit pour procéder au renouvellement de la commission permanente (cf. TA Montpellier, 30/4/1982, *Gache*).

2) Attributions

Organe exécutif de la région, le président du conseil régional, traditionnellement, « prépare et exécute » les délibérations de cette assemblée (art. L 4231-1 CGCT). Il est l'ordonnateur des dépenses de la région et prescrit l'exécution des recettes régionales, sous réserve des dispositions particulières du Code général des impôts relatives au recouvrement des recettes fiscales des collectivités locales (cf. le décret n° 88-139 du 10 février 1988 relatif au régime financier et comptable des régions).

Seul chargé de l'administration, il peut toutefois déléguer, par arrêté, sous sa surveillance et sa responsabilité, l'exercice d'une partie de ses fonctions aux vice-présidents et, en l'absence ou en cas d'empêchement de ces derniers, à d'autres membres du conseil régional (délégations subsistant jusqu'à ce qu'elles aient été rapportées). De même, chef des services de la région, il peut, sous sa surveillance et sa responsabilité toujours, donner délégation de signature en toute matière aux responsables desdits services.

C'est lui seul, et non le bureau, qui accorde les primes régionales à la création d'entreprise (TA Strasbourg, 4/7/1985, *COREP de Lorraine*). C'est également lui seul, et non le conseil régional, qui décide des missions des agents de la région et autorise leurs déplacements de service (CE, 20/5/1994, *Gérante*, cité). En revanche, le président du conseil régional n'a pas compétence pour prendre les décisions réglementaires relatives au statut des agents de la région (CE, 9/12/1987, *Barral et autres*, cité) et il ne peut recevoir en ce domaine délégation de l'assemblée régionale (CE, 17/3/1993, *Conseil régional de Bourgogne*, cf. également, à propos de la titularisation des membres de son cabinet, CE, 22/2/1991, *Région Aquitaine c. Melle Lesca* ; ou, pour des agents contractuels, CE, 12/2/1992, *Région Midi-Pyrénées* ; 6/5/1991, *Denis* ; 31/7/1992, *Région Rhône-Alpes*).

Le président du conseil régional gère le domaine de la région mais, à la différence de son homologue départemental, n'exerce aucun pouvoir de police afférent à cette gestion, notamment en ce qui concerne la circulation, car il n'existe pas de routes régionales.

Il désigne les conseillers régionaux devant siéger au sein d'organismes extérieurs dans les cas et conditions prévus par les dispositions régissant ces organismes et peut les remplacer à tout moment. Il nomme aussi les gardes champêtres, que départements (cf. l'art. L 3221-8 CGCT) et régions peuvent désormais, comme les communes, recruter, la loi n° 95-115 du 4 février 1995 ayant confié à ces derniers des fonctions importantes en matière de surveillance de l'environnement.

Il intente les actions au nom de la région en vertu d'une décision du conseil régional (cf. CE, Ass., 5/3/1976, *Tarlier et autres*, à propos de l'extension du camp militaire du Larzac) et peut, sur avis conforme de la commission permanente, défendre à toute action intentée contre la région.

Il est, enfin, habilité à accomplir tous actes conservatoires et interruptifs de déchéance.

3) Relations avec les services de l'Etat

Le préfet de région a, conformément à l'article 72-3 de la Constitution de 1958, la charge des intérêts nationaux, du respect des lois et du contrôle administratif (par voie de déféré contre les actes des autorités régionales, dont il veille à l'exercice régulier des compétences). Lui seul est habilité à s'exprimer au nom de l'Etat devant le conseil régional. Il peut être entendu par celui-ci, par accord avec son président ou sur demande du Premier ministre (art. L 4132-25 CGCT).

Sur sa demande, le président du conseil régional reçoit du préfet de région les informations nécessaires à l'exercice de ses attributions, et vice-versa. Chaque année, le préfet de région informe également le conseil régional, par un rapport spécial, donnant éventuellement lieu à débat en sa présence, de l'activité des services de l'Etat dans la région.

Pour la préparation et l'exécution des délibérations du conseil régional, son président peut disposer, en tant que de besoin, de services déconcentrés de l'Etat. Le président du conseil régional adresse alors directement aux chefs de ces services toutes instructions nécessaires pour l'exécution des tâches qu'il leur confie et il en contrôle l'exécution. Il peut, sous sa surveillance et sa responsabilité, donner délégation de signature aux chefs desdits services pour l'exécution des missions qu'il leur confie (art. L 4151-1 CGCT).

La coordination entre l'action des services régionaux et celle des services de l'Etat dans la région est assurée conjointement par le président du conseil régional et le préfet de région. De plus, une conférence d'harmonisation des investissements se réunit au moins deux fois par an pour échanger des informations sur les programmes d'investissement de l'Etat, de la région et des départements.

3 • LE CONSEIL ÉCONOMIQUE ET SOCIAL RÉGIONAL

Héritier des comités d'expansion et des CODER institués par le décret du 14 mars 1964 et instrument d'une certaine démocratie participative des « forces vives » au niveau local, le CESR, d'abord appelé « comité », a été transformé en « conseil » par l'article 24 de la loi d'orientation du 6 février 1992, qui a également modifié le statut de ses membres et élargi ses compétences. Auparavant, il avait connu des fortunes diverses, au gré des alternances politiques : l'idée d'une assemblée régionale unique, mélangeant conseillers territoriaux élus, à mandat général, et socioprofessionnels plus soucieux d'intérêts catégoriels ayant été abandonnée après l'échec du projet de loi référendaire du 27 avril 1969, la loi du 5 juillet 1972 avait créé, pour « concourir à l'administration de la région » par ses avis, ce « comité », transposant au niveau régional la concertation institutionnalisée à l'échelon national au sein du conseil économique et social.

Mais le CESR faillit être supprimé (et vit ses attributions diminuées en même temps qu'était modifiée sa composition par la loi du 2 mars 1982) au lendemain de l'arrivée au pouvoir de la gauche, en prélude à la réforme du conseil économique et social national par la loi organique n° 84-499 du 27 juin 1984. Cependant, ses attributions furent à nouveau élargies par la loi n° 86-16 du 6 janvier 1986, avant d'être quelque peu modifiées à la baisse par celle n° 86-972 du 19 août de la même année, jusqu'à sa consécration par la loi d'orientation du 6 février 1992. Il est aujourd'hui, précise l'article L 4134-1 CGCT, auprès du conseil régional et de son président, une « assemblée consultative ».

A – Composition et modalités de désignation de ses membres

Si les attributions du CESR figurent pour l'essentiel dans le CGCT, celui-ci renvoie au règlement pour ce qui est de sa composition, des conditions de nomination de ses membres ainsi que de la date de leur installation (art. L 4134-2). Après les décrets n° 73-855 du 5 septembre 1973 (pris en application de l'art. 13 de la loi du 5 juillet 1972) et 82-866 du 11 octobre 1982 (intervenu sur le fondement de l'art. 62 de la loi du 2 mars 1982), c'est celui n° 89-307 du 12 mai 1989 (modifié par le décret n° 95-990 du 4 septembre 1995) qui règle désormais la question.

1) Avant le décret du 12 mai 1989

a) Selon le décret du 5 septembre 1973 (modifié par celui n° 79-950 du 9 novembre 1979 puis, pour les régions Auvergne et Rhône-Alpes seulement, par celui du 31 décembre 1980), les CESR étaient composés de 35 à 80 membres – de 40 à 90 à partir de 1979 – avec toutes les formules intermédiaires ainsi qu'il résultait des tableaux publiés en annexe (cf. CE, 15/2/1974, *Féd. nat. des syndicats de fonctionnaires de l'agriculture CFDT et autres* annulant quatre d'entre eux pour des problèmes de représentativité syndicale), répartis en quatre catégories : *1)* Pour 50 % au moins des « représentants d'organisations professionnelles et syndicales représentatives des employeurs et des salariés dans la région, d'organisations agricoles représentatives et de représentants des chambres de commerce et d'industrie, d'agriculture et de métiers » ; *2)* Pour 10 % au moins de « représentants des activités spécifiques de la région » ; *3)* Pour 25 % au moins de « représentants des activités sanitaires et sociales, familiales, éducatives, scientifiques, culturelles et sportives et des professions libérales de la région », auxquels furent ajoutés en 1979 ceux des « organisations de protection de l'environnement et de défense des consommateurs » ; *4)* Pour 10 % au plus, de « personnalités qui, en raison de leur qualité ou de leurs activités, concourent au développement de la région ».

La répartition des sièges à l'intérieur de chacune de ces quatre catégories figurait dans les tableaux annexés au décret, précisant « pour chaque région, la liste des organismes ou activités représentés, le nombre de leurs représentants et, le cas échéant, les modalités particulières de leur désignation, ainsi que le nombre de personnalités qualifiées... ». Ces divers représentants devaient être « autant que possible, désignés soit par les instances régionales ou interdépartementales de ces organisations ou activités, soit par les unions régionales représentatives d'un ensemble d'organisations ou activités« (cf. CE, 26/5/1982, *Union départ. des syndicats chrétiens du PDD-CFTC*), soit par des organisations représentatives d'un même type d'activité ou d'une activité dominante dans la région ». Les désignations étaient « constatées » par le préfet de région, les sièges non pourvus par les organisations habilitées demeurant vacants. Les personnalités qualifiées concourant au développement de la région étaient nommées, quant à elles, par le Premier ministre après consultation du préfet de région. Tous étaient nommés pour cinq ans, avec possibilité de remplacement en cours de mandat mais interdiction de le renouveler. Ceux qui perdaient leur droit électoral ou la « qualité en vertu de laquelle ils avaient été désignés » voyaient leur mandat « expirer de droit », ce qui conférait aux organismes représentés un véritable pouvoir de révocation (cf. TA Nice, 28/10/1977, *Jeune chambre économique d'Ajaccio*). Ces mécanismes complexes donnèrent lieu à un certain nombre de contestations, le juge administratif se contentant d'exercer un contrôle minimum, étendu à l'« erreur manifeste d'appréciation » du pouvoir discrétionnaire ainsi accordé au Gouvernement tant en ce qui concerne la « représentativité » des syndicats, surtout de salariés, que la détermination concrète des organismes auxquels étaient attribués les sièges réservés à telle ou telle catégorie (cf. TA Besançon, 10/7/1974, *Caisse mutuelle régionale de Franche-Comté* ; CE, 16/5/1975, *Synd. des médecins de la Réunion*, *Synd. des architectes* et *Union des professions libérales de la Réunion* ; CE, 26/5/1982, *Comité régional des jeunes agriculteurs de Bourgogne-Franche-Comté ; Confédération des syndic. libres* et *Assemblée permanente des chambres des professions libérales* ; TA Clermont-Ferrand, 1/4/1983, *UDSEA du Puy-de-Dôme* et *UDSEA de la Haute-Loire,* etc.).

b) Selon le décret du 11 octobre 1982

On avait reproché au système précédent, tout à la fois de ne pas laisser chaque région libre de fixer la composition de son CESR, au nom de la décentralisation, et, en sens inverse, de ne pas faire dépendre cette dernière de la loi (surtout après la transformation des régions en collectivités territoriales). Sur le fond, était contestée la présence excessive de « personnalités qualifiées », la sous-représentation de certains secteurs d'activité ou, au contraire, la sur-représentation des « patrons » (industriels, artisans ou agriculteurs) par rapport aux salariés, conférant à ces comités un caractère plus « économique » que « social ».

L'attitude politique des présidents de CESR lors de l'élection présidentielle de 1981 ayant confirmé cette impression, les comités faillirent être supprimés par le nouveau pouvoir, le décret du 11 octobre 1982 se contentant finalement de modifier leur composition dans une perspective plus « sociale ».

Globalement, le nombre des membres des comités passa de 40 à 110 selon les régions (cf. les tableaux annexés au décret), désignés pour six ans au lieu de cinq et, surtout, renouvelables. La répartition entre les quatre catégories de membres était également modifiée, les représentants des entreprises et activités professionnelles non salariées (professions libérales, etc.) devant désormais détenir globalement 35 % au moins des sièges du CESR (cf. le décret du 4 septembre 1995), désignés selon des procédures complexes, soit par les chambres consulaires régionales ou locales (agriculture, métiers, commerce et industrie), soit par les syndicats ou ordres professionnels représentatifs des entreprises dont l'activité revêt une importance particulière pour la région, soit par les responsables des entreprises coopératives exerçant une activité de production dans la région. La parité a été établie avec les représentants des organisations syndicales de salariés représentatives au niveau national (ou, dans les DOM, départemental) et la Fédération de l'éducation nationale, qui bénéficient également de 35 % au moins des sièges (d'où un total, pour ces deux catégories, de 70 % au moins au lieu de 50 %). Par ailleurs, 25 % au moins des sièges sont toujours accordés à des représentants des « organismes qui participent à la vie collective de la région » (caisses d'allocations familiales, caisses régionales d'assurance-maladie des travailleurs salariés, unions départementales d'associations familiales, unions régionales des œuvres privées sanitaires et sociales ainsi que, le cas échéant, organismes de mutualité sociale agricole, associations départementales ou régionales de consommateurs, de locataires, de défense de l'environnement, universités, comités régionaux du tourisme, etc.) et doivent le plus souvent s'associer pour désigner en commun un seul représentant. Enfin, les « personnes qui, en raison de leur qualité ou de leurs activités, concourent au développement de la région », nommées discrétionnairement par le Premier ministre, n'ont plus droit qu'à 5% au plus des sièges au lieu de 10 %.

Cette nouvelle composition a également donné lieu à un contentieux administratif assez fourni : outre la question de la « représentativité » de certains organismes du secteur agricole ou associatif (cf. CE, 15/1/1986, *Conseil régional de l'ordre des architectes de Basse-Normandie et autres, SNPMI*, et *Centre départemental des jeunes agriculteurs de la Réunion* ; 11/4/1986, *Assoc. Manche Animation et autres*) s'est surtout posée celle de la modalité spécifique de désignation dans les CESR « par accord entre plusieurs d'entre eux au niveau de leurs instances régionales ou, à défaut, départementales ou locales (cf. CE, 15/1/1986, *Union régionale des assoc. familiales de la région Rhône-Alpes* et *Union régionale des assoc. familiales de Bretagne*, annulant les tableaux annexés au décret du 11 octobre 1982), les sièges en question demeurant vacants si un tel accord n'a pu être constaté par le préfet (cf. TA Besançon, 10/7/1974, *Caisse mutuelle régionale de Franche-Comté*, cité, et CE, 14/11/1990, *Conseil départemental de l'ordre des chirurgiens-dentistes des Côtes-du-Nord et autres*, précisant que l'un des organismes concernés pouvait se voir déléguer le soin de designer leur représentant commun par la majorité, et non plus l'unanimité, des autres organismes).

2) Selon les décrets des 12 mai 1989 et 4 septembre 1995

Le décret du 12 mai 1989 a d'abord mis fin à la multiplication de ces contentieux et des vacances de sièges dans les CESR en prévoyant que lorsque la désignation d'un ou plusieurs membres doit être faite par accord entre plus de deux associations ou organismes et que cet accord n'a pu intervenir, le préfet de région constate, au cours d'une réunion convoquée par ses soins, la désignation comme membre représentant ces associations ou organismes de celui ou de ceux dont le nom a été proposé par la majorité d'entre eux.

L'arrêté du préfet de région intervient avant l'installation du comité (désormais « Conseil ») ou, en cas de vacance, au plus tard deux mois après sa constatation ». Ce passage d'une logique unanimiste à une logique majoritaire, inspiré de la solution prévalant dans les régions d'outre-mer (cf. le décret n° 84-207 du 26 mars 1984), a permis que le renouvellement des 1 722 conseillers économiques et sociaux métropolitains de l'été 1989 ne donne lieu à aucune saisine du juge administratif.

Par ailleurs, il est à noter que la loi du 6 janvier 1986 a étendu aux membres des CESR, comme à ceux des conseils régionaux, les dispositions de la loi des 10 août 1871 et 2 août 1949 prescrivant aux employeurs de laisser à leurs salariés le temps nécessaire pour assister aux séances du conseil général ou de ses commissions (cf. *infra,* p. 161) ainsi que celles de la loi de finances du 27 février 1912 modifiée relative au régime des indemnités de présence et de déplacement. La loi du 3 janvier 1992 relative aux conditions d'exercice des mandats locaux s'applique également en partie aux membres des CESR.

Le décret du 4 septembre 1995 n'a apporté à celui du 11 octobre 1989 que quelques modifications mineures : la FEN est remplacée par l'Union nationale des syndicats autonomes, etc. ; mais, surtout les tableaux annexés ont été remplacés par de nouveaux, région par région.

B – Organisation et fonctionnement

D'abord traitées par les décrets susmentionnés, ces questions ont été abordées par la loi du 6 janvier 1986 (création de sections, supprimées ou modifiés par celle du 19 août de la même année, puis rétablies, sous une forme différente, par la loi d'orientation du 6 février 1992 – art. L 4134-3 CGCT – et par ses décrets d'application des 27 mars et 19 juillet 1993 puis 7 janvier 1995).

1) L'organisation

Elle résulte également du ***règlement intérieur*** qu'établit chaque CESR (art. L 4134-4 CGCT), qui fixe la composition du bureau, le nombre, la composition, les compétences et les règles de fonctionnement des commissions ainsi que les conditions dans lesquelles le CESR peut déléguer à son bureau le pouvoir de formuler un avis sur des objets limitativement précisés. Ce règlement peut en outre prévoir la création de groupes de travail spécialisés et temporaires ainsi que les modalités d'association aux travaux de personnalités et d'organismes à vocation régionale n'appartenant pas au CESR.

Les fonctionnaires de l'Etat ne peuvent participer à ces travaux qu'avec l'accord du préfet de région et celui du président du conseil régional lorsqu'il s'agit d'affaires pour lesquelles les services auxquels ils appartiennent ont été mis à la disposition du CESR.

On peut supposer que, contrairement au passé (cf. TA Poitiers 20/12/1989, *M. Bouchet c. Comité régional CGT*), les requêtes contre ce règlement intérieur ne seraient plus jugées irrecevables, la loi d'orientation du 6 février 1992, confirmée par la jurisprudence (cf. *supra* p. 59) précisant désormais que ceux élaborés par les conseillers municipaux (au-delà de 3 500 habitants), généraux ou régionaux peuvent être déférés devant le tribunal administratif.

Le CESR, réuni sous la présidence de son doyen d'âge, élit en son sein son ***président*** et les autres membres de son ***bureau*** (décret du 11 octobre 1982, art. 13), où les entreprises et les syndicats de salariés comptent le même nombre de représentants. Ils sont élus pour trois ans, soit la moitié de la durée du mandat du CESR, et sont rééligibles.

Le texte du décret ne confère au président du CESR que des attributions (police et secrétariat des séances) et surtout des moyens très limités, fournis par le conseil régional et son président exclusivement (art. L 4134-5 CGCT). Les ***commissions*** et les ***groupes de travail***, dépourvus de tout pouvoir réel, relèvent également, pour leur création comme pour leur organisation, du règlement intérieur. La possibilité d'associer aux travaux du CESR, par l'intermédiaire des « groupes de travail spécialisés et temporaires » ou, plus ponctuellement, des « personnalités et organismes à vocation régionale », voire des fonctionnaires de l'Etat (cf. *supra*) est d'autant plus intéressante que les moyens humains et financiers propres de celui-ci sont limités.

2) Les sections

La loi du 6 janvier 1986 (art. 8) les avait créées en matière de communication audiovisuelle et de développement des établissements d'enseignement supérieur mais, jamais mises en place, elles furent supprimées par la loi du 19 août de la même année (art. 6), sans doute par crainte qu'elles n'établissent des rapports directs avec des organismes nationaux (autorité de régulation de l'audiovisuel par exemple), court-circuitant ainsi les CESR.

Finalement, ces sections ont été recréées, sous une forme différente, par la loi d'orientation du 6 février 1992 (art. 25) et par le décret du 27 mars 1993 (dont l'art. 5 ajoute au décret du 11 octobre 1982 un titre II bis qui leur est consacré, prévoyant que des décrets particuliers pourront intervenir pour créer de telles sections dans telle ou telle région, « sur proposition » de leur CESR : des décrets du 19 juillet 1993 ont ainsi créé au sein du CESR de la région Ile-de-France une « section de la prospective » et une « section de la planification », et également une « section de la prospective » au sein de celui de la région Centre. Des décrets du 7 janvier 1995 ont créé de même une ou deux sections au sein des CESR des régions Auvergne, Bretagne, Champagne-Ardennes, Languedoc-Roussillon, Midi-Pyrénées, Provence-Alpes-Côte d'Azur et la Réunion).

Ainsi qu'il résulte aujourd'hui de l'article L 4134-3 CGCT (« chaque CESR comprend des sections dont le nombre, les attributions, la composition et le fonctionnement sont fixés par un décret en CE sur sa proposition ; ces sections émettent des avis ; – Le CESR se prononce sur tous les avis et rapports établis par les sections avant leur transmission à l'autorité compétente. Ces avis et rapports sont communiqués au conseil régional »), la création de ces sections est devenue facultative pour les CESR, de même que leur éventuelle suppression. Ces sections ont également perdu le droit de se doter d'un règlement intérieur et celui de s'auto-saisir. Enfin, l'emprise des CESR est renforcée sur leur composition comme sur la désignation – pour trois ans et non plus six – de leurs membres (la moitié étant choisie ès-qualités par le président du CESR et l'autre par des organismes dont la liste est arrêtée par ce même président, après avis du bureau du CESR, consultation du préfet et du président du conseil régional).

3) Le fonctionnement

Les ***réunions*** du CESR ont normalement lieu à son siège, fixé au chef-lieu de la région. Mais son président peut, en accord avec celui du conseil régional, choisir un autre lieu. En revanche, les réunions communes aux deux assemblées régionales ou à leurs commissions, prévues par la loi du 5 juillet 1972 et le décret du 5 septembre 1973 (art. 18), ne sont plus autorisées.

Le CESR se réunit sur convocation de son président accompagnée de l'ordre du jour. Douze jours avant, il adresse à chaque membre un rapport sur les affaires qui doivent leur être soumises. Lorsque la réunion se tient, à l'initiative du président, du bureau ou de la majorité des membres du CESR, pour émettre spontanément un avis sur toute question entrant dans la compétence de la région (six fois par an au plus et pour une durée n'excédant pas deux jours), le président du conseil régional doit être consulté. Lorsqu'elle a lieu par suite de la formulation d'une demande d'avis par ce dernier, celui-ci notifie en temps utile sa demande au président du CESR, c'est-à-dire au moins douze jours avant la date de la réunion. Le président du CESR peut demander à celui du conseil régional communication des documents préparatoires aux affaires dont le conseil aura à débattre.

Les ***avis*** sont adoptés à la majorité des suffrages exprimés et mentionnent les positions des minorités, selon la technique des « opinions dissidentes » anglo-saxonnes ou internationales. Cependant, le CESR ne peut se prononcer valablement que si plus de la moitié de ses membres en exercice sont présents, la séance étant renvoyée au deuxième jour ouvrable qui suit si ce quorum n'est pas atteint. Les modalités du vote sont déterminées par le règlement intérieur, à l'exception de la règle selon laquelle la voix du président est prépondérante en cas d'égalité (décret du 11 octobre 1982, art. 19 *in fine*). Ces avis sont publiés et communiqués au conseil régional ainsi qu'au conseil économique et social (national). De plus, chaque fois qu'il l'estime utile, le conseil peut charger son rapporteur d'exposer l'avis qu'il a rendu devant la commission compétente du conseil régional, qui est tenue de l'entendre (art. L 4241-2 CGCT). Quant aux avis et rapports des sections spécialisées du CESR, ils sont obligatoirement communiqués au conseil régional.

C – Attributions

Déjà limitées selon la loi du 5 juillet 1972, elles avaient été encore amoindries par celle du 2 mars 1982. Mais la tendance s'est inversée avec les lois du 6 janvier 1986 et, surtout, 6 février 1992, désormais codifiées à l'article L 4241-1 CGCT. Cependant, même élargies, ces attributions demeurent purement consultatives (cf. CE, 23/5/1986, *EPR de Bretagne c. S[té] Ouest Audiovisuel*).

Le CESR est obligatoirement saisi pour avis, préalablement à leur examen par le conseil régional, des documents relatifs : ***1)*** A la préparation et à l'exécution dans la région du Plan de la nation (cf. *infra*, p. 150) ; ***2)*** Au projet de plan de la région et à son bilan annuel d'exécution ainsi qu'à tout document de planification et aux schémas directeurs qui intéressent la région ; ***3)*** Aux différents documents budgétaires de la région, pour se prononcer sur leurs orientations générales (cf. TA Clermont-Ferrand, 23/2/1988, *M. Chaubard c. Région Auvergne*, et TA Lyon, 5//7/1994, *M. Gérard Tardy et Commune de Lorette*, annulé par CE, 4/71997, *Région Rhône-Alpes*) ; ***4)*** Aux orientations générales dans les domaines sur lesquels le conseil régional est appelé à délibérer en application des lois reconnaissant une compétence aux régions, ainsi qu'aux schémas et aux programmes prévus par ces lois et au bilan des actions menées dans ces domaines. A l'initiative du président du conseil régional, il peut en outre être saisi de demandes d'avis et d'études sur tout projet à caractère économique, social ou culturel. Il peut, enfin, émettre des avis sur toute question entrant dans les compétences de la région.

4 • LE STATUT DE LA CORSE

Partie intégrante de la France depuis 1789 (et même rattachée depuis 1768), la Corse, de par sa spécificité géographique et ses handicaps économiques, a toujours bénéficié d'un statut à part.

Sur le ***plan départemental***, les lois des 3 février et 4 mars 1790 décidèrent tout d'abord qu'elle formerait « provisoirement » un seul département (avec Bastia pour chef-lieu) formé de neuf districts. Mais, dès le 11 août 1793, la Convention revint à deux départements : le Golo et le Liamone (de trois districts chacun, les trois autres étant supprimés). Sous le consulat, Bonaparte organisa une préfiguration d'organisation régionale avec deux préfets coiffés par un « administrateur général ». Mais, lui qui avait préconisé de « maintenir toujours deux départements en Corse pour qu'elle soit irrévocablement attachée à la République » dut se résoudre, en 1811, à revenir à un seul pour des raisons fiscales et financières.

Par suite, la scission de l'île en deux départements fut une revendication permanente. Elle fut finalement réalisée par la loi n° 75-356 du 15 mai 1975, instituant les départements de Haute-Corse et de Corse-du-Sud, dans le cadre d'une ébauche de véritable statut régional.

Sur le ***plan régional***, on peut dire que la Corse est passée par deux stades successifs, avec un statut précurseur puis, en 1991, l'adoption d'un statut de « collectivité territoriale de la République ».

A – Une région au statut précurseur

D'abord rattachée à la région de programme Provence-Côte d'Azur en 1960-1961, la Corse fut érigée en 22e région métropolitaine, après l'échec du référendum de 1969, par le décret du 9 janvier 1970.

Dès 1963, le conseil général (alors unique) avait réclamé un « statut régional particulier » inspiré de celui de la Sicile ou de la Sardaigne. La loi du 5 juillet 1972 dota l'île de Beauté d'un conseil régional de 51 membres, qui retrouva le régime de droit commun en 1975 après la partition en deux départements : l'effectif du conseil régional tomba alors à 14 membres, porté à 20 en 1979 pour un meilleur fonctionnement.

La loi n° 82-214 du 2 mars 1982 portant statut particulier de la région de Corse, organisation administrative, fut promulguée après une intéressante décision du CC, le 25 février 1982 : aux requérants qui contestaient l'idée même d'un statut dérogatoire en dehors des DOM-TOM et redoutaient les « risques de dislocation de l'unité nationale », le CC répondit que les articles 72 et 73 de la Constitution ne limitent pas à l'outre-mer la possibilité de créer de nouvelles collectivités territoriales et d'instituer certaines d'entre elles sous forme de modèle unique et précisa que la loi, « en son état actuel », comportait des dispositions qui, « en tant que telles, ne portent pas atteinte au caractère indivisible de la République et à l'intégrité du territoire national ».

Sur le fond, cette loi avait instauré une « ***Assemblée de Corse*** » de 61 membres, élus au suffrage universel direct pour six ans, à la représentation proportionnelle intégrale avec règle de la plus forte moyenne, dans le cadre d'une circonscription électorale unique (et non par département comme dans les autres régions) et, initialement, sans aucun seuil d'éligibilité de 5 % (quelques dispositions techniques visant malgré tout à restreindre le nombre de listes afin d'éviter la résurgence des phénomènes de « clans »). Cette Assemblée était chargée de voter le budget et d'adresser, de sa propre initiative ou sur saisine du Premier ministre, « des propositions de modification ou d'adaptation des dispositions législatives ou réglementaires en vigueur ou en cours d'élaboration concernant les compétences, l'organisation et le fonctionnement de l'ensemble des collectivités territoriales de la Corse », ainsi que toute proposition en matière de développement économique, social et culturel. Son ***président***, élu par elle au scrutin majoritaire à deux tours, disposait des pouvoirs importants de l'exécutif régional.

A côté de cette Assemblée étaient institués plusieurs conseils consultatifs : ***conseil économique et social*** (consulté préalablement lors de la préparation du plan de développement et d'équipement de la Corse ou de toute autre étude régionale d'aménagement ou d'urbanisme, ainsi que sur les orientations du budget régional), ***conseil de la culture, de l'éducation et du cadre de vie*** (habilité à faire des propositions « relatives à la sauvegarde et à la diffusion de la langue et de la culture corse »), etc.

Malheureusement, le 8 août 1982, dix-sept listes se présentèrent à la première élection de cette Assemblée de Corse (3 037 candidats pour 61 sièges). Dépourvue de majorité stable, soumise à ses divisions internes et aux pressions extérieures des indépendantistes, et presque totalement dépourvue de moyens, elle se révéla très vite ingouvernable et dut être dissoute le 27 juin 1984, de nouvelles élections étant organisées en août dans les conditions précisées par un décret du 14 juillet 1984.

La loi n° 82-659 du 30 juillet 1982 portant statut particulier de la région de Corse, compétences, dotait également l'île d'un statut dérogatoire au droit commun régional, avant même que celui-ci fût fixé. Trois ***offices*** (sur six initialement prévus), constitués sous la forme d'établissements publics à caractère industriel et commercial régionaux ont été créés à cet effet par le gouvernement : l'office de développement agricole et rural, l'office d'équipement hydraulique et l'office des transports.

La loi du 30 juillet 1982 comportait trois titres, consacrés à « l'identité culturelle de la Corse » (éducation, communication, culture, environnement : transferts de compétences effectifs à compter du 1er juillet 1983 selon le décret du 28 juin 1983), au « développement de la Corse » (aménagement du territoire, urbanisme, agriculture, logement, transports, emploi, énergie : cf. le décret du 10 avril 1984 relatif au schéma d'aménagement de la Corse, celui du 1er septembre 1983 substituant la région à l'Etat pour l'exploitation des chemins de fer, celui du 8 août 1983 concernant l'emploi et celui du 7 février 1983 relatif au comité de coordination pour le développement industriel de la Corse) et aux « ressources de la région de Corse ».

B – Une collectivité territoriale de la République au statut spécifique

Ce statut résulte de la loi du 13 mai 1991, qui a donné lieu à une importante décision du Conseil constitutionnel.

1) La décision CC n° 91-290 DC du 9 mai 1991

Elle a cumulé fermeté sur l'unité du peuple français et souplesse quant à la spécificité institutionnelle de la collectivité territoriale de Corse.

a) Fermeté sur le concept d'unité du peuple français

Le CC a invalidé en effet l'article 1er de la loi, selon lequel : « La République française garantit à la communauté historique et culturelle vivante que constitue ***le peuple Corse, composante du peuple français***, les droits à la préservation de son identité culturelle et à la défense de ses intérêts économiques et sociaux spécifiques », malgré la précaution de langage ayant consisté à préciser que « ces droits liés à l'insularité s'exercent dans le respect de l'unité nationale, dans le cadre de la Constitution, des lois de la République et du présent statut ». Pour le Conseil, comme on le sait (cf. *supra*), la Constitution de 1958 « ne connaît que le peuple français, composé de tous les citoyens français, sans distinction d'origine, de race ou de religion ». C'est pourquoi, ayant rappelé que « la référence au « peuple français » figure d'ailleurs depuis deux siècles dans de nombreux textes constitutionnels », le CC a pu conclure qu'ainsi « le concept juridique de « peuple français » a valeur constitutionnelle » et que, par conséquent, la référence à un « peuple corse » ne saurait être admise.

b) Souplesse sur la spécificité institutionnelle de la collectivité de Corse

Autant il s'est montré ferme sur le premier point, autant le Conseil a facilement accepté que la collectivité territoriale de Corse, qui n'est plus une « région » au sens strict, bénéficie d'une « organisation particulière » très dérogatoire au droit commun, que l'article 74 de la Constitution paraissait réserver jusque là aux seuls territoires d'outre-mer. Il manifestera une attitude analogue dans sa décision n° 96-373 et 374 DC du 9 avril 1996 relative au statut de la Polynésie française, se montrant tout à la fois très ouvert quant à l'autonomie statutaire du territoire et très soucieux de protéger, même là-bas, les libertés des citoyens.

Il en résulte aujourd'hui que, même au sein de notre Etat unitaire, l'unité n'implique plus l'uniformité institutionnelle, y compris en métropole, du moins en Corse. Mais les termes de la décision sont assez généraux pour pouvoir être transposés le cas échéant, nous semble-t-il, à l'ensemble des collectivités territoriales de la République, au sujet desquelles on peut aller certes moins loin dans l'autonomie que dans le cas des TOM, mais néanmoins aussi loin et même plus que dans celui des DOM sur le fondement de l'article 73 de la Constitution, ainsi que l'illustre le contenu de cette loi du 13 mai 1991, codifiée aux articles L 4421-1 et s. CGCT, qu'il s'agisse de l'organisation de la collectivité territoriale de Corse (« substituée à la région de Corse dans tous ses droits et obligations » selon l'art. L 4421-2) ou de ses attributions.

2) L'organisation de la collectivité territoriale

a) L'Assemblée de Corse

Elle est composée de 51 membres (contre 61 avant 1991) élus pour six ans au scrutin de liste à deux tours (cf. l'art. L 364 du Code électoral) dans le cadre d'une circonscription unique (et non dans celui du département). Au 1er tour, trois sièges sont attribués à la liste ayant obtenu la majorité absolue des suffrages, les autres étant répartis à la proportionnelle, à la plus forte moyenne, entre toutes les listes ayant obtenu au moins 5 % des suffrages exprimés. Au second tour, trois sièges sont attribués à la liste ayant obtenu le plus de suffrages. Cette « prime au vainqueur » de trois sièges sur cinquante et un paraît cependant trop faible pour favoriser efficacement la constitution d'une majorité de gestion. Le CC ayant censuré l'incompatibilité spécifique entre la qualité de membre de cette Assemblée et celle de conseiller général, la Corse est donc alignée sur le régime de droit commun de la loi n° 85-1046 du 30 décembre 1985 relative à la limitation du cumul des mandats électifs.

L'Assemblée de Corse siège au chef-lieu de la collectivité territoriale de Corse mais aussi, sur décision de sa commission permanente, en tout autre lieu. Outre la réunion de plein droit le premier jeudi suivant son élection, elle tient chaque année deux sessions ordinaires d'une durée maximale de trois mois s'ouvrant l'une le 1er février et l'autre le 1er septembre, ce qui évoque davantage le fonctionnement d'une assemblée parlementaire que celui d'une assemblée locale traditionnelle. De plus, des sessions extraordinaires sont organisées à l'initiative du président du Conseil exécutif (ou en cas de vacance de ce siège pour procéder à l'élection d'un nouveau) ou à la demande du tiers des membres de l'Assemblée (sur un ordre du jour déterminé et pour deux jours maximum). En cas de « circonstances exceptionnelles » enfin, elle peut être réunie par décret (art. L 4422-3).

La publicité des séances, les règles de quorum et de majorité, l'élection du président de l'Assemblée de Corse et de sa commission permanente (pour un an, et non pour six comme le président), l'établissement d'un règlement intérieur désormais susceptible d'être déféré au juge administratif, etc., obéissent aux règles du droit commun des assemblées locales.

b) Le conseil exécutif et son président

Ils sont élus, après la commission permanente, par l'Assemblée de Corse, au scrutin de liste (avec dépôt de listes complètes comportant autant de noms que de sièges à pourvoir, sans adjonction ni suppression de nom et sans modification de l'ordre de présentation). Si aucune liste n'a recueilli au 1er et au 2e tour la majorité absolue des membres de l'Assemblée, il est procédé à un 3e tour, la totalité des sièges étant alors attribuée à la liste qui a obtenu le plus de suffrages. Le président est le candidat figurant en tête de la liste élue. Tout membre de l'Assemblée de Corse élu au Conseil exécutif est regardé comme démissionnaire de cette dernière (le régime des incompatibilités des conseillers à l'Assemblée de Corse lui restant par ailleurs applicable). Le président est assisté de six membres du Conseil exécutif. En cas de décès ou de démission de l'un d'eux, l'Assemblée procède à une élection pour le siège vacant, selon les modalités et dans les conditions de quorum prévues pour l'élection du président de l'Assemblée de Corse. En cas de vacance du siège de président du Conseil exécutif, ses fonctions sont provisoirement exercées par un conseiller exécutif, choisi dans l'ordre de son élection, jusqu'à l'élection d'un nouveau Conseil exécutif.

c) Rapports entre l'Assemblée et le Conseil exécutif

Le président et les conseillers exécutifs ont accès aux séances de l'Assemblée de Corse et y sont entendus, à leur demande, sur les questions inscrites à l'ordre du jour. L'Assemblée peut mettre en cause la responsabilité du conseil exécutif par le vote d'une motion de défiance, signée du tiers des conseillers à l'Assemblée et mentionnant, outre les motifs de sa présentation, la liste des noms des candidats aux mandats de président et de conseillers exécutifs de Corse, qui entrent immédiatement en fonction si la motion est adoptée (art. L 4422-20 CGCT, issu de l'art. 38 de la loi du 13 mai 1991). Il s'agit là d'une procédure classique du parlementarisme rationalisé (cf. l'art. 67 de la loi fondamentale allemande du 23 mai 1949) tout à fait inhabituelle à ce niveau.

Plus classique est l'obligation faite au président du Conseil exécutif de transmettre au président de l'Assemblée, douze jours au moins avant la réunion de cette dernière, un rapport sur chaque affaire inscrite à l'ordre du jour (qui comporte par priorité et dans l'ordre que le président du conseil exécutif a fixé les affaires désignées par celui-ci) ainsi que, le cas échéant, les projets de délibération correspondants. Les délibérations de l'Assemblée peuvent prévoir des mesures d'application arrêtées par le président du conseil exécutif.

d) Le conseil économique, social et culturel de Corse

Il « assiste » le conseil exécutif et l'Assemblée de Corse. Son effectif, ne pouvant être supérieur à celui de cette dernière, a été ramené à 51 membres (au lieu de 32 et 26 pour les deux précédents conseils consultatifs auxquels il se substitue). Il comprend deux sections : « économique et sociale » et « de la culture, de l'éducation et du cadre de vie ».

e) Le représentant de l'Etat (art. L 4422-25 à 29 CGCT)

Il a, sous réserve des spécificités propres à la Corse, un statut identique à celui du préfet de région.

3) La répartition des compétences

a) Compétences de l'Assemblée de Corse

Elle « règle par ses délibérations les affaires de la collectivité territoriale de Corse et contrôle le conseil exécutif. Elle vote le budget, arrête le compte administratif, adopte le plan de développement et ***le schéma d'aménagement de la Corse*** » (art. L 4424-1 CGCT). Selon l'article L 144-3 du Code de l'urbanisme (loi du 30 juillet 1982), à défaut d'adoption de ce schéma dans un délai de dix-huit mois, il devait être élaboré et arrêté par l'Etat. Ce délai a été prorogé par la loi du 25 janvier 1985, pour à nouveau dix-huit mois, puis par celle du 23 décembre 1986 tendant à favoriser l'investissement locatif, l'accession à la propriété de logements sociaux et le développement de l'offre foncière, article 73-I (vingt-quatre mois supplémentaires). L'Etat s'étant finalement substitué à la collectivité de Corse, le schéma a été approuvé par le décret n° 92-129 du 7 février 1992 (cf. CE, 14/1/1994, *Collectivité territoriale de Corse, Casalonga et autres*, rejetant la demande d'annulation de ce dernier, ainsi que l'arrêté du 18 octobre 1994).

L'Assemblée est également consultée sur les projets de loi ou de décret comportant des dispositions spécifiques à la Corse. Elle dispose d'un mois pour rendre son avis (quinze jours en cas d'urgence sur demande du Premier ministre), après quoi celui-ci est réputé avoir été donné. De sa propre initiative, à la demande du Conseil exécutif ou à celle du Premier ministre, elle peut présenter des propositions tendant à modifier ou à adapter des dispositions législatives ou réglementaires en vigueur ou en cours d'élaboration concernant les compétences, l'organisation et le fonctionnement de l'ensemble des collectivités territoriales de Corse, ainsi que toutes dispositions législatives ou réglementaires concernant le développement économique, social et culturel de la Corse. Ces propositions sont adressées au président du conseil exécutif qui les transmet au Premier ministre. Le CC, dans sa décision du 9 mai 1991, a censuré d'autres dispositions au motif que « le législateur ne saurait... enjoindre au Premier ministre de donner une réponse dans un délai déterminé à une proposition de modification de la législation ou de la réglementation émanant de l'organe délibérant d'une collectivité territoriale », ni « conférer des prérogatives aux parlementaires élus dans les départements de Corse » (qui auraient dû être informés et recevoir communication des propositions adressées au Premier ministre). Il a également « neutralisé » la dévolution à l'Assemblée de Corse d'un pouvoir de consultation en matière législative, considérant que cela « ne saurait avoir une quelconque incidence sur la régularité de la procédure législative... (ni) limiter en rien le droit d'initiative du gouvernement en matière législative ».

b) Compétences du président du Conseil exécutif

Il possède d'abord des pouvoirs identiques à ceux des présidents de Conseils régionaux (cf. *supra* p. 136) avec, en plus, selon l'article L 4484-4 CGCT, des pouvoirs de police afférents à la gestion du « patrimoine » de la collectivité territoriale de Corse. Il peut également, par arrêté délibéré au sein du conseil exécutif, prendre toute mesure tendant à préciser les modalités d'application des délibérations de l'Assemblée ou fixant les règles d'organisation et de fonctionnement des services de la collectivité territoriale de Corse, ce qui lui confère un véritable pouvoir réglementaire là aussi dérogatoire.

c) Compétences du conseil économique, social et culturel

Elles sont d'abord identiques à celles des CESR (arts. L 4424-9), mais il est également consulté, « obligatoirement et préalablement » (L 4424-10), sur tout projet de délibération concernant l'action culturelle et éducative (cf. CE, 8/1/1992, annulant une délibération de l'Assemblée de Corse relative à l'implantation d'un collège et impliquant une modification de la carte scolaire adoptée sous consultation de cet organisme), notamment pour la sauvegarde et la diffusion de la langue et de la culture corses, et donne son avis sur les résultats de leur mise en œuvre. Il établit, en outre, un rapport annuel sur les activités des sociétés publiques du secteur audiovisuel ayant des établissements en Corse (mentionnées à l'art. L. 4424-16), qui est adressé à l'Assemblée par le président du Conseil exécutif.

4) Les attributions de la collectivité territoriale de Corse

a) En matière d'identité culturelle (art. L 4424-11 à 15 CGCT)

L'Assemblée de Corse arrête la carte scolaire des collèges, lycées, établissements publics d'enseignement professionnel, d'enseignement artistique, d'éducation spéciale, des écoles de formation maritime et aquacole, des établissements d'enseignement agricole (art. L 811-8 du Code rural) et des centres d'information et d'orientation (ce, sur proposition du préfet et après consultation des départements et communes intéressés aussi que du conseil économique, social et culturel de Corse). Elle finance, construit, équipe et entretient ces établissements (en confiant, le cas échéant, par délégation, la maîtrise d'ouvrage des travaux aux départements et aux communes qui le demandent), tandis que l'Etat leur assure les moyens financiers directement liés à leur activité pédagogique.

Par ailleurs, dans le cadre de la politique nationale de l'enseignement supérieur, le président du Conseil exécutif présente à l'Assemblée de Corse les propositions relatives aux formations supérieures et aux activités de recherche universitaire, après avis de l'Université de Corse. Sur cette base, l'Assemblée établit la carte des formations supérieures et des activités de recherche universitaire, laquelle fait l'objet d'une convention entre la collectivité territoriale de Corse, l'Etat et l'Université de Corse (cf. le décret n° 92-1452 du 31 décembre 1992). Enfin, sur proposition du Conseil exécutif, après avis du conseil économique, social et culturel de Corse, l'Assemblée détermine les activités éducatives complémentaires que la collectivité territoriale organise. Elle adopte également un plan de développement de l'enseignement de la langue et de la culture corse, prévoyant notamment les modalités d'insertion de cet enseignement dans le temps scolaire, qui fait l'objet d'une convention entre la collectivité territoriale de Corse et l'Etat (le CC ayant admis, le 9 avril 1991, le principe de cet enseignement « dès lors qu'il ne revêt pas un caractère obligatoire »).

b) En matière de communication, culture et environnement (art. L 4424-16 à 18 CGCT)

La collectivité de Corse conclut avec les sociétés publiques du secteur audiovisuel qui ont des établissements dans l'île des conventions en vue de promouvoir la réalisation de programmes de télévision et de radio-diffusion ayant pour objet le développement de la langue et de la culture corses et destinés à être diffusés sur le territoire de la Corse. Elle définit les actions qu'elle entend mener en matière culturelle (avec les communes et les départements), de diffusion artistique et culturelle, de sensibilisation et d'enseignements artistiques et de travaux de conservation des monuments historiques n'appartenant pas à l'Etat (une dotation globale annuelle lui est versée par l'Etat à cette fin).

Dans le cadre de la politique nationale de l'environnement, elle définit les actions qu'elle entend conduire pour la protection de l'environnement dans l'île et détermine ses priorités en matière de développement local. Il est créé un office de l'environnement de Corse ayant pour mission d'assurer la mise en valeur, la gestion, l'animation et la promotion du patrimoine de la Corse. L'organisme chargé de la gestion du parc naturel régional passe avec lui une convention pour la mise en œuvre des politiques définies par la collectivité territoriale. Là encore, une dotation globale de l'Etat se substitue aux concours budgétaires qu'il attribuait à la Corse en ces matières en application de la loi n° 82-659 du 30 juillet 1982.

c) En matière de développement économique

– ***Plans et aides*** (art. L 4424-19 à 21 CGCT)

La collectivité territoriale de Corse élabore, dans des conditions peu différentes des régions, un « plan de développement » qui, s'il n'a pas à être « compatible avec le plan de la nation », doit néanmoins prévoir « les programmes d'exécution nécessaires à la conclusion du contrat de plan avec l'Etat ». Sur la base des orientations de ce plan est approuvé le schéma d'aménagement de la collectivité territoriale (selon une procédure modifiée par le décret n° 94-851 du 30 septembre 1994).

Le régime des aides directes et indirectes de la Corse en faveur du développement économique est également proche de celui applicable aux régions de droit commun (art. L 4211-1 CGCT, cf. *infra,* p. 181 et s.), exception faite de l'élévation des plafonds des primes accordées au titre des aides directes. Un comité de coordination pour le développement industriel de la Corse, composé par tiers de représentants de l'Etat, de l'Assemblée de Corse (à la proportionnelle des groupes) et des sociétés nationales (dont la liste est fixée par les décrets n°s 83-73 du 7 février 1983, 93-728 du 29 mars 1993 et par l'arrêté du 15 juillet 1993), anime et coordonne les actions des sociétés nationales en Corse afin de réaliser des projets industriels d'intérêt régional.

– ***Agriculture***

Dans le cadre du plan de développement, la collectivité de Corse détermine les grandes orientations du développement agricole et rural de l'île. A cette fin, elle dispose de l'office du développement agricole et rural de Corse (cf. le décret n° 83-705 du 28 juillet 1983) et de l'office d'équipement hydraulique de la Corse (cf. le décret n° 83-704 du 28 juillet 1983 et celui n° 87-319 du 12 mai 1987 portant cession à cet office de la concession générale de travaux en la matière), établissements publics régis par les articles L 112-11 à L 112-15 du Code rural, sur lesquels la collectivité territoriale exerce son pouvoir de tutelle.

– *Tourisme*

La collectivité territoriale de Corse détermine, toujours dans le cadre du plan de développement, les grandes orientations du développement touristique de l'île. Une institution spécialisée, présidée par un conseiller exécutif désigné par le président dudit conseil, coordonne l'ensemble des actions de développement en la matière, assure la promotion touristique de l'île et met en œuvre la politique d'aide à la modernisation et au développement des structures d'accueil et d'hébergement.

– *Logement*

Dans le même cadre, la collectivité définit ses priorités en matière d'habitat, après consultation des départements et au vu des propositions qui lui sont adressées par les communes. Sur proposition du Conseil exécutif, l'Assemblée de Corse arrête la répartition, entre les programmes d'accession à la propriété, de construction de logements locatifs neufs et d'amélioration de l'habitat existant, des aides attribuées par l'Etat (bonifications d'intérêts ou subventions). Elle peut, en outre, sur proposition du Conseil exécutif, accorder des subventions, des prêts, des bonifications d'intérêts et des garanties d'emprunts.

– *Transports*

La collectivité territoriale de Corse établit, avec le concours de l'office des transports, un schéma des transports interdépartementaux, après consultation du conseil économique, social et culturel de Corse, des départements et des organismes consulaires, qui s'impose aux plans départementaux des transports (art. L 4424-25 CGCT et décret n° 83-775 du 30 août 1983). Elle est substituée à l'Etat dans les droits et obligations de celui-ci concernant l'exploitation des transports ferroviaires (et reçoit à ce titre un concours budgétaire d'un montant équivalent aux charges assumées auparavant par l'Etat). Elle définit, sur la base du principe de continuité territoriale destiné à atténuer les contraintes de l'insularité, les modalités d'organisation des transports maritimes et aériens entre l'île et toute destination de la France continentale, en particulier en matière de desserte et de tarifs, les liaisons étant assurées « dans le cadre d'un service public adapté à chaque mode de transport afin d'offrir des dessertes dans des conditions d'accès, de qualité, de régularité et de prix destinées à atténuer les contraints de l'insularité (*via* des concessions de service public à des compagnies maritimes ou aériennes).

Les missions de l'***Office des transports de la Corse***, établissement public à caractère industriel et commercial placé sous la tutelle de la collectivité territoriale, sont : ***1)*** la conclusion de conventions quinquennales avec les compagnies de transport concessionnaires ci-dessus évoquées définissant les tarifs, les conditions d'exécution et la qualité du service ainsi que leurs modalités de contrôle ; ***2)*** la répartition des crédits entre modes de transports aérien et maritime (dans le cadre des engagements contractés avec les compagnies) ; ***3)*** la mise en œuvre de toute autre mission confiée par la collectivité de Corse. L'office est présidé par un conseiller exécutif. Le préfet assiste de plein droit aux réunions de son conseil d'administration et est destinataire de ses délibérations.

La collectivité territoriale de Corse assure la construction, l'aménagement, l'entretien et la gestion de la voirie classée en route nationale (mais peut en déléguer par convention la mise en œuvre aux départements), laquelle est transférée dans son patrimoine.

– ***Formation professionnelle***

La collectivité territoriale de Corse assure la mise en œuvre des actions d'apprentissage et de formation professionnelle continue dans les conditions prévues pour les régions par la loi du 7 janvier 1983. En outre, par convention passée avec le préfet, elle met en œuvre des stages créés en exécution de programmes établis au titre des orientations prioritaires de l'article L 910-2 du Code du travail et financés sur les crédits du fonds de la formation professionnelle et de la promotion sociale. Les opérations d'équipement d'intérêt national menées par l'Etat au titre de l'association nationale pour la formation professionnelle des adultes font l'objet d'une concertation entre le préfet et la collectivité territoriale de Corse. Celle-ci détermine le programme des autres opérations d'équipement de l'ANFPA. (cf. l'art. L 4424-32 CGCT, ainsi que les décrets n°s 92-1454 du 31 décembre 1992 et 97-110 du 7 février 1997 relatifs à la composition de diverses instances consultatives en matière de travail et d'emploi dans la collectivité territoriale de Corse ; et celui n° 97-111 du 7 février 1997 relatif à la composition du comité régional et des comités départementaux de la formation professionnelle, de la promotion sociale et de l'emploi dans cette même collectivité).

– ***Energie***

Dans le respect des dispositions du plan de la nation, la collectivité territoriale de Corse : ***1)*** élabore et met en œuvre le programme de prospection, d'exploitation et de valorisation des ressources énergétiques locales de Corse, qui porte sur la géothermie, l'énergie solaire, l'énergie éolienne et de la mer, l'énergie tirée de la biomasse, de la valorisation et de la récupération des déchets ou des réseaux de chaleur, l'énergie hydraulique (ouvrages d'une puissance inférieure à 8 000 kilowatts) et qui comporte également des mesures destinées à favoriser les économies d'énergie ; ***2)*** participe à l'élaboration et à la mise en œuvre d'un plan tendant à couvrir les besoins et à diversifier les ressources énergétiques de l'île en concertation avec les établissements publics nationaux (art. L 4424-33 CGCT).

CHAPITRE 4

Dispositions concernant diverses institutions locales

On traitera ici, de manière transversale, deux questions qui intéressent tout autant les institutions communales que celles du département ou de la région, à savoir celle de la démocratie locale d'une part, celle du statut des élus locaux d'autre part.

1 • LA DÉMOCRATIE LOCALE

Le cadre de la « Cité » a toujours paru particulièrement adapté à la mise en œuvre de la démocratie, c'est-à-dire de la gestion directe de leurs propres affaires par les habitants. Par exemple, sous l'Ancien Régime français, le droit monarchique réservait la gestion des intérêts locaux – essentiellement patrimoniaux – aux « gens du village », le « général des habitants », ou Assemblée générale, décidant au nom de la « commune jurée » de toutes les choses importantes : emprunts, transactions, procès, etc.

Dans cette optique, le mouvement communal révolutionnaire a considéré les 44 000 « municipalités » ayant succédé aux « paroisses » (cf. *supra,* p. 77) comme des « associations d'intérêts privés pour la gestion de droits patrimoniaux et collectifs » (S. Regourd) et comme le cadre par excellence des libertés locales (cf. Constitution de 1791, titre II, art. 8 et 9 : « Les citoyens français considérés sous le rapport des relations locales... forment les communes (et) ont le droit d'élire ceux d'entre eux qui, sous le titre d'officiers municipaux, sont chargés de gérer les affaires particulières de la commune ».

Cette origine élective fut également choisie, au départ, pour les administrateurs des districts et des départements, pourtant créés en 1789-1790 au service de l'unité nationale (par abolition des privilèges des anciennes provinces et autres structures territoriales enchevêtrées de l'Ancien Régime) et placés sous l'autorité hiérarchique du roi, dans le cadre d'une logique de démocratie représentative.

Après le centralisme jacobin puis napoléonien, la démocratie locale – surtout municipale en fait – fut d'abord combinée avec le suffrage censitaire, qui la réservait aux notables (ex. : monarchie de Juillet). Puis, plus le suffrage s'est universalisé, moins on a sollicité l'opinion des électeurs, les notables – dont les lois de 1871 et 1884 ont constitué le « sacre » – conservant de la sorte le monopole des affaires locales à travers une démocratie plus que jamais exclusivement représentative (comme elle l'était aussi alors au niveau national). L'origine boulangiste ou monarchiste de la plupart des propositions visant à instituer plus de démocratie directe ne fit du reste que renforcer les convictions représentatives des républicains.

Sur le plan juridique, de même, le CE, chaque fois qu'il était saisi de l'organisation d'une consultation des électeurs locaux, l'annulait comme contraire à l'article 5 de la loi de 1884 attribuant aux conseils municipaux le soin de régler par leur délibérations les affaires de la commune, et considérant que, faute de texte, une autorité administrative ne peut déléguer sa compétence à une autre (en pleine période, pourtant, de la pratique des décrets-lois ! cf. par ex. CE, 7/4/1905, *Commune d'Aigre* et 15/1/1909, *Commune de Brugners*). Sous la IVe République, le juge élargit encore la notion de référendum illicite en estimant qu'une manifestation pouvait prendre l'aspect d'un référendum, qualifié d'« illégal en vertu de la constitution du 27 octobre 1946 » (CE, 26/10/1956, *Assoc. des combattants de la paix et de la liberté*).

Sous la Ve République, alors que la démocratie représentative parlementaire était abaissée et que le référendum effectuait un retour en force au niveau national (cf. l'art. 11 de la Constitution), l'article 72 de la Constitution du 4 octobre 1958, énonçant que « les collectivités territoriales s'administrent librement par des conseils élus », a semblé confirmer la conception représentative de la démocratie locale. Il était donc possible de consulter les électeurs sur d'arides sujets de droit constitutionnel ou communautaire, mais non sur des questions les touchant au plus près telles que l'implantation ou le passage d'un grand équipement (centrale nucléaire, TGV, autoroute) sur le territoire de leur commune !

La décentralisation intervenue en 1981-1982 ne s'est cependant pas accompagnée d'une véritable démocratisation, permettant l'émergence d'une « citoyenneté » participative locale, en dépit de la vague promesse figurant à l'article 1er de la loi du 2 mars 1982 (« des lois détermineront... le développement de la participation des citoyens à la vie locale »). Outre l'article 4 de la loi d'orientation sur la ville du 13 juillet 1991 incitant à la concertation pour toute opération importante d'urbanisme, il aura fallu attendre pour cela la loi d'orientation du 6 février 1992, complétée sur ce point par celle du 4 février 1995 pour l'aménagement et le développement du territoire, article 85.

Cependant, ces textes ne sont pas allés jusqu'à enlever aux élus locaux leur monopole décisionnel, comme avait tenté de le faire R. Barre en 1979. L'Association des maires de grandes villes, composée d'élus de toutes tendances, avait alors réagi et précisé, dans son livre blanc : *La renaissance de la ville*, qu'« il est superflu de vouloir préciser les techniques de la démocratie directe auxquelles les élus peuvent légalement recourir... Il suffit d'adapter le droit au fait. Mieux vaut laisser le maximum d'initiative aux élus (pour une éventuelle consultation populaire)... Il semble inutile de confier au référendum, et plus généralement à toute forme de démocratie de participation, valeur de décision... La démocratie de participation doit vivifier la démocratie de représentation. Elle ne saurait s'y substituer ». Dans cette optique, on montrera que les récents progrès de la participation des habitants ne doivent pas masquer les limites traditionnelles qui subsistent en la matière.

A – Les progrès de la participation par adaptation de la démocratie représentative locale

En France, comme partout ailleurs, s'est développé une demande de plus de participation des citoyens aux décisions les concernant de près, notamment en matière d'environnement et d'urbanisme (cf. M. Berquist, rapport au conseil de l'Europe, 1977, sur « Les conditions de la démocratie locale et la participation des citoyens en Europe »). Cela passe par une meilleure information, mais aussi par une plus grande participation, associative, en amont ou en aval des décisions prises par les assemblées locales.

1) Le souci d'une meilleure information des habitants

Elle s'ajoute à celle dont bénéficient, de plus en plus, les élus. Dès 1976, dans son rapport, *Vivre ensemble*, O. Guichard préconisait « d'éclairer le contrôle démocratique par un développement systématique des moyens d'information » (cf. son chap. 25). Mais les dispositions législatives restèrent rares (cf. cependant celles du Code des communes prescrivant l'affichage des délibérations du conseil municipal en mairie dans les huit jours, *supra*, p. 61 ; la loi du 17 juillet 1978 sur l'accès aux documents administratifs, applicable aux collectivités locales – cf. CE, 12/6/1996, *Commune de Cléry* ; ou encore le décret du 29 décembre 1982 concernant la liste des informations indispensables à communiquer au conseil municipal par application de l'art. 7 de la loi du 2 mars 1982). C'est donc de leur propre initiative que les élus locaux ont d'abord développé des « bulletins d'information » ou autres campagnes d'affichage sur du mobilier urbain, par souci de « dialogue » et de « transparence ».

Ces bulletins d'informations (souvent, en fait, de propagande) restent soumis au contrôle de légalité (cf. CE, 11/5/1987, *M. Pierre-François Divier c. Assoc. pour l'information municipale*), surtout depuis la promulgation de la loi du 15 janvier 1990 (art. L 52-1 nouveau du Code électoral) interdisant toute propagande en faveur des réalisations d'une collectivité locale dans les six mois précédant le mois des élections (cf. CE, 28/7/1993, *M. Fourcade* ; 28/1/1994, *M. Bartoloné*).

On signalera encore, sur ce point, quelques textes épars, tels que le décret du 28 avril 1988 modifiant le Code de l'urbanisme, relatif aux mesures de publicité et aux recours (rendant obligatoire l'affichage en mairie de certains travaux), ou bien les précisions de la jurisprudence (cf. TA Marseille, 7/8/1988, annulant l'interdiction d'utiliser un magnétophone lors des séances – publiques – du conseil municipal : cf. *supra* p. 61). Mais c'est surtout la loi d'orientation du 6 février 1992 qui est venue proclamer, à son article 10, que : « Le droit des habitants de la commune (NB : mais non du département ou de la région) à être informés des affaires de celle-ci, indissociable de la libre administration des collectivités territoriales, est un principe essentiel de la démocratie locale » (désormais art. L 2141-1 CGCT, inaugurant le titre IV du livre 1er de la 2e partie, consacrée à la commune, intitulé : « Information et participation des habitants ») et s'exerce « sans préjudice des dispositions en vigueur relatives notamment à la publicité des actes des autorités territoriales ainsi qu'à la liberté d'accès aux documents administratifs ». En particulier, dans les communes de 3 500 habitants et plus (et dans les régions), un débat a désormais lieu au conseil municipal sur les orientations générales du budget dans un délai de deux mois précédant l'examen de celui-ci et dans les conditions fixées par le règlement intérieur (art. L 2312-1 CGCT). De même, les budgets de la commune restent déposés à la mairie, ou le cas échéant à la mairie annexe, où ils sont mis en place à la disposition du public dans les quinze jours qui suivent leur adoption ou éventuellement leur notification après règlement par le préfet, le public étant avisé de la mise à disposition de ce document par tout moyen de publicité au choix du maire. De plus, dans ces communes, les documents budgétaires sont assortis en annexe : *1)* de données synthétiques sur la situation financière de la commune; *2)* de la liste des concours attribués par elle aux associations (prestation en nature et subventions) ; *3)* de la présentation consolidée des résultats afférents au dernier exercice connu du budget principal et des budgets annexes de la commune ; *4)* des tableaux de synthèse des comptes administratifs afférents au dernier exercice connu des organismes de coopération intercommunale dont est membre la commune ; *5)* du bilan certifié conforme du dernier exercice connu des organismes dans lesquels la commune détient une part du capital ou au bénéfice desquels la commune a garanti un emprunt ou versé une subvention supérieure à 500 000 F ou représentant plus de 50 % du budget de l'organisme ; *6)* d'un tableau retraçant l'encours des emprunts garantis par la commune ainsi que l'échéancier de leur amortissement ; *7)* des comptes et des annexes produits par les délégataires de services publics (loi du 29 janvier 1993 relative à la lutte contre la corruption) ; *8)* du tableau des acquisitions et cessions immobilières mentionnées à l'article L 1523-3 CGCT. Tous ces documents font l'objet d'une insertion dans une publication locale diffusée dans la commune (art. L 2313-1 CGCT).

Ces dispositions valent également pour les établissements publics administratifs des communes, leurs établissements publics de coopération intercommunale, les départements, les régions et les organismes de coopération interdépartementale ou interrégionale. Copie peut être obtenue, aux frais du demandeur, de tous ces documents. Enfin, dans les communes de 3500 habitants et plus, dans les établissements publics de coopération intercommunale (comprenant au moins une commune de 3500 habitants en plus), interdépartementale ou interrégionale, les délibérations réglementaires doivent être publiées dans un recueil des actes administratifs (cf. le décret n° 93-1121 du 20 septembre 1993).

2) Le développement d'une démocratie associative et participative

Selon l'article L 2143-2 CGCT (loi du 6 février 1992, art. 22, officialisant les comités de quartier et les commissions extra-municipales), le conseil municipal peut créer des ***comités consultatif***, présidés par un de ses membres et comprenant des citoyens non élus et des représentants d'associations locales, sur tout problème d'intérêt communal concernant tout ou partie du territoire de la commune. Ces comités établissent chaque année un rapport pour le conseil municipal.

De plus, est créée, dans les communes de plus de 3500 habitants, une ***commission consultative des usagers des services publics locaux***, présidée par le maire et devant comprendre parmi ses membres des représentants d'usagers des services concernés (exploités en régie ou dans le cadre d'une convention de gestion déléguée). Déjà, dans ce sens, on l'a vu, la loi d'orientation sur la Ville du 13 juillet 1991 (art. 4) avait indiqué que « lors de toute opération qui, par son ampleur ou sa nature, modifie substantiellement les conditions de vie des habitants dans les quartiers ou les ensembles immobiliers, le maire organise une concertation préalable (allant bien au-delà de l'enquête publique, elle-même démocratisée, précédant toute expropriation). Il en présente le bilan devant le conseil municipal, qui en délibère. Cette délibération associe notamment les maîtres d'ouvrage concernés ainsi que, à leur demande, les représentants locaux des associations de locataires siégeant au Conseil national de l'habitat.

D'une façon générale, le dialogue avec les associations locales s'est renforcé, particulièrement dans les domaines relatifs au cadre de vie et à l'environnement (cf. la loi du 14 novembre 1996, art. 39 et 40, légitimant les associations comme forces de proposition et même comme gestionnaires de fonds publics), mais cela n'est peut-être pas dépourvu de dangers : soit que certaines associations servent de relais, de « courroies de transmission », au pouvoir local, qui les créé et les contrôle ; soit que d'autres prennent dans le processus décisionnel une place excessive eu égard à la réalité de leur représentativité, toujours plus difficile à mesurer, par définition, que celle des assemblées locales démocratiquement élues et responsables.

B – Les limites de la participation par substitution à la démocratie représentative locale

Contrairement à nos voisins suisses, qui connaissent les référendums communaux d'initiative populaire (postérieurs aux décisions prises par les conseils municipaux) ou aux Américains (dont 21 Etats sur 50, surtout dans l'Ouest, pratiquent le référendum d'initiative populaire local), la France a été longtemps réticente à toute idée de consultation populaire communale (ébauchée en 1789 mais supprimée dès le 14 juillet 1790 par l'Assemblée constituante) et les textes récents ne vont pas jusqu'à instituer en la matière un véritable référendum décisionnel.

1) Les réticences françaises traditionnelles

Sous la Ve République, exceptées les consultations des « populations intéressées » par toute cession, adjonction ou échange de territoires (art. 53), on a dit comment l'article 72 de la Constitution pouvait être interprété comme réservant le monopole de la libre administration des collectivités locales à des conseils élus. Seule la loi du 16 juillet 1971 sur les fusions et regroupements de communes avait prévu que les préfets ou les conseils municipaux puissent consulter les électeurs en la matière (art. L 112-2 Code des communes, cf. CE, 16/7/1976, *Commune de St-André-de-Bage* : recours contre la décision d'organiser un tel référendum recevable, car celui-ci a valeur décisionnelle). Mais de très nombreuses consultations, dénuées de toute portée juridique, ont été organisées ici ou là (par exemple, en 1888, le maire de Cluny demanda à ses administrés « s'il convenait de construire ou non la caserne qui va coûter 3 millions de F » et, devant le refus massif attendu, renonça à cette réalisation ; ou encore, en 1977, les riverains du « chemin de Roule-Cul » à Poitiers furent interrogés sur un éventuel changement de dénomination, « bien que, selon le maire, les Poitevins ne soient nullement offusqués par des noms de lieux, qui donnent à penser que Rabelais à séjourné dans la région, l'apposition de tels noms sur des plaques officielles risquant néanmoins de choquer des personnes bien-pensantes »).

Lorsque R. Barre préconisa, dans son « Programme de Blois » du 7 janvier 1978, l'institution d'un référendum local, à l'initiative des municipalités ou même, dans les grandes villes, d'un quart des électeurs inscrits, la plupart des maires firent connaître leur vigoureuse opposition. Dans le même sens, la commission des lois du Sénat releva qu'une telle possibilité lui paraissait contraire à la Constitution et que, « s'il n'est pas interdit de consulter les électeurs, il n'est pas possible pour autant de remplacer les élus par le vote des citoyens ». Finalement, le texte du projet de loi « relatif aux responsabilités locales » adopté en avril 1980 fut très en retrait par rapport au Programme de Blois, le maire ne pouvant plus que « proposer au conseil municipal de soumettre au référendum les affaires relevant de la compétence de la commune, à l'exception du budget », le conseil devant se prononcer à la majorité des deux tiers. En aucun cas le référendum n'aurait pu intervenir contre la volonté des élus locaux.

Mais ce texte, on le sait, ne devint jamais loi et celle du 2 mars 1982 sur la décentralisation ne prévut aucune innovation en la matière. Cf. également, lors du débat de l'automne 1981 sur la politique énergétique, les rapports Bourjol (pp. 28 et s : « Réflexions sur le référendum et l'initiative populaire » : « Le référendum local sur le choix des sites serait contraire au principe même de la souveraineté nationale », car on ne peut « admettre que la consultation de quelques centaines de citoyens puisse compromettre un projet d'intérêt national ») ou Quilès (« L'établissement d'un référendum communal et départemental serait mal ressenti par les élus, qui y verraient une remise en cause de leur rôle de représentation »).

Du reste, chaque fois qu'il a été saisi, par voie de déféré préfectoral dans le cadre du contrôle de légalité, le juge administratif a continué à annuler les décisions organisant en marge de la loi des consultations populaires locales : cf. par exemple TA St-Denis de la Réunion (3/8/1982), censurant la délibération du conseil général organisant un référendum sur le projet gouvernemental d'assemblée unique (v. *supra,* p. 113) ; ou TA Paris (16/9/1986), prononçant le sursis à exécution de l'arrêté du maire de Saint-Denis relatif à la consultation des électeurs de sa commune sur le projet de découpage électoral pour les législatives au motif que « la loi n'autorise pas un maire à organiser un référendum », ce qui a changé depuis.

2) L'apport des lois des 6 février 1992 et 4 février 1995

La loi d'orientation du 6 février 1992 est en effet venue autoriser certaines possibilités de consultations populaires locales afin de faire rimer, dix ans après celle du 2 mars 1982, décentralisation et démocratisation et de faire mentir Tocqueville, selon lequel : « dans la commune, vous ne trouverez jamais que des administrés et point de citoyens ». La loi d'orientation du 4 février 1995 sur le développement et l'aménagement du territoire a ensuite élargi ces manifestations de la démocratie citoyenne aux établissements publics de coopération intercommunale pour les affaires relevant de leur compétence en matière d'aménagement (c'est-à-dire, selon le décret n° 96-1128 du 17 décembre 1996 – art. R 125-1, 2 et 3 du Code des communes – la mise en œuvre de la politique de l'habitat, le maintien, l'extension ou l'accueil des activités économiques, le développement des loisirs et du tourisme, la réalisation des équipements collectifs, la lutte contre l'insalubrité, la sauvegarde ou la mise en valeur du patrimoine et des espaces naturels).

Ainsi donc, selon les articles L 2142-1 à 8 CGCT, les électeurs de la commune – ou ceux d'une partie du territoire de celle-ci pour les affaires les intéressant spécialement et, depuis 1995, ceux d'un établissement public de coopération intercommunale (art. L 5211-20 CGCT ; cependant, selon l'art. L 5711-1, cela ne s'applique pas aux syndicats mixtes non exclusivement composés de communes, de syndicats de communes ou de districts, mais comptant parmi leurs membres, par exemple, un département), peuvent être consultés sur les décisions que les autorités sont appelées à prendre pour régler les affaires de la commune (ou de l'établissement public de coopération en matière d'aménagement).

Sont ainsi annulées par le juge administratif les consultations qui « ne portent pas sur un projet de décision » (TA Lille, 16/7/1992, *Préfet de la région Nord-Pas-de-Calais c. Commune d'Haumont* pour un référendum local sur l'immigration ; TA Clermont-Ferrand, 17/2/1994, *Préfet de la Haute-Loire c. commune de Brives-Charensac*, à propos de la construction du barrage de Serre-de-la-Fare ; CE, 16/11/1994, *Commune d'Awala-Yalimapo*, sur le principe du maintien sur le territoire de populations étrangères) ou concernant des projets étatiques ne relevant pas des compétences de la commune, quand bien même elles auraient « des conséquences » sur les affaires relevant de celle-ci, tels qu'un tracé d'autoroute (CE, 16/12/1994, *Commune d'Avrillé*), de ligne TGV (CE, 14/4/1995, *Commune de Ventabren*), l'extension d'un aéroport (CAA Lyon, 6/3/1997, *Commune de Mandelieu-la-Napoule*), ou encore l'approbation d'une charte communale du logement, négociée avec l'Etat (TA Melun, 24/11/1996, *Commune de Gentilly*). En revanche, le juge admet que « les décisions susceptibles d'être soumises à un référendum municipal sont celles qui relèvent soit de la compétence du Conseil municipal, soit des compétences propres du maire agissant au nom de la commune » (CE, 29/12/1995, *Géniteau*, à propos de la délivrance d'un permis de construire. Cependant, les pouvoirs de police du maire, relevant de sa compétence exclusive, ne peuvent faire l'objet d'une délibération du Conseil municipal destinée à consulter les électeurs : cf. TA Nice, 12/11/1996, *M. Allemand et autres c. Ville de Nice* à propos d'un arrêté municipal anti-mendicité), y compris lorsque le projet a déjà fait l'objet d'une déclaration d'utilité publique (CE, 1/3/1996, *Assoc. de défense contre l'implantation d'une grande surface en centre-ville de Saint-Michel-de-Maurienne*).

Depuis 1995, un cinquième des électeurs inscrits sur les listes électorales peuvent saisir le conseil municipal en vue de l'organisation d'une consultation sur une opération d'aménagement relevant de la décision des autorités municipales, par voie de lettres – collectives ou individuelles – recommandées avec accusé de réception et précisant de façon claire l'objet de la consultation sollicitée (décret du 17 décembre 1996 sur les modalités d'organisation de ce « référendum d'initiative populaire » local). Chaque électeur ne peut signer qu'une seule demande par an. Autre précaution : cette saisine ne peut intervenir avant la fin de la 2e année ni après la fin de la 4e année suivant l'élection du conseil municipal de la commune concernée. De plus, aucune consultation ne peut avoir lieu à partir du 1er janvier de l'année civile qui précède l'année du renouvellement général des conseils municipaux ni durant les campagnes électorales précédant les élections au suffrage universel direct ou indirect. Deux consultations portant sur un même objet ne peuvent intervenir dans un délai inférieur à deux ans et un délai d'un an doit s'écouler entre deux consultations. Enfin, lorsque l'élection du conseil municipal ou du maire fait l'objet d'un recours contentieux devant le TA, et, s'il y a lieu, devant le CE, aucune consultation ne peut avoir lieu tant que cette élection n'a pas fait l'objet d'une décision devenue définitive.

Que l'initiative émane du maire, du tiers des conseillers municipaux ou du cinquième des électeurs inscrits, le conseil municipal doit délibérer « sur le principe et les modalités d'organisation de la consultation » (un dossier d'information sur l'objet de cette dernière étant mis à la disposition du public, sur place, à la mairie et, le cas échéant, à la mairie annexe, quinze jours au moins avant le scrutin). Le CE (16/11/1994, *Commune d'Awala-Yalimapo* et 16/12/1994, *Commune d'Avrillé*, cités) a précisé que « la délibération par laquelle un conseil municipal décide de mettre en œuvre la procédure de consultation ne constitue pas une mesure préparatoire mais une décision faisant grief susceptible de faire l'objet d'un recours pour excès de pouvoir ». En revanche, dans la mesure où « la délibération qui décide la consultation indique que cette consultation n'est qu'une demande d'avis », les opérations de consultation elles-mêmes, qui ne lient pas l'autorité compétente, sont insusceptibles de recours (CAA Lyon, 21/7/1995, *M. de Caumont* ; CE, 29/12/1995, *Géniteau*, cité). Pour la même raison, le préjudice encouru du fait de cet « avis » non obligatoire n'étant ni « difficilement réparable » au sens de l'article L 9 du Code des TA et des CAA, ni « irréversible » au sens de son article L 10 (loi du 8 février 1995, art. 65), la délibération du conseil municipal ou l'arrêté du maire organisant la consultation populaire ne peuvent faire l'objet ni d'un sursis à exécution (CAA Lyon, 22/2/1996, *Commune de Mandelieu-la-Napoule*) ni d'une mesure de suspension pour trois mois (TA Nice, 12/11/1996, *M. Allemand et autres c. Ville de Nice*, cité).

2 • LE STATUT DES ÉLUS LOCAUX

On examinera successivement la question de la limitation du cumul des mandats, puis les conditions d'exercice des mandats locaux, en insistant particulièrement sur les indemnités mais aussi sur les responsabilités des élus locaux.

A – Limitation du cumul des mandats

Dans la plupart des pays démocratiques, le cumul des mandats électifs est prescrit, en droit ou en fait, pour des raisons d'impossibilité technique (travail de chaque mandat se suffisant à lui-même), juridique (opposition entre l'Etat central et les Etats fédérés ou les collectivités décentralisées) ou politique (nombreux militants des partis à placer). En France au contraire, pendant longtemps, aucun texte n'a limité le cumul des mandats électifs locaux et nationaux (la loi du 5 juillet 1972 obligeant même les parlementaires à siéger dans les conseils régionaux) et certains allaient jusqu'à en posséder deux, trois, quatre, voire davantage. Cette situation souvent dénoncée (cf. les rapports Guichard de 1976, Léotard de 1979, Debarge de 1982, etc.), entraînait de nombreux inconvénients : les élus, débordés, faisaient du mauvais travail, sacrifiaient tel mandat à tel autre ou bien encore se déchargeaient sur des « collaborateurs » compétents mais sans légitimité populaire ; les postes étaient comme confisqués par une caste étroite de professionnels, enfin cela favorisait la centralisation en faisant « remonter » le traitement des affaires au niveau du mandat le plus élevé.

Aussi les lois, organique et ordinaire, du 30 décembre 1985 sont-elles venues limiter le cumul des mandats électoraux et des fonctions électives, posant le principe selon lequel nul ne peut cumuler plus de deux mandats électoraux ou fonctions électives suivants : représentant au Parlement européen, député ou sénateur, conseiller régional, conseiller général, conseiller de Paris, maire d'une commune de 20 000 habitants ou plus (389 communes concernées) ou adjoint au maire d'une commune de 100 000 habitants ou plus. Celui qui se trouve en situation de cumul excessif après une élection à l'un de ces mandats doit effectuer son choix dans les quinze jours, à défaut de quoi le mandat ou la fonction acquis ou renouvelé à la date la plus récente prend fin de plein droit.

L'application de ces dispositions s'est faite au profit des mandats parlementaires et municipaux, privilégiés par rapport aux mandats départementaux, régionaux et européens. Le Comité consultatif pour la révision de la Constitution présidé par le doyen Vedel, dans son rapport du 15 février 1993, a recommandé d'aller plus loin encore pour atténuer cette « exception française » qu'est le cumul des mandats en interdisant le cumul de celui de parlementaire avec celui de président de conseil régional ou général ainsi qu'avec celui de maire d'une commune de plus de 20 000 habitants, fonctions susceptibles d'être exercées à temps plein depuis la relance de la décentralisation. En septembre 1997, L. Jospin, Premier ministre, a annoncé son intention de renforcer encore cette législation anti-cumuls en interdisant : ***1)*** à un parlementaire d'être également député européen ; ***2)*** à un ministre d'exercer une fonction exécutive locale, après révision constitutionnelle (règle imposée *de facto* aux membres de son gouvernement, qui ont abandonné leur mairie à des prête-noms) ; ***3)*** à un parlementaire d'exercer une fonction exécutive locale (cette dernière proposition suscitant la plus de réticences).

B – Les conditions d'exercice des mandats locaux

Rendu public le 3 juin 1982, le rapport Debarge, parlementaire en mission, relatif au « Statut de l'élu local, départemental et régional et à la limitation du cumul des fonctions et mandats électifs », avait pour objectif de « donner aux élus locaux les moyens de relever le défi de la décentralisation et d'introduire de nouveaux comportements conformes aux exigences de la démocratie ». Toutefois, le coût financier des mesures envisagées repoussa leur adoption jusqu'à la loi n° 92-108 du 3 février 1992 relative aux conditions d'exercice des mandats locaux. Désormais, ces dispositions sont reprises aux articles L 2123-1 et s. (mandats municipaux), L 3123-1 et s. (mandats départementaux) L 4135-1 et s. CGCT (mandats régionaux) et comportent divers droits et garanties au bénéfice des élus.

1) Garanties accordées dans l'exercice du mandat

L'employeur est tenu de laisser à tout salarié de son entreprise membre d'un conseil municipal, général ou régional le temps nécessaire pour se rendre et participer aux séances plénières de ce conseil (sous peine de faire peser sur lui-même la responsabilité d'une rupture du contrat de travail : Cass. soc., 28/10/1996, *Bergean*), aux réunions des commissions dont il est membre, instituées par une délibération du conseil, ainsi qu'à celles des assemblées délibérantes et des bureaux des organismes où il a été désigné pour représenter la collectivité territoriale. L'élu doit informer son employeur de la date de la séance ou de la réunion dès qu'il en a connaissance (cf. le décret n° 92-1205 du 16 novembre 1992). L'employeur n'est pas tenu de payer comme temps de travail le temps passé par l'élu à ces séances ou réunions. Dans le cas des conseillers municipaux ne bénéficiant pas d'indemnités de fonction (cf. *infra,* p. 165), les pertes de revenu subies de ce fait peuvent être compensées par la commune ou par l'organisme auprès duquel ils la représentent (dans la limite de 24 heures par élu et par an, chaque heure ne pouvant être rémunérée à un montant supérieur à une fois et demie le SMIC).

Indépendamment de ces ***autorisations d'absence***, les maires, adjoints et, dans les communes de plus de 100 000 habitants, les conseillers municipaux, de même que les présidents et les membres des conseils régionaux et généraux, ont droit à un ***crédit d'heures*** leur permettant de disposer du temps nécessaire à l'administration de la collectivité locale ou de l'organisme auprès duquel ils la représentent et à la préparation des instances où ils siègent. Ce crédit d'heures, forfaitaire et semestriel, est égal à trois fois la durée hebdomadaire légale du travail pour les maires des communes de 10 000 habitants et plus, ainsi que pour les présidents et vice-présidents des conseils généraux ou régionaux (soit 117 heures) et à une fois et demie cette durée hebdomadaire légale du travail (58 heures 30) pour les maires des communes de moins de 10 000 habitants, les adjoints dans celles de 10 000 à 29 999, les conseillers généraux et régionaux. Enfin, à 60 % de cette même durée pour les conseillers municipaux des communes de plus de 100 000 habitants et les adjoints dans celles de moins de 10 000. Dans toutes ces hypothèses, les heures non utilisées pendant un trimestre ne sont pas reportables. De même, en cas de travail à temps partiel, ce crédit d'heures est proportionnellement réduit. L'employeur est tenu de l'accorder, mais non de le payer, sur simple demande des élus concernés. Le temps d'absence ainsi utilisé ne peut dépasser la moitié de la durée légale du travail pour une année civile, mais les conseils municipaux de certaines communes (chefs-lieux de département, d'arrondissement et de canton, sinistrées, classées stations climatiques, touristiques ou encore stations de sports d'hiver et d'alpinisme, attributaires de la dotation de solidarité urbaine etc.) peuvent voter une majoration de la durée de ce crédit d'heures (ainsi que des indemnités de fonction des élus, cf. *infra*).

2) Garanties accordées dans l'exercice d'une activité professionnelle

Le temps d'absence dont il vient d'être question est assimilé à une durée de travail effective pour la détermination de la durée des congés payés et du droit aux prestations sociales ainsi qu'au regard de tous les droits découlant de l'ancienneté. En outre, aucune modification de la durée et des horaires de travail prévus par le contrat de travail ne peut être effectuée en raison de ces absences sans l'accord de l'élu concerné. Aucun licenciement ni déclassement professionnel, aucune sanction disciplinaire ne peuvent être prononcés en raison des absences en question sous peine de nullité et de dommages et intérêts au profit de l'élu, la réintégration ou le reclassement dans l'emploi étant de droit.

Les maires des communes de 10 000 habitants au moins, les adjoints dans celles de 30 000 habitants au moins, les présidents de conseils régionaux ou généraux ainsi que les vice-présidents ayant reçu délégation de l'exécutif qui, pour l'exercice de leur mandat, ont cessé d'exercer leur activité professionnelle bénéficient, s'ils sont salariés, des dispositions du Code du travail (art. L 122-24-2 et 3) relatives aux droits des salariés élus membres de l'Assemblée nationale et du Sénat. A la fin de leur mandat, ces élus bénéficient à leur demande d'un stage de remise à niveau organisé dans l'entreprise, compte tenu notamment de l'évolution de leur poste de travail ou de celle des techniques utilisées.

Enfin, les fonctionnaires sont placés, sur leur demande, en position de détachement pour exercer leur mandat (sans préjudice de leur mise en disponibilité de droit, sur leur demande, pour la durée de leur mandat). A noter que le refus d'accorder à un fonctionnaire élu local les autorisations d'absence légales pour participer aux réunions des organes dont il est membre constitue une faute de nature à engager la responsabilité de l'administration (CE, 10/11/1982, *Min. du Budget c. Soulié*).

3) Droit à la formation

Les conseillers municipaux, généraux et régionaux ont droit à une formation adaptée à leurs fonctions, les frais de déplacement, de séjour et, le cas échéant, d'enseignement que cela implique donnant droit à remboursement. Leurs pertes de revenu sont supportées par leur collectivité dans la limite de six jours par élu pour la durée d'un mandat et d'une fois et demie la valeur horaire du SMIC. Le montant des dépenses de formation ne peut excéder 20 % du montant total des crédits ouverts au titre des indemnités de fonction susceptibles d'être allouées aux élus locaux. Indépendamment des autorisations d'absence et du crédit d'heures sus-mentionnés, les élus locaux qui ont la qualité de salariés ont droit à un *congé de formation* d'une durée de six jours, quel que soit le nombre de mandats qu'ils détiennent, renouvelable en cas de réélection (cf. le décret n° 92-1208 du 16 novembre 1992).

Toutes ces dispositions ne sont pas applicables aux « voyages d'études », dont l'objet doit, de surcroît, « avoir un lien direct avec l'intérêt » de la collectivité locale. Enfin, elles ne s'appliquent que si l'organisme dispensant la formation est agréé par le ministre de l'Intérieur (cf. l'art. L. 1221-1 CGCT à propos du Conseil national de la formation des élus locaux).

4) Protection sociale

Les maires des communes de 10 000 habitants au moins et les adjoints dans celles de 30 000 habitants au moins, ainsi que les présidents de conseils généraux ou régionaux et les vice-présidents ayant reçu délégation de l'exécutif qui, pour l'exercice de leur mandat, ont cessé d'exercer toute activité professionnelle et qui ne relèvent plus, à titre obligatoire, d'un régime de ***sécurité sociale***, sont affiliés au régime général de la sécurité sociale pour les prestations en nature des assurances maladie, maternité et invalidité. Les cotisations de leur collectivité et les leurs propres sont calculées sur le montant des indemnités effectivement perçues par eux.

Ces mêmes élus qui, pour la durée de leur mandat, ont cessé d'exercer leur activité professionnelle et n'acquièrent aucun droit à pension au titre d'un régime obligatoire d'assurance vieillesse sont affiliés à l'assurance vieillesse du régime général de la sécurité sociale. Les autres élus locaux et régionaux peuvent constituer une ***retraite*** par rente à la gestion de laquelle doivent participer les élus affiliés, et dont la constitution leur incombe pour moitié et pour moitié à leur collectivité (cf. le décret n° 93-825 du 25 mai 1993 : 8 % à la charge des élus, 8 % à celle de la collectivité locale). Les conseillers municipaux percevant une indemnité de fonction, les conseillers généraux et régionaux sont par ailleurs affiliés au régime complémentaire de retraite institué au profit des agents non titulaires des collectivités publiques, les pensions qu'ils reçoivent à ce titre étant cumulables sans limitation avec toutes autres pensions ou retraites.

C – Le droit à indemnité

1) Avant la loi du 3 février 1992

Initialement, l'exercice d'un mandat local était considéré comme un honneur et, par conséquent, gratuit, qu'il s'agisse de celui de conseiller général (loi du 10 août 1871, art. 75) ou de celui de conseiller municipal (loi du 5 avril 1884, art. 74). Mais les choses ont ensuite évolué, de manière empirique et assez floue.

a) Pour les conseillers généraux

Le CE (27/1/1911, *Richemond*, annulant, sur requête d'un contribuable départemental, une délibération du conseil général de Seine-et-Oise prévoyant des crédits pour l'octroi d'une carte de circulation en train à ses membres) considéra, restrictivement, « que le législateur a entendu poser en principe la gratuite absolue du mandat de conseiller général et proscrit non seulement un traitement proprement dit, mais encore toute indemnité, même facultative, pour frais de déplacement ou de séjour ou toute allocation pouvant en tenir lieu ». Par réaction à cette jurisprudence, le Parlement inclut dans la loi de finances du 27 décembre 1912 un article 38 autorisant les conseils généraux à allouer à leurs membres, sous certaines conditions, une indemnité de déplacement, s'ils n'étaient pas parlementaires (mais, le 9 avril 1976, une circulaire du ministre de l'Intérieur a étendu ce privilège à ces derniers), au-delà de deux kilomètres, afin de participer aux séances du conseil.

Cependant, le CE (4/5/1934, *Synd. des contribuables de l'arrondissement d'Aix-en-Provence*) eut l'occasion de préciser que l'indemnité journalière de présence et celle représentative de frais supplémentaire pour les élus chargés d'un mandat spécial étaient exclusives de toute autre forme d'indemnisation (et annula la délibération du conseil général des Bouches-du-Rhône pour frais de déplacement et de représentation, trop élevée, qui visait à allouer « non pas les indemnités fixées par la loi, mais une rémunération personnelle et forfaitaire qui présente le caractère d'un véritable traitement »). La loi du 4 avril 1947 permit alors d'ajouter à l'article 38 de celle du 27 décembre 1912 un alinéa autorisant chaque conseil général à fixer librement le taux de l'indemnité journalière, mais sans revenir pour autant sur la prohibition de toute indemnité équivalant à un traitement (cf. l'avis CE du 11/8/1954 et la circulaire du Min. de l'Intérieur du 30/9/1954 : interdiction de fixer ces taux, de façon identique, par voie réglementaire, pour l'ensemble des départements).

En effet, comme l'a rappelé par exemple l'article 10 du règlement intérieur-type de 1964, l'article 75 de la loi de 1871 n'était pas abrogé et, dans le cadre de l'exercice du pouvoir de tutelle, certains décrets annulèrent des délibérations de conseils généraux intervenus en la matière (cf. celui du 4 août 1949, à propos de l'attribution par le conseil général de Seine-et-Oise d'une rémunération forfaitaire à son président ; ou celui du 18 mars 1981, à propos de l'institution par le conseil général de Saône-et-Loire d'une indemnité forfaitaire mensuelle, au motif que « les conseils généraux ne peuvent accorder à leurs membres, dont les fonctions sont gratuites, que les indemnités et remboursements de frais mentionnés à l'art. 38 de la loi du 27 décembre 1912, modifiée par celle du 4 avril 1947, soit une indemnité pour chaque journée de présence à l'assemblée, aux séances des commissions et pour les journées passées en mission, et une indemnité de déplacement, ainsi que le remboursement de frais supplémentaires pouvant résulter de l'exercice de mandats spéciaux »).

Ces quelques exemples ne doivent toutefois pas masquer la faiblesse du contrôle de tutelle, puis de légalité, en ce domaine, de nombreux conseils généraux (et régionaux) ayant pu instituer des régimes indemnitaires totalement illégaux, incluant des indemnités forfaitaires ou « de secrétariat », jamais déférés aux tribunaux administratifs (selon la réponse à une question écrite, *JO Ass. Nat.*, 5/3/1984, le total des indemnités des conseillers généraux est passé de 131,6 millions de F en 1980 à 236,9 en 1982, avec de forts écarts entre départements : de 10 476 F pour un élu de l'Ariège à 15 782 F pour un élu de la Saône-et-Loire, 147 399 F du Pas-de-Calais ou 160 090 F, en moyenne, dans le Val-de-Marne ; cf. également la réponse à une autre question écrite, *JO Ass. Nat.*, 6/8/1990 : le total de ces indemnités a encore augmenté de 94 % entre 1982 et 1987, avec, cette année-là, une moyenne de 116 000 F par an et par conseiller et, toujours, de gros écarts entre départements : 31 876 F en Corrèze, 43 902 F dans le Cantal, 81 342 F dans le Puy-de-Dôme, 106 333 F dans l'Allier, 225 000 F en Seine-St-Denis et 258 000 F dans les Hauts-de-Seine, en moyenne, par an et par conseiller général).

b) Pour les conseillers régionaux

L'article 8 du décret du 5 septembre 1973 (ou celui du 31 décembre 1976 pour l'Ile-de-France) fixait le montant de leur indemnité, en fonction de leur participation aux travaux du conseil régional mais avec un plafond, fixé par arrêté ministériel par référence aux indemnités représentatives de frais des membres du Conseil économique et social (280 F par jour en 1975, 408 en 1981, 577 en 1986).

La loi du 6 janvier 1986 leur a ensuite rendu applicable le régime, notamment indemnitaire, des conseillers généraux, le montant global des indemnités perçues par l'ensemble des conseillers régionaux passant aussi de 6 millions de F en 1981 à 16 en 1982, 41 en 1985, 117 en 1986 et 226 en 1988, avec, là aussi, d'importants écarts selon les régions (cf. le montant annuel moyen par conseiller en 1987 : 30 504 F en Corse, 63 836 F dans le Limousin, 74 468 F en Auvergne, 197 000 F en Ile-de-France, 218 000 F en Lorraine, 272 000 F dans le Nord-Pas-de-Calais, etc.).

Par ailleurs, les frais de secrétariat ne pouvaient être versés qu'aux groupes politiques (cf. TA Clermont-Ferrand, 23/2/1988, *A. Chaubard c. Région Auvergne* ; TA Toulouse, 29/3/1991, *Préfet de la Haute-Garonne*, etc.).

c) Pour les conseillers municipaux

La question de leur indemnité était réglementée de façon plus précise et plus sévère : Selon les articles L 123-2 à L 123-9 du Code des communes, maires, adjoints et même conseillers municipaux avaient droit au ***remboursement des frais*** engagés pour l'exécution de mandats spéciaux effectués pour le compte de la commune. De plus, maires et adjoints (et, dans les grandes villes, simples conseillers accomplissant certaines missions) percevaient une ***indemnité de fonctions***, versée après service fait, calculée selon un taux défini par décrets en CE par référence aux indices des traitements de la fonction publique, selon une classification en seize catégories (décrets n°s 73-858 du 6 septembre 1973 et 77-277 du 24 mars 1977 : de 1 453 F par mois pour le maire des communes de moins de 500 habitants à 14 041 F au-delà de 150 000, et la moitié pour les adjoints).

Selon CA Paris, 25 mai 1988 (*M. c. Epoux Maroc et al.*), ces indemnités, n'étant pas des salaires, ne sont ni imposables, ni soumises à retenues de sécurité sociale, ni susceptibles d'une saisie-arrêt sur salaire (*contra*, cf. Trib. Civil de la Seine, 2/11/1893 et 25/10/1895 ; CE, 9/6/1961 ; ou encore TGI Rouen, ord. réf., 7/12/1989, *Leblond c. Crédit du Nord* : certaines indemnités, forfaitaires, sont assimilées à des traitements et, donc, saisissables).

On rappellera aussi que, lorsque le maire retire leurs délégations à des adjoints, ceux-ci perdent tout droit à indemnité, quand bien même ils demeurent officiers de police judiciaire et d'état civil (CE, 29/4/1988, *Commune d'Aix-en-Provence c. Mme Joissans*, et 11/10/1991, *MM. Ribaute et Balanca*, cf. *supra*, p. 76).

Le conseil municipal, qui fixe les indemnités de fonction du maire et des adjoints (lesquels peuvent participer à la délibération car ils n'y ont pas un « intérêt personnel » : TA Strasbourg, 4/11/1996, *M. Bauchat c. Commune de Gravelotte*), peut en réduire le montant mais pas pour des raisons étrangères à la quantité de travail exigée (TA Amiens, 25/2/1993, *Hoinaut et al. c. Commune de Nogent-L'Artand*). Ces élus ne peuvent pas continuer à toucher lesdites indemnités s'ils sont incarcérés (la continuité du service exigeait leur remplacement, ils doivent restituer le trop-perçu : TA St-Denis-de-la-Réunion, 14/12/1994, trois espèces) ou s'ils ont disparu de la commune pour échapper à l'exécution d'un mandat d'amener (CE, 28/2/1997, *Commune du Port*). Le trop-perçu doit être remboursé, soit par retenue à la source, soit au titre de l'impôt sur le revenu (circulaire du 8 janvier 1997).

2) Depuis la loi du 3 février 1992

Le projet de loi sur le développement des responsabilités locales voté par le Sénat en avril 1980 avait prévu que les maires des communes de plus de 100 000 habitants recevraient une indemnité de fonction égale au montant de l'indemnité parlementaire (avec assujettissement à l'impôt et affiliation obligatoire à la sécurité sociale). Puis, en 1982, le rapport Debarge (cité *supra*) préconisa de réduire les distorsions par un système de péréquation entre collectivités locales riches et pauvres, afin d'aboutir à une indemnité forfaitaire calculée par référence à un indice de la fonction publique, modulée selon l'importance démographique de la collectivité et l'assiduité des élus.

La situation a été finalement réglée par la loi du 3 février 1992 (titre III, aujourd'hui codifié aux art. L 2123-17 et s., L 3123-15 et s. et L L 135-15 et s. CGCT) qui a majoré toutes les indemnités tout en les plafonnant en fonction de critères démographiques et en clarifiant la situation en ce domaine, mettant fin à la prohibition de toute indemnité forfaitaire qui découlait de l'article 38 de la loi de 1912 et en prévoyant implicitement que cette dernière n'est plus assise sur la journée de présence mais sur l'exercice effectif des fonctions. Désormais donc, toutes ces indemnités sont fixées par la loi (comme c'était le cas pour les seuls élus municipaux, pour lesquels elles sont fortement revalorisées, tandis qu'on aboutit au contraire à une diminution dans 52 départements et 9 régions qui avaient voté des indemnités très élevées).

Par ailleurs, le ***cumul des indemnités*** est limité à une fois et demie l'indemnité parlementaire, soit 45 000 F par mois environ (y compris celles touchées au titre des établissements publics de coopération intercommunale ou des sociétés d'économie mixte). Ces indemnités ont également été ***fiscalisées***, pour une part fixée par décret en CE, en application du barème d'imposition adopté par la loi de finances rectificative du 23 décembre 1992, article 47 (pour les communes de plus de 1 000 habitants ; quant aux autres, l'Etat leur verse une « dotation de l'élu », d'un montant de 250 millions de F en 1993, soit 12 500 F chacune, afin qu'elles puissent mieux rémunérer les leurs), dans des conditions rappelées par une circulaire du 14 mai 1993 (retenue à la source, selon les barèmes fixés par l'art. 197 CGI, libératoire de l'IRPP, minorée d'une fraction représentative de « frais d'emploi »).

a) Pour les élus municipaux

Après avoir rappelé le principe de gratuité de leur mandat (art. L 2123-17), le CGCT traite des frais de mission et de représentation nécessités par l'exécution des mandats spéciaux, qui donnent droit à remboursement forfaitaire dans la limite du montant des indemnités journalières allouées à cet effet aux fonctionnaires de l'Etat du groupe I. De même, les dépenses de transport effectuées dans l'accomplissement de ces missions sont remboursées sur présentation d'un état de frais. Enfin, le conseil municipal peut voter, sur les ressources ordinaires, des indemnités au maire pour frais de représentation.

Quant aux indemnités de fonction, elles sont fixées par référence au montant du traitement correspondant à l'indice brut terminal de l'échelle indiciaire de la fonction publique, l'ancien barème en seize strates ayant été remplacé par un découpage en dix strates, allant de 12 % maximum pour les maires des communes de moins de 500 habitants (soit 2 542 F au 1/8/1994), 17 % pour ceux des communes ayant entre 500 et 999 habitants (3 602 F), puis 31 % de 1 000 à 3 499 (6 568 F), 43 % de 3 500 à 9 999 (9 110 F), 55 % de 10 000 à 19 999 (11 652 F), 65 % de 20 000 à 49 999 (13 771 F), 75 % de 50 000 à 99 999 (15 890 F), 90 % de 100 000 à 200 000 (19 068 F) et 95 % au-dessus de 200 000 habitants (20 127 F bruts), et davantage encore à Paris, Lyon et Marseille (24 364 F), ces sommes pouvant être majorées, sur décision des conseils municipaux, dans les communes chefs-lieux de département, d'arrondissement et de canton, les communes sinistrées, celles classées stations hydrominérales, climatiques, balnéaires, touristiques ou uvales ou encore stations de sports d'hiver et d'alpinisme, ainsi que dans les communes dont la population a augmenté, depuis le dernier recensement, à la suite de la mise en route de travaux publics d'intérêt national tels que les travaux d'électrification et, enfin, dans celles qui, au cours de l'un au moins des trois exercices précédents, ont été attributaires de la dotation de solidarité urbaine.

Les indemnités votées pour l'exercice effectif des fonctions d'adjoint au maire (à condition qu'il ait bien reçu délégation : cf. TA Clermont-Ferrand, 7/5/1996) et de membre de délégation spéciale faisant fonction d'adjoint sont au maximum égales à 40 % de l'indemnité maximale du maire de la commune (de 1 071 F à 10 063 F au 1/8/1994), voire à 50 % dans les communes d'au moins 100 000 habitants. Ce maximum peut être dépassé pour un adjoint à condition que le montant total des indemnités maximales susceptibles d'être allouées au maire et aux adjoints ne soit pas dépassé.

Dans les communes des moins de 100 000 habitants, il peut être versé une indemnité aux conseillers municipaux exerçant des mandats spéciaux dont ils sont chargés par le conseil municipal, dans les mêmes limites. Dans celles de plus de 100 000 habitants, une indemnité de fonction d'un montant maximal de 6 % de l'indice terminal de la fonction publique (indice brut 1 015 ; indice nouveau majoré 818, soit 1 203 F mensuels au

1/2/1992) peut être allouée à tous les conseillers municipaux. Enfin, ceux auxquels le maire délègue une partie de ses fonctions peuvent percevoir une indemnité – toujours dans les limites ci-dessus évoquées – votée par le conseil municipal.

Un décret du 29 mars 1993 est venu ajouter que les présidents et vice-présidents des établissements publics de coopération intercommunale pouvaient toucher une indemnité de fonction égale à 75 % de celle prévue pour les maires et adjoints des communes dont la population équivaut à celle du groupement, si celui-ci est doté d'une fiscalité propre, et à 50 % seulement sinon.

b) Pour les élus départementaux et régionaux

Ils reçoivent, pour l'exercice effectif de leurs fonctions, une indemnité fixée également par référence au montant du traitement correspondant à l'indice brut terminal de l'échelle indiciaire de la fonction publique. Le barème légal comporte cinq strates pour les conseillers généraux (40 % de ce montant dans les départements comptant moins de 250 000 habitants, 50 % de 250 000 à 500 000, 60 % de 500 000 à 1 million, 65 % de 1 million à 1,25 million et 70 % au-delà, soit de 8 018 F à 14 032 F par mois), à quoi peut s'ajouter une indemnité représentative de frais. De plus, s'y ajoutent 10 % pour les membres de la commission permanente et 40 % pour les vice-présidents ayant reçu délégation de fonctions exécutives. Le barème relatif aux conseillers régionaux comporte quant à lui quatre strates (40 % du montant sus-évoqué dans les régions comptant moins de 1 million d'habitants, 50 % jusqu'à 2 millions, 60 % jusqu'à 3 millions et 70 % au-delà), avec les mêmes majorations de 10 ou de 40 %. Quant aux présidents de conseils généraux ou régionaux, leur indemnité est au maximum égale au terme de référence de l'échelle indiciaire de la fonction publique majoré de 30 % (soit plus de 26 000 F par mois).

Ils peuvent également recevoir une indemnité de déplacement, dans le département ou dans la région, pour prendre part aux réunions de l'assemblée à laquelle ils appartiennent et aux séances des commissions ou organismes dont ils font partie ès qualités et ont en outre droit au remboursement des frais supplémentaires pouvant résulter de l'exercice des mandats spéciaux dont ils sont chargés par leur assemblée, dans les conditions fixées par le décret n° 92-910 du 3 septembre 1992 (382 F par jour à Paris, 345 F en province), qui a abrogé les dispositions obsolètes de 1912 et a aligné ces indemnités sur celles bénéficiant aux personnels civils de l'Etat selon le décret du 28 mai 1990. Il a été jugé (CE, 29/12/1995, *Assoc. des présidents de conseils généraux*) que ce décret n'avait pas excédé l'habilitation que le gouvernement tenait de la loi de 1871 telle que modifiée par celle du 3 février 1992 et que, n'étant pas un « décret financier », il n'avait pas à être précédé de la consultation du comité des finances locales.

D – Les responsabilités

1) Responsabilité des collectivités locales en cas d'accident

Les communes, les départements et les régions sont responsables des dommages résultant des accidents subis par les maires, les adjoints et présidents de délégation spéciale, les présidents de conseils généraux et régionaux dans ou à l'occasion de l'exercice de leurs fonctions ainsi que des dommages subis par les conseillers municipaux et délégués spéciaux, les conseillers généraux ou régionaux lorsqu'ils sont victimes d'accidents survenus soit à l'occasion des séances des conseils municipaux ou de réunions de commissions dont ils sont membres, de sessions des assemblées départementales ou régionales, soit encore au cours de l'exécution d'un mandat spécial (cf. CE, Sect, 20/1/1989, *Guigonis* : département non responsable de l'accident subi par un conseiller se rendant à la réunion d'une commission, tenue dans son canton, dont il n'était pas membre ; et CE, 27/3/1991, *Commune de la Garde c. Louis Dorel* : commune responsable des conséquences d'un accident subi par un conseiller au cours de l'exécution d'un mandat spécial).

Dans ces hypothèses, les collectivités locales concernées versent directement aux praticiens, pharmaciens, auxiliaires médicaux, fournisseurs ainsi qu'aux établissements le montant des prestations afférentes à l'accident, calculé selon les tarifs appliqués en matière d'assurance maladie.

2) Responsabilité des élus

a) Responsabilité civile

Les élus locaux sont responsables des actes commis dans l'exercice de leurs fonctions pour satisfaire leurs intérêts personnels et qui causent un préjudice à la collectivité qu'ils représentent (cf. CE, 6/6/1975, *Commune d'Arcis-le-Ponsart* ; tel n'est pas le cas de travaux effectués sans l'autorisation expresse du conseil municipal mais utiles à la commune ; CE, 8/3/1935, *Magnon* ; 21/11/1952 ; *Tesse*). Seule cette collectivité, victime directe des agissements de ses élus (ingérence, prise illégale d'intérêts par exemple), peut se constituer partie civile, à l'exclusion de ses contribuables (cf. Cass. crim, 16/12/1975, n° 279). Mais on sait (cf. *supra*, p. 68) que, selon l'article L 2132-5 CGCT, un contribuable peut exercer une action civile, s'il a obtenu l'autorisation du TA et que la commune a refusé ou négligé de le faire elle-même (Cass. crim, 3/1/1985), et à condition que le préjudice subi soit suffisamment direct et personnel.

Le projet initial de loi de décentralisation avait prévu qu'en échange de la suppression de la tutelle pesant sur leurs actes, les élus locaux seraient justiciables de la Cour de discipline budgétaire et financière, comme le sont depuis 1948 les ordonnateurs des dépenses de l'Etat (les comptables l'étant devant les chambres régionales des comptes), mais les sénateurs avaient alors fâcheusement retiré cette disposition de ce qui allait devenir la loi du 2 mars 1982. Il aura finalement fallu attendre l'article 78 de la loi Sapin du 29 janvier 1993 pour que les ordonnateurs locaux soient justiciables de cette Cour « à raison des actes commis dans l'exercice de leur fonction, lorsqu'ils ont enfreint les dispositions du II de l'article 1er de la loi du 16 juillet 1980 ou celles visées à l'article 6bis de la loi du 25 septembre 1948 ».

La première de ces deux références définit une procédure d'ordonnancement obligatoire des dépenses entraînées par la condamnation d'une personne morale de droit public (dans les quatre ou six mois pour l'Etat, si les crédits nécessaires sont disponibles, faute de quoi le comptable doit payer sur présentation du jugement ; quatre mois pour une collectivité locale, sous peine de mandatement d'office par le préfet). La seconde vise le non-respect des décisions des juridictions administratives ne comportant pas de conséquences pécuniaires et permet au CE de procéder à des astreintes contre les personnes morales de droit public. Enfin, l'article 78 de la loi du 29 janvier 1993 prévoit également la compétence de la Cour lorsque les exécutifs locaux engagent leur responsabilité propre à l'occasion d'un ordre de réquisition, conformément aux articles 15 ou 55 de la loi du 2 mars 1982 ou à l'article 21-3 de celle du 5 juillet 1972 modifiée relative aux régions.

Cette loi a donc enlevé aux exécutifs locaux (maires, présidents d'établissements publics de coopération intercommunale, présidents de conseils généraux ou régionaux) une partie de leur immunité, ou impunité, passée, les sanctions prévues étant fonction de la gravité de l'infraction commise et du montant de leur indemnité. Cela permet de régler la question de l'inexécution des décisions de justice par les collectivités locales et de protéger ces dernières – les petites communes surtout – contre certaines conséquences financières du comportement de leurs élus.

b) Responsabilités pénales

Elles sont diverses et nombreuses. On passera sur celles encourues pour fraude électorale, sur renvoi du juge de l'élection (cf. *supra,* p. 54) pour se consacrer à certaines d'entre elles seulement. On assiste d'ailleurs à une évidente ***pénalisation du droit administratif***, avec d'une part la multiplication de fautes contre la probité susceptible d'être retenues contre les élus locaux dans le nouveau Code pénal, sans oublier leur responsabilité pour des faits d'imprudence ou de négligence, qui les rendent responsables non seulement politiquement, mais aussi de plus en plus souvent pénalement et civilement (la seconde pouvant être entraînée par la première), d'autant que l'article 111-5 du nouveau Code pénal autorise désormais le juge pénal à « interpréter les actes administratifs, réglementaires ou individuels, pour en apprécier la légalité lorsque de cet examen dépend la solution du procès pénal », ce qui supprime toute question préjudicielle et peut favoriser la poursuite d'élus locaux (à quoi on ajoutera encore la responsabilité pénale des collectivités territoriales elles-mêmes, introduite par l'art. L 121-2-2e du nouveau Code pénal).

Or, si les nécessités de la lutte contre la corruption et en faveur d'une plus grande transparence justifient pleinement le renforcement des responsabilités encourues par les élus locaux pour des fautes contre la probité, celles risquées pour des faits d'imprudence ou de négligence pourraient bien tarir un jour les candidatures, le « syndrome Furiani » n'ayant pas été totalement effacé par les atténuations contenues à cet égard dans la loi du 13 mai 1996.

1. Responsabilités pour des fautes contre la probité

On citera, outre celui de ***recel d'abus de biens sociaux***, les délits de ***concussion*** (art. 432-10 du nouveau Code pénal, punissant de cinq ans d'emprisonnement et 500 000 F d'amende le fait, pour un agent public, de « recevoir, exiger ou ordonner de percevoir à titre de droits ou contributions, impôts ou taxes publics, une somme qu'il sait ne pas être due, ou excéder ce qui est dû », ou bien d'« accorder, sous une forme quelconque et pour quelque motif que ce soit, une exonération ou franchise des droits, contributions... en violation des textes »), ***corruption*** passive (art. 432-11 : dix ans d'emprisonnement et 1 000 000 de F d'amende encourus pour le fait de « solliciter ou d'agréer, sans droit, directement ou indirectement, des offres, des promesses, des dons, des présents ou des avantages quelconques pour accomplir ou s'abstenir d'accomplir un acte de sa fonction » ou facilité par elle), ***trafic d'influence*** (art. 432-11), ***pantouflage*** (art. 432-13 : deux ans de prison et 200 000 F d'amende du fait de « prendre ou de recevoir une participation pour travail, conseils ou capitaux dans une entreprise privée », y compris une société d'économie mixte locale, avec laquelle l'élu ou l'agent a été en relation directe pour le compte d'une collectivité locale), ***soustraction et détournement de biens*** (art. 432-15 : dix ans d'emprisonnement et 1000 000 de F d'amende), ***favoritisme*** (art. L 432-14 : procurer ou tenter de procurer un avantage injustifié, par un acte contraire aux dispositions législatives ou réglementaires ayant pour objet de garantir la liberté d'accès et l'égalité des candidats, même en dehors de tout enrichissement personnel direct et immédiat, par exemple pour favoriser le financement occulte d'un parti politique par l'intermédiaire d'un marché ou d'une délégation de service public) et, enfin, la ***prise illégale d'intérêts*** (art. 432-12) qui a remplacé le délit d'***ingérence.***

Le délit d'ingérence de l'article 175 de l'ancien Code pénal est en effet devenu, à l'article 432-12 du nouveau, celui de « prise illégale d'intérêts », consistant dans « le fait, par une personne dépositaire de l'autorité publique ou chargée d'une mission de service public ou par une personne investie d'un mandat électif public, de prendre, recevoir ou conserver, directement ou indirectement, un intérêt quelconque dans une entreprise ou dans une opération dont elle a, au moment de l'acte, en tout ou partie la charge d'assurer la surveillance, l'administration, la liquidation ou le paiement » et qui est puni de cinq ans d'emprisonnement et 500 000 F d'amende au maximum, plus l'interdiction des droits civils, civiques et de famille, ainsi que celle d'exercer une fonction publique, professionnelle ou sociale dans l'exercice de laquelle l'infraction a été commise, pendant la même période, et la confiscation des sommes ou objets irrégulièrement reçus.

Alors que la prescription du délit d'ingérence (trois ans) courait à partir du moment ou son auteur prenait un intérêt dans un acte soumis à sa surveillance ou à son administration, le délit sanctionné par l'article 432-12 du nouveau Code pénal est désormais continu, puisqu'il est réalisé par la « prise » mais aussi par la « conservation » illégale d'intérêts. Les personnes concernées sont également définies plus largement, les « fonctions » exercées étant visées et non plus les organes : outre les « personnes chargées d'une mission de service public » (agents du fisc, dirigeants d'établissements publics ou fonctionnaires territoriaux), on y trouve expressément les « détenteurs d'un mandat électif public et dépositaires de l'autorité publique » (mais, depuis Cass. crim, 15/12/1905, *Lacroix*, on avait admis que les élus locaux pouvaient se rendre coupables d'ingérence ; cf. également Cass. crim, 13/2/1969, *Edon*, ainsi que la circulaire du ministre de l'Intérieur du 20/6/1986). Peuvent ainsi commettre le délit de prise illégale d'intérêts un élu municipal, architecte de profession, auteur de projets de travaux rémunérés alors qu'il est chargé de la surveillance desdits travaux (Cass. crim, 14/1/1943 ; 18/6/1996, *Ph. Delmas*) ; le maire qui reçoit, en sa qualité de mandataire d'une société de construction, une rémunération pour la vente d'un terrain communal alors même qu'il devait veiller à l'exécution des délibérations du conseil municipal relatives à ce terrain (Cass. crim, 23/2/1966) ; celui qui, pour assurer le développement économique de sa commune, créé une société civile de promotion immobilière et qui, en tant qu'élu, préside le conseil municipal délibérant sur les aménagements proposés par cette SCI (Cass. crim, 25/6/1996, *J.J. Fabien*) ; le président d'un syndicat intercommunal qui fait conclure un contrat de fournitures avec une société que dirige son fils (Cass. crim., 2/11/1961), etc.

Le délit est constitué par un ***élément matériel***, dès lors qu'un intérêt quelconque est pris dans une opération dont le bénéficiaire détient, au moment de l'acte, la charge de l'administration ou de la surveillance en tout ou partie de celui-ci (par exemple, l'adjoint au maire délégué à l'urbanisme qui signe, ès qualités, les avis du maire dans les dossiers de permis de construire sur des projets dont il est l'auteur en tant qu'architecte : Cass. crim, 18/6/1996, *Ph. Delmas*, cité ; en revanche, l'adjoint ayant reçu, en sa qualité de directeur d'une association, une subvention du conseil municipal mais n'ayant pas reçu du maire délégation de pouvoirs en ce domaine n'en a pas « la surveillance ou le contrôle » : Cass. crim, 6/8/1996, *Proc. gal près CA Montpellier*), qu'il y ait ou non profit personnel (en octobre 1995, le procureur de la République a déclaré qu'il y avait bien prise illégale d'intérêts dans l'affaire de l'appartement d'A. Juppé, rue Jacob à Paris, – même s'il a renoncé à poursuivre – mais non, en juillet 1996, dans celle de l'appartement attribué au fils de J. Tibéri) et par un ***élément intentionnel*** (la « tentative » de prise illégale d'intérêts n'existe pas, le délit étant constitué même lorsque l'opération est abandonnée).

Enfin, l'article 432-12 a repris les ***dérogations*** prévues à l'ancien article 175 du Code pénal pour les petites communes, en les élargissant cependant de 1 500 à 3 500 habitants et en portant le seuil des opérations visées de 75 000 à 100 000 F dans toute une série de domaines limitativement énumérés (ainsi, un maire, agriculteur, louant des terrains communaux pour leur exploitation, remplit les conditions de la prise illégale d'intérêts car cela ne rentre pas dans les dérogations en question).

2) Responsabilités pour des faits d'imprudence ou de négligence

Après l'incendie du dancing « Le Cinq-Sept », le 1er novembre 1970 (146 morts), le maire de St-Laurent-du-Pont fut condamné pénalement par le TGI Lyon, le 20 novembre 1972, jugement confirmé par la Cour d'appel de Lyon, le 13 juillet 1973, et par la Cour de cassation, crim., le 14 mars 1974, pour « homicide par imprudence » (art. 319 et 320 de l'ancien Code pénal, sanctionnant d'amende et de prison « quiconque, par maladresse, imprudence, inattention, négligence ou inobservation des règlements, aura commis involontairement un homicide ou en aura été involontairement la cause ») pour n'avoir pas rempli sa mission de police administrative générale, comprenant notamment « le soin de prévenir, par des précautions convenables..., les accidents et fléaux calamiteux, tels que les ***incendies***, inondations, avalanches, épidémies... » (en revanche, sur le plan civil, le juge pénal, appliquant la jurisprudence TC, 14/1/1935, *Thépaz*, a estimé que la « faute pénale » commise par lui ne constituait pas pour autant une « faute personnelle », mais juste une « faute de service », éventuellement réparable par le juge administratif, en cas de « faute lourde » car il s'agissait d'une mission de contrôle technique. L'assureur du gérant du dancing, après avoir indemnisé les ayants-droit des victimes, intenta une action récursoire pour obtenir la prise en charge d'une partie de la responsabilité par la commune, mais sa requête fut rejetée : cf. TA Grenoble, 14/4/1976, *Reverdy* ; et CE, Sect, 7/3/1980, *SARL Le Cinq-Sept et autres*).

Cette condamnation pénale du maire n'empêcha pas celui-ci d'être réélu triomphalement par ses électeurs, tandis que les politiques, effrayés par ce que l'on appelerait plus tard le « syndrome Furiani », adoptèrent la loi du 18 juillet 1974 « relative à la mise en cause pénale des maires », modifiant les articles 681 et s. du Code de procédure pénale pour étendre à ces derniers le privilège de juridiction qui bénéficiait jusque là aux seuls préfets et officiers de police judiciaire (privilège finalement supprimé par la loi du 4 janvier 1993 réformant le Code de procédure pénale). Mais, au-delà, le problème de fond restait entier en dépit des tentatives des sénateurs, lors du vote du projet de loi sur le développement des responsabilités locales, de renverser le fardeau de la preuve en ajoutant à l'article L 123-22 du Code des communes, en octobre 1979, des dispositions selon lesquelles : « Le maire, les adjoints et les élus municipaux les suppléant ne peuvent être recherchés pour un crime ou un délit commis dans l'exercice de leur fonction que s'ils ont commis une faute personnelle détachable du service ». Mais ce passage d'une responsabilité pénale automatique pour imprudence ou négligence à une sorte de présomption d'irresponsabilité sans doute excessive n'aboutit pas.

En fin de compte, bien que la loi des 16-24 août 1790 ait interdit aux juges judiciaires de « citer devant eux les administrateurs pour raison de leurs fonctions », la jurisprudence *Thépaz* (TC, 14/1/1935, cf. *supra*), en distinguant la faute pénale de la « faute personnelle », a permis à la Cour de cassation (crim., 14/12/1971 ; 7/11/1972) de préciser que « les tribunaux de l'ordre judiciaire sont compétents pour l'instruction et le jugement des crimes, délits et contraventions même dans le cas où le fait constitutif de l'infraction poursuivie a été commis dans son service par un agent public, cette circonstance n'étant pas de nature à relever le juge répressif du devoir qui, sauf disposition contraire de la loi, n'incombe qu'à lui d'appliquer la loi pénale ».

Parmi les infractions visées, l'homicide ou blessure par imprudence des articles 319 et 320 du Code pénal, devenus articles 221-6 et 221-19 du nouveau Code pénal, entré en vigueur au 1er mars 1994, selon lequel cela peut aussi résulter « d'un manquement à une obligation de prudence ou de sécurité prévue par les lois ou les règlements », c'est-à-dire d'un délit purement matériel, abstrait, en quelque sorte automatique (cf. l'art. 121-3 du même Code : « Il n'y a point de crime ou de délit sans intention de la commettre. Toutefois, lorsque la loi le prévoit, il y a délit en cas de mise en danger délibéré de la personne d'autrui ; il y a également délit, lorsque la loi le prévoit, en cas de négligence ou de manquement à une obligation de prudence ou de sécurité prévue par la loi ou les règlements »).

Ainsi, la responsabilité pénale des élus locaux avait-elle pu être mise en cause à propos de l'exercice de leurs pouvoirs de police administrative, qu'il s'agisse de l'incendie de St-Laurent-du-Pont (Cass. crim., 14/3/1974, cité *supra*) ou de la catastrophe du stade de Furiani à Bastia, dans le domaine – très technique – de la police des immeubles recevant du public (CA Bastia, 23/4/1993, confirmé par Cass. crim., 2/3/1994), en passant par la destruction d'un foyer de ski par une avalanche (Cass. crim., 11/3/1986, tandis que CE, 14/3/1986, *Commune de Val d'Isère c. Mme Bosvy* retenait, dans la même affaire, la responsabilité de la commune pour manque de prévision et de précaution), l'absence de protection de la base d'un pylône de remonte-pente (Cass. crim., 18/1/1990) ou de la non-fermeture d'une piste de ski malgré les risques d'avalanche signalés (TGI Grenoble, 5/8/1992).

La même responsabilité pénale était encourue par les élus du seul fait de leur gestion des biens et des services offerts par leur collectivité, pour faute dans l'entretien d'ouvrages communaux ayant entraîné des victimes par exemple (cf. Cass. crim., 8/7/1980 : puits communal mal protégé ; 18/7/1984 : installation de chauffe-eau défectueuse ayant provoqué l'intoxication de deux personnes occupant un logement communal ; 26/9/1989 : décès dû à des installations défectueuses dans un gymnase ; 21/2/1990 : électrocution due à un lampadaire ; 5/2/1991 et 14/4/1993 : usagers de douches municipales intoxiqués par l'obstruction d'un conduit de fumée ; 13/2/1992 : enfant tué par la chute d'un ornement d'un monument aux morts non scellé au sol, etc.)

Depuis l'entrée en vigueur du nouveau Code pénal, au 1er mars 1994, les élus locaux pouvaient être pénalement condamnés encore plus facilement par suite de la création d'un nouveau délit (nonobstant la responsabilité pénale des personnes morales) : la « mise en danger d'autrui » (cf. l'art. 223-1 réprimant « le fait d'exposer directement autrui à un risque immédiat de mort ou de blessure... par la violation manifestement délibérée d'une obligation particulière de sécurité ou de prudence », écarté en matière de pollution de l'air d'une commune par Cass. crim., 25/6/1996). Insensiblement, on était ainsi passé d'une responsabilité initiale pour faute à une responsabilité civile, sans faute, puis à une responsabilité pénale quasi automatique très inquiétante pour les élus bien souvent dépourvus des moyens concrets nécessaires à la prise des précautions requises.

Aussi, la loi n° 96-393 du 13 mai 1996 a-t-elle permis d'empêcher dorénavant certaines mises en cause abusives en inscrivant dans le Code pénal le principe de l'application « in concreto » du délit d'imprudence, désormais seulement constitué « en cas d'imprudence ou de négligence ou de manquement à une obligation de prudence ou de sécurité prévue par la loi ou les règlements ***sauf si l'auteur des faits a accompli les diligences normales compte tenu, le cas échéant, de la nature de ses missions ou de ses fonctions, de ses compétences ainsi que du pouvoir et des moyens dont il disposait*** » (art. 121-3 § 3). Cette disposition, reprise dans plusieurs articles du CGCT pour les élus locaux (L 3123-28 pour le président du conseil général ou un vice-président délégué ; L 4135-28 pour un président de conseil régional), s'applique également aux fonctionnaires territoriaux (nouvel art. 11bis A. de la loi du 13 juillet 1983) et n'a théoriquement pas d'incidence sur la responsabilité civile (objective, non liée à une faute : cf. la modification par la même loi de l'article 470-1 du Code de procédure pénale permettant que le tribunal correctionnel qui prononce une relaxe reste compétent pour accorder des dommages-intérêts pour l'***ensemble*** des délits non intentionnels, et non plus seulement en cas de poursuites engagées pour homicide en blessures involontaires).

PARTIE 3

Compétences

Introduction

Selon l'article 34 de la Constitution de 1958, « la loi détermine les principes fondamentaux... de la libre administration des collectivités locales, ***de leurs compétences*** et de leurs ressources ». C'est donc à ce niveau, et non dans la Constitution elle-même, qu'est réglée dans notre pays la question de la répartition des compétences entre l'Etat et les collectivités territoriales. Le législateur n'est d'ailleurs pas, en cette matière comme en toute autre, entièrement libre, le « principe de libre administration » (cf. *supra*, p. 25) paraissant impliquer l'attribution et le maintien d'un minimum de compétences – et de moyens – à chaque niveau de collectivité. D'autre part, même dans la conception extensive qu'en ont donné CC et CE, le législateur doit s'en tenir ici aux « principes fondamentaux », laissant au pouvoir réglementaire le soin d'assurer leur mise en œuvre (cf. *supra*, p. 25).

Dans ce cadre, la loi du 2 mars 1982 s'est d'abord contentée d'annoncer, dans son article 1er alinéa 2, que : « Des lois détermineront la répartition des compétences entre les communes, les départements, les régions et l'Etat » et celles-ci intervinrent en effet à partir du 7 janvier 1983. Seules les compétences en matière économique ont été abordées dès 1982, comme s'il y avait alors urgence, et c'est pourquoi nous les traiterons également en premier lieu.

D'une façon générale, les transferts de compétences ont été faits, le plus souvent, de l'Etat aux collectivités locales, parfois l'inverse, mais jamais d'un niveau de collectivité à un autre. L'article 3 de la loi du 7 janvier 1983 semble avoir adopté le principe des « blocs de compétences » clairement identifiés, à l'égard desquels chaque niveau de collectivité locale dispose d'un droit d'intervention exclusif. Toutefois, sa rédaction est relativement ambiguë : « La répartition des compétences entre les collectivités territoriales et l'Etat s'effectue, dans la mesure du possible, en distinguant celles qui sont mises à la charge de l'Etat et celles qui sont dévolues aux communes, aux départements ou aux régions, de telle sorte que chaque domaine de compétence ainsi que les ressources correspondantes soient affectées en totalité soit à l'Etat, soit aux communes, soit aux départements, soit aux régions. » Du reste, la réalité s'étant révélée sur le terrain plus complexe que les théories élaborées dans les bureaux ministériels, compétences enchevêtrées et financements croisés caractérisent en conséquence le partage effectivement mis en œuvre, même si chaque niveau de collectivité est spécialisé dans tel ou tel domaine (utilisation du sol pour les communes, sanitaire et social pour les départements, économie et formation pour les régions notamment).

Malgré tout, l'article 65 de la loi d'orientation du 4 février 1995 pour l'aménagement et le développement du territoire (Titre VI : « Des compétences, de la péréquation et du développement local » ; chap. 1er : « Des compétences ») annonce que : « un an maximum après promulgation de la loi, une nouvelle loi répartira les compétences de manière que chaque catégorie de collectivités locales dispose de compétences homogènes », et définira les conditions dans lesquelles une collectivité pourra assumer un rôle de « chef de file » pour l'exercice d'une compétence ou d'un groupe de compétences ; mais elle n'est en fin de compte pas intervenue. L'article 66, pour sa part, élargit les attributions de la Commission consultative d'évaluation des charges instituée par l'article 94 de la loi du 7 janvier 1983 en lui confiant le soin d'établir, à l'intention du Parlement, un bilan de l'évolution des charges transférées aux collectivités locales à l'occasion de l'examen de chaque projet de loi de finances.

Enfin, l'article 67 dispose qu'une loi définira, après une phase d'expérimentation d'une année, les modalités d'organisation et de financement des transports collectifs d'intérêt régional et les conditions dans lesquelles ces tâches seront attribuées aux régions (cf. *infra*, p. 225).

Communes, départements et régions bénéficient, depuis la loi du 2 mars 1982 (articles 23 et 59) de la « clause générale de compétence » attribuée depuis longtemps aux premières par le Code des communes (« Le conseil municipal règle, par ses délibérations, les affaires de la commune »). L'article 1er de la loi du 7 janvier 1983 confirme, dans cette optique, que « les communes, les départements et les régions règlent par leurs délibérations les affaires de leur compétence. Ils concourent avec l'Etat à l'administration et à l'aménagement du territoire, au développement économique, social, sanitaire, culturel et scientifique, ainsi qu'à la protection de l'environnement et à l'amélioration du cadre de vie ». Cette vaste énumération n'empêche pas que chaque niveau de collectivité soit, comme on l'a dit, spécialisé dans certains domaines d'intervention (cf. par exemple, l'alinéa 3 de l'article 59 de la loi du 2 mars 1982 : « le conseil régional a compétence pour promouvoir le développement économique, social, sanitaire, culturel et scientifique de la région et l'aménagement de son territoire et pour assurer la préservation de son identité dans le respect de l'intégrité, de l'autonomie et des attributions des départements et des communes »), au point qu'il a pu être soutenu que l'adoption des lois de décentralisation attributives de compétences avait rendu obsolète la clause générale.

En définitive, le débat se ramène à la définition de la notion d'« affaires locales », dans la mesure où la clause générale de compétence se limite en fait, sous contrôle du juge administratif *via* le déféré préfectoral le plus souvent, aux « affaires de la commune » (cf. CE, 25/1/1978, *Imbert*), « du département » (CE, 6/6/1986, *Départ. de la Côte-d'or*) ou « de la région » (CE, 21/1/1977, *Péron-Magnan et autres* ; 30/5/1979, *Assoc. départ. de défense Autoroute A-71, section Loiret* ; 13/2/1981, *Assoc. pour la protection de l'eau et des ressources naturelles du bassin inférieur du Doubs* ; Sect., 30/3/1981, *Min. de l'Intérieur c. Ducros* ; 14/12/1992 ; *Commune de Frichemesnil* ; etc.).

On précisera encore que, selon l'article 2 de la loi du 7 janvier 1983, « les transferts de compétences... au profit des communes, des départements et des régions ne peuvent autoriser l'une de ces collectivités à établir une tutelle, sous quelque forme que ce soit, sur l'une d'entre elles », l'article 3-2 ajoutant à cet égard que chacune de ces collectivités « finance par priorité les projets relevant des domaines de compétences qui leur ont été dévolus par la loi ».

Sans prétendre à l'exhaustivité, nous examinerons quelques-unes de ces compétences principalement exercées par les collectivités locales, ensemble ou séparément, à commencer par celle qui était mentionnée par le législateur dès 1982 : l'interventionnisme économique.

CHAPITRE 1

Les interventions dans l'économie

« J'ai commencé cette œuvre difficile par une fabrique de paniers, explique le docteur Benassis, maire d'un petit village, dans *Le Médecin de campagne* de Balzac, j'allais à Grenoble chercher quelque jeune ouvrier sans ressource pécuniaire... Quand je l'eus trouvé, je le décidai facilement à s'établir ici en lui promettant de lui avancer le prix de l'osier nécessaire à ses fabrications... Quel triomphe, monsieur ! J'avais créé dans le bourg une industrie. »

Pourtant, l'idéologie libérale n'encourage pas les interventions publiques, a fortiori locales, dans l'économie qui méconnaissent la liberté du commerce et de l'industrie. De longue date, le juge administratif a censuré les délibérations des assemblées locales accordant des subventions, sous quelque forme que ce soit, à une entreprise privée « pour la favoriser dans la concurrence qu'elle soutient contre les autres commerçants de la localité » (CE, 1/2/1901, *Descroix* ; 29/3/1901, *Casanova* ; 3/5/1918, *Sieurs Schneider et Cie* ; 25/11/1927, *Sté des établissements Arbel* ; 15/6/1955, *Sieur Sin*) ou créant des services publics industriels et commerciaux (CE, 6/3/1914, *Synd. de la boucherie de la ville de Chateauroux* ; 30/5/1930, *Chambre synd. du commerce de détail de Nevers*) au motif que « les entreprises ayant un caractère commercial restent, en règle générale, réservées à l'initiative privée et que les conseils municipaux ne peuvent ériger des entreprises de cette nature en services publics communaux que si, en raison de circonstances particulières de temps et de lieu, un intérêt public justifie leur intervention en cette matière ».

Toute forme de « socialisme municipal » – comme on disait au début du siècle –, « départemental » ou « régional » est donc proscrite, y compris après la loi du 2 mars 1982, en particulier du fait de règles communautaires favorables au libre jeu de la concurrence. Les articles 92 et 93 du traité de Rome, interprétés par la Cour de Justice des Communautés européennes, stipulent en effet que les aides publiques – étatiques ou locales – aux entreprises sont interdites, sauf dérogations (art. 92 2 et 3, ainsi que le texte de la Commission du 23/7/1996 sur l'encadrement communautaire des aides publiques aux PME). Ces aides, si elles sont supérieures à 100 000 écus sur trois ans pour une même entreprise, doivent être notifiées à la Commission sous peine d'illégalité (cf. CJCE, 14/2/1990, *France c. Commission*, arrêt dit « *Boussac* »), toute personne contestant une aide non autorisée pouvant de surcroît obtenir, devant son juge national, sa suspension voire son remboursement (CJCE, 11/7/1996, *Synd. fr. de l'express Int.*). Cependant, ce n'est pas chaque décision individuelle d'octroi d'une aide qui doit être notifiée, mais juste le texte réglementaire qui la fonde (CJCE, 5/10/1994, *Rép. italienne c. Commission*) et, par exemple, la France a notifié en la matière les lois et décrets de 1982.

Malgré tout, les interventions des collectivités locales dans l'économie sont de plus en plus largement autorisées, tant par les lois de décentralisation qui ont officialisé les pratiques de ces dernières confrontées aux effets de la crise, que par la jurisprudence (cf. CE, 17/4/1964, *Commune de Merville-Franceville* ; Sect., 23/6/1972, *Sté La Plage-La Forêt* ; 10/5/1985, *SA Boussac Saint-Frères* ; 25/6/1986, *Commune de Mercœur*). Ces interventions sont subordonnées à une triple condition : qu'il y ait une carence ou une insuffisance de l'initiative privée, un intérêt public local et des circonstances particulières de temps et de lieu (cf., par exemple, TA Clermont-Ferrand, 21/10/1983, *Hugues Tay c. Préfet de l'Allier*, admettant la création par la commune de Busset d'un café-hôtel, « considérant qu'il résulte de l'instruction que, d'une part, il n'existait pas de commerce comparable sur la commune, qui permette d'offrir des repas et un hébergement éventuel pour les touristes ; que la commune de Busset, sur le territoire de laquelle se trouve un château qui attire les visiteurs, présente un indéniable caractère touristique » et donc, si « les entreprises ayant un caractère commercial restent en règle générale, réservées à l'initiative privée, les conseils municipaux peuvent néanmoins créer des entreprises de cette nature et instituer ainsi des services publics communaux si, en raison de circonstances particulières de temps et de lieu, un intérêt public suffisant justifie leur intervention dans cette matière et en cas de carence de l'initiative privée » ; *ibid.* CE, 4/7/1984, *Départ. de la Meuse c. M. Poilera et autres*, annulant la création par un conseil général d'une caisse départementale d'assurance incendie concurrençant illégalement les nombreuses sociétés d'assurances privées exerçant leur activité dans le département). Seule exception : l'intervention de la collectivité est admise (loi du 2 mars 1982, art. 5-II et 48) si elle « a pour but d'assurer le maintien des services nécessaires à la satisfaction des besoins de la population en milieu rural et si l'initiative privée est défaillante ou absente » (cf. TA Poitiers, 9/10/1991, *Préfet de la Charente-Maritime c. Commune de Lagord*).

De plus, les collectivités locales ne doivent pas mettre leurs finances en péril par des interventions économiques trop lourdes ou trop risquées. Depuis longtemps, les pouvoirs publics ont multiplié à cet égard les mises en garde (cf. le Rapport Poincaré sur le projet du 28 décembre 1926, justifiant les précautions prises « par la crainte de voir les municipalités s'engager dans une voie périlleuse au point de vue financier ») et elles ont été relayées, après 1982, par les rapports publiés de la Cour des comptes (cf. ceux de 1983, p. 83 et s. ; 1987, p. 193 et s. ; 1988, p. 119 et s. ; 1996, etc.) montrant comment les prescriptions législatives étaient souvent contournées, les procédures enchevêtrées et les résultats décevants en termes d'emplois créés. C'est pourquoi les pouvoirs publics encadrent parfois très restrictivement les possibilités d'intervention économique des collectivités territoriales, qu'il s'agisse des régions (cf. les treize décrets du 13 février 1981, accompagnés d'une circulaire Barre du même jour précisant les « principes généraux » et les « modalités d'intervention » des régions, dont onze furent abrogés, dès le lendemain de l'alternance politique, par le décret du 11 juin 1981, une circulaire Mauroy du 18 invitant alors les préfets à interpréter libéralement les dispositions de la loi du 5 juillet 1972) ou, à l'issue d'une nouvelle alternance, des communes, par la loi « d'amélioration de la décentralisation » du 5 janvier 1988.

Au total, les collectivités territoriales consacrent quelque 15 milliards de F par an à ces interventions (contre 1,5 seulement pour le Fonds national d'aménagement et de développement du territoire et à peine 300 millions de F pour les primes d'aménagement du territoire financées par l'Etat), dont 45 % environ proviennent des communes et de leurs groupements, 25 % des départements et seulement 30 % des régions, malgré leur compétence de principe en la matière (mais elles jouent surtout un rôle de levier, incitant les autres niveaux de collectivités à consentir des aides complémentaires).

En attendant la réforme et la clarification promises (notamment, peut-être, la suppression de la distinction entre aides directes et indirectes, inconnue de surcroît du droit communautaire), on distinguera, d'une part les aides aux entreprises en difficulté et, d'autre part, celles ayant pour objet de favoriser le développement économique.

1 • LES AIDES AUX ENTREPRISES EN DIFFICULTÉ

Elles sont régies par un principe de liberté et d'égalité entre collectivités locales, sous réserve du respect de quelques conditions de fond et de forme.

A – Un principe : la liberté d'octroi

L'aide aux entreprises en difficulté n'est subordonnée à aucune limitation géographique en fonction de zones instituées par la carte des aides nationales, ni concernant le type d'intervention approprié : tout est possible, prêts et avances à taux bonifiés ou même sans intérêt, rachat de bâtiments et de terrains afin de procurer de l'argent frais à l'entreprise, puis location ou location-vente à cette dernière, qui impute le loyer versé sur son compte d'exploitation (l'immobilier d'entreprise restant le type d'aide le plus utilisé – par 20 régions et 78 départements entre 1989 et 1994 selon la Cour des comptes, qu'il s'agisse d'entreprises en difficulté ou de développement économique ; cf. *infra*), subventions de fonctionnement ou d'équipement (par ailleurs traditionnellement interdites), aides directes diverses (à la formation professionnelle, à la commercialisation des produits, à la modernisation de l'outil de production, assistance à la gestion, etc.) et garanties d'emprunts, dans les mêmes conditions que pour les interventions destinées à promouvoir la création d'activités nouvelles et le développement économique.

De plus, toutes les collectivités territoriales peuvent intervenir à égalité en la matière, aucun rôle prépondérant n'étant donc dévolu à la région. Selon l'article 5-II de la loi du 2 mars 1982, en effet « lorsque la protection des intérêts économiques et sociaux de la population communale (et, par analogie, du fait de l'article 66 du même texte, régionale) l'exige, la commune (ou la région, ainsi que, selon l'art. 48-II, le département) peut accorder des aides directes et indirectes à des entreprises en difficulté pour la mise en œuvre de mesures de redressement prévues par une convention avec celle-ci », étant également entendu que « la commune (le département, la région) peut passer des conventions avec d'autres collectivités territoriales concernées et disposant de moyens adaptés à la conduite de ces actions, notamment sur le plan financier ».

La loi du 5 janvier 1988 a cependant interdit ce type d'intervention aux communes, objets de tous les chantages à l'emploi (la compétence des régions étant désormais fondée sur la référence à l'article 48-II de la loi du 2 mars 1982, relatif aux départements), sauf s'il s'agit d'assurer le maintien de services en milieu rural (cf. CE, 30/11/1994, *Commune de Lagord* : condition non remplie, la commune n'étant pas située « en milieu rural »). Les aides aux entreprises en difficulté sont donc désormais réservées pour l'essentiel aux départements et aux régions, après consultation du conseil municipal de la commune où est située l'entreprise.

B – Une limite : les conditions de fond et de forme

La légalité des interventions des collectivités territoriales en faveur des entreprises en difficulté n'est subordonnée qu'à une condition de forme : la signature d'une convention avec ces dernières, contrat administratif précisant la nature et le montant des aides consenties ainsi que les mesures de redressement prises ou envisagées (cf. les arts. L 3231-3 CGCT et TA Grenoble, 23/3/1983, *Comm. de la Rép. de la Savoie c. Commune de Saint-Rémy-de-Maurienne* : condition non remplie) et à deux conditions de fond : d'une part, l'aide doit avoir pour objet « la protection des intérêts économiques et sociaux de la population » du département ou de la région, ce qui paraît impliquer « une certaine proportion... entre l'importance de la collectivité concernée et la gravité des conséquences prévisibles du sinistre qui pourrait se produire faute d'une tentative de sauvetage de l'entreprise » (circulaire aux préfets du 24/6/1982), condition toutefois relativement vague et non expressément mentionnée dans la loi elle-même. D'autre part, l'aide doit viser au « redressement de l'entreprise en difficulté ». La circulaire citée ci-dessus propose à cet égard deux sortes de critères : juridiques (cessation de paiement et dépôt de bilan, règlement judiciaire, concordat, liquidation de biens, etc.), le plus souvent trop tardifs, ou économiques (baisse du carnet de commandes, incidents de paiement avec l'URSSAF, chômage technique, licenciements pour cause économique, etc.), également flous et sans doute trop précoces.

2 • LES AIDES EN FAVEUR DU DÉVELOPPEMENT ÉCONOMIQUE

Selon l'article 5 de la loi du 2 mars 1982, « lorsque son intervention a pour objet de favoriser le développement économique, la commune (le département, la région, auxquels le 6e de l'article 4 ajouté à la loi du 5 juillet 1972 par celle du 2 mars 1982 permet « toutes interventions dans le domaine économique, dans les mêmes conditions et limites que celles prévues pour les communes par l'article 5, après consultation des conseils municipaux et des conseils généraux concernés ») peut accorder des aides directes et indirectes dans les conditions prévues par la loi approuvant le Plan. Il s'agit de la loi du 7 janvier 1982 approuvant le plan intérimaire (qu'il convient de considérer comme toujours en vigueur : cf. TA Dijon, 27/11/1990, *Préfet de Saône-et-Loire* ; CE, 18/11/1991, *Départ. des Alpes-Maritimes* ; 17/1/1994, *Préfet des Alpes de Haute-Provence c. Commune d'Allos*), dont l'article 4 établit une distinction entre aides directes et indirectes et attribue aux régions un rôle pilote dans l'attribution des premières sous les conditions – limitatives – précisées par les décrets du 22 septembre 1982 modifiés par ceux du 15 janvier 1988. Cet article 4 (art. L 1511-3 CGCT) contient à cet égard des dispositions « exclusives de toute autre forme d'aide de même nature » (CE,

6/6/1986, *Départ. de la Côte-d'Or*), lesquelles sont donc annulées, le cas échéant, pour défaut de base légale (CE, 15/2/1993, *Région Nord-Pas-de-Calais*, pour une « aide à l'exportation » et une « aide au recrutement de jeunes diplômés » ; 26/6/1996, *Départ. de l'Yonne*, pour une subvention destinée à promouvoir une opération de parrainage d'une équipe engagée dans un rallye automobile par une société).

Cependant, cette distinction entre aides directes et indirectes est d'appréciation délicate (cf. CE, Sect., 3/11/1997, *Commune de Fougerolles* ; la cession par une commune d'un terrain à une entreprise pour 1 F symbolique constitue, non une aide directe – subordonnée à l'intervention de la région – mais une aide indirecte) et elle devrait prochainement disparaître.

A – Les aides directes

Toujours subordonnées à la création ou à l'extension d'activités économiques (cf. CE, 26/6/1996, *Départ. de l'Yonne*, cité), elles peuvent revêtir la forme de primes régionales à la création d'entreprise, de primes régionales à l'emploi, de bonifications d'intérêts ou de prêts et avances à des conditions plus favorables que celles du marché.

1) Les primes régionales à la création d'entreprise

Attribuées – selon les décrets nos 82-806 du 22 septembre 1982 et 88-51 du 15 janvier 1988 – par le président du conseil régional en exécution d'une délibération de ce dernier (qui peut déléguer sa compétence au bureau, mais non au président : CE, 17/3/1993, *Comm. de la Rép. de Bourgogne* ; TA Amiens, 1/12/1987, *MM. Braine et Vantourme*, annulant une délégation d'un conseil général à une agence départementale pour l'exercice des interventions économiques) et selon les règles librement déterminées par cette assemblée, en contrepartie d'un nombre minimal d'emplois créés (cf. TA Nantes, 15/5/1984, *Seeger* ; TA Strasbourg, 4/7/1985, *Comm. de la Rép. de Lorraine*).

L'attribution de la prime régionale à la création d'entreprise n'est cependant jamais un « droit » et peut être refusée, sous contrôle restreint du juge (CE, 28/9/1993, *Min. de l'Eco. et des Finances c. SARL Alméras-Bonnemayre* ; 14/12/1988, *SA Gilbert-Marine* ; 14/10/1996, *Sté d'études et de recherches de produits*), l'autorité régionale pouvant toutefois préciser ses critères de choix par directive (CE, 16/10/1992, *Sté Applications techniques des plastiques*). Communes et départements ne peuvent intervenir qu'à titre subsidiaire, si le conseil régional a décidé d'attribuer la prime mais sans atteindre le plafond légal (CE, 1/10/1993, *Commune de Vitrolles*).

2) Les primes régionales à l'emploi

Instituées par le décret n° 82-807 du 22 septembre 1982 complété par ceux des 1er octobre et 31 décembre de la même année, sur le modèle de la prime de développement régional versée par l'Etat depuis 1955 (cf. à son sujet, CE, 8/7/1988, *Premier min. c. Sté angérienne des bois déroulés et contreplaqués* ; 14/12/1988, *SA Gilbert-Marine*), elles sont attribuées selon les mêmes modalités que les primes régionales à la création d'entreprise, les collectivités locales ne pouvant, là encore, qu'abonder l'action de la région. Un décret du 15 janvier 1988 (n° 88-52) est venu modifier les conditions relatives au chiffre d'affaires de l'entreprise concernée et au caractère des emplois servant de base au calcul de la prime. Celle-ci peut être cumulée avec la prime régionale à la création d'entreprise, mais non avec la prime d'aménagement du territoire. Son montant est de 10 000 F par emploi permanent créé ou maintenu dans les zones urbaines de plus de 100 000 habitants, 20 000 F en dehors et 40 000 F dans des zones (précisées en annexe) agricoles défavorisées ou ayant bénéficié de l'ancienne aide spéciale rurale, dans la limite de 30 emplois.

Peuvent en bénéficier les entreprises ayant un objet ou des activités déterminées par le conseil régional en cas de création d'activité, de reprise d'établissement en difficulté, de conversion interne ou d'extension d'activité, en tenant compte des effectifs globaux de l'entreprise en France afin de ne pas subventionner de simples opérations de déplacement de personnels. Enfin, les primes régionales à l'emploi ne peuvent dépasser le double du total des capitaux propres et des comptes courants d'associé de la société ou des apports de l'entrepreneur individuel, et sa liquidation est subordonnée à la régularité de l'entreprise au regard de ses obligations fiscales et sociales.

Cette modalité d'aide directe a suscité relativement peu de contentieux (cf. CE, 6/6/1986, *Départ. de la Côte-d'Or,* à propos du cumul de la prime avec des bonifications d'intérêt ; TA Besançon, 15/5/1985, *Comm. de la Rép. de Haute-Saône c. Départ. de la Haute-Saône*) mais il faut dire qu'elle a été très peu utilisée du fait de la lourdeur de sa procédure d'attribution (longs délais d'instruction) et de ses caractéristiques peu intéressantes (montants faibles, contrôles inexistants, remboursements impossibles), tout comme la PRCE, l'une et l'autre ayant été rapidement remplacées (dès 1984 pour la région Centre par exemple, ou 1986 pour l'Auvergne et l'Aquitaine) par d'autres formes d'intervention, plus souples mais parfois plus dangereuses.

3) Les prêts, avances et bonifications d'intérêts

Les bonifications d'intérêts, prêts ou avances à des conditions plus favorables que celles du taux moyen des obligations destinées à favoriser la création ou l'extension d'activités économiques sont régis par le décret n° 82-808 du 22 septembre 1982. Ces aides peuvent être accordées, sur l'ensemble du territoire, à des projets créant 30 emplois dans un même établissement ou s'il s'agit d'extension, 10 emplois supplémentaires, par le président du conseil régional en exécution d'une délibération de cette assemblée fixant, là encore, les règles d'attribution, de liquidation, de versement, d'annulation et de reversement.

Afin d'éviter les surenchères entre régions, l'article 3 du décret précise qu'un écart maximum du taux des prêts et avances et du taux des prêts bonifiés par rapport au taux moyen des obligations à long terme est fixé par arrêté du ministre de l'Economie et des Finances : après ceux des 18 novembre 1982 et 14 janvier 1983, l'arrêté du 9 décembre 1986, modifié par celui du 23 janvier 1996, a tenté de rendre ce type d'aide plus attractif en changeant le mode de calcul. (Entre 1982 et 1986, cependant, les taux bonifiés accordés par les établissements financiers sont passés de 12,75 % à 9,25 % alors que celui des régions était maintenu à 9,75 %.)

Ces conditions, assez contraignantes, doivent être respectées même lorsque la région agit par l'intermédiaire d'un organisme-relais type CCI, SDR ou fonds géré par une personne morale, car l'aide reste néanmoins « directe » au sens de la loi du 7 janvier 1982 (cf. *contra*, TA Pau, 2/3/1983, *Comm. de la Rép. des Pyrénées-Atlantiques c. Départ. des Pyrénées-Atlantiques*, annulé par CE, 27/6/1986, *Comm. de la Rép. des Pyrénées-Atlantiques*). Dans le même sens, cf. TA Strasbourg, 31/1/1985 (sursis) et 11/7/1985, *Comm. de la Rép. de la région Lorraine c. Président du Cons. régional de Lorraine* ; TA Strasbourg, 30/7/1985, *Comm. de la Rép. de Lorraine c. Président du Cons. régional de Lorraine* ; TA Lyon, 22/6/1989, *Préfet de la région Rhône-Alpes c. Président du Cons. régional de Rhône-Alpes*, confirmé par CE, 8/7/1994, *Région Rhône-Alpes*). De même, s'agissant d'aides directes au développement économique, départements et communes ne peuvent agir qu'en complément de l'intervention régionale (TA Pau, 15/3/1983, cité ; TA Dijon, 1/10/1985, *Comm. de la Rép. de Haute-Saône* ; TA Montpellier, 2/5/1986, *Comm. de la Rép. des Pyrénées-Orientales c. Départ. des Pyrénées-Orientales* ; TA Clermont-Ferrand, 17/11/1987, *Préfet de l'Allier c. Commune de Montluçon*).

Au total, les régions utilisent assez mal ce type d'aides, qu'elles estiment relever davantage du secteur bancaire (les collectivités locales ne peuvent d'ailleurs accorder des prêts à d'autres personnes publiques qu'exceptionnellement et sans intérêts, sous peine de violer le monopole de la loi bancaire du 24 janvier 1984 : cf. CE, 30/11/1994, *Départ. de la Meuse*). En 1985, cinq régions seulement y auraient recouru en métropole (Aquitaine, Languedoc-Roussillon, Midi-Pyrénées, Picardie et Provence-Alpes-Côte d'Azur) ; en 1986, deux ; en 1987, trois ; en 1988 et 1989, une. Elles y ont consacré 6,6 MF seulement en 1984, 6,1 en 1987 et 7,5 en 1992 (cf. CE, 15/2/1993, *Région Nord-Pas-de-Calais*, à propos d'une « avance à l'exportation », non prévue par les textes et remboursable seulement en cas de succès, et la circulaire du ministre de l'Intérieur du 7/10/1992 relative aux interventions économiques des collectivités locales).

B – Les aides indirectes

Elles « peuvent être attribuées par les collectivités territoriales ou leurs groupements, ainsi que par les régions, seuls ou conjointement » (loi du 7 janvier 1982, article 4 al. 4), sans nécessité d'intervention préalable de ces dernières et sans contraintes légales ou réglementaires particulières. Certaines formes sont énumérées par la loi et les autres sont « libres » (al. 6), laissées à l'imagination des autorités locales. Dès lors, faute de définition précise, nombre d'entre elles ont tendance à qualifier d'« indirectes » certaines interventions qui ne l'étaient en réalité nullement (cf. CE, 6/6/1986, *Départ. de la Côte-d'Or* ; 27/6/1986, *COREP des Pyrénées-Atlantiques*).

1) Les aides à l'immobilier industriel

Les aides à l'achat ou à la location de bâtiments industriels sont régies par le décret n° 82-809 du 22 septembre 1982. Les collectivités locales – communes surtout, en fait, avec le concours des régions, et par l'intermédiaire d'organismes-relais tels que les SICOMI, CCI ou SEML – peuvent acquérir des immeubles existants « afin d'en favoriser la réutilisation, les rétrocéder ou les louer, après rénovation, en accordant à l'entreprise acquéreur ou locataire un rabais » et en « prenant en charge au maximum la différence entre le prix de revient après rénovation et le prix correspondant aux conditions du marché ». Il peut cependant « être consenti des rabais sur ces conditions, ainsi que des abattements sur les charges de rénovation de bâtiments industriels anciens », suivant des règles de plafond et de zones précisées par le décret. Bien qu'« indirectes », ces aides sont donc réglementaires et les dépassements de plafond sont censurés (cf. CE, 27/6/1986, *COREP des Pyrénées-Atlantiques*, cité *supra* ; CE, 27/2/1995, *Commune de Châlons-sur-Marne. c.* Besançon ; 6/4/1995, *Préfet de la Haute-Saône c. Commune de Fougerolles,* annulant la délibération cédant pour 1 F une parcelle du domaine communal en se fondant sur la décision CC des 25-26 juin 1986 selon laquelle « la Constitution s'oppose à ce que des biens ou des entreprises faisant partie de patrimoines publics soient cédés à des personnes poursuivant des fins d'intérêt privé pour des prix inférieurs à leur valeur ». Ce jugement a cependant été annulé par CE, Sect., 3/11/1997, *Commune de Fougerolles*. V. également, sur cette question, TA Montpellier, 26/6/1996, *Charge et al. c. Commune de Nîmes* et *Aznadi c. Région Languedoc-Roussillon*).

Dans les zones énumérées à l'annexe I du décret n° 82-379 du 6 mai 1982 relatif à la prime d'aménagement du territoire, ces collectivités peuvent également « accorder des rabais sur le prix de vente ou de location des immeubles qu'elles cèdent ou louent aux entreprises, dans la limite de 25 % de la valeur vénale des bâtiments ou des loyers *correspondant à cette valeur évaluée aux conditions du marché*. (Au-delà de ce plafond, et de surcroît pour un immeuble à usage de bureaux, la délibération est illégale : cf. CE, 6/4/1988, *Communauté urbaine de Lyon*.) Bien que ces dispositions soient plus favorables que celles résultant des circulaires des 23 septembre 1965 et 10 septembre 1976 relatives aux conditions dans lesquelles les collectivités locales pouvaient apporter leur concours au développement industriel, ces aides, de même que celles concernant les infrastructures d'accueil (assainissement, voirie, etc.), ont parfois apporté à leurs initiateurs – obligés d'emprunter *via* des sociétés d'équipement aux services onéreux – de graves mécomptes, selon les observations de la Cour des comptes.

2) Les exonérations de taxe professionnelle

Régie par l'article 1465 du Code général des impôts, l'exonération temporaire de la taxe professionnelle peut être accordée, pour cinq ans maximum (ou, dans certains cas, pour quatre ans, à compter du 1er janvier de l'année suivant celle de la survenance de l'opération ouvrant droit à l'exonération ; cf. CAA Nantes, 1re ch., 21/12/1997, *SA Micano*), contre l'obligation de créer 30 emplois dans les unités urbaines de plus de 15 000 habitants dans le cas de créations ou d'extensions d'établissements industriels (V. l'art. 322 g 1 b de l'annexe iii du CGI pour les seuils d'emplois et d'investissements fixés dans le cadre de la politique d'aménagement du territoire : aides fiscales réservées aux opérations ayant une incidence notable sur l'emploi local ; v. question écrite A. Bohl et rép. min, *JO*, Sénat, 18/4/1996, p. 936 ; CAA Lyon, 4e ch., 12/3/1997, *SA Rezoli France* : l'exonération ne peut s'appliquer au regroupement sur un nouveau site d'*activités antérieurement exercées par d'autres sociétés sur plusieurs sites,* mais la nouvelle société peut bénéficier de la réduction de la moitié des bases de la 1re année d'imposition prévue à l'art. 1478-II CGI dès lors qu'elle constitue une création d'établissement et que le transfert ne provient pas d'un autre établissement de l'entreprise ; cf. enfin CAA Bordeaux, 3e ch., 3/6/1997, *SA Logut Sopréfi* : le transfert, en raison de l'accroissement de ses effectifs et de ses activités, d'un établissement d'une entreprise d'une commune, où elle bénéficiait de l'exonération à une commune limitrophe située dans la même zone défavorisée, ne constitue pas une cessation volontaire d'activité mais s'inscrit dans le cadre des objectifs de la décentralisation lui ouvrant droit à ladite exonération, tant pour les parts départementale et régionale que pour la part communale de la taxe professionnelle).

Ces exonérations temporaires de taxe professionnelle peuvent également intervenir dans des zones de revitalisation rurale, afin d'y favoriser des activités, cet avantage étant réservé aux opérations ayant un effet d'entraînement sur le développement économique desdites zones (ce qui exclut, par exemple, les activités d'hôtellerie et de restauration ; cf. *JO*, Ass. nat., débats, 18/8/1997, p. 2647).

Par ailleurs, les collectivités territoriales peuvent également exonérer d'impôts directs locaux et d'impôts sur les bénéfices les entreprises nouvelles, dans certaines zones, et les sociétés créées pour reprendre les entreprises en difficulté, sur tout le territoire, pour deux ans maximum (art. 1464 B CGI, loi n° 83-607 du 8 juillet 1983 et loi d'orientation n° 95-115 du 4 février 1995).

3) Les garanties et cautionnements d'emprunts

Mentionnés, non dans la loi du 7 janvier 1982 (pour laquelle, cependant, « les autres aides sont libres ») mais dans celle du 2 mars, articles 6 et 49, ils étaient encadrés dans la mesure où communes et départements ne pouvaient accorder leur garantie ou leur caution à un emprunt contracté par une entreprise que si le montant total des annuités d'emprunts déjà garantis ou cautionnés à échoir au cours de l'exercice, majoré du montant net des annuités de leur dette, n'excédait pas un pourcentage, défini par décret, des recettes réelles de la section de fonctionnement de leur budget. Bien que l'article 66-6 de la loi du 2 mars 1982 ne se réfère qu'aux « conditions et limites prévues pour les communes par l'article 5 de la loi », et non par l'article 6, ces restrictions s'étaient imposées tout autant aux régions, et même davantage, en vertu des décrets n°s 82-848 et 850 du 4 octobre 1982, qui ne les autorisaient à garantir ces emprunts que dans la limite de 40 % des recettes réelles de fonctionnement de leur budget primitif, contre 50 % pour les départements (et même 60 % avec le décret n° 83-592 du 5 juillet 1983) et 70 % pour les communes. La base légale de cette limite était peu évidente, mais la loi n° 86-972 du 19 août 1986, article 43, est venue ajouter à celle du 5 juillet 1972 un art. 4-1 instituant un plafonnement, selon un pourcentage des recettes du budget de fonctionnement défini par décret (de l'ordre de 40 %) des garanties d'emprunts et cautionnements consentis par les régions (sauf pour les opérations de construction, acquisition et amélioration des logements réalisés avec le bénéfice de prêts aidés par l'Etat). En revanche, du fait de l'abrogation du décret n° 77-849 du 27 juillet 1977, régions, départements et communes pouvaient faciliter librement le cautionnement de prêts consentis à des entreprises par l'intermédiaire d'organismes financiers type sociétés de développement régional, sociétés de caution mutuelle ou Caisse nationale des marchés de l'Etat.

La loi n° 88-13 du 5 janvier 1988 a ensuite posé en la matière des « règles prudentielles », afin de diviser le risque entre débiteurs et de le faire partager aux organismes prêteurs. L'utilisation de cette forme d'aide indirecte aux entreprises, très dangereuse (cf. CE, 13/6/1986 ; *Départ. de la Réunion* : saisine de la chambre régionale des comptes et inscription ou mandatement d'office de la somme par le préfet en cas d'appel en garantie non honoré ; TA Lyon, 8/6/1989, *Préfet du Rhône* ; CE, 4/2/1991, *Commune de Marignane* ; CE, 28/7/1993, *Commune de Faye d'Anjou* ; responsabilité du fait d'un retrait de garantie ; CE, 28/5/1997, *Ville de Carcassonne c. Trilles* ; Cass. civ. 1re, 26/3/1997, *Commune de Nîmes c. S^té^ Bionîmes* ; CA Nîmes, ch. réunies, 17/3/1998, *SA Crédit Lyonnais c. Commune de*

Lézignan-Corbières, sur renvoi de Cass. soc, 13/3/1996, cassant CA Montpellier, 1/12/1993 : débiteur défaillant, obligation pour la commune de payer) a été interdite aux communes, qui en avaient abusé. Par ailleurs, les articles 6 (communes) et 49 (départements) de la loi du 2 mars 1982, ainsi que l'article 4-1 de celle du 5 juillet 1972 (régions), ont été modifiés afin d'imposer à ces collectivités le respect de certains ratios. Ainsi, « le montant total des annuités déjà garanties ou cautionnées à échoir au cours de l'exercice, majoré du montant de la première annuité entière du nouveau concours garanti et du montant des annuités de la dette régionale, ne peut excéder un pourcentage, défini par décret (50 %, comme pour les autres collectivités, selon le décret n° 88-366 du 18 avril 1988, article 4, explicité par la circulaire interministérielle du 14/10/1988), des recettes réelles de la section de fonctionnement du budget régional ; le montant des provisions spécifiques constituées par la région pour couvrir les garanties et cautions accordées, affecté d'un coefficient multiplicateur (fixé à 1 par le décret du 14 avril 1988), vient en déduction du montant total » ci-dessus défini. De plus, afin de diviser les risques, « le montant des annuités garanties ou cautionnées au profit d'un même débiteur, exigible au titre d'un exercice, ne doit pas dépasser un pourcentage (10 % selon le décret précité : cf. TA Amiens, 23/4/1990, *Préfet de la Somme c. Commune de Ganaches*) du montant total des annuités susceptibles d'être garanties ou cautionnées » et « la quotité garantie par une ou plusieurs collectivités territoriales sur un même emprunt ne peut excéder un pourcentage », également fixé par décret (50 %). Enfin, pour surmonter l'interprétation du CE (20/10/95, *Commune de Montbrison*), la loi n° 96-314 du 12 avril 1996 portant diverses dispositions d'ordre économique et financier a dû préciser que le montant total des annuités à prendre en compte dans le calcul de ces ratios concerne les emprunts contractés par les personnes morales tant de droit privé que le droit public.

Les conventions de garantie ou de caution sont des contrats de droit privé (TC, 16/5/1983, *S^té^ Crédit immobilier de la Lozère c. Commune de Montrodat* ; TA Paris, 11/10/1983, *BCT Midland Bank* ; TC, 12/1/1987, *Ville d'Eaubonne* ; TA Caen, 14/10/1987, *S^té^ Pétrofigaz* ; TA Poitiers, 19/4/1989 ; *Org. commun. des instituts de rente et de prévoyance* ; CE, 6/12/1989, *CALIF c. Commune de Torcy*) et les litiges les concernant doivent donc être portés devant les juridictions de l'ordre judiciaire (cf. Cass. civ. 1re, 9/2/1988 ; CA Nîmes, 6/9/1994, *Ville de Nîmes* ; TC, 9/12/1996, *Préfet du Gard* ; Cass. civ. 1re, 25/3/1997, *Commune des Orres c. SA S^té^ de développement régional Centre-Est et al.* ; TA Grenoble, 1re ch., 23/12/1997, *Assoc. SLD* ; CAA Bordeaux, 2e ch., 17/11/1997, *SA Natio-Energie*), à l'exception de celles ayant pour objet l'exécution même d'un service public (critère classique du contrat administratif cf. CE, 13/6/1986 ; *Départ. de la Réunion*) et, bien sûr, des exceptions liées à la validité des actes préalables au contrat (CE, 15/6/1994, *Min. de l'Intérieur* c. *Commune de Longueau*).

A noter que ce type d'aide indirecte ne peut être utilisé que pour garantir des ***emprunts***, et non des dettes commerciales (TA Amiens, 18/9/1984, *Divers c. Maire de Beaurevoir*) ou fiscales (TA Strasbourg, 21/2/1992, *Strasbourg musique et congrès*), ni pour garantir des loyers liés à un contrat de crédit-bail (TA Bordeaux, 22/10/1992, *Préfet du Lot-et-Garonne c. Commune de Boé*), pour cautionner les pertes financières d'une société d'économie mixte (TA Bordeaux, 3/12/1992, *Pujol c. Commune de Villeneuve d'Ornon*), pour garantir des locations de logements sociaux (TA Nantes, 27/10/1994, *Préfet de la Vendée c. Commune des Clouzeaux*), ni enfin pour garantir une ouverture de crédit bancaire à une société d'économie mixte, droit de tirage excluant par nature l'établissement d'un tableau d'amortissement définissant les annuités de remboursement et échappant donc à l'application des ratios prudentiels évoqués ci-dessus (CE, 16/1/1995, *Ville de Saint-Denis*). Cf. également l'article 19-2 inséré dans la loi du 16 juillet 1984 relative à l'organisation et à la promotion des activités physiques et sportives par l'article 15 de la loi du 13 juillet 1992, prohibant l'octroi par les collectivités locales ou leurs groupements de garanties d'emprunts ou de cautionnements aux associations et sociétés anonymes sportives (cf. CE, 10/5/1996, *Commune de Saint-Louis c. M. Abadie*), ainsi que l'article 78 de la loi du 8 août 1994, portant diverses dispositions d'ordre économique et financier, imposant que les concours financiers accordés jusqu'au 31 décembre 1999 par les collectivités territoriales aux groupements sportifs prévu par l'article 11 de la loi du 16 juillet 1984 modifiée prennent la forme exclusive de subventions (liées à des conventions).

4) Les autres formes d'aides indirectes

a) Attribution pour le compte de l'Etat d'aides financières aux investissements des entreprises concourant au développement régional et à l'emploi

(cf. le décret n° 82-379 du 6/5/1982)

Les collectivités territoriales, régionales surtout, interviennent en ce domaine, non à titre d'autorités de l'Etat, placées sous le contrôle hiérarchique du Gouvernement, mais de mandataires légaux de celui-ci, c'est-à-dire en qualité d'organes décentralisés, soumis au contrôle de légalité (cf. l'avis CE du 14/4/1983) dans le cadre de « zones » (« classées pour les projets industriels » et « classées pour les projets tertiaires et de recherche », selon les tableaux publiés en annexe au décret du 6/5/1982, modifié par le décret n° 82-754 du 31/8/1982 relatif à la prime d'aménagement du territoire). Le bénéficiaire de la PAT ne peut se voir imposer d'autres obligations que celles relatives à la création ou au maintien d'emplois permanents (cf. TA Lyon, 8/11/1994, *S^té^ nouvelle Auxim* ; CE, 5/12/1994, *Foulet*). Depuis 1987, les PAT sont attribuées directement par l'Etat, et non plus par les régions (décrets n°s 87-580 du 22/7/1987, 87-747 du 9/9/1987 et 95-149 du 6/2/1995).

b) Participation au capital de sociétés de développement régional ou à des sociétés de financement régionales ou interrégionales

Les SDR ont été créées afin de concourir au financement des investissements productifs par des apports en fonds propres, l'octroi de crédits à long terme ou de concours en crédit-bail. Les sociétés de financement (sociétés de capital-risque de la loi du 11 juillet 1985, SICOMI, instituts régionaux de participation, etc.) sont également utilisées. La participation au capital de ces sociétés est totalement libre pour les régions et subordonnée à une autorisation, par décret en CE, pour les départements et les communes (cf. les art. L 2253-1, L 3231-6 et L 4253-3 CGCT, ainsi que TA Clermont-Ferrand, 12/4/1991, *Préfet de l'Allier c. Commune de Vichy* ; CE, 10/10/1994, *Préfet de la région Lorraine* ; CE, Sect., 21/10/1996, *SA Agrotub*, relatif aux exonérations fiscales des SDR). Une quinzaine de régions participent au capital de SDR. Dans son rapport sur *Les interventions des collectivités territoriales en faveur des entreprises* de novembre 1996, la Cour des comptes a révélé que beaucoup de ces dernières avaient pris des participations dans des sociétés privées au-delà de ce qu'autorisent les textes, souvent *via* des associations ou des SEM locales (afin de faciliter le contrôle de légalité en la matière, l'article 76-II de la loi du 29 janvier 1993 précise pourtant que toute prise de participation d'une SEM locale dans le capital d'une société commerciale doit faire l'objet d'un accord exprès de la ou des collectivités actionnaires).

c) Participation au capital des sociétés d'économie mixte locales

En 1995, il existait plus de 1 500 SEML (contre 650 en 1980). Leur objet doit être d'intérêt général (cf. CE, 10/10/1994, *Préfet de la Moselle c. Commune d'Amneville*) et leur création justifiée par la carence de l'initiative privée (CE, 23/12/1994, *Commune de Clairvaux d'Aveyron*). Les collectivités locales doivent détenir plus de 50 % des voix dans leur conseil d'administration (CE, 7/6/1995, *M. Lafourgue et Comité mixte à la production de la SEML Gaz de Bordeaux*). Elles ne peuvent accorder aux SEML, entreprises de droit privé, des aides directes que dans les conditions prévues par la loi (subventions, prises en charge de perte d'exploitation, avances en trésorerie, en complément de l'intervention régionale), ainsi qu'il a été rappelé par la loi du 7 mars 1994. Le CE exerce en la matière un contrôle de l'erreur manifeste d'appréciation éventuellement commise par la collectivité, en fonction de son endettement ou de la situation financière de la SEML aidée (cf. CE, 17/1/1994, *Préfet du départ. des Alpes de Haute-Provence c. Commune de la Foux-d'Allos* ; 6/11/1995, *Commune de Villeneuve d'Ornon c. Pujol* ; 21/4/1997, *Commune d'Aubagne*). Les exceptions à ces règles existent toutefois en faveur des SEML gestionnaires de services publics à caractère industriel et commercial (dans le cadre de dérogations au principe de l'équilibre budgétaire posé à l'article L 2224-2 CGCT), délégataires d'une maîtrise d'ouvrage publique (avances de la collectivité possibles ; cf. la loi du 12 juillet 1985, article 5), concessionnaires ou mandataires (la convention avec la collectivité pouvant préciser les obligations financières des parties, dont les avances de fonds de la collectivité) ou ayant la construction d'immeubles à usage principal d'habitation (possibilité de recevoir des avances non rémunérées).

d) Aides diverses

Etant « libres », l'imagination des collectivités territoriales peut se donner libre cours à leur égard. Ainsi, on mentionnera, par exemple, les ***aides aux infrastructures d'accueil aux entreprises*** (subventions en avances aux communes pour l'immobilier industriel, cf. *supra*, la réalisation de zones d'activités, zones industrielles ou « technopoles »), ***aides à la formation professionnelle, à la recherche, à la gestion et à l'innovation*** (*via* les « fonds régionaux d'aide au conseil », financés par les régions et par l'Etat), ou encore les ***aides à l'exportation*** (missions de prospection, subventions pour la participation à diverses manifestations, à l'installation de bureaux à l'étranger, etc.).

Ces interventions sont cependant soumises à une double limitation : d'une part, la collectivité locale doit « déterminer la nature et le montant des garanties imposées, le cas échéant, aux entreprises bénéficiaires de l'aide ainsi qu'à leurs dirigeants » (loi du 7 janvier 1982, article 4-7). D'autre part, les aides doivent être offertes à toutes les entreprises d'un même secteur présentant des caractéristiques similaires, sous peine de revêtir la forme de subventions de fonctionnement accordées à telle ou telle, c'est-à-dire d'aides directes, ne pouvant être accordées que dans les conditions et limites sus-indiquées, sauf pour ce qui concerne les garanties d'emprunts, les rabais sur les terrains ou bâtiments et les exonérations fiscales.

CHAPITRE 2

L'enseignement et la formation

Ayant été retirée du projet de la première loi de répartition des compétences du 7 janvier 1983, du fait de sa complexité technique et de sa sensibilité politique, la matière est traitée par la loi du 22 juillet 1983 (titre II, sect. 2 : « De l'enseignement public », art. 12 à 27), complétée par celle du 25 janvier 1985 pour ce qui concerne les établissements privés, ainsi que par quelques dispositions des lois des 9 janvier et 19 août 1986, sans oublier de très nombreux décrets, arrêtés et circulaires et la jurisprudence administrative, de plus en plus fournie, interprétant ces différents textes.

Il n'est pas sûr que les transferts financiers de l'Etat aient été à la hauteur de ces nouvelles charges imposées aux collectivités locales (qui, par exemple, ont contribué pour 19,4 % au financement du système éducatif en 1993, contre 15 % dix ans plus tôt), du fait de la sous-estimation des besoins et de la dérive des coûts en la matière (le 4 novembre 1986, V. Giscard d'Estaing, président de la région Auvergne, a pu ainsi faire adopter par les députés unanimes un amendement exigeant de la Commission consultative sur l'évaluation des charges un rapport officiel indiquant, pour chaque région, le coût réel du transfert des lycées et l'état du patrimoine concerné).

On examinera d'abord la répartition complexe des compétences en matière d'enseignement, puis de formation professionnelle et d'apprentissage, pour lesquels le rôle des régions est clairement prépondérant.

1 • LA RÉPARTITION DES COMPÉTENCES EN MATIÈRE D'ENSEIGNEMENT

Dans ce domaine, comme dans celui de l'interventionnisme économique (cf. *supra*), le principe des « blocs de compétences » est assez largement battu en brèche au profit d'un enchevêtrement qui a d'ailleurs engendré plusieurs projets de réforme et de simplification. Ainsi, après qu'a été envisagée la possibilité soit de transférer aux départements, déjà responsables de nos 4 858 collèges, la charge de tout l'enseignement secondaire (proposition de loi O. Guichard, juillet 1986), ne laissant aux régions que la planification scolaire, soit au contraire de confier également à ces dernières certaines compétences en matière de filières, voire de pédagogie (projet Monory de réforme des lycées, retiré en déc. 1986), les attributions respectives de l'Etat et des différents niveaux de collectivités locales paraissent aujourd'hui stabilisées.

A – Le rôle de l'Etat

1) Une mission constitutionnelle

Le préambule de la Constitution précise que : « La Nation garantit l'égal accès de l'enfant et de l'adulte à l'instruction, à la formation professionnelle et à la culture. L'organisation de l'enseignement public, laïc et gratuit à tous les degrés est un devoir de l'Etat », qui ne peut donc tout décentraliser en la matière. S'il a donc transféré aux collectivités locales la gestion du patrimoine scolaire, l'Etat a néanmoins conservé le pouvoir de décision relatif à la structure pédagogique générale des établissements (compte tenu, certes, des schémas prévisionnels établis par les régions, lesquels tiennent à leur tour compte des orientations du Plan de la Nation), ses représentants arrêtant la liste des opérations de construction ou d'extension des établissements qu'il s'engage à pourvoir des postes nécessaires à leur fonctionnement. Il rémunère aussi les personnels enseignants (ce qui inclut les cotisations au régime de retraite et de prévoyance, charges sociales obligatoires pour tout employeur depuis 1947, et qu'il devrait donc rembourser aux 219 organismes de gestion de l'enseignement catholique – OGEC– selon CE, 15/5/1992 ou TA Rennes, 22/6/1994, *OGEC de Bretagne*, mais non les indemnités de départ à la retraite des maîtres ; CE, Sect. 18/12/1996, *Assoc. d'éduc. pop. La Providence*) et prend en charge les dépenses pédagogiques permettant, par exemple, l'introduction de technologies nouvelles ou l'achat de manuels scolaires (cf. la liste du décret du 25 février 1985), à l'exception de celles résultant des activités éducatives, sportives et culturelles complémentaires organisées par les collectivités locales dans les établissements scolaires relevant de leur compétence.

2) L'enseignement supérieur

Enfin, l'Etat, outre la responsabilité de divers établissements relevant des ministères de la Défense, de la Justice ou des Affaires étrangères, conserve la charge de l'enseignement supérieur et de la recherche, la loi du 22 juillet 1983 modifiée énonçant seulement que les collectivités concernées par les projets situés sur leur territoire sont consultées par celui-ci au sujet de l'implantation et des aménagements des établissements d'enseignement supérieur, ainsi que sur les aspects régionaux de la carte des formations supérieures et de la recherche (« Arrêtée et révisée par le ministre de l'Education nationale, compte tenu des orientations du Plan et après consultation des établissements et du conseil régional », confirme la loi d'orientation du 26 janvier 1984, article 19) et précisant que, dans le cadre des orientations du Plan toujours, les régions peuvent définir des plans régionaux de développement des formations de l'enseignement supérieur et déterminer les programmes pluri-annuels d'intérêt régional en matière de recherche.

Par le biais du plan « Université 2000 » (1991-1995 : 16 milliards de F de crédits étatiques, doublés par les collectivités locales, exclusivement destinés aux investissements immobiliers) puis des contrats de plan Etat-régions (en attendant le nouveau plan « U 3 M » pour la période 2000-2006), les collectivités locales ont été associées, bon gré mal gré, au financement de l'enseignement supérieur. Certaines voix se sont même élevées en faveur d'une véritable régionalisation de ce dernier, notamment en 1er cycle, dans le prolongement de leurs compétences à l'égard des lycées et de la formation professionnelle, mais la loi d'orientation du 6 février 1992 n'a pas repris ces propositions. En revanche, la loi du 4 juillet 1990 relative aux droits et obligations de l'Etat et des départements concernant les IUFM précise que « l'Etat peut confier aux collectivités territoriales ou à leurs groupements la maîtrise d'œuvre de constructions ou d'extensions d'établissements d'enseignement supérieur » (article 18-1), à l'initiative des régions (auxquelles on ne peut cependant pas l'imposer, en vertu du principe de libre administration), pour des opérations ponctuelles, dans le respect de la carte universitaire et à condition qu'elles apportent au moins les deux tiers du coût de l'investissement TTC (cf. le détail dans la circulaire du 21/12/1990 ; en ce qui concerne notamment les apports immobiliers des collectivités locales, la notion de « dépenses d'investissements immobiliers » et la récupération de la TVA). D'autre part, la loi d'orientation pour l'aménagement et le développement du territoire du 4 février 1995 mentionne, au nombre des « schémas sectoriels » (cf. *supra*, p. 32), le « schéma de l'enseignement supérieur et de la recherche », lequel « organise une répartition équilibrée des établissements d'enseignement supérieur sur le territoire national » avec, sur cinq ans, la création d'« universités thématiques, destinées à se développer dans les villes moyennes, éventuellement insérées dans des réseaux de villes, et dotées de contrats de recherche correspondant à leur spécialisation », ainsi que de « structures universitaires », départements, laboratoires et centres de recherches d'une université délocalisés dans des villes moyennes.

3) La recherche

Quant à la recherche, elle a toujours été étatisée et centralisée au sein de grands organismes (CNRS, INSERM, etc.), même si une certaine déconcentration au niveau régional a été impulsée dans les années 90 et accentuée dans les contrats de plan de la 3e génération. L'article 59-2 de la loi du 2 mars 1982 confie d'ailleurs aux régions la promotion du développement économique, social, sanitaire, culturel et ***scientifique***, et l'article 17 de celle du 23 décembre 1985 relative à la recherche et au développement technologique ajoute que « les régions sont associées à l'élaboration et à l'évaluation de la politique nationale de la recherche et de la technologie et participent à sa mise en œuvre ». Enfin, l'article 5-1 de la loi du 6 janvier 1986 précise que « les régions exercent les attributions mentionnées par la loi du 15 juillet 1982 d'orientation et de programmation pour la recherche et le développement technologique de la France », par l'intermédiaire des « comités consultatifs régionaux de recherche et de développement technologique » (dont le décret du 27/12/1983 a fixé la composition et les modalités de désignation des membres, la moitié au moins devant être issus de différents secteurs de la recherche et du développement technologique existant dans la région et, pour le reste, en nombre égal, de représentants des organisations syndicales d'employeurs et de salariés ainsi que de personnalités choisies en raison de leur participation à l'expansion de la région).

Dans cette perspective, les régions (surtout) sont associées à la définition et à l'exécution de la politique nationale de la recherche, surtout depuis les années 90, et elles y incluent leurs propres priorités, dans le cadre des contrats de plan. Par exemple, elles définissent des pôles technologiques régionaux, déterminent des programmes pluriannuels d'intérêt régional, s'efforcent d'améliorer les nouvelles technologies de la formation et de l'information scientifique et technique et d'intégrer au mieux la recherche dans l'économie et la culture régionale (y consacrant 175 millions de F en 1982, 375 en 1984, 863 en 1989 et plus d'un milliard en 1990). La loi d'orientation du 4 février 1995 (chap. V, sous-section 2, consacré aux « principes applicables à la recherche et aux modalités de leur mise en œuvre ») a encore accentué cette tendance, affirmant que : « la politique de développement de la recherche en région est poursuivie selon des modalités adaptées à la recherche scientifique, afin qu'en 2005 soient installés en dehors de la région Île-de-France 65 % de l'ensemble des chercheurs, enseignants-chercheurs et ingénieurs participant à la recherche publique et 65 % des personnes qui, dans ces catégories de personnels, ont le grade de directeur de recherche ou un grade équivalent » (art. 13) et ajoutant que, pour « réaliser une répartition équilibrée de la recherche sur le territoire national, l'Etat incite, selon des modalités adaptées à la recherche scientifique, les laboratoires privés à choisir une localisation conforme aux orientations du schéma national d'aménagement et de développement du territoire » (art. 14), à travers une réforme du système du crédit d'impôt-recherche régi par l'article 244 quater 3 du Code général des impôts (art. 15).

B – Le rôle des communes

1) Vis-à-vis des écoles maternelles et élémentaires

Elles en sont traditionnellement responsables, décidant seules de leur création et de leur implantation après avis du représentant de l'Etat, sans oublier le pouvoir de police administrative générale des maires pour ce qui concerne la fermeture des établissements pour raisons de sécurité, si des circonstances de temps et de lieu le justifient (CE, 10/3/1995, *Commune de Vesoul*).

S'agissant des ***écoles privées*** associées au service public dans le cadre de la « loi Debré » du 31 décembre 1959 modifiée, les communes sont tenues de participer aux ***dépenses de fonctionnement*** des classes primaires sous contrat d'association, dans les mêmes conditions que pour les classes correspondantes de l'enseignement public. La conclusion de ces contrats est toutefois subordonnée « au respect des règles et critères retenus pour l'ouverture et la fermeture des classes correspondantes de l'enseignement public » et à l'existence d'un « besoin scolaire reconnu » à ce niveau. Le financement des dépenses de fonctionnement des écoles primaires privées sous contrat simple, ainsi que des classes maternelles non *soumises à l'obligation scolaire, est en revanche facultatif* (cf. CE, 1/10/1993, *Messager et al.*, annulant un refus préfectoral d'étendre à une classe supplémentaire le contrat simple liant l'Etat à une école privée, car fondé sur un critère non prévu par la loi). Enfin, depuis la loi du 30 octobre 1986, les subventions d'investissement aux écoles privées sont interdites aux communes, y compris dans le cadre de la « loi Debré » et même sous la forme de garanties d'emprunts (CE, 4/2/1991, *Commune de Marignane c. Assoc. de reconstruction de l'école Ste-Marie*), sauf habilitation législative spéciale.

A partir de 1977, de nombreuses municipalités refusèrent de verser le « forfait d'externat » – de surcroît revalorisé – correspondant aux dépenses de fonctionnement des écoles primaires privées sous contrat d'association, de plus en plus nombreuses (2 % en 1959, 13 % en 1977, 28 % en 1982, 54 % en 1994). La « loi Guermeur » du 25 novembre 1977 ayant remplacé l'article 4-3 de la loi Debré par un texte plus précis quant au contenu du forfait d'externat, mais plus ambigu quant à la collectivité chargée de le verser, d'où il ne ressortait plus expressément que cela revenait aux communes pour les établissements du premier degré, les préfets durent procéder parfois à l'inscription d'office au budget de certaines d'entre elles des sommes correspondant à cette dépense obligatoire (ce qu'approuvèrent certains TA, tandis que d'autres censurèrent cette pratique au nom de l'effet relatif des contrats et du principe de libre administration). Le CE, Sect., 12 février 1982 (*Commune d'Aurillac*), précisa alors que le fondement de l'obligation des communes se trouvait dans la loi et non dans le contrat et que, dans ces conditions, « les dépenses de fonctionnement de ces écoles sont à la charge de la collectivité publique qui supporte les dépenses correspondantes dans l'enseignement public, en l'occurrence les communes pour l'enseignement primaire ». Mais, le mois suivant, intervint la loi de décentralisation du 2 mars 1982, dont l'article 11 subordonnait l'inscription d'office d'une somme au budget annuel à une mise en demeure préalable par la chambre régionale des comptes et, sur le fond, précisait que « ne sont obligatoires pour les communes que les dépenses... pour lesquelles la loi l'a expressément décidé », ce qui ne semblait pas être le cas de la loi Guermeur.

Dès lors, le gouvernement de l'époque, en dépit de l'arrêt *Commune d'Aurillac*, prescrivit aux préfets de ne plus inscrire d'office de telles dépenses au budget des communes récalcitrantes. Cependant, le CE, Ass., 31 mai 1985, *Min. de l'Educ. nat. c. Assoc. d'éduc. pop. de l'école N.-D. d'Arc-lès-Gray* et *Ville de Moissac*, ou 19 juin 1985, *Commune de Bourguenais* et *Commune de Saintes*, se fondant sur le maintien en vigueur de l'article L 221-1 du Code des communes, estima – tout comme les chambres régionales des comptes – que cette dépense demeurait obligatoire pour les communes. Finalement, la loi du 25 janvier 1985, art. 18, confirma ce caractère obligatoire, en revenant au texte initial de la loi Debré, le CC ayant de surcroît décidé qu'on ne pouvait subordonner à l'accord des communes la conclusion de contrats d'association.

En revanche, pour ***les écoles maternelles***, non soumises à l'obligation scolaire, les communes ne doivent financer leurs dépenses de fonctionnement que si elles ont donné leur accord à la conclusion du contrat d'association (cf. CAA Nantes, 18/12/1990, *Assoc. de gestion de l'institution St-Dominique c. Etat*), et toujours dans les mêmes conditions que pour celles du secteur public (cf. CE, Ass., 31/5/1985, *Ville de Moissac*, repris par le décret du 12/7/1985, art. 7 ; et 22/3/1996, *Assoc. de gestion des écoles St-Martin, Jeanne d'Arc, Ste-Marie, Marguerite-Marie et du Sacré-Cœur*).

On notera que l'évaluation du forfait d'externat par comparaison avec les « classes correspondantes de l'enseignement public » doit l'être, non au plan national, mais territoire par territoire (CE, 20/3/1996, *Cons. d'adm. de la mission catholique de Tahiti et Dépendances*).

La non-inscription de cette dépense obligatoire entraîne la responsabilité de l'Etat (CE, 29/4/1987, *N.D de Kernitron* ; 27/5/1988, *Ministères de l'Intérieur et de l'Educ. nat. c. Assoc. nogentaise d'éducation et d'enseignement*). Les circulaires d'application de la loi du 13 mars 1985 relatives à la participation des collectivités territoriales aux dépenses de fonctionnement (matériel) des établissements d'enseignement privés sous contrat, ainsi que les arrêtés du ministre de l'Economie et des Finances fixant les montants des contributions de l'Etat aux forfaits d'externat pour les années 1985 à 1989 ont été annulés par le CE, 6 avril 1990, *Départ. d'Ille-et-Vilaine* ; 12 avril 1991 ; *SNEC-CFTC* et autres arrêts, ainsi que Ass., 25 oct. 1991, *Synd. nat. de l'enseignement chrétien CFTC*.

En ce qui concerne les ***subventions d'investissement***, depuis l'article 2 de la loi du 30 octobre 1886 mettant fin au régime des écoles privées financées par les communes, celles-ci se voient interdire toute subvention d'investissement aux écoles privées (cf. CE, avis des 19/7 et 13/11/1888 et arrêts 20/4/1891, *Villes de Muret, Vitré et Nantes*), y compris après la loi Debré (CE, Ass., 24/5/1963, *Féd. nat. des conseils de parents d'élèves des écoles publiques* et *sieur Lachapelle* ; 19/3/1986, *Départ. de Loire-Atlantique* ; 22/2/1995, *Tiberti et al. c. Départ. des Alpes-Maritimes*) et même sous la forme de garanties d'emprunt (CE, 4/2/1991, *Commune de Marignane c. Assoc. de reconstruction de l'école Ste-Marie* ; cf. aussi CE, Ass., 25/10/1991, *Synd. nat. de l'enseignement chrétien CFTC* ; CE, 9/1/1995, *Préfet de la région Rhône-Alpes*), à quelques exceptions près cependant (article 51 de la loi de finances rectificative du 23 décembre 1964 modifiée, autorisant l'Etat à accorder des garanties d'emprunt pour construire, acquérir ou aménager des locaux primaires privés préparant à des diplômes d'Etat, étendu aux communes par l'article 19-I de la loi du 19 août 1986, dont l'article 19-II les autorise à aider ces écoles pour acheter du matériel informatique).

2) En collaboration avec d'autres collectivités

D'abord, s'agissant de la répartition des charges afférentes à la scolarisation d'élèves résidant dans les communes avoisinantes, la procédure instituée, en cas de désaccord entre communes, par l'article 23 de la loi du 22 juillet 1983, mais dont le décret d'application n'est jamais intervenu (cf. TA Clermont-Ferrand, 12/4/1995, *Commune de Thiers*, annulant pour ce motif l'arrêté préfectoral répartissant, faute d'accord, la participation de cette collectivité aux dépenses causées par deux élèves fréquentant une école publique de la commune de Courpière) ne s'applique pas aux écoles privées sous contrat (article 87-5, introduit par la loi du 25 janvier 1985) et le CE, Ass., 25 janvier 1991, cité, a dû préciser que « la commune-siège n'est tenue de prendre en charge les dépenses qu'au prorata du nombre d'élèves originaires de son ressort territorial ». Enfin, le CE, 2 juin 1993, *M. Besnard et commune de Rochefort-s/Loire*, a estimé que les communes pouvaient ouvrir leur cantine scolaire aux élèves des écoles privées (sans devoir pour autant assurer les conditions matérielles – création d'emplois – de cette décision ; cf. également, sur ce point, CE, Ass, 5/7/1985, *Ville d'Albi et al.* et, pour une subvention à une classe de découverte, CE, 12/6/1996, *Org. de gestion de l'école catholique de l'Ile d'Elbe*).

D'autre part, les communes sont représentées dans plusieurs instances de concertation départementales ou académiques, ainsi que dans les conseils d'administration des collèges, lycées et établissements d'éducation spéciale situées sur leur territoire. Par ailleurs, elles donnent leur accord pour les projets situés sur leur territoire, sur le programme prévisionnel des investissements relatif aux collèges établi par le conseil général et sur celui relatif aux lycées élaboré par le conseil régional. Enfin, le mécanisme dit de l'« appel en responsabilité », prenant en compte les attributions qu'elles ont exercées à l'égard des établissements secondaires, permet aux communes de se voir confier, sur leur demande, la responsabilité d'opérations d'investissement et/ou de fonctionnement des collèges, lycées, établissements d'éducation spéciale ou d'enseignement agricole existants à la date du transfert de compétence ou réalisés ultérieurement, par voie de conventions avec le département ou la région concernées (loi du 22 juillet 1983, article 14-VII bis et ter).

Mais surtout, les communes ont participé aux dépenses de fonctionnement et d'investissements des collèges gérés par les départements (mais non des lycées et établissements d'éducation spéciale confiés aux régions) qu'elles supportaient avant la loi du 22 juillet 1983, sur le fondement de l'article 15 nouveau de cette dernière (rédaction issue de la loi du 25 janvier 1985, art. 9), jusqu'à ce que la loi du 4 juillet 1990 ne programme l'extinction de cette participation sur une période de cinq ans (fonctionnement) ou de dix ans (investissements), sauf à la prolonger contractuellement (apports de terrains, réalisation d'équipements sportifs, etc.).

C – Le rôle des départements

1) Vis-à-vis des collèges

Ils en assurent la construction, la reconstruction, l'extension, les grosses réparations, l'équipement et le fonctionnement, dans le cadre d'un « programme prévisionnel des investissements » établi par le conseil général après accord des communes concernées et dans celui du « schéma prévisionnel » élaboré par le conseil régional. Lorsque 10 % au moins des élèves d'un collège résident dans un département, une participation aux charges de fonctionnement peut être demandée à ce dernier par convention ou, faute d'accord, établie par le représentant de l'Etat. Lorsqu'un même établissement comporte à la fois un collège et un lycée, une convention département-région précise la collectivité chargée des dépenses d'équipement et d'entretien de l'ensemble ainsi que la répartition des charges s'y rapportant.

2) Vis-à-vis de diverses mesures sociales

Les départements, comme les autres collectivités locales, peuvent également décider certaines mesures sociales, et doivent alors en faire bénéficier tous les élèves, du public et du privé, sans distinction. Il en va ainsi des participations aux frais de ***transport scolaire*** (CE, 14/1/1987, *Départ. du Pas-de-Calais* ; 19/6/1992, *Départ. du Puy-de-Dôme c. M. Bouchon*). Toutefois, ne constituent pas des « mesures à caractère social » les aides aux associations de parents d'élèves (CE, Sect., 19/3/1966, *Min. de l'Educ. nat. c. Assoc. des parents d'élèves des écoles privées de Mahalon*) ou aux établissements (CE, 15/11/1995, *Départ. de la Vendée*, pour une subvention destinée à la rénovation et à l'extension d'un internat). Enfin, selon l'art. L 3214-2 CGCT, « le conseil général attribue et retire les bourses entretenues sur les fonds départementaux (sans pouvoir établir de discrimination fondée sur le caractère public ou privé de l'établissement scolaire fréquenté ; CE, 20/1/1982, *Départ. du Tarn-et-Garonne* ; 10/8/1988, *Départ. du Pas-de-Calais*), sur l'avis motivé : ***1)*** du proviseur ou du principal et du conseil d'administration pour les lycées et collèges ; ***2)*** du responsable d'établissement pour les établissements d'enseignement privé. L'autorité compétente peut prononcer le retrait dans les cas d'urgence ; elle donne son avis immédiatement au président du conseil général et en fait connaître les motifs ».

3) Les subventions d'investissement aux établissements secondaires privés

On a vu que, sauf exception, les subventions d'investissement aux écoles primaires étaient interdites aux communes. Pour les autres cycles, en revanche, le principe est la liberté des aides publiques, faute de texte contraire : ainsi pour l'enseignement supérieur (CE, Ass., 1/6/1956, *Canivez*) ou, dans le cadre de la loi Astier du 25 juillet 1919, pour l'enseignement technique privé secondaire (CE, 29/10/1930, *Commune de Villeneuve d'Aveyron* ; Ass., 17/7/1950, *Œuvre de St-Nicolas* ; 19/3/1986, *Départ. de Loire-Atlantique*), ainsi que la loi

Rocard du 31 décembre 1984 pour les lycées agricoles sous contrat (sauf les dépenses de 1ère construction : cf. CE, 28/4/1995, *Mme Bigaud* : subvention d'un conseil régional au taux de 30 % des travaux d'aménagement annulée ; 28/4/1995, *Mme Diard et M. Tessier* et *Mme Diard et Melle David*). Ces exceptions aux limites imposées par la loi Falloux ne concernent pas les lycées polyvalents (cf. TA Montpellier, 26/6/1996, *Chaze et al. c. Commune de Nîmes* et *Arnadi c. Région Languedoc-Roussillon* et CAA Bordeaux, 3/12/1996).

S'agissant de l'enseignement secondaire privé général, la règle était plus incertaine. En effet, l'article 69 de la loi Falloux du 15 mars 1850 dispose que « les établissements libres peuvent obtenir des communes, des départements ou de l'Etat un local et une subvention [n'excédant pas] 1/10e de leurs dépenses annuelles ». Mais, alors que l'on pouvait penser que ce texte avait été rendu caduc par la loi Debré (cf. CE, avis du 20/4/1950 et les circulaires des 19/1/1955 et 21/7/1987 tentant de préciser sa portée), le CE, 6 avril 1990 (*Départ. d'Ille-et-Vilaine* et *Ville de Paris, Ecole alsacienne*) et 28 avril 1995 (*Mme Diard*), a considéré qu'il s'appliquait *toujours aux subventions d'investissement des collectivités locales* (y compris aux régions, qui n'existaient pas à l'époque, cf. *infra*, p. 201), à l'exception toutefois de la mise à disposition de locaux existants (cf. CE, 22/2/1995, *Tiberti et al. c. Départ. des Alpes-Maritimes* ; 10/11/1993, *Préfet de la région Ile-de-France*, cités) et des garanties d'emprunts, accordées en totale liberté.

Le CE, 19 juin 1992 (*Ville de Paris*), a précisé que ces aides à l'enseignement secondaire privé au titre de la loi Falloux nécessitaient la consultation du conseil académique puis des conseils de l'éducation nationale créés par la loi du 31 décembre 1985 (sauf s'il s'agit d'aides à l'enseignement technique, fondée sur la loi de 1919 et non sur la loi Falloux : CE, 11/3/1992, *Mme Bigaud*, cité. Aussi, cette dernière est-elle fréquemment contournée, des subventions accordées au titre de l'enseignement technique servant en fait tout autant à l'enseignement général privé. Mais, le TA Montpellier, 26/6/1996, a sanctionné cette pratique, condamnant un lycée privé de Nîmes à rembourser 14 MF de subventions à la région et à la ville). Enfin, il reste que les principes constitutionnels interdisent que des biens appartenant au patrimoine public soient cédés à des personnes privées pour un prix inférieur à leur valeur (cf. *supra*, p. 186). De plus, l'ouverture au budget d'une région d'un crédit global pour les fonds d'urgence des établissements secondaires privés ne peut être critiquée sur le fondement des règles relatives aux aides aux établissements privés, dès lors qu'elle ne préjuge pas des subventions qui seront effectivement accordées à ces établissements (CE, 10/2/1997, *Sale*).

En 1993, la nouvelle majorité (de droite), désireuse de clarifier ces dispositions complexes et de les adapter à la décentralisation, entreprit de réviser la loi Falloux afin de permettre aux collectivités locales de financer sans limites, à condition de respecter la parité avec le secteur public, les investissements de l'enseignement privé : la « loi Bourg-Broc » fut ainsi promulguée le 21 janvier 1994 (sauf son art. 2, invalidé par le CC) et soumet sans contrepartie les écoles privées à de nouvelles obligations (aides publiques subordonnées à la conclusion d'une convention précisant leur affectation, les durées d'amortissement des investissements financés, remboursement des sommes non amorties en cas de cessation de l'activité d'éducation ou de résiliation du contrat, etc.).

D – Le rôle des régions

1) Vis-à-vis des lycées et établissements d'éducation spéciale

La région assure « la construction, la reconstruction, l'extension, les grosses réparations, l'équipement et le fonctionnement » des lycées (loi du 22 juillet 1983, art. 14-III), à l'exception des dépenses de personnels et des dépenses pédagogiques à la charge de l'Etat (dont un décret du 25/2/1985 dresse la liste). Il en va de même à l'égard des écoles de formation maritime et agricole (art. 14-VIII nouveau), des lycées agricoles et des établissements publics de même niveau ne relevant pas de l'Etat (Code rural, art. L 815). Ces dispositions n'établissent pas de distinction selon la discipline enseignée et sont donc applicables aux dépenses de toute nature destinées à mettre à la disposition des élèves les installations sportives nécessaires à l'enseignement de l'éducation physique et sportive (CE, 10/1/1994, *Assoc. nat. des élus régionaux*).

La région est, tout comme le département, propriétaire des locaux qu'elle a construits ou qui ont été mis à sa disposition par l'Etat, sous réserve de certaines dérogations pour les biens dont la commune était propriétaire à la date du transfert (dans cette hypothèse, les dispositions de la loi du 7 janvier 1983, art. 19 à 24, s'appliquent ; mise à disposition gratuite et de plein droit, transfert à la région des obligations de propriétaire et des pouvoirs de gestion y afférent, la commune conservant toutefois la charge du remboursement des emprunts contractés avant le transfert de compétence pour le bien en question), après désaffectation de ces biens par décision de l'Etat sur proposition de la région (ou du département : CE, Ass., 2/12/1994, *Départ. de la Seine-St-Denis*). En revanche, s'agissant des locaux des écoles dont les communes sont propriétaires, la décision relève du conseil municipal, après avis du préfet (cf. CE, Ass., 2/12/1994, *Commune de Pulversheim*). A titre de propriétaire, c'est le conseil régional qui a seul compétence pour passer les marchés relatifs aux travaux de « grosses réparations » pour les lycées dont il a la charge (TA Nantes, 22/6/1989, *Préfet de la région des Pays-de-Loire*), alors que les « travaux d'équipement » relèvent de la responsabilité des organes de gestion du lycée, de même que l'utilisation des crédits de fonctionnement alloués à ces établissements par la région, y compris la passation des marchés correspondant à ces dépenses (TA Bordeaux, 10/5/1988, *Mme Aguila et M. Dureau c. Lycée G. Eiffel et président du conseil régional d'Aquitaine*).

La région peut toutefois confier à l'Etat l'exercice en son nom et pour son compte de tout ou partie de certaines attributions de la maîtrise d'ouvrage, dans les conditions définies par les articles 3 et 5 de la loi du 12 juillet 1985 (loi du 18 août 1986, article 49-II). Elle peut également utiliser la technique de « l'appel en responsabilité » d'une autre collectivité, en particulier d'une commune, tant pour les établissements existants à la date du transfert de compétences que pour les nouveaux, et pour les dépenses d'investissement comme de fonctionnement. Lorsque 10 % au moins des élèves d'un établissement relevant d'une région (ou 5 % s'il s'agit d'un lycée d'enseignement professionnel) résident dans une autre région, une participation aux charges de fonctionnement peut être demandée à celle-ci. Son montant est alors fixé par convention ou, à défaut, par les représentants de l'Etat dans les régions intéressées. De même, lorsqu'un même établissement comprend à la fois un collège et un lycée, une convention département-région – ou à défaut le représentant de l'Etat – détermine la collectivité qui assure l'équipement, les dépenses d'entretien et de fonctionnement de l'ensemble et précise la répartition des charges entre elles.

Les conditions de fonctionnement des lycées et des établissements d'éducation spéciale (« établissements publics locaux » : cf. loi du 22 juillet 1983, article 14-V) ont été précisées par la loi du 25 janvier 1985 et par le décret du 30 août 1985. Créés par arrêté du représentant de l'Etat sur proposition de la région – ou du département –, ils sont soumis aux dispositions du titre 1er de la loi du 2 mars 1982 modifiée relatives au contrôle administratif (du préfet, et non des autorités régionales de rattachement). En revanche, depuis la loi du 19 août 1986 c'est la région – ou le département pour les collèges – qui est chargée de leur dénomination, après avis du maire de la commune d'implantation et du conseil d'administration de l'établissement. Leur conseil d'administration, de 24 à 30 membres, comprend un tiers de représentants des collectivités territoriales (un de la région, trois de la commune d'implantation), de l'administration de l'établissement et des personnalités qualifiées ; un tiers de représentants du personnel et un tiers de représentants élus des élèves et parents d'élèves. Le chef d'établissement est désigné par le ministre de l'Education nationale. Il représente l'Etat au sein de l'établissement, préside le conseil d'administration et exécute ses délibérations, conclut les contrats, veille au bon déroulement des enseignements, au maintien de l'ordre et à la sécurité des personnes et des biens. Il peut prendre toutes dispositions, en cas de difficultés graves, pour assurer le bon fonctionnement du service public. Le montant prévisionnel de la participation aux dépenses d'équipement et de fonctionnement incombant à la région et les orientations relatives à l'équipement et au fonctionnement matériel de l'établissement arrêtées par le conseil régional (qui ne peut déléguer cette attribution à son bureau) lui sont notifiés avant le 1er novembre de l'année précédant l'exercice. Le budget est alors adopté par le conseil d'administration et transmis au conseil régional (ou, par délégation, à son bureau), à l'autorité académique et au représentant de l'Etat. Il devient exécutoire trente jours après réception, sauf si les deux premiers destinataires ont fait connaître leur désaccord motivé (auquel cas il est réglé conjointement par eux dans les deux mois ou, à défaut, par le représentant de l'Etat seul, après avis public de la chambre régionale des comptes).

2) La question des lycées privés

A leur égard, la combinaison des textes relatifs au service public de l'enseignement et de ceux consacrés à la décentralisation s'applique également aux régions. Ainsi, en vertu de la loi Debré du 31 décembre 1959, celles-ci participent aux ***dépenses de fonctionnement*** des lycées et établissements d'éducation spéciale privés sous contrat d'association, selon le principe de parité avec les classes de l'enseignement public correspondantes. En ce qui concerne les garanties d'emprunts, sauf à se référer à l'article 4 de la loi du 5 juillet 1972 habilitant les régions à participer au financement des « équipements collectifs présentant un intérêt régional direct » (cf., en ce sens, TA Nantes, 15/7/1981, *SNI-PEGC*), leur fondement juridique, tiré de la combinaison des dispositions pertinentes des lois des 7 janvier et 2 mars 1982, était ambigu, incitant les régions à la prudence, jusqu'à ce que la loi du 19 août 1986 vienne les autoriser – ainsi que les communes pour les écoles et les départements pour les collèges, cf. *supra* – à garantir les prêts contractés par les établissements privés pour financer la construction ou l'aménagement de leurs locaux, dans la limite cependant des « ratios prudentiels » modifiés par la loi du 5 janvier 1988 et ses décrets d'application (cf. *supra*, p. 187 et TA Lyon, 8/6/1989, *Préfet du Rhône c. Conseil régional de Rhône-Alpes*).

S'agissant du financement des ***investissements***, la question se posait de savoir si les lois Falloux, relative à l'enseignement secondaire général, et Astier, relative à l'enseignement technique (cf. *supra*, p. 198), l'autorisant dans certaines limites, étaient applicables aux régions. Pour la première, les tribunaux administratifs ont d'abord donné une réponse négative (cf. TA Nantes, 13/12/1990, *Pittard* ; TA Rouen, 1/12/1992, *Jolly*), considérant que cette loi « énumère limitativement les collectivités territoriales auxquelles elle s'applique » et qu'« ainsi, les dispositions... qui organisent les modalités de versement des subventions aux établissements privés d'enseignement secondaire ne sont pas applicables à la région, qui ne figure pas au nombre des collectivités énumérées par la loi » et que, « dès lors, ces dispositions ne sauraient interdire à la région d'accorder des subventions d'équipements et de fonctionnement aux lycées privés » (*ibid.* ; TA Paris, 17/4/1992, *Préfet de la région Ile-de-France*). En sens inverse, le TA Orléans, 25 janvier 1990, *Vrain, Robin, Marcucetti et. al.*, avait jugé que l'article 69 de la loi Falloux ayant « entendu définir les conditions dans lesquelles l'Etat et les collectivités territoriales peuvent accorder une subvention ou mettre un local à la disposition d'un établissement secondaire privé, ne pouvait avoir pour objet et ne saurait avoir pour effet d'exclure de leur champ d'application les régions, qui revêtent depuis l'entrée en vigueur de la loi du 6 janvier 1986 la qualité de collectivités territoriales ». Le CE, après ne s'être longtemps référé qu'aux « départements et communes », c'est-à-dire à la lettre de la loi du 15 mars 1850, utilisa ensuite une formule plus large – « les collectivités territoriales » – permettant d'inclure implicitement les régions (cf. CE, Ass., 6/4/1990, *Ville de Paris et Ecole Alsacienne* ; Ass., 25/10/1991, *Synd. nat. de l'enseignement chrétien CFTC et al.*), puis le confirma expressément en annulant une délibération de conseil régional contraire à l'article 69 de la loi Falloux (10/11/1993, *Préfet de la région Ile-de-France* ; cf. également, dans le même sens, TA Montpellier, 26/6/1996, *Chaze et al. c. Commune de Nîmes* et *Arnadi c. Région Languedoc-Roussillon*). La même démarche s'applique à la loi Astier du 25 juillet 1919 (cf. TA Nantes, 16/11/1988, *Mme Bigaud*, confirmé par CE, 11/3/1992).

3) La question du financement de ces transferts de compétences

Les dépenses occasionnées aux régions par ces transferts de compétences ont été normalement compensées par l'Etat, tant dans le cadre de la dotation générale de décentralisation (DGD) instaurée par la loi du 7 janvier 1983 pour ce qui regarde le fonctionnement (dotation calculée sur la base des versements effectifs de l'Etat aux établissements concernés au cours de l'exercice 1985 : cf. l'arrêté du 17/9/1987 déterminant le montant des charges financières afférent aux compétences transférées aux régions pour le fonctionnement de l'enseignement secondaire) que par le biais de la dotation régionale d'équipement scolaire (DRES) ou encore de la dotation exceptionnelle de 1 milliard de F accordée par le gouvernement Chirac en 1987-1988 ou les 4 milliards de F (2 en subventions, 2 en prêts bonifiés) du fonds de rénovation des lycées créé dans le cadre du « plan d'urgence » consécutif à la révolte des élèves (décret du 23 janvier 1991), mis en œuvre conjointement par les présidents de conseils régionaux et les « correspondants » *ad hoc* du ministère dans les académies, sans que le total de ces interventions financières ne couvre les sommes réellement dépensées par les régions confrontées à l'ampleur des besoins et à la proximité des revendications.

La DRES regroupe (de même que la DDEC : dotation départementale d'équipement des collèges) les crédits précédemment ouverts pour les investissements exécutés et les subventions accordées par l'Etat pour les opérations concernant les établissements dont la région a désormais la charge, afin qu'elles en financent la reconstruction, les grosses réparations, l'équipement et, éventuellement, l'extension et la construction (dans des conditions précisées par le décret du 19 septembre 1985 et la circulaire du 5 novembre). Son montant est fixé chaque année par la loi de finances, en autorisations de programme (afin qu'elles puissent engager les dépenses au-delà de la limite des seuls crédits de paiement versés au titre de l'exercice budgétaire considéré) et évolue, comme la dotation globale d'équipement (dont les régions ne bénéficient pas, contrairement aux départements, qui cumulent DGE et DDEC) en fonction des objectifs du Plan. La DRES est répartie chaque année entre les régions selon deux critères : l'évolution de la population scolarisable pour 40 % (25 % proportionnellement au nombre des naissances constatées dans la région entre la 10e et la 6e année précédant son attribution et 15 % proportionnellement aux retards de scolarisation constatés dans la région) et la capacité d'accueil des établissements pour 60 % (30 % proportionnellement à la superficie développée hors œuvre totale des bâtiments scolaires construits avant 1973, 5 % aux effectifs du second cycle général long des établissements publics et des classes préparatoires aux grandes écoles, 5 % aux effectifs du second cycle technique long des établissements publics et des sections de techniciens supérieurs, 5 % à la superficie des classes mobiles et 10 % aux effectifs du second cycle technique court des établissements publics, y compris les établissements maritimes et aquacoles ainsi que ceux d'enseignement agricole). Le CE, 10 janvier 1994 (*Assoc. nat. des élus régionaux et autres*), a précisé que « la charge supplémentaire résultant pour le budget de l'établissement scolaire de ce que des installations sportives non intégrées, mises à la disposition gratuite de l'Etat avant la date du transfert, le seront ultérieurement à titre onéreux n'est pas au nombre des charges dont l'article 94 de la loi du 7 janvier 1983 assure la compensation financière par l'Etat ». Enfin, des dispositions spécifiques régissent les régions (monodépartementales) d'outre-mer.

4) La planification scolaire

Le conseil régional, après accord des collectivités locales concernées et compte tenu des orientations du Plan, établit et transmet au représentant de l'Etat le ***schéma prévisionnel des formations*** des collèges, des lycées, des établissements d'éducation spéciale et de tous ceux dont sont chargés les départements et les régions (loi du 22 juillet 1983, article 13-II), sans pour autant exercer de tutelle – prohibée par les lois de décentralisation – en la matière. Définissant les besoins, quantitatifs et qualitatifs, de formation assurés par les établissements publics et privés (avec, selon la loi du 9 juillet 1984 portant rénovation de l'enseignement agricole, art. 6, une section relative à ce dernier), ce schéma est suivi d'un ***programme prévisionnel des investissements*** dont la région a la charge (article 13-III, al. 3), parallèle à celui établi par chaque département pour les collèges, précisant la localisation des établissements, leur capacité d'accueil et le mode d'hébergement des élèves. En fonction de ces données, le représentant de l'Etat arrête chaque année la liste des opérations de construction ou d'extension de ceux que l'Etat s'engage à pourvoir des postes qu'il juge indispensables à leur fonctionnement (art. 13-IV). Schémas prévisionnels, plans régionaux et carte des formations supérieures tiennent compte de l'ensemble des besoins de formation (art. 13-VII, inséré par la loi du 25 janvier 1985).

Afin de permettre une concertation en ces matières, l'article 12 de la loi du 22 juillet 1983 a institué, dans chaque académie comme dans chaque département, un ***conseil de l'éducation nationale*** (cf. le décret du 21 août 1985) composé de représentants des communes, des départements et des régions (désignés selon les modalités énoncées dans la circulaire du 21/8/1985 : 4 maires, 5 conseillers généraux, 1 seul représentant de la région, non obligatoirement issu du département sur le territoire duquel s'exerce la compétence du conseil, choisi par le conseil régional), ainsi que des personnels et des usagers. Conseils départementaux et conseils d'académie se réunissent au moins deux fois par an ou à la demande des deux tiers de leurs membres sur un ordre du jour déterminé, sous la présidence du représentant de l'Etat ou de la collectivité concernée selon que la question traitée relève de la compétence de l'Etat, de la région ou du département.

Ces conseils sont consultés sur l'organisation et le fonctionnement du service public de l'enseignement dans le département ou dans l'académie, à titre facultatif ou obligatoire, à l'initiative du représentant de l'Etat ou de la collectivité concernée par une question, et ils peuvent aussi exprimer, de leur propre chef, tous vœux jugés utiles. Les conseils académiques de l'éducation nationale sont obligatoirement consultés, pour leur part, sur la structure pédagogique générale des lycées et établissements de même niveau, sur la liste annuelle des opérations de construction ou d'extension des collèges, lycées et autres établissements à la charge de la région, sur les modalités générales d'attribution des moyens en emplois, en crédits ou en nature au titre des dépenses pédagogiques, ainsi que sur les orientations du programme académique de formation continue des adultes, toutes questions relevant de la compétence de l'Etat. Pour ce qui est de celles relevant de la compétence régionale, ils sont consultés sur le schéma prévisionnel des formations des collèges, des lycées et des établissements de même niveau, sur le programme prévisionnel des investissements relatifs aux lycées et aux établissements de même niveau, avant leur soumission au conseil régional pour approbation, ainsi que sur les modalités générales d'attribution des subventions allouées aux lycées et aux établissements de même niveau.

2 • L'ACTION DES RÉGIONS EN MATIÈRE DE FORMATION PROFESSIONNELLE ET D'APPRENTISSAGE

La loi du 7 janvier 1983, article 82-1, a conféré à la région une compétence de principe dans ce domaine se rapportant à l'enseignement et au développement économique. Toutefois, l'Etat ne pouvait pas se désintéresser totalement de ces questions, liées au chômage, à l'insertion, à la formation des jeunes et des adultes, à la politique des « filières », etc., d'où un partage des attributions assez complexe.

A – Compétences conservées par l'Etat

En 1983, l'Etat n'a transféré aux régions que des actions estimées à 5,3 milliards de F, tout en y consacrant toujours, pour sa part, 46 milliards et les entreprises 37. Après le transfert, l'Etat a encore multiplié le coût de ses interventions par 3,3 entre 1983 et 1992, alors que les régions doublaient seulement leur mise (leur part de financement de la formation est d'ailleurs passée de 25 % en 1984 à 15 % en 1993 ; la proportion de leurs budgets s'y rapportant a diminué de 17,8 % en 1986 à 12,4 % en 1990, contre une progression de 15 à 35,6 % pendant la même période pour la construction et l'entretien des lycées, électoralement plus payants).

Sur le plan juridique, l'article 82-1 de la loi du 7 janvier 1983 précise clairement que les compétences régionales s'exercent en ces matières « dans le respect des règles figurant au titre premier du Livre Ier et au Livre IX, à l'exception de son titre 7e, du Code du travail, ainsi que dans les lois non codifiées relatives auxdites actions » édictées par l'Etat, de même que leurs décrets d'application (cf., par ex., les décrets du 30 mai 1983 adaptant les dispositions pertinentes du Code du travail à la régionalisation, ainsi, que ceux des 16 janvier 1993, 19 mars 1993, 2 septembre 1994 et, en application de la loi du 6 mai 1996 portant réforme du financement de l'apprentissage, celui du 15 juin 1996). Pour le reste, les alinéas 2 et 3 de l'article 82 de la loi, explicités par le décret du 14 avril 1984 (et par une circulaire du 22 mai), ajoutent que, « sous réserve des actions destinées aux jeunes de moins de 26 ans », que la loi quinquennale du 20 décembre 1993 relative au travail, à l'emploi et à la formation professionnelle a attribuées aux régions, « l'Etat est compétent, après avis des régions concernées sur le choix de la localisation des actions, pour financer et organiser les actions de portée générale intéressant l'apprentissage et la formation professionnelle continue et relative, soit à des formations destinées à des apprentis ou à des stagiaires sans considération d'origine régionale, soit à des stages assurés par un même organisme dans plusieurs régions, soit encore à des stages créés en application de programmes établis au titre des orientations prioritaires de l'article L 910-2 du Code du travail », définies chaque année par le Comité interministériel de la formation professionnelle et de la promotion sociale (filière électronique, aide à l'insertion sociale et professionnelle des jeunes, etc., avec, sur ce dernier point, un rôle des régions accru depuis la loi du 20 décembre 1993), ainsi que « pour effectuer toutes études et actions expérimentales nécessaires à la préparation de [ces] actions et pour assurer l'information » s'y rapportant.

En plus de ces actions de portée générale ou prioritaires, l'Etat finance et organise les actions insusceptibles d'être rattachées à une région déterminée (formation des détenus, des réfugiés, formations conduites par les services de l'Education surveillée, formations dispensées à certains handicapés, etc.), ainsi que celles ne relevant pas du Fonds de la formation professionnelle, pour lesquelles des crédits sont inscrits au budget de certains ministères et utilisés par les administrations centrales ou déconcentrées, par voie de conventions avec des organismes de formation, des entreprises ou groupements d'entreprises ou avec des régions elles-mêmes. L'Etat procède également à l'agrément des stages organisés dans ces domaines et dont il rémunère les bénéficiaires, notamment ceux de l'Association pour la formation professionnelle des adultes (AFPA), dont la gestion demeure très centralisée, même si les régions ont été sollicitées de participer financièrement à son développement, dans le cadre des contrats de plan, ou depuis l'entrée en vigueur de la loi quinquennale, des conventions tripartites Etat–région–AFPA (cf. la circulaire du 16/6/1994 relative à la mise en cohérence du programme d'activité de l'AFPA avec les plans régionaux de développement des formations professionnelles des jeunes).

B – Compétences transférées aux régions

L'article 82-1 de la loi du 7 janvier 1983 leur confère une compétence de principe. Les « actions d'apprentissage » qui lui sont dévolues se réfèrent aux contrats définis à l'article L 111-1 du Code du travail, par lesquels un employeur, industriel, commerçant ou artisan, s'engage à former un jeune en échange d'un certain travail, sous contrôle de l'Etat et, désormais, de la région, un complément de formation étant assuré dans les centres de formation d'apprentis ou autres formules équivalentes. Les « actions de formation professionnelle » évoquent « la formation initiale et les formations ultérieures destinées aux adultes et aux jeunes déjà engagés dans la vie active ou s'y engageant » mentionnée à l'article L 900-1 du même Code et qui constitue un élément de la formation permanente, elle-même définie comme chargée « d'assurer à toutes les époques de la vie la formation et le développement de l'homme, de lui permettre d'acquérir les connaissances et l'ensemble des aptitudes intellectuelles ou manuelles qui concourent à son épanouissement comme au progrès culturel, économique et social » (loi d'orientation du 26 juillet 1971 sur l'enseignement technologique, article 1er).

Le rôle des régions a été renforcé par la loi du 17 juillet 1992 relative à l'apprentissage et surtout par la loi quinquennale du 20 décembre 1993 relative au travail, à l'emploi et à la formation professionnelle. Enfin, la loi du 6 mai 1996 relative au financement de l'apprentissage a clarifié la matière en recentrant la taxe d'apprentissage sur le financement des CFA, entre lesquels une péréquation a été instituée, la fraction destinée à cette dernière étant reversée intégralement aux fonds régionaux d'apprentissage et de formation professionnelle continue, dans les conditions précisées par le décret du 12 juin 1996 et les arrêtés des 21 août et 30 septembre 1996.

1) La création de centres de formation d'apprentis, d'unités de formation par apprentissage ou de sections d'apprentissage

L'article 83 de la loi du 7 janvier 1983 a substitué les régions à l'Etat pour créer les CFA (à l'exception de quelques-uns recrutant nationalement) par le biais de conventions quinquennales conclues avec les autres collectivités locales, les organismes consulaires, les établissements d'enseignement privé, les organisations professionnelles, les associations, les entreprises ou avec toute autre personne physique ou morale. Ces conventions sont conclues par le président du conseil régional après avis de la commission de l'apprentissage du comité régional de la formation professionnelle, de la promotion sociale et de l'emploi (dont la composition a été remaniée par le décret du 19 septembre 1983 puis par celui du 11 juillet 1994). Elles doivent faire l'objet d'une décision dans les six mois suivant la demande. Toute décision de refus ou de dénonciation doit être motivée. Selon le décret du 1er juin 1983 modifiant le titre 1er du livre 1er du Code du travail, ces conventions déterminent le mode de calcul de la subvention versée au centre sur la base du nombre réel d'apprentis accueillis et en prenant en compte les coûts de diverses prestations (logement, repas, transports) par apprenti, selon un barème indicatif établi chaque année par le gouvernement.

L'intérêt des régions pour ces centres, gérés depuis longtemps en dehors d'elles et à la satisfaction générale par les professions ou les organismes consulaires, a été d'autant moins immédiat que seul leur financement avait été décentralisé, l'Etat exerçant toujours son contrôle sur divers aspects de leur fonctionnement et sur leur pédagogie (*via* les services académiques de l'inspection et de l'apprentissage). Cependant, après plusieurs années de dépérissement des CFA, la tendance a commencé à s'inverser et, fin 1993, les 600 centres français regroupaient environ 220 000 apprentis (+ 6,3 % par an).

Mais différentes solutions juridiques permettent le développement de l'apprentissage en région : *1*) Selon la loi du 23 juillet 1987, un CFA existant, dit « de droit commun », peut conclure avec un ou plusieurs établissements de formation une convention aux termes de laquelle ceux-ci assurent tout ou partie des enseignements normalement dispensés par le CFA, qui conserve la responsabilité administrative et pédagogique des enseignements ; *2*) Selon l'article 57 de la loi quinquennale du 20 décembre 1993, une « unité de formation par apprentissage » (UFA) peut être créée par convention entre un CFA et un établissement d'enseignement public ou privé sous contrat, qui en assure la responsabilité pédagogique (le CFA conservant la responsabilité administrative). Ce type de CFA peut être une simple structure juridique, sans assise immobilière, s'appuyant uniquement sur des établissements de formation professionnelle existants (lycées, CFA, organismes de formation continue) et sur les entreprises ; *3*) Cette même loi prévoit également la possibilité d'ouvrir, dans un établissement public ou privé sous contrat ou dans un établissement supérieur de formation et de recherche une section d'apprentissage, toujours par convention entre le conseil régional, l'établissement en question et un partenaire professionnel.

Mais, dans toutes ces hypothèses, les créations, autorisées par la région après consultation du comité régional de la formation professionnelle, de la promotion sociale et de l'emploi, doivent être conformes aux orientations du Plan régional de développement des formations professionnelles des jeunes.

2) L'élaboration du programme régional d'apprentissage et de formation professionnelle continue et du Plan régional de développement des formations professionnelles des jeunes

• *Chaque année, les régions élaborent un programme d'apprentissage et de formation professionnelle continue* (loi du 7 janvier 1983, article 84), dans le respect des normes et critères fixés par la loi portant approbation du Plan de la Nation et des dispositions pertinentes du Code du travail. Elles déterminent librement les orientations générales de ce programme (types de formation à aider, organismes habilités à les délivrer, bénéficiaires principaux, etc.) et les actions qu'elles privilégient, cofinancées par elles et par l'Etat, dans le cadre de contrats de plan, contrats d'objectifs ou contrats tri-annuels d'assistance passés avec l'Agence pour le développement de l'éducation permanente, ainsi qu'au moyen de conventions passées avec les établissements d'enseignement public, les organismes paritaires de formation et les différents organismes habilités.

Dans un premier temps, les régions ont adopté des attitudes très diverses à l'égard de ces programmes. Puis, le conseil des ministres du 26 février 1992 a retenu quatre orientations : ***1)*** développement de l'apprentissage et de l'alternance coordonné à l'échelle régionale ; ***2)*** incitation des entreprises à s'intéresser davantage à la formation professionnelle des jeunes ; ***3)*** amélioration des conditions de formation des jeunes ; ***4)*** mobilisation de l'appareil de formation. Ensuite, après le retour de la droite au pouvoir, précédée de divers « rapports » (Cambon, Chamard, Goasgen, IGAS, etc.), la loi quinquennale du 20 décembre 1993 a obligé les conseils régionaux à élaborer des plans régionaux de développement des formations professionnelles des jeunes, intégrant les anciens schémas prévisionnels de l'apprentissage et couvrant l'ensemble de ces filières de formation, et leur a transféré les actions de formation qualifiante des jeunes de 16-26 ans, étalées sur cinq ans (jusqu'au 21/12/1998), à l'issue desquels les régions exercent l'ensemble de la formation professionnelle continue des jeunes (celle des adultes restant centralisée dans le cadre de l'AFPA).

• *Ce Plan régional de développement*, élaboré par le conseil régional en concertation avec les partenaires concernés (Etat, conseil académique de l'éducation nationale, comité régional de l'enseignement agricole, conseil économique et social de région, conseils généraux, organisations d'employeurs et de salariés, organismes consulaires, etc.), vise à développer l'ensemble des filières de formation de façon cohérente en fonction des besoins exprimés et des réalités économiques régionales. Il prend en compte les orientations définies dans les contrats d'objectifs et dans les schémas prévisionnels de formation des collèges, lycées et établissements d'éducation spéciale et couvre toutes les filières : formations initiales préparant à un diplôme d'Etat ou à une formation complémentaire d'initiative locale, apprentissage, contrats d'insertion en alternance, actions de formation professionnelle continue en faveur des jeunes à la recherche d'un emploi, etc. Il vaut schéma prévisionnel d'apprentissage. Les conventions annuelles d'application précisent, tant pour l'Etat que pour chaque région, la programmation et les financements de ces formations.

• *Selon le décret du 16 février 1994, les régions ont, depuis le 1er juillet 1994, la charge des actions de formation professionnelle continue* visant à permettre aux jeunes de moins de 26 ans d'acquérir une qualification (soit entrant dans le champ d'application de l'article 8 de la loi d'orientation du 16 juillet 1971 sur l'enseignement technologique, soit reconnue dans les classifications d'une convention collective nationale de branche, soit encore figurant sur la liste établie par la commission paritaire nationale de l'emploi d'une branche professionnelle (jusque-là financée par l'Etat au titre des actions prioritaires de l'article L 910-2 du Code du travail). Au bout de cinq ans, l'ensemble de la formation professionnelle continue des jeunes de moins de 26 ans devra leur avoir été transférée. D'ici là, elles ont pu conclure avec les représentants de l'Etat des conventions pour la réalisation de stages créés en exécution des programmes établis au titre de l'article L 982-1 du Code du travail et pour concourir au financement du réseau d'accueil, d'information et de suivi des jeunes (article 82-II b et circulaire du 8/6/1994 ; cf. les PAIO : « permanences d'accueil, d'information et d'orientation »), chaque région avançant donc à son rythme (les unes s'étant contentées d'organiser certaines « actions qualifiantes » alors que l'Etat continuait à se charger de leur préparation et des mesures d'accompagnement jusqu'en 1998, les autres prenant immédiatement la responsabilité de la totalité du dispositif).

Le premier transfert a concerné les jeunes relevant du dispositif CFI (« crédit de formation individualisé ») instauré en 1989, c'est-à-dire ceux issus du système scolaire sans aucun diplôme, inscrits dans une agence pour l'emploi ou dans une structure d'accueil. Le second a porté, depuis le 1er janvier 1995, sur l'insertion sociale et professionnelle des jeunes, avec des dispositions ambitieuses autorisant les lycées professionnels à former des apprentis (les sections d'apprentissage étant supposées accueillir en 2003-2004 quelque 30 000 élèves de BEP, 40 000 de bacs professionnels et 10 000 de BTS).

• Par ailleurs, en application des lois des 7 janvier 1983 (article 25) et 20 décembre 1993 (article 50), les régions doivent poursuivre l'établissement de statistiques liées à l'exercice des compétences qui leur ont été transférées en ces matières, dans des conditions précisées par les décrets du 7 janvier 1985, puis 11 juillet 1994. Chaque année, les présidents de conseils régionaux doivent transmettre aux préfets de région certaines informations normalisées relatives à l'utilisation du Fonds régional de l'apprentissage et de la formation professionnelle institué par l'article 85 de la loi du 7 janvier 1983 en application du principe de compensation financière des transferts de charges (mais par exception à celui de globalisation et de non-affectation des crédits ; toutefois, en vertu du principe de l'unité budgétaire, un tel fonds ne peut pas être créé sous forme de budget annexe : cf. CE, Sect., 10/7/1987, *Région Ile-de-France*). Géré par le conseil régional, ce fonds est alimenté par l'Etat.

3) Aspects financiers

Les crédits ainsi transférés par l'Etat en compensation des charges nouvelles dévolues aux régions en la matière comprennent, outre ceux qu'il y consacrait lui-même directement (dont l'évolution est indexée sur la dotation globale de fonctionnement), la contrepartie des versements au Trésor public effectués l'année précédente au titre des remboursements par les formateurs des sommes non dépensées du fait de l'inexécution de tout ou partie d'une convention ou des versements par les employeurs de la différence entre les dépenses justifiées effectuées et le montant de leur participation obligatoire au financement de la formation professionnelle continue (Code du travail, art. L 920-9 et L 950-4).

Selon la circulaire du 22 avril 1983, ces crédits ont d'abord été évalués à partir des enveloppes régionales déléguées aux préfets de région en 1982 au titre de la déconcentration, plus le coût des actions transférées qui n'étaient pas déconcentrées (centres associés du CNAM, formation des travailleurs sociaux, etc.) ; moins le coût de celles qui étaient déconcentrées mais n'ont pas été décentralisées (formation des réfugiés, des détenus, de certains handicapés). Ainsi, en 1983, le montant total des charges transférées aux régions en la matière avait été évalué à 2 756 millions de F (en année pleine), et la dotation de l'Etat a correspondu à cette somme, diminuée des 1 150 millions du produit estimé de l'impôt sur les cartes grises par ailleurs transféré aux régions, soit 1 606 millions de F. En 1987, cette somme atteignait 2 064 millions, répartis entre les régions « notamment en fonction de la structure et du niveau de qualification de la population active ainsi que de la capacité d'accueil de l'appareil de formation existant » (art. 85-2 – 1er et 2e, qui précise : « Au sein de ces crédits, les sommes représentatives des rémunérations des stagiaires évoluent de façon à compenser intégralement les charges résultant de toute modification par l'Etat des normes fixées pour ces rémunérations »), afin de tenter de compenser les écarts entre elles quant aux possibilités de formation. Selon le décret du 14 avril 1983, 70 % de ces crédits étaient répartis en fonction des dépenses de formation effectuées par l'Etat l'année précédant le transfert, 15% en fonction de la capacité d'accueil de l'appareil de formation existant dans la région et 15 % en fonction de la structure et du niveau de qualification de la population active. Selon le décret du 7 janvier 1985, chaque région reçoit désormais de l'Etat une dotation du même montant que l'année précédente augmentée d'un solde réparti pour 80 % en fonction de la structure et du niveau de qualification de la population et pour 20 % en fonction de la capacité d'accueil de l'appareil de formation. Enfin, l'article 50 de la loi du 20 décembre 1993 a ajouté des transferts de ressources permettant de couvrir le fonctionnement des heures de formation et des frais de personnels, ainsi que la rémunération des stagiaires et les coûts de gestion des conventions. Les conventions de délégation de compétences doivent prévoir le montant des ressources attribuées par l'Etat pour les actions de formation professionnelle continue destinées aux jeunes de moins de 26 ans, sans préjudice des transferts de ressources mais en tenant compte des crédits en provenance des fonds structurels européens (FSE), du moins pour l'année 1994.

Les crédits versés par les régions sur leurs ressources propres proviennent, en fait sinon en droit, du transfert à celles-ci du produit de la taxe sur les cartes grises de l'article 968 CGI (loi du 7 janvier 1983, article 99-I), dont elles fixent librement le taux (loi de finances pour 1983, article 20 ; circulaire du 28 avril 1983), mais, jusqu'à la loi du 20 décembre 1993, la plupart avaient relativement peu investi en ce domaine.

Les crédits provenant des entreprises consistent essentiellement en une partie de la taxe d'apprentissage (cf. la loi du 17 juillet 1992 portant diverses dispositions relatives à l'apprentissage et à la formation professionnelle, modifiant sur ce point l'art. L 118-3 du Code du travail, et son décret d'application du 28 octobre 1994), encore que cette part demeure modeste (moins de 30 %), les organismes consulaires préférant l'affecter prioritairement aux écoles de commerce, qu'elles gèrent, et une part importante allant également aux universités. A noter la création, par l'accord du 5 juillet 1994, d'organismes paritaires collecteurs agréés régionaux (OPCAREG) pour le financement de la formation professionnelle. En 1995, un accord CNPF-syndicats a prévu la concentration dans une soixantaine d'organismes collecteurs de 35 % du produit de la taxe parafiscale de la formation professionnelle (évalué à 5,6 milliards de F).

La loi du 6 mai 1996 portant réforme du financement de l'apprentissage a modifié le chapitre VIII du titre 1er du livre 1er du Code du travail. Elle a notamment ajouté, après l'article L 118-2, un alinéa précisant que : « Lorsqu'elles emploient un apprenti, les personnes ou entreprises redevables de la taxe d'apprentissage sont tenues d'apporter soit directement..., soit par le biais d'un organisme collecteur, au CFA ou à la section d'apprentissage où est inscrit cet apprenti un concours financier qui s'impute sur la fraction de la taxe d'apprentissage définie à l'article L 118-3 », le montant maximum de ce concours étant déterminé par décret en CE. De plus, selon le nouvel article L 118-2-2, « une fraction de la taxe d'apprentissage est versée, ... directement ou par l'intermédiaire d'un organisme collecteur, au Trésor public. Le produit des versements effectués à ce titre est reversé intégralement aux fonds régionaux d'apprentissage et de formation professionnelle continue, en vue d'une péréquation entre les CFA ou sections d'apprentissage (cf. *supra*), dans des conditions déterminées par une loi de finances ; – Le produit total des concours apportés dans l'année au titre de l'article L 118-2 à un CFA ou à une section d'apprentissage... ne peut être supérieur à un maximum calculé en fonction du nombre d'apprentis inscrits... et d'un barème de coût par niveau et par type de formation fixé par arrêté interministériel après avis du comité de coordination des programmes régionaux d'apprentissage et de formation professionnelle continue ; – Lorsqu'un CFA ou une section d'apprentissage dispose, au titre de ces concours, de ressources excédant le maximum mentionné, il reverse les sommes excédentaires au fonds régional de l'apprentissage et de la formation professionnelle continue. Ces sommes sont affectées, par la région, aux CFA et aux sections d'apprentissage dont les recettes au titre de la taxe d'apprentissage sont inférieures à un minimum fixé par décret en CE après avis du Comité de coordination des programmes régionaux d'apprentissage et de formation professionnelle continue. » La création au sein de ce comité, d'un « Conseil national de l'apprentissage » chargé notamment d'évaluer les politiques régionales d'apprentissage et les besoins de ce secteur, un moment envisagée, a été écartée par les parlementaires car jugée trop centralisatrice.

4) Coordination

Le partage des rôles entre l'Etat, les régions et divers partenaires implique l'existence de structures et de modalités de coordination, afin d'éviter une certaine « balkanisation » de ce secteur. D'abord, il a été évident que « tout transfert de compétences de l'Etat au profit des départements et des régions s'accompagne du transfert des services correspondants » (loi du 7 janvier 1983, articles 7, 8 et 9), les services déconcentrés de l'Etat – devant continuer à instruire les dossiers et à rémunérer les stagiaires – étant en l'occurrence « mis à disposition en tant que de besoin » des autorités régionales seulement (circ. du 22/4/1983). De plus, la délégation régionale à l'action professionnelle, non transférée, devait « apporter à la région le concours que celle-ci estimera nécessaire ». Enfin, la circulaire du 29 juillet 1983 a détaillé les conséquences de cette réforme sur les services de l'Education nationale, mis à disposition des régions par voie de conventions annuelles, et sur l'action des recteurs, qui doivent tout à la fois coordonner les services et établissements publics et adapter leur fonctionnement à la nouvelle répartition des compétences ainsi que, d'autre part, coordonner les actions de formation de l'Etat avec celles conduites par les régions et faire circuler l'information dans les deux sens.

Les régions peuvent conclure avec l'Etat et les partenaires intéressés des contrats d'objectifs pluriannuels fixant des perspectives en ces matières, dont tiennent compte les schémas prévisionnels des formations et, désormais, les plans régionaux de développement des formations professionnelles des jeunes qui en tiennent lieu (loi du 7 janvier 1983, article 84, modifié par celles des 23 juillet 1987 et 17 juillet 1992 précitées). Un décret du 14 janvier 1993 a précisé que ces contrats établissent des orientations quant aux effectifs à former par type et par niveau de qualification, à la localisation souhaitable et à la durée des formations ainsi qu'aux sortes d'actions favorisant l'information des jeunes, en tenant compte des accords conclus par l'Etat avec les organisations professionnelles et les négociations de branche. Le conseil académique de l'Education nationale et le comité régional de l'enseignement agricole sont consultés pour l'élaboration de ces contrats et informés de leur réalisation, de même que le comité régional de la formation professionnelle, de la promotion sociale et de l'emploi. Ce comité composé de toutes les parties prenantes, dont le décret du 11 juillet 1994 a profondément modifié l'organisation et le fonctionnement, se réunit au moins deux fois par an et se présente comme le « lieu de concertation régionale des orientations à moyen terme des politiques de l'Etat, de la région et des partenaires sociaux en matière d'emploi et de formation professionnelle » (Code du travail, art. D. 910-2), afin de favoriser la cohérence des actions menées, en liaison avec le conseil économique et social régional. Il examine et évalue la situation et les perspectives régionales dans ces secteurs, reçoit toutes les informations s'y rapportant et formule des avis sur saisine du préfet ou du président du conseil régional (sur le projet de programme régional annuel d'apprentissage et de formation professionnelle continue, sur celui de plan régional de développement des formations professionnelles des jeunes, sur les bilans annuels d'exécution, l'élaboration et l'application des contrats d'objectifs, ainsi que sur toute question relative à la formation professionnelle relevant de la compétence de la région).

Enfin, fort de toutes ces données, le comité régional assiste le Comité national de coordination des programmes régionaux d'apprentissage et de formation professionnelle continue, chargé d'évaluer et d'harmoniser les politiques régionales en ce domaine. Ce Comité national, véritable « Parlement de la formation professionnelle » selon l'un de ses anciens présidents, J.-P. Soisson, est composé de treize (douze avant la loi du 6 mai 1996) représentants des services de l'Etat, treize des organisations syndicales et professionnelles et des représentants des régions. Son rôle a été redéfini par la loi du 20 décembre 1993 (modification de l'article 84 de celle du 7 janvier 1983) en fonction de l'extension des compétences régionales. Enfin, le « groupe régional permanent » de la formation professionnelle et de la promotion sociale est chargé d'étudier les projets impliquant un concours financier de l'Etat et ceux favorisant le développement d'actions coordonnées de formation professionnelle dans le cadre de contrats Etat-régions. Par ailleurs, plusieurs personnes morales de droit public ou de droit privé peuvent constituer des « groupements d'intérêt public », dotés de la personnalité morale et de l'autonomie financière, pour exercer ensemble, pendant une période déterminée, « des activités dans le domaine de la formation et de l'orientation professionnelles, ainsi que pour créer ou gérer ensemble des équipements ou des services d'intérêt commun nécessaires à ces activités » (loi du 17 juillet 1992, article 26 et décret du 19 janvier 1993).

CHAPITRE 3

Autres compétences

Nous nous contenterons d'examiner, succinctement, la répartition des compétences entre collectivités territoriales en matière d'environnement, d'urbanisme et logement, de transports, d'action sanitaire et sociale, d'animation culturelle, d'aménagement rural et de tourisme, de ports et de navigation enfin.

1 • ENVIRONNEMENT

En la matière, tout ne peut pas se résumer en une répartition de « compétences » juridiques. D'une part parce qu'il existe de nombreux domaines résiduels non attribués par les lois de décentralisation mais dont, sur le terrain, concrètement, les collectivités locales se sont emparées ; d'autre part parce que la préservation de l'environnement passe aussi – et parfois peut-être d'abord – par des actions d'information, de sensibilisation des citoyens (« respectez les pelouses », « apprenez le trottoir à votre chien », etc.) qui ne nécessitent pas la dévolution formelle de « compétences ».

Pour le reste, la répartition des compétences en la matière est assez complexe et traduit une réticence des pouvoirs publics à la décentraliser véritablement.

A – Un rôle de l'Etat toujours prépondérant

Affaire de tous, l'environnement semble ne pouvoir être abandonné aux seules décisions d'élus locaux incompétents en la matière ou sensibles aux pressions. Il demeure donc largement « une affaire d'Etat » (M. Prieur). En ce sens, la loi du 10 juillet 1976 proclamait déjà, par exemple, que la protection de la nature contre les dégradations est « d'intérêt général » et que sa sauvegarde est « un devoir de chacun » (article 1er). La loi de décentralisation du 7 janvier 1983 inclut, certes, la protection de l'environnement et du cadre de vie parmi les objectifs auxquels communes, départements et régions doivent concourir avec l'Etat (article 1er § 2) mais pose le principe de la coresponsabilité en la matière, spécifiant à son article 35 (devenu l'article L 110 du Code de l'urbanisme) que : « Le territoire français est le patrimoine commun de la nation. Chaque collectivité publique en est le gestionnaire et le garant dans le cadre de ses compétences. Afin d'aménager le cadre de vie, de gérer le sol de façon économe, d'assurer la protection des milieux naturels et des paysages ainsi que la sécurité et la salubrité publiques et de promouvoir l'équilibre entre les zones urbaines et rurales, les collectivités publiques harmonisent, dans le respect réciproque de leur autonomie, leurs prévisions et leurs décisions d'organisation de l'espace ».

Toutefois, la loi ne précise pas comment, concrètement, les collectivités locales doivent « harmoniser leurs prévisions et leurs décisions... dans le respect réciproque de leur autonomie », et c'est encore le plus souvent l'Etat qui décide et arbitre, *via* l'attribution sélective de subventions et un contrôle de légalité plus ou moins orienté, en cas de choix différents, voire opposés effectués par ces dernières en ce domaine. Sans doute celles-ci peuvent-elles utiliser la voie contractuelle mais, là encore, s'il est vrai que certaines régions ont inscrit dans les contrats de plan des initiatives favorables à la préservation de l'environnement, l'Etat conserve un rôle prééminent (cf. le « Plan national de l'environnement », arrêté le 19/12/1990, qui l'a doté de « directions régionales de l'environnement » à côté des « directions régionales de l'industrie, de la recherche et de l'environnement » existantes).

A défaut d'un « Code de l'environnement » possédant cohérence et rationalité, la stratification des textes successifs contribue à entretenir le flou et préserve cette prééminence de l'Etat. Par exemple, ***la loi du 3 janvier 1992 sur l'eau*** proclame que celle-ci « fait partie du patrimoine commun de la nation » et que sa protection est « d'intérêt général » (article 1er), mais les instances chargées de gérer ce secteur sont nombreuses : les grandes orientations sont fixées, pour chaque bassin ou groupement de bassins, dans un schéma directeur d'aménagement et de gestion, à l'initiative du préfet coordinateur et, au niveau des schémas d'aménagement et de gestion des eaux concernant les sous-bassins (cf. le décret du 24/9/1992), par une commission locale de l'eau créée, là encore, par le représentant de l'Etat, les collectivités territoriales pouvant se regrouper, de leur côté, dans des communautés locales de l'eau ayant la forme juridique d'établissements publics dont il était à craindre qu'elles feraient double emploi avec les comités de bassin. De même, si les maires ont en la matière des pouvoirs de police (à partager avec ceux du préfet ; cf. par ex. l'article 45 de la loi du 22 juillet 1987 concernant l'organisation de la sécurité civile, la protection de la forêt contre l'incendie et la prévention des risques majeurs en période de sécheresse) et si les communes ont la responsabilité de la gestion des réseaux d'eau et d'assainissement (la distribution d'eau potable constituant un SPIC communal ; cf. CE, 9/5/1980, *Leleup* et *Mme Abdesslem* ; TC, 15/12/1980, *Tettard c. Synd. intercom. d'adduction d'eau du Ligier* ; 19/2/1990, *M. Thomas c. Commune de Francazal* ; 22/6/1992, *Berger*, de même que l'assainissement ; cf. CC, 29/12/1983 ; T.C, 12/1/1987 ; *Cie des eaux et de l'ozone c. SA établissements Vétillard* et 2/12/91, *SA de Molitg-les-bains*), les délibérations relatives au prix de l'eau restent soumises au contrôle de légalité (cf. TA Lyon, 30/11/1993, *M. Paul Chomat et al.*), l'article 13 de la loi du 3 janvier 1992 ayant limité celui-ci en fonction de divers critères, sous réserve de dérogations, autorisées par le préfet, précisées par un décret du 28 décembre 1993 (qui ne constitue pas une ingérence de l'Etat dans les finances communales : CE, 30/6/1995, *Commune de St-Etienne-du-Grès*), et la matière est étroitement encadrée par les textes nationaux (cf. les dispositions des art. L 35 à L 35-9 du Code de la santé publique à but hygiénique) et les directives communautaires transposées en droit interne (qualité des eaux destinées à la consommation, des eaux usées, etc.), ainsi qu'à des mécanismes de péréquation destinés, par exemple, à financer les travaux d'adduction d'eau et d'assainissement en milieu rural (cf. le Fonds nat. de développement pour les adductions d'eau, compte d'affectation spéciale du ministère de l'Agriculture, dont les modalités d'attribution ont été modifiées par les articles 109 et 110 de la loi du 7 janvier 1983).

On pourrait ainsi multiplier les exemples de domaines dans lesquels le rôle du représentant de l'Etat demeure prépondérant, qu'il s'agisse des modalités et des dates d'ouverture et de ***fermeture de la chasse*** dans les départements (décret du 14 mars 1986), de la police des installations classées pour la protection de l'environnement (cf, CE, 21/2/1997, *Sté de production de gaz liquéfiés*), d'agrément pour les réserves naturelles volontaires (loi du 10 juillet 1976 citée, articles 17 et s. ; décrets des 25 novembre 1977 et 17 octobre 1986) ou de ***protection du patrimoine architectural*** (lois des 31 décembre 1913 sur les monuments historiques ; 2 mai 1930 sur les monuments naturels et les sites ; du 4 août 1962 sur les secteurs sauvegardés ; loi du 7 janvier 1983, article 70, instituant au niveau régional un « collège du patrimoine et des sites » chargé de conseiller le préfet, qui peut associer les communes à sa politique, notamment s'agissant de l'institution de zones de protection du patrimoine architectural et urbain autour de monuments, sites ou quartiers à protéger et à mettre en valeur, avec des contraintes d'esthétique et d'urbanisme particulières, soumises au contrôle de l'architecte des Bâtiments de France ou, en cas de désaccord avec le maire, du préfet.

Dans la même optique, il apparaît que *la « loi montagne » et la « loi littoral »* ont plutôt constitué des reculs de la décentralisation. Par exemple, la première, du 9 janvier 1995, s'efforce de lier développement économique et préservation des sites, de la faune et de la flore par des dispositions qui « s'appliquent à toute personne publique ou privée pour l'exécution de tous travaux, constructions, défrichements, plantations, installations et travaux divers, pour l'ouverture des carrières (cf., à propos de la protection d'un site biologique, CE, 21/1/1998, *Consorts de Sinety*), la recherche et l'exploitation de minerais, la création de lotissements et l'ouverture de terrains de camping ou de stationnement de caravanes, la réalisation de remontées mécaniques et l'aménagement de pistes, l'établissement de clôtures et les installations classées pour la protection de l'environnement », ce qui limite d'autant l'autonomie de décision des collectivités territoriales. De même, la seconde encadre l'action de ces dernières, dont les POS ou autres documents d'urbanisme ne peuvent autoriser des atteintes « aux espaces remarquables ou caractéristiques du patrimoine culturel ou naturel du littoral », ni aux « milieux nécessaires au maintien des équilibres biologiques ».

En vérité, l'Etat paraît même souvent se méfier de ses propres représentants déconcentrés et fait remonter au niveau central un nombre important de décisions. Ainsi, la création d'une ***réserve naturelle*** relève d'un décret (en CE en cas d'opposition du propriétaire) ; toute modification ou destruction d'un élément du milieu naturel est interdite sauf autorisation ministérielle ; le classement d'un territoire en ***parc naturel régional*** (cf. *infra*) nécessite également un décret en CE, le dossier étant instruit par les services du ministère de l'Environnement ; la création de ***réserves de chasse*** approuvées relève du niveau ministériel (sur présentation, certes, d'un dossier transmis par le préfet, avec avis du président de la fédération départementale de la chasse et du directeur départemental de l'agriculture et de la forêt) ; pour l'institution de ***sites classés ou inscrits***, là encore, un partage de compétences entre administrations centrale et déconcentrée fait la part plutôt belle aux premières, etc.

Il est vrai que la loi d'orientation sur l'administration territoriale de la République du 6 février 1992 a redonné davantage de prérogatives aux niveaux déconcentrés, en particulier aux préfets de région, chargés de « mettre en œuvre les politiques nationale et communautaire concernant le développement économique et social et l'aménagement du territoire », d'« animer et coordonner dans la région les politiques de l'Etat en matière culturelle et d'environnement, ainsi que celles relatives à la ville et à l'espace rural ». De même, la loi du 30 décembre 1996 constituant « Charte nationale » de la lutte pour la préservation de ***la qualité de l'air*** et l'utilisation rationnelle de l'énergie (qui succède à la « loi Morizet » du 20 avril 1932 et à celle du 2 août 1961 relative à la lutte contre les pollutions atmosphériques et les odeurs), et ses trois décrets d'application du 6 mai 1998 (transposant des directives communautaires) fixent des « objectifs de qualité », des « seuils d'alerte » et des « valeurs limites », avec contrôles des polluants, procédures d'alerte et mesures d'urgence relevant des préfets (après « information » des maires), chargés de présenter chaque année aux conseils départementaux d'hygiène un rapport sur la qualité de l'air, tandis que les préfets de région, assistés de « comités régionaux de l'environnement », élaborent des « plans régionaux pour la qualité de l'air », « plans de protection de l'atmosphère » et « plans de déplacements urbains », et que les ***études d'impact*** prévues par le droit de l'urbanisme intègrent désormais une dimension « anti-pollution ».

B – Les compétences dévolues aux collectivités locales

Elles ont été élargies (surtout celles de leurs groupements) par la loi ATR du 6 février 1992, qui a quelque peu clarifié de surcroît cette matière particulièrement enchevêtrée.

1) Au niveau communal et inter-communal

Outre le rôle des communes dans la distribution de l'eau et l'assainissement (cf. *supra*), la collecte et le traitement des ordures ménagères, dans un cadre de plus en plus départementalisé toutefois (cf. *infra*), l'aménagement de l'espace à travers l'urbanisme (cf. *infra*, p. 218) et les chartes intercommunales de développement et d'aménagement (loi du 7 juin 1983 et décret du 26 juin 1984), les communes ont reçu de la loi de décentralisation du 22 juillet 1983 quelques compétences minimales relatives à l'environnement, consistant à donner leur avis sur la définition ou la modification des plans départementaux des itinéraires de promenade et de randonnée, sur l'institution de périmètres de protection autour des réserves naturelles ou de zones de protection du patrimoine architectural et urbain.

A leur niveau, qui n'est pas celui de la synthèse, il s'agit surtout de prendre en compte les considérations d'environnement et de respecter les prescriptions établies aux échelons supérieurs. Ainsi, l'art. 2 de la loi du 10 juillet 1976 sur la protection de la nature précise que « les documents d'urbanisme doivent respecter les préoccupations d'environnement » et l'article 1er de son décret d'application du 12 octobre 1977 que « les préoccupations d'environnement sont prises en compte par les documents d'urbanisme dans le cadre des procédures qui leur sont propres ». Du reste, l'article 3 de la loi du 8 janvier 1993 rend obligatoire l'identification des secteurs à protéger lors de l'élaboration des POS.

La loi ATR du 6 février 1992 a d'ailleurs élargi les compétences locales en matière d'environnement, particulièrement au niveau intercommunal. Communautés de communes ou de villes se sont vu transférer, en effet, des « compétences relevant de chacun des deux groupes suivants : 1) aménagement de l'espace » (et aussi développement économique, cf. *supra,* p. 79). De plus, elles doivent choisir au moins une de quatre autres séries d'attributions parmi lesquelles, là encore, « la protection et la mise en valeur de l'environnement » (communautés de communes) ou « la protection et la mise en valeur de l'environnement, la politique du cadre de vie, la lutte contre la pollution des eaux et de l'air, la lutte contre le bruit, l'assainissement, la collecte, le traitement et l'élimination des déchets » (communautés de villes). Enfin, cette loi, ainsi que celle du 4 février 1995 sur l'aménagement du territoire, ont organisé des possibilités de consultations populaires, au niveau du quartier, de la commune ou de l'établissement public intercommunal, qui concernent au premier chef les questions d'environnement.

2) Au niveau départemental

Le conseil général se préoccupe depuis longtemps de l'espace rural, dialoguant à cet effet avec les petites communes. La loi du 7 janvier 1983, article 31, lui a confié d'importantes attributions, dont l'établissement ***d'un programme d'aide à l'équipement rural***, intégrant les priorités exprimées par les communes ou, s'il en existe, les chartes intercommunales de développement et d'aménagement (substituées aux « plans d'aménagement rural ») et le décret du 5 avril 1995 a institué dans chaque département, une « commission de gestion de l'espace rural » (évoquée par l'article 38 de la loi du 4 février 1995, elle est présidée par le préfet et vice-présidée par le président du conseil général), consultée sur les orientations générales pour l'utilisation du « fonds de gestion de l'espace rural » mentionné à l'article L 112-16 du Code rural (qui contribue au financement des projets d'intérêt collectif concourant à l'entretien et à la réhabilitation de l'espace rural).

L'article 32 de la loi du 7 janvier 1983 confère au département un rôle primordial concernant les opérations de ***remembrement*** et de réorganisation foncière, aux lieu et place de l'Etat (modification des art. 19, 21, 21-1, 32-1 et 38 du Code rural ; les fonds de concours nécessaires sont désormais inscrits à la section d'investissement du budget départemental).

Tant à titre de circonscription administrative déconcentrée (rôle du préfet) que de collectivité décentralisée, le département est donc un niveau adéquat pour la protection de l'environnement : cf. son rôle dans ***la conservation et la gestion du patrimoine naturel, la protection et la valorisation des sites, des paysages et des milieux***, ainsi que la compétence générale dévolue par l'article 12 de la loi du 18 juillet 1985 relative à la définition et à la mise en œuvre de principes d'aménagement (« afin de préserver la qualité des sites, des paysages et des milieux naturels, ... le département est compétent pour élaborer et mettre en œuvre une politique de protection, de gestion et d'ouverture au public des espaces naturels sensibles, boisés ou non » : Art. L 142-1, Code de l'urbanisme). Dans ce cadre, le conseil général définit les zones de préemption (en accord avec le conseil municipal concerné si la commune est dotée d'un POS approuvé ou publié, avec le préfet dans le cas contraire) et il peut acquérir à l'amiable ou par voie d'expropriation des espaces naturels, les entretenir et les aménager afin de les ouvrir au public. Une taxe départementale des espaces naturels sensibles, établie sur les constructions ou extensions de bâtiments, permet de trouver les ressources nécessaires à ces actions.

De plus, les articles 56 et 57 de la loi du 22 juillet 1983 ont conféré aux départements le soin d'établir, après avis des communes intéressées, le plan des ***itinéraires de promenade et de randonnée*** (qui peuvent emprunter des voies publiques existantes, les chemins du domaine privé du département, chemins ruraux après accord des communes, chemins ou sentiers appartenant à l'Etat, à d'autres personnes publiques ou privées, après convention fixant les dépenses d'entretien et de signalisation à la charge du département), une taxe départementale d'espaces verts pouvant être affectée à l'acquisition, l'aménagement et la gestion de ces chemins ou sentiers.

Par ailleurs, la loi du 22 juillet 1987 sur la ***sécurité civile*** et les ***risques majeurs*** donne aux départements des moyens d'inspection et d'intervention dans ce domaine, tout comme celle du 6 février 1992 pour les services de ***lutte contre l'incendie et de secours***. (Depuis le décret du 20 mai 1955, le SDIS – service départemental d'incendie et de secours – a le statut d'établissement public regroupant département, communes et groupements de communes. L'article 56-4 de la loi de décentralisation du 2 mars 1982 ayant spécifié que « les pouvoirs exercés par le préfet relatifs au SDIS sont transférés au président du conseil général... à l'exception de ceux concernant la mise en œuvre opérationnelle des moyens relevant de ce service qui continuent d'être exercés par le représentant de l'Etat dans le département », est intervenu un nouveau décret du 4 août 1982 – cf., à son propos, CE, 11/2/1987, *COREP de l'Essonne c. M. Peynichoux* et *Commune de St-Vrain* ; 13/11/1987, *Min. de l'Intérieur* et *M. Girard* ; et 9/9/1996, *Synd. CGTM des sapeurs-pompiers départementaux de la Martinique*, à propos de la contribution obligatoire des communes au budget du SDIS –, puis celui du 6/5/1988 relatif à l'organisation générale de ces services. L'article 89 de la loi ATR du 6 février 1992 a fait de l'échelon départemental celui de droit commun d'exercice des compétences en la matière, l'article 87 de celle du 27 janvier 1993 n'obligeant pas à la création d'un SDIS dans les départements de plus de 500 000 habitants dotés d'un « centre opérationnel d'incendie et de secours » – CODIS – créé en application de l'article 32 modifié du décret du 6 mai 1988. Ce dernier est resté en vigueur jusqu'à l'intervention des décrets d'application de la loi du 3 mai 1996, qui a fait des SDIS le cadre unique de l'organisation et de la gestion de ces services dans le département : cf. les art. L 14 24-1 et s. constituant le chap. IV introduit au sein du titre II du livre IV de la 1re partie du CGCT) ou encore, dans un autre domaine concernant l'environnement, la loi du 13 juillet 1992 et le décret du 3 février 1993 relatifs à la mise en place de « ***plans départementaux d'élimination des déchets ménagers*** » (un autre décret du même jour concernant les « plans régionaux d'élimination des déchets industriels et hospitaliers »), qui inscrit la mise en décharge de tous déchets valorisables (dont les communes assurent la collecte et le traitement) à partir de 2002, au profit de l'incinération, du tri sélectif et du recyclage.

3) Au niveau régional

De par leur taille, les régions constituent, ici aussi, le niveau le plus approprié pour la synthèse et l'harmonisation des interventions des différents opérateurs, spécialement à travers la planification et les contrats de plan conclus avec l'Etat. Elles peuvent donc prendre en la matière de nombreuses initiatives et disposent, à travers leurs CESR (et même, pour les régions d'outre-mer ou la Corse, leurs « conseils de la culture et de l'environnement »), de structures consultatives et participatives appropriées, même si, juridiquement, les transferts effectifs de compétences en leur direction concernant l'environnement ont été faibles.

Après le décret du 24 octobre 1975, l'article 29-4 de la loi du 7 janvier 1983 leur confère l'initiative de la création – par le ministre chargé de la protection de la nature – de ***parcs naturels régionaux*** « lorsqu'une zone faisant l'objet de chartes intercommunales constitue un territoire à l'équilibre fragile et au patrimoine naturel et culturel riche » et d'en élaborer la charte (cf. le décret du 1/9/1994). L'article 36 de ce même texte (art. L 111-1, Code de l'urbanisme) leur permet également de proposer à l'Etat l'édiction de « prescriptions particulières » en matière d'urbanisme, dans lesquelles les préoccupations d'environnement peuvent trouver leur place, surtout pour les régions littorales ou de montagne. Les questions de pollution peuvent aussi être abordées dans le cadre de la coopération transfrontalière que l'article 65 de la loi du 2 mars 1982 autorise les régions à développer (cf. la « Charte des régions sur l'environnement » élaborée conjointement par la Catalogne, le *Land* de Bade-Wurtenberg, la Lombardie, la province d'Ontario et la région Rhône-Alpes en 1990) ou des « ***plans régionaux pour la qualité de l'air*** » cités *supra* (loi du 3 décembre 1996).

Les régions auraient d'ailleurs pu recevoir une compétence beaucoup plus générale en la matière, mais un amendement sénatorial préconisant qu'elles « définissent les actions qu'elles entendent conduire pour la protection et la restauration de l'environnement ainsi que la lutte contre les pollutions et les nuisances » a été écarté en juin 1983. Elles n'ont donc conservé ou acquis que quelques attributions résiduelles, telles que, par exemple celle conférée par l'article 10 de la loi du 27 juillet 1993 relative au développement de l'emploi et de l'apprentissage (« A titre expérimental, les conseils régionaux reçoivent de l'Etat une dotation financière destinée à soutenir les actions qu'ils engageront en matière de développement de l'emploi dans les activités liées à la protection de l'environnement pour la période allant de juillet 1993 à juin 1994 ») ou encore par le décret du 3 février 1993, qui prévoit la présence de représentants du ou des conseils régionaux intéressés à la commission qui assiste le préfet de région pour l'élaboration de plans d'élimination des déchets autres que ménagers et assimilés. Enfin, la plupart des régions intègrent de plus en plus les préoccupations relatives à l'environnement dans leurs contrats de plan mais aussi par l'intermédiaire d'« agences régionales pour l'environnement » dont elles se sont dotées afin, comme en Provence-Alpes-Côte d'Azur, « d'étudier et de mettre en œuvre toute action permettant la protection et la mise en valeur de l'environnement dans la région, de remédier à la dégradation des sites et de favoriser l'élimination des déchets ».

2 • URBANISME, LOGEMENT, VOIRIE

Si le nouvel article L 110 du Code de l'urbanisme dispose que « les collectivités publiques harmonisent, dans le respect réciproque de leur autonomie, leurs prévisions de décisions d'utilisation de l'espace », c'est en réalité la commune qui dispose de l'essentiel des compétences en la matière, département et région n'intervenant qu'à titre complémentaire ou résiduel.

A – Une compétence communale de principe

Bien sûr, si de larges attributions ont été transférées aux communes à partir de 1983, il n'en reste pas moins que « le territoire français est le patrimoine commun de la nation » (article L 110, Code de l'urbanisme, rédaction de la loi du 7 janvier 1983, article 35) et elles doivent donc respecter les prescriptions du Code de l'urbanisme et de la politique nationale d'aménagement du territoire (cf. en particulier, citées *supra*, la « loi montagne » du 25 janvier 1985 et la « loi littoral » du 3 janvier 1986), ainsi que les « projets d'intérêt général » de l'Etat (art. L 123-3-2 et 123-7-1), de la région ou du département (qui peuvent obliger à réviser le POS). En vérité, il s'est agi au moins autant de renforcer la planification de l'espace que de décentraliser, le principe demeurant celui de l'inconstructibilité des terrains situés hors des parties urbanisées de la commune si cette dernière ne possède pas de POS approuvé (principe cependant atténué par les lois des 17 juillet 1986 et 19 août 1986, et pouvant être écarté par le conseil municipal pour une opération ponctuelle justifiée par l'intérêt de la commune. Enfin, celle-ci peut fixer avec le préfet les « modalités d'application des règles générales d'urbanisme » – MARNU – qui résultent du règlement général d'urbanisme – RNU – ; cf. les art. R. 111-1 et s. du Code de l'urbanisme) ce qui pousse à l'élaboration d'un tel document (15 000 communes, représentant 70 % du territoire, en étaient dotées en 1992, contre 6 500 seulement en 1984), laquelle ne peut cependant intervenir que dans le cadre plus général de « schémas » élaborés à un niveau intercommunal.

Nous examinerons donc successivement les compétences communales concernant l'élaboration des documents d'urbanisme, puis la délivrance des autorisations individuelles d'utilisation du sol qui en résultent.

1) L'élaboration des règlements d'urbanisme

a) Les schémas directeurs et de secteur

Elaborés à l'initiative de communes « présentant une communauté d'intérêts économiques et sociaux » (articles L 122-1-1) dans un périmètre arrêté par le préfet sur proposition des conseils municipaux (représentant les deux tiers des communes et la moitié de la population ou vice-versa), après consultation du conseil général et du conseil régional si la population concernée dépasse 100 000 habitants, par un EPCI existant ou créé, ces schémas fixent les grandes orientations, la destination générale des sols, la nature et la localisation des grands équipements d'infrastructure, les zones d'extension et de rénovation, etc., dans le respect des lois d'aménagement et d'urbanisme (« littoral », « montagne », etc.) et des directives territoriales d'aménagement évoquées par la loi du 4 février 1995 pour l'aménagement et le développement du territoire (fixant, selon l'art. L 111-1-1 nouveau du Code de l'urbanisme, les principaux objectifs de l'Etat en matière de localisation des grandes infrastructures de transports et de grands équipements ou de préservation des espaces naturels, en fonction du « schéma national d'aménagement du territoire »). Pour leur exécution, les schémas directeurs peuvent être complétés par des schémas de secteur (loi du 7 janvier 1983, art. 41 – art. L 122-1 du Code – et décret du 9 septembre 1983).

Une fois arrêté, le projet de schéma est soumis pour avis aux conseils municipaux, dans un délai de trois mois, puis mis à disposition du public pendant un mois (si l'enquête publique révèle des oppositions, une commission de conciliation doit formuler des propositions), dans des conditions modifiées par la loi du 2 février 1995 relative au renforcement de la protection de l'environnement (procédure de débat public, avec intervention des associations, pour les projets ayant une incidence importante sur l'aménagement du territoire). Ensuite, il est approuvé par l'organe délibérant de l'EPCI et transmis au préfet, qui dispose de deux mois pour notifier les modifications destinées à surmonter l'avis négatif d'une ou plusieurs communes intéressées ou à se conformer aux lois ou directives d'aménagement sus-évoquées. L'EPCI a alors six mois pour effectuer les rectifications qui s'imposent, faute de quoi le préfet arrête lui-même le schéma directeur. Si une commune considère que ce document compromet un de ses intérêts essentiels, elle peut s'y opposer dans les quinze jours de son approbation. Le préfet dispose alors lui-même à nouveau de quinze jours pour proposer de nouvelles modifications. A défaut, la commission de conciliation a également quinze jours pour notifier les modifications demandées. Si ces dernières sont refusées par l'EPCI, la commune peut se retirer du schéma directeur.

b) Les plans d'occupation des sols

De même que les « zones d'aménagement concertées » (ZAC), les POS sont élaborés « à l'initiative et sous la responsabilité » des communes (articles L 123-3), dans le cadre des schémas directeurs et de secteur existants ainsi que des règles générales et servitudes d'utilisation des sols applicables (cf. l'article L 111-1-1 § 6, issu de la loi du 4 février 1995), ou encore des « plans de prévention des risques naturels prévisibles » institués par la loi du 2 février 1995.

Sous ces réserves, les communes bénéficient d'une grande liberté de conception pour adapter le contenu du POS à leurs besoins et à leurs objectifs. Selon l'article L 123-1 du Code de l'urbanisme (loi du 7 janvier 1983, article 48), ce document remplit les neuf fonctions suivantes : 1) Délimiter les zones urbaines et les zones d'affectation des sols en fonction des activités dominantes pouvant y être exercées ; 2) Définir, en fonction des situations locales, les règles relatives au droit de construire, à la nature et à la destination des constructions éventuellement imposées par des servitudes d'utilité publique ; 3) Déterminer les règles relatives à l'aspect extérieur de ces constructions et à l'aménagement de leurs abords (dans les lotissements, des conditions de couleur, de forme et de matériaux peuvent être imposées) ; 4) Déterminer, zone par zone, le coefficient d'utilisation des sols, en fonction des équipements existants ou en construction, c'est-à-dire la densité de construction admissible, avec possibilités de dépassement soumises à diverses conditions de fond et de forme (cf. le décret du 17 juillet 1984) ; 5) Délimiter les zones où l'aménagement de bâtiments existants ou leur reconstruction pourront être autorisés, voire imposés pour des raisons d'urbanisme ou d'architecture, dans le cadre de la densité initialement bâtie ; 6) Tracer les voies de circulation (rues, sentiers piétonniers, pistes cyclables, réservées aux transports en commun) à conserver, modifier ou créer ; 7) Délimiter les quartiers, rues, monuments, sites et secteurs à protéger ou à mettre en valeur pour des motifs esthétiques, historiques ou écologistes, ou bien les sites touristiques à mettre en valeur, ainsi que les zones dans lesquelles un permis de démolir est nécessaire ; 8) Préciser les emplacements destinés aux voies et ouvrages publics, installations d'intérêt général et espaces verts ; 9) Mentionner, dans les zones urbaines, les terrains cultivés inconstructibles bénéficiant d'une protection spécifique.

Le projet de POS est soumis pour avis (réputé favorable si non donné dans les trois mois) aux personnes publiques ayant demandé à être associées à son élaboration (communes limitrophes, département, région), puis rendu public par arrêté du maire et affiché en mairie pendant un mois (avec, le cas échéant, les propositions de la commission de conciliation, saisie par les collectivités associées en cas de désaccord). Il est ensuite soumis à enquête publique (loi du 12 juillet 1983, article 4). Le rapport du commissaire-enquêteur ou de la commission d'enquête, comprenant le résumé des observations présentées et les conclusions motivées, est transmis au maire dans les 30 jours et tenu à la disposition du public (avec une copie pour le préfet et une autre pour le président du TA, qui peut éventuellement prononcer le sursis à exécution prévu par l'article 67 de la loi du 8 février 1995 en cas de conclusions défavorables). Le POS, à nouveau modifié le cas échéant, est alors approuvé par le conseil municipal et devient exécutoire, ce qui entraîne transfert de compétence pour la délivrance des permis de construire au maire, qui les délivre au nom de la commune (décret du 30 décembre 1983).

2) La délivrance des autorisations d'utilisation du sol

Si elle dépend désormais du maire dans les communes dotées d'un POS approuvé (ce qui ne constitue pas une obligation, même pour celles de plus de 10 000 habitants. Mais l'incitation est forte puisque, dans les autres, c'est toujours la DDE qui instruit les demandes, les permis étant délivrés au nom de l'Etat par le maire ou le préfet et que, sur le fond, cela ne peut concerner que « les parties actuellement urbanisées de la commune », afin de préserver les zones agricoles, à l'intérieur desquelles ne sont autorisés que des travaux d'adaptation, réfection ou extension des constructions existantes, nécessaires aux équipements collectifs agricoles, à la mise en valeur des ressources matérielles ou à la réalisation d'opérations d'intérêt général, une autorisation préfectorale sur « demande motivée » du conseil municipal étant nécessaire pour toute autre construction), la liberté n'est cependant – et heureusement – pas totale puisque, par une sorte d'« effet Matriochka », le permis de construire doit respecter le POS, lequel doit respecter le schéma directeur, lequel doit prendre en compte les directives territoriales d'aménagement et la législation nationale relative à l'urbanisme.

Cette liberté relative joue pour toutes les autorisations d'utilisation du sol, à trois exceptions près (article L 421-2-1 § 4 du Code) concernant les constructions, installations ou travaux réalisés pour le compte de l'Etat, de la région, du département ou de leurs établissements publics et concessionnaires de services publics, d'un Etat étranger ou d'une organisation internationale (article R. 421 36, 1°) ; les ouvrages de production, de transport, de distribution ou de stockage d'énergie (article R. 490-3 et 4) ; et les constructions, installations ou travaux réalisées à l'intérieur des périmètres réservés aux opérations d'intérêt national (article R. 490-5), pour lesquels c'est le préfet qui est compétent.

3) La voirie et l'habitat

L'entretien de la voirie relève de la police du domaine public et des représentants de la collectivité propriétaire de celui-ci, afin d'en conserver l'intégrité : préfet pour les routes nationales, président du conseil général pour les routes départementales, maires pour les voies communales et les chemins ruraux (qui appartiennent au domaine privé de la commune). Une procédure de coordination des travaux réalisés sur la voirie a été mise en place par la loi du 22 juillet 1983 et le décret du 27 novembre 1985 (cf. CE, 13 mai 1988, *Commune de Coudekerque-Branche c. Préfet du Nord* et 18/5/1988, *Commune de Decines-Charpieu c. Courly*). La police de la circulation appartient au maire à l'intérieur des agglomérations, sauf sur les voies dites « à grande circulation », pour lesquelles le préfet est compétent. Le président du conseil général l'est sur les voies départementales hors agglomérations.

En matière ***d'habitat***, l'article 76 de la loi du 7 janvier 1983 précise que communes, départements et régions définissent, dans le cadre de leurs compétences respectives, leurs priorités, à travers l'établissement d'un « programme local de l'habitat » qui détermine les opérations prioritaires. L'Etat accorde des aides financières – éventuellement complétées par la région – aux opérations de réhabilitation de l'habitat ancien effectuées par les communes situées dans des « zones de revitalisation rurale » ayant acquis des immeubles anciens pour les transformer en logements sociaux à usage locatif (art. 1465 A du CGI). Enfin, les communes peuvent accorder des garanties d'emprunt ou des cautionnements pour des opérations de construction, d'acquisition ou d'amélioration de logements réalisés grâce à des prêts aidés de l'Etat.

B – Les compétences résiduelles des départements et des régions

1) Les départements

Depuis 1972, l'entretien ou la création de la ***voirie*** départementale relève des conseils généraux, qui y consacrent près d'un tiers de leur budget (60 milliards de F en 1992). S'ils peuvent définir, eux aussi, leurs priorités en matière d'***habitat*** (loi du 7 janvier 1983, article 76), cette matière concerne surtout, en fait, les régions (« après consultation des départements ») et les communes (cf. *supra*). Les crédits affectés par l'Etat aux départements sont répartis par le préfet, en tenant compte des priorités communales et des objectifs nationaux (article 80). Le conseil départemental de l'habitat institué par cette même loi du 7 janvier 1983 (article 79) et par le décret du 30 juin 1984 a remplacé toutes les instances compétentes en ce domaine. Pour le reste, les départements accordent surtout des ***aides financières*** aux communes, offices publics d'HLM (si ceux-ci ont été créés par le département, ce dernier bénéficie de cinq représentants au sein de leur conseil d'administration ; cf. le décret du 22 mars 1983), offices publics d'aménagement et de construction ou sociétés d'HLM.

En matière d'***urbanisme***, les départements peuvent demander à être associés à l'élaboration des POS, schémas directeurs ou de secteur et sont alors consultés sur le projet une fois arrêté. En cas d'avis défavorable, ils peuvent saisir la « commission départementale de conciliation » (au sein de laquelle ils ne sont pas représentés) afin que celle-ci formule des propositions (cf. *supra*). Ceux qui sont concernés ont également à donner leur avis sur l'élaboration des schémas de mise en valeur de la mer (loi du 7 janvier 1983, article 57). Enfin, les préfets peuvent prescrire et approuver, après avis du conseil municipal intéressé, la révision ou la modification d'un POS afin de permettre la réalisation d'un nouveau projet d'intérêt général » du département. Permis de construire et autres documents d'urbanisme sollicités par un département sont délivrés par le préfet et non par le maire. On rappellera encore la mission générale de protection des ***espaces verts*** dévolue au département (art. L 142-1 et, du Code de l'urbanisme) ainsi que la possibilité de créer des ***zones de préemption***, avec l'accord du conseil municipal dans les communes dotées d'un POS rendu public et approuvé, ou accord du préfet dans le cas contraire.

2) Les régions

Dans le cadre des contrats de plan conclus avec l'Etat, elles peuvent être amenées à soutenir financièrement certaines actions, relatives au « développement social des quartiers » (circulaire du 7/9/1989), la qualité de l'habitat, l'équipement de terrains à bâtir, l'innovation, les économies d'énergie, l'utilisation des énergies renouvelables, la construction de maisons à ossature en bois ou l'habitat bio-climatique par exemple. Elles peuvent définir leurs priorités en matière d'habitat, après consultation des départements. Si les aides au logement sont toujours attribuées au niveau de l'Etat, les régions peuvent les compléter par des aides-relais, type subventions, prêts, bonifications d'intérêts ou garanties d'emprunts, notamment pour favoriser l'habitat à caractère social (par l'aide à l'acquisition et à l'aménagement de terrains à bâtir surtout).

En matière d'urbanisme, les régions peuvent proposer à l'Etat l'élaboration de prescriptions particulières applicables à certaines parties de leur territoire du fait de l'existence de lois d'aménagement et d'urbanisme (loi du 7 janvier 1983, art. 36 ; Code de l'urbanisme, art. L 111-11). Ces prescriptions s'imposent aux documents d'urbanisme, sur le périmètre desquels elles sont d'ailleurs consultées dans le cas d'agglomérations de plus de 100 000 habitants (Code de l'urbanisme, art. L 122-1 et 2). A leur demande, elles peuvent, comme les départements, être associées à l'élaboration des schémas directeurs et des POS (art. L 123-3) ou à la création de villes nouvelles (loi du 3 décembre 1983). De même, elles peuvent également établir un projet d'intérêt général que les documents communaux devront respecter, au besoin en étant révisés. Enfin, on peut rappeler que le collège régional du patrimoine et des sites intervient dans la procédure de création des zones de protection du patrimoine architectural et urbain (loi du 7 janvier 1983, article 70 ; décret du 25 avril 1984).

3 • TRANSPORTS

Selon la loi d'orientation des transports intérieurs (« LOTI ») du 30 décembre 1982, l'élaboration et la mise en œuvre de la politique des transports sont assurées conjointement, au besoin par contrats, par l'Etat et les collectivités locales. Plus précisément, « l'Etat et, dans la limite de leurs compétences, les collectivités territoriales ou leurs groupements organisent les transports publics réguliers de personnes » (article 7-II). La loi de décentralisation du 22 juillet 1983, articles 29 et 30, traite pour sa part des transports scolaires, dont la responsabilité est confiée aux départements, sauf en Ile-de-France. Enfin, l'article 67 de la loi d'orientation du 4 février 1995 pour l'aménagement et le développement du territoire annonçait qu'après une phase d'expérimentation d'un an maximum, une loi définirait les modalités d'organisation et de financement des transports collectifs d'intérêt régional et les conditions dans lesquelles ces tâches seraient attribuées aux régions. En fin de compte, la loi du 13 février 1997 créant l'établissement public « Réseau ferré de France » afin de gérer l'infrastructure – la SNCF continuant à exploiter les services de transport – a précisé les conditions de cette expérimentation (confiée à six régions, érigées pour trois ans en « organisatrices de services régionaux de voyageurs ») dans l'attente de la loi devant transférer aux régions des compétences en matière de transports collectifs d'intérêt régional.

Cet éparpillement normatif, qui ne contribue guère à la « lisibilité » du système, est dû au fait que la section relative aux transports qui devait figurer initialement dans la première loi de répartition des compétences entre l'Etat et les collectivités locales – celle du 7 janvier 1983 – a été amputée de la plupart de ses dispositions, lesquelles ont été reprises, soit dans la deuxième loi de répartition des compétences du 22 juillet 1983 modifiée, soit dans la loi « LOTI » intervenue entre-temps.

Nous examinerons successivement le cas des transports routiers, puis celui des transports ferroviaires et, enfin, celui des transports par voie d'eau.

A – Transports routiers

Il s'agit d'une part des transports urbains de voyageurs, puis des transports non urbains et, enfin, des transports scolaires.

1) Transports urbains de voyageurs

La loi « LOTI » du 30 décembre 1982 et la loi de décentralisation du 22 juillet 1983 ont confirmé la compétence de principe des communes et de leurs groupements en la matière, soit directement en régie, soit par voie de concession de service public. Un « versement transport » est payé par les employeurs (2,5 % de la masse salariale à Paris et dans les Hauts-de-Seine, 1,6 % en Seine-St-Denis et Val-de-Marne, 1 % dans les autres départements d'Ile-de-France selon un décret du 10/1/1996 ; 0,5 % à l'intérieur du « périmètre de transports urbains » dans les autres villes de plus de 50 000 habitants, à la charge des entreprises de plus de neuf salariés), principaux bénéficiaires supposés de ces transports en commun toujours déficitaires.

2) Transports routiers non urbains de voyageurs

Ayant affirmé que le transport constituait un « droit » (art. 1er) et un « service public » (art. 2) faisant l'objet d'une planification « décentralisée, contractuelle et démocratique » (art. 4) associant l'Etat et les collectivités territoriales intéressées, la loi « LOTI » (art. 29) a confié aux départements l'organisation et le fonctionnement des transports routiers non urbains de personnes, « réguliers » ou « à la demande » (cf. le décret du 16 août 1985 relatif aux transports urbains de personnes et aux transports routiers non urbains de personnes), à l'exception des liaisons d'intérêt national ou international. Après avis des communes concernées, les conseils généraux établissent et tiennent à jour un « plan départemental des transports » sur la base duquel sont élaborées les conventions avec les transporteurs (conclues dans les quatre ans ayant suivi la promulgation de la loi). Des « contrats de développement » peuvent être passés avec l'Etat concernant le financement de la modernisation des réseaux (art. 30, dernier alinéa).

3) Transports scolaires

Conséquence de l'exode rural et de l'allongement de la scolarité obligatoire, le « ramassage » scolaire a été organisé – par les départements, les communes ou leurs groupements, les établissements scolaires eux-mêmes ou les associations de parents d'élèves – depuis 1953 et touche plus de deux millions d'élèves. La loi du 22 juillet 1983, article 29, a précisé que, désormais, « les départements ont la responsabilité de l'organisation et du fonctionnement de ces transports », qualifiés de « services réguliers publics » au sens de la « LOTI », sauf pour la région d'Ile-de-France (cf. *supra*, p. 93 et s.) et, bien entendu, à l'intérieur des périmètres de transports urbains existants (responsabilité de la commune ou de son groupement ; pour les PTU créés après juillet 1983, une convention avec le département précise les conditions de financement des services de transports scolaires, avec arbitrage du préfet en cas de désaccord : cf. le décret du 3 mai 1984). Le département exerce cette responsabilité après consultation du « conseil de l'éducation nationale » institué dans chaque académie (cf *supra*, p. 203) et dans le respect des règles techniques fixées par décret en CE.

Leurs attributions en la matière sont en réalité les mêmes que celles confiées aux autorités compétentes dans le domaine des transports par la « LOTI » : définition des services, choix du mode d'exploitation (direct ou confié par convention aux communes, groupements de communes, syndicats mixtes, établissements d'enseignement, associations familiales ou de parents d'élèves), financement (participation de l'Etat, portée à 65 % des dépenses subventionnables à la date du transfert de responsabilité là où les transports scolaires étaient alors gratuits ; compensation financière, organisée par le décret du 18 juin 1984 et la circulaire du 4 juillet 1985 : 746 millions de F pour 1983-1984 par exemple). A noter que les départements n'ont pas compétence pour fixer le montant de la part de ces dépenses laissées à la charge des familles que les communes peuvent prendre en charge (CE, 14/1/1998, *Commune de Domme*).

B – Transports ferroviaires

L'article 22-I de la « LOTI » spécifie que le conseil régional inscrit au « plan régional des transports » l'organisation des liaisons ferroviaires qu'il estime d'intérêt régional, après consultation des conseils généraux et des autorités compétentes pour l'organisation des transports urbains. Il le tient à jour et l'applique en passant avec la SNCF des conventions qui le conduisent à participer au financement des infrastructures nécessaires qu'il s'agisse du réseau des « Trains Express Régionaux » (TER) ou de l'aménagement de gares (celle du TGV à Satolas par la région Rhône-Alpes par exemple).

Tout comme les communes et les départements concernés, la région est consultée sur les modifications de la consistance générale des services assurés dans son ressort par la SNCF, sur toute ouverture ou fermeture de ligne, création ou suppression de gare ou de point d'arrêt, ainsi que sur toutes modifications substantielles des services de marchandises. Elle peut également constituer auprès de la direction régionale de la SNCF une commission consultative, dont l'avis doit alors être sollicité, notamment, quant aux conséquences des activités de l'entreprise publique sur la vie économique et sociale de la région, afin de faire toutes suggestions utiles.

L'article 17 de la loi d'orientation du 4 février 1995 sur l'aménagement et le développement du territoire a prévu l'établissement, à l'échéance de 2015, de « schémas du réseau ferroviaire » permettant de réaliser l'objectif général d'accessibilité de l'ensemble du territoire métropolitain à un TGV (à moins de 50 km, ou de trois quarts d'heure d'automobile). En mars de cette même année, cinq régions volontaires (Nord-Pas-de-Calais, Aquitaine, Centre, Rhône-Alpes et Alsace), choisies parmi treize postulantes, ont passé avec la SNCF des conventions les chargeant de gérer globalement leurs transports ferroviaires (fixation des tarifs, choix des aménagements à réaliser, etc.), l'Etat leur attribuant dans le cadre des contrats de plan les crédits qu'il versait à la SNCF. A la fin 1995, le contrat de plan Etat-SNCF prévoyait de transférer aux régions « la responsabilité de la définition des services et de leur équilibre financier » concernant quelque 6 000 km de lignes secondaires, auxquelles certaines d'entre elles (Bretagne, Centre, Languedoc, Roussillon) consacraient déjà des sommes non négligeables.

En fin de compte, la loi du 13 février 1997 créant l'établissement public « Réseau ferré de France » annonçant une prochaine libéralisation du transport ferroviaire exigée par l'Union Européenne (cf. les directives n°s 91/440 ; 95/18 et 19, transposées par le décret du 9 mai 1995) a également posé les bases d'une régionalisation, préalable à un transfert véritable, dans l'optique annoncée par la loi d'orientation du 4 février 1995 et expérimentée depuis le 1er janvier 1997 par six régions, erigées en « organisatrices de services régionaux de voyageurs » pour une période de trois ans. Ces transferts doivent donner lieu à une convention région/SNCF définissant la consistance, les conditions de fonctionnement et de financement des services concernés et leur évolution. Des tarifs spécifiques peuvent être adoptés, l'Etat continuant à prendre en charge les réductions à caractère social traditionnelles, la région pouvant décider de réductions supplémentaires (ex. : pour les étudiants en région Auvergne). Il a été précisé que les dépenses relatives à cette expérimentation n'entreraient pas dans l'assiette des contributions de chaque région au Fonds de correction des déséquilibres régionaux. Selon ces conventions-cadre toujours, les charges ainsi transférées font l'objet d'une compensation annuelle forfaitaire.

C – Transports par voies d'eau

Selon l'article 5-1 de la loi du 22 juillet 1983, « ***la région*** est compétente pour créer les ***canaux*** et les ***ports fluviaux*** et pour aménager et exploiter les ***voies navigables*** et les ports fluviaux qui lui ont été transférés par décret en CE sur proposition du conseil régional intéressé » (cf., par exemple, le décret du 15 juin 1989 transférant à la région Pays-de-Loire les compétences de l'Etat en matière de voies navigables). Le CE, par un avis du 23 juin 1987 (Section des travaux publics) a précisé que les « voies navigables » devaient s'entendre au sens de l'article 1er du Code du domaine public fluvial et de la navigation intérieure, modifié par l'article 29 de la loi du 16 novembre 1964, c'est-à-dire « les cours d'eau, lacs et canaux inscrits à la nomenclature des voies navigables », et que le transfert de compétence conférait à la région des responsabilités dans tous les domaines auxquels correspondent les concessions et autorisations consenties par l'Etat (dont l'expiration ne fait pas disparaître les besoins ayant conduit ce dernier à assumer des missions de service public, dans l'exercice desquelles la région lui est substituée), sauf (ainsi que dans les ports fluviaux), la police de la conservation du domaine public fluvial, la police de la navigation, la police des eaux et les règles de sécurité, dont l'Etat demeure responsable. Les dépendances du domaine public concerné sont mises à la disposition des régions, départements ou communes, dans les conditions prévues au titre 1er de la loi du 7 janvier 1983 (et non plus nécessairement par voie de convention : cf. la loi du 29 décembre 1983, article 20).

Pour les ports fluviaux et les voies navigables (mais non pour les ports maritimes), l'article 6 de la loi du 19 août 1986 a supprimé le délai de deux ans aménagé pour la réalisation effective des transferts de compétences prévus par l'article 4 de la loi du 7 janvier 1983. Les moyens en la matière ont souvent fait défaut, surtout pour les canaux (cf. la motion adoptée par huit présidents de conseils régionaux du Grand Est en avril 1987 : « Huit régions réclament une vraie politique des voies navigables ») mais, comme on l'a noté, la loi d'orientation pour l'aménagement et le développement du territoire du 4 février 1995 a évoqué depuis la réalisation pour 2015 de schémas directeurs des voies navigables et des ports maritimes.

Quant aux ***ports maritimes***, leur création et l'exploitation ont été transférées par la loi du 22 juillet 1983, aux ***communes*** dans le cas des ***ports de plaisance***, s'il existe un schéma de mise en valeur de la mer prévoyant les aménagements souhaitables, et aux ***départements*** dans celui des ***ports de commerce et de pêche*** (200 environ ont été transférés), les décisions s'y rapportant devant, là encore, être prises dans le respect du schéma de mise en valeur de la mer, faute de l'existence duquel elles sont prises par le préfet sur proposition du conseil général. Ces transferts ne concernent par les ***sept ports autonomes***, ports d'intérêt national et ports maritimes contigus à un port militaire, y compris l'intégralité de leurs équipements, qui demeurent de la responsabilité de l'Etat (cf. le décret du 23 décembre 1983), de même que les ports autonomes fluviaux, à savoir ceux de Paris et de Strasbourg (autre décret du 23 décembre 1983).

4 • ACTION SANITAIRE ET SOCIALE

En ce domaine, on peut dire que l'***Etat*** n'a que des compétences d'attribution (loi du 22 juillet 1983, art. 35) concernant l'aide sociale pour des raisons de solidarité nationale ou visant certains groupes sociaux (cotisations d'assurances maladie des adultes handicapés ou cotisations volontaires instituées par la loi du 22 janvier 1978 relative à la généralisation de la Sécurité sociale) ou la protection sanitaire (lutte contre l'alcoolisme, la toxicomanie, contrôle des règles d'hygiène, etc.), que la ***région*** est totalement absente, la compétence de droit commun relevant donc du ***département*** (loi du 22 juillet 1983, article 32 et décret du 8 décembre 1983), mais avec des attributions complémentaires non négligeables pour les ***communes***.

A – Une compétence départementale de principe

Les dépenses correspondant au versement des prestations et au fonctionnement des établissements absorbent d'ailleurs les deux tiers des budgets départementaux, sans que leur marge de manœuvre soit pour autant importante (ils se placent, naturellement, dans le respect des lois et règlements nationaux, en particulier dans le domaine de la santé et, s'agissant des prestations, ***le règlement départemental d'aide sociale*** élaboré par le conseil général, qui définit les conditions d'attribution de celles-ci et fixe les conditions de ressources, d'âge ou d'invalidité exigées, aussi que le montant des aides, peut être plus favorable que ce qui est prévu dans le décret évoqué par l'art. 32 de la loi du 22 juillet 1983 mais ne peut l'être moins).

• En matière de ***prestations d'aide sociale***, c'est le conseil général qui établit le ***schéma départemental des établissements et services sociaux et médico-sociaux*** relevant de la compétence départementale, après avis du « conseil départemental du développement social » créé par la loi du 9 janvier 1986, dans lequel il apprécie la nature des besoins sociaux, relève ceux nécessitant la création d'établissements adaptés ou de services sociaux et médico-sociaux (tels que prévus par la loi du 30 juin 1975 relative aux institutions sociales et médico-sociales), établit leurs perspectives de développement, pose les critères d'évaluation des actions menées et prévoit les modalités de collaboration avec d'autres collectivités territoriales.

Dans ce cadre, c'est le président du conseil général qui attribue les prestations (aide médicale à domicile ou hospitalière, aide sociale à l'enfance, aux familles, aux personnes âgées, aux handicapés, etc., mentionnées dans le Code de la famille et de l'aide sociale), sous réserve des pouvoirs dévolus aux juges (placement d'enfants), au préfet (agissant comme tuteur des pupilles de l'Etat), aux commissions d'admission à l'aide sociale ou aux commissions techniques d'orientation et de reclassement professionnel des handicapés. Il autorise la création des établissements délivrant les prestations prises en charge par le département, seul ou, s'il s'agit de prestations prises pour partie en charge par l'Etat ou la Sécurité sociale, conjointement avec le préfet, et arrête chaque année la tarification des prestations fournies par ces établissements et services sociaux, seul ou conjointement avec le préfet selon les cas.

• En matière de ***prévention sanitaire***, le département a la responsabilité de la lutte contre certains fléaux sociaux (prophylaxie de la tuberculose et des maladies vénériennes) du dépistage précoce du cancer et du suivi des anciens malades (par le service départemental d'hygiène ou par convention avec des établissements de soins publics ou privés), de la lutte contre la lèpre (départements d'outre-mer), des vaccinations et de la protection sanitaire de la famille et de l'enfance (formation et agrément des assistantes maternelles, organisation et financement des centres de protection maternelle et infantile, etc.). A noter que la loi du 3 janvier 1984 a réalisé la départementalisation des hôpitaux.

• En matière de ***lutte contre la pauvreté et l'exclusion,*** la loi du 1er décembre 1988 relative au ***RMI***, modifiée par celle du 29 juillet 1992, confère au président du conseil général et au préfet l'exercice conjoint de compétences importantes, avec l'appui du « conseil départemental d'insertion », qu'ils président, composé d'élus locaux et de représentants des organismes, publics et privés, concernés, qui élabore avant le 31 mars de chaque année (c'est-à-dire avant l'adoption du budget du département) le « programme départemental d'insertion », lui-même assis sur les programmes locaux élaborés par les commissions locales d'insertion. Ce programme départemental est destiné à évaluer les besoins, recenser les actions déjà exercées par l'Etat, d'autres collectivités ou organismes ainsi que les moyens supplémentaires à mettre en œuvre. Le département doit contribuer pour au moins 20 % des sommes versées antérieurement par l'Etat au titre de l'allocation de RMI au financement des actions inscrites dans ce programme. Une convention conclue avec l'Etat définit les conditions, financières et autres, de ce programme départemental d'insertion. Enfin, la loi du 29 juillet 1992 a institué un « fonds départemental d'aide aux jeunes en difficulté » âgés de 18 à 25 ans, complété par des fonds locaux, créés par convention entre l'Etat, le département et une ou plusieurs communes. La participation financière du département à ce fonds doit être au moins égale à celle de l'Etat, mais d'autres partenaires (région, communes, organismes de protection sociale) peuvent également contribuer.

B – Les attributions commerciales complémentaires

La commune est souvent le niveau de solidarité de proximité le plus adéquat. Elle exerçait d'ailleurs avant les lois de 1983 de nombreuses compétences sociales, dont elle a parfois souhaité conserver en tout ou partie la responsabilité. Au demeurant, le décret du 23 décembre 1983 et la circulaire du 19 octobre 1984 ont bien précisé que « la nouvelle répartition des compétences n'a pas pour effet de modifier les conditions d'intervention et les attributions des communes, notamment en ce qui concerne ***l'instruction des dossiers*** et les admissions d'urgence à l'aide médicale et sociale », ce qui ne fait que leur restituer une compétence propre, perdue au profit du département par le décret du 15 mai 1961.

Sur le plan financier, l'article 93 de la loi du 7 janvier 1983 a maintenu le principe selon lequel les communes participent aux dépenses résultant de l'exercice des compétences en matière d'aide sociale et de santé, l'entrée en vigueur des transferts de compétences ayant été subordonnée à la révision de la répartition des charges Etat-collectivités locales en la matière par décret en CE pris en application de l'article 191 du Code de la famille et de l'aide sociale (révision du barème, devenu obsolète, établi par un décret du 21 mai 1955 sur la base de l'évaluation de la capacité financière et des besoins de chaque département, en fonction de leur potentiel fiscal et du montant de leurs dépenses d'aide sociale par habitant : cf. le décret du 23 décembre 1983, cité, relatif à la participation des communes aux dépenses d'aide sociale et de santé des départements). A noter également que les établissements communaux d'hygiène et de santé exerçant effectivement des attributions en matière de ***vaccination*** et de ***désinfection***, ou encore de contrôle des règles d'hygiène, permettent à leur commune de recevoir la dotation générale de décentralisation correspondante. Enfin, nous avons relevé le rôle des communes en matière de ***lutte contre la pauvreté et l'exclusion*** (programmes locaux d'insertion, contribution au fonds départemental d'aide aux jeunes en difficulté, etc.)

Sur le fond, les lois de décentralisation n'ayant attribué aux départements que les aides sociales obligatoires, les communes ont conservé des compétences relatives aux aides facultatives complémentaires (allocations diverses aux familles ou aux personnes âgées ne bénéficiant pas d'un minimum de ressources, prestations de services diverses : transport, vie quotidienne, maintien à domicile, etc.) mais peuvent également exercer certaines des compétences dévolues au département par voie de convention avec ce dernier (loi du 22 juillet 1983, articles 33 et 41), notamment lorsqu'elles ont souhaité continuer à exercer certaines de leurs attributions antérieures, avec mise à disposition des services départementaux correspondants, dans les conditions prévues par l'article 10 de la loi du 7 janvier 1983.

Les communes exercent ces attributions par l'intermédiaire du ***centre communal d'action sociale*** (CCAS) institué en remplacement du bureau d'aide sociale par la loi du 6 janvier 1986, deux décrets du 6 mai 1995 (un pour Paris, un pour les communes de droit commun) fixant les règles d'organisation et de fonctionnement de cet établissement public doté d'un budget annexe, chargé d'organiser pouponnières, crèches ou garderies, de rémunérer les nourrices à domicile, de gérer les restaurants populaires ou de distribuer des secours aux indigents. Outre les ***cantines scolaires*** pour les enfants des établissements du 1er degré, les communes subventionnent également les ***caisses des écoles***, établissements publics depuis 1867, également dotées d'un budget autonome, chargées de gérer diverses activités de loisirs, hébergement, restauration, colonies de vacances, classes de neige, etc. Toute commune peut, enfin, créer des services d'hygiène et de santé, chargés d'une mission de protection générale.

5 • CULTURE

Même si communes, départements et régions ont pu, dès 1976, conclure avec l'Etat des « *chartes culturelles* », cette compétence n'a été ni une des principales (la section V de la loi du 22 juillet 1983 la traite en même temps que l'environnement), ni une des premières transférées (il a fallu attendre, pour l'essentiel, 1986). Les transferts de compétence se sont accompagnés de transferts de ressources, l'art. 93 de la loi de décentralisation ayant créé une « ***dotation culturelle*** » spéciale destinée à « atténuer les charges résultant de l'action des collectivités locales et à contribuer au développement » de cette dernière pour 70 % de son montant (qui a diminué au fil des ans) et un « ***fonds spécial de développement culturel*** » pour les 30 % restants, qu'elles utilisaient librement, sans oublier les crédits pour le financement des « ***conventions de développement culturel*** » conclues entre l'Etat et ces collectivités. Enfin, la loi d'orientation pour l'aménagement et le développement du territoire du 4 février 1995 a institué, par son article 16, un « ***schéma des équipements culturels*** » afin de déterminer les moyens de rééquilibrage de l'action de l'Etat entre l'Ile-de-France et les autres régions, pour qu'au terme d'un délai de dix ans ces dernières bénéficient des deux tiers de l'ensemble des crédits de l'Etat (cet objectif devant trouver sa traduction à travers les contrats de plan).

Outre certains aspects culturels de la politique de l'urbanisme ou de l'environnement, évoqués *supra* (cf. les zones de protection du patrimoine architectural, etc.), l'article 59 de la loi du 22 juillet 1983 a d'abord étendu aux collectivités locales l'obligation de « consacrer 1 % du montant de l'investissement à l'insertion d'œuvres d'art dans toutes les constructions qui faisaient l'objet de la même obligation à la charge de l'Etat » depuis 1951. Pour le reste, on recensera diverses politiques culturelles relatives aux archives, bibliothèques, enseignements artistiques et musées, avant de développer un peu plus longuement la question de la préservation des langues et de l'identité régionale.

A – Archives, bibliothèques, enseignements artistiques et musées

1) Archives

Selon les articles 66-1 et 67 de la loi du 22 juillet 1983 (art. L 1421-1 et 3 CGCT), régions, départements et communes sont propriétaires de leurs archives, en assurent la conservation et la mise en valeur. Les régions peuvent confier ce soin au service d'archives du département siège de leur chef-lieu. Le département est d'ailleurs le principal bénéficiaire de ce transfert car, jusqu'en 1983, les archives relevaient de l'Etat (cf. la loi du 3 janvier 1979 et le décret du 3 décembre 1979) alors que les conseils généraux prenaient à leurs charges certaines dépenses relatives aux bâtiments et aux personnels.

Désormais, en plus des leurs propres, les départements sont tenus de recevoir et de gérer les archives des services extérieurs (ou déconcentrés) de l'Etat dont la compétence s'exerce exclusivement dans leur ressort ainsi que celles déposées – à titre obligatoire ou facultatif – par les communes (les documents d'état civil de plus de 150 ans, les plans et registres cadastraux ayant cessé d'être en service depuis au moins trente ans et les autres documents d'archives ayant plus de 100 ans d'ancienneté, conservés dans les archives des communes de moins de 2 000 habitants, le sont obligatoirement, sauf dérogation accordée par le préfet sur demande du maire. Ces mêmes documents, conservés dans les archives des communes de plus de 2 000 habitants, peuvent être déposés par le maire, après délibération du conseil municipal. Ce dépôt est prescrit d'office par le préfet, après une mise en demeure restée sans effet, lorsqu'il est établi que la conservation des archives d'une commune n'est pas convenablement assurée. C'est en particulier le cas des « documents présentant un intérêt historique certain et dont il est établi que les conditions de leur conservation les mettent en péril »), voire de certaines archives privées.

Les collectivités locales concernées ont continué à bénéficier des concours financiers de l'Etat dans les conditions en vigueur au 1er janvier 1986. La prise en charge des personnels scientifiques et de documentation relève toujours de l'Etat, selon un partage organisé par le décret du 13 mars 1995. La conservation et la mise en valeur des archives sont assurées conformément à la législation applicable en la matière et sous le « contrôle scientifique et technique de l'Etat » dans les conditions (rôle des conservateurs d'archives appartenant au personnel scientifique de l'Etat mis à disposition des présidents de conseils généraux ou régionaux) précisées par le décret du 28 juillet 1988. Régions, départements et communes peuvent exercer, après délibération de leur conseil sur l'opportunité de cette démarche, le droit de préemption prévu par la loi du 3 janvier 1979, article 20, sur tout document d'archives privées mis en vente publique.

2) Bibliothèques

Les bibliothèques municipales sont organisées et financées par les communes (loi du 22 juillet 1983, article 61, décret du 12 mars 1986 modifié) alors que cette attribution était auparavant partagée avec l'Etat en fonction de leur catégorie (« classées », « contrôlées », « surveillées »). Un concours particulier, destiné à compenser ce transfert de charges, a été créé (cf. le décret du 12 mars 1986, modifié par celui du 6 mai 1988 concernant ses règles de répartition) avec un complément, régi par la loi du 13 juillet 1992 et le décret du 5 février 1993, au titre de l'aide à l'investissement pour la lecture publique, pour la construction de bibliothèques de quartier, ainsi que des aides spécifiques pour la création de « relais de livres » en milieu rural.

Leur activité est soumise au contrôle technique de l'Etat (Inspection générale des bibliothèques).

Existent également des « bibliothèques municipales à vocation régionale », situées sur le territoire d'une commune ou d'un groupement de communes d'au moins 100 000 habitants ou chef-lieu d'une région, répondant à certaines conditions de surface, d'importance du fonds et de diversité de supports documentaires, d'aptitude à la mise en réseau et d'utilisation de moyens modernes de communication fixées par décret en CE.

Les règles d'organisation et de fonctionnement régissant les bibliothèques municipales sont applicables aux bibliothèques des départements et des régions, à l'exception des ***bibliothèques centrales de prêt***, transférées aux départements par la loi du 7 janvier 1983 complétée par l'article 60 de celle du 22 juillet et par les articles 13 et s. de celle du 28 novembre 1990. Le décret du 26 juillet 1986 modifié a déterminé leur programme d'équipement, achevé par l'Etat dans les quatre ans ayant suivi le transfert, un crédit égal au montant des crédits d'investissements consacrés par lui aux BCP pendant l'année précédente étant ensuite intégré dans la DGE des départements. De plus, les crédits affectés en 1985 au développement des fonds à l'informatisation des bibliothèques et à la coopération entre celles-ci ont été intégrés à la dotation générale de décentralisation à compter du 1er janvier 1987. Ces bibliothèques jouent un rôle important en zone rurale (bibliobus), les petites communes ne possédant pas toujours de bibliothèque municipale. Lorsqu'il en existe, elles les aident par le dépôt temporaire de livres.

3) Enseignements artistiques

Selon l'article 63 de la loi du 22 juillet 1983, « les établissements d'enseignement public de la ***musique***, de la ***danse*** et de ***l'art dramatique***, sauf en ce qui concerne l'enseignement supérieur, relèvent de l'initiative et de la responsabilité des communes, des départements et des régions ; l'Etat procède, en accord avec chaque collectivité concernée, au classement des établissements... Il définit les qualifications exigées du personnel enseignant... et assure le contrôle de leurs activités ainsi que du fonctionnement pédagogique ». L'article 64 reproduisait la même formule pour les établissements d'enseignement public des ***arts plastiques***. Là encore, il s'agissait de mettre fin au flou juridique antérieur (selon que les établissements étaient « classés » ou « agréés ») en faisant prendre intégralement en charge ces établissements par les collectivités locales, sauf pour les dépenses de personnel et la pédagogie, après « classement » effectué par l'Etat en accord avec elles. La loi du 9 janvier 1986 avait ensuite prévu, à son article 18, qu'un décret fixerait la liste des enseignements supérieurs pris en charge par l'Etat, mais cela s'est révélé impossible. Aussi l'article 14 de la loi du 19 août 1986 a-t-il à nouveau modifié la rédaction des alinéas 1 et 2 de l'article 63 et celle de l'article 64 de la loi du 22 juillet 1983. Désormais, donc, ces établissements relèvent de l'initiative et de la responsabilité des collectivités territoriales intéressées, un décret – celui du 23 juillet 1991 – ayant fixé la liste de ceux dont la responsabilité et la charge incombent entièrement à l'Etat.

4) Musées

« Les musées des régions, des départements et des communes sont organisés et financés par ceux-ci » (article 62-1 de la loi du 22 juillet 1983 ; article L 1423-1 CGCT), sauf les dépenses relatives aux personnels scientifiques d'Etat des musées classés (400 environ, alors que dans les quelque 900 musées « contrôlés », les conservateurs sont des agents municipaux. Ce classement d'un musée ne peut être modifié sans consultation de la collectivité locale intéressée). Les uns et les autres demeurent soumis au contrôle technique de l'Etat. Les collectivités territoriales ont continué à bénéficier des concours financiers de celui-ci dans les conditions en vigueur au 1er janvier 1986.

B – Préservation des langues et de l'identité régionales

Si, depuis la révision constitutionnelle du 25 juin 1992, « la langue de la République est le français », dans les conditions précisées par la « loi Toubon » du 4 août 1994 relative à l'emploi de la langue française, depuis la « loi Deixonne du 11 janvier 1951, relative à « l'enseignement des langues et dialectes locaux », une heure hebdomadaire de cours, facultative, a été autorisée dans les « zones d'influence » du basque, du breton, du catalan, de l'occitan et du provençal, à quoi le décret du 16 janvier 1974 a ajouté le corse. En 1972, une épreuve facultative de langue régionale a été inscrite au baccalauréat, puis la loi du 11 juillet 1975 a renforcé la possibilité d'enseigner les langues et les cultures régionales, tandis que certaines « chartes culturelles » permettaient d'aider les régions – auxquelles la loi du 2 mars 1982, article 5 § 3, donne mission de « ***promouvoir le développement*** économique, social, sanitaire, culturel et scientifique », à quoi l'article 1-2 de celle du 7 janvier 1983 a ajouté celle d'« ***assurer la préservation de son identité*** » – à subventionner certaines initiatives en la matière (cf. par ex, l'institution d'un Conseil culturel breton).

Depuis vingt ans, 52 propositions de loi relatives à l'adoption d'un statut des langues régionales ont été déposées, en vain, au Parlement. Dans le cadre de la décentralisation, les circulaires des 21 juin 1982 et 30 décembre 1983 ont défini les objectifs et la méthodologie de l'enseignement de ces langues, facultatif et lié au financement des collectivités locales et régionales (contrats de plan pour l'enseignement public, subventionnés pour les écoles privées). Sur demande des régions ont été créés des CAPES de breton, de corse, d'occitan et de catalan. Un décret du 23 septembre 1985 a institué un « Haut conseil national des langues et cultures régionales » chargé d'étudier les questions relatives au soutien et à la promotion de celles-ci sur saisine du gouvernement et consulté sur la définition de la politique menée par les différents ministères en ce domaine. La loi d'orientation sur l'éducation du 10 juillet 1989 a confirmé que l'enseignement des langues régionales pouvait être dispensé dans les écoles, collèges, lycées et universités, à condition de ne pas porter atteine aux autres activités éducatives, au titre des activités complémentaires, ainsi qu'il était déjà loisible à l'Assemblée de Corse de l'organiser, sur le fondement de la loi du 30 juillet 1982 (celle du 13 mai 1991 portant statut de la collectivité de Corse a même autorisé cette dernière à adopter un plan de développement de l'enseignement de la langue et de la culture corses et à fixer les modalités d'insertion de cet enseignement dans l'emploi du temps ; cf. *supra*, p. 145).

Le CC, après avoir invalidé l'article de la loi de finances pour 1986 qui prévoyait l'intégration des membres d'associations de langues régionales dans le corps des instituteurs (décision du 28/12/1985), a admis le principe de l'enseignement du corse « dès lors qu'il ne revêt pas un caractère obligatoire » (9 mai 1991). Puis, le 29 juillet 1994, il s'est efforcé de concilier le principe de la liberté de communication et d'expression proclamé par l'article 11 de la Déclaration de 1789 avec celui énoncé à l'article 2 de la Constitution depuis 1992 et a noté, en conservant certaines dispositions de la loi Toubon, que « la langue française évolue, comme toute langue vivante, en intégrant dans le vocabulaire usuel des termes de diverses sources, qu'il s'agisse d'expressions issues de langues régionales, de vocables dits populaires ou de mots étrangers ».

En 1998, les relations en la matière se sont décrispées (les drapeaux occitan, breton ou basque flottent sur les édifices officiels à côté du drapeau français) et quelque 2 % de la population scolarisée (320 000 élèves environ) suivent des cours de langues régionales (44 % l'alsacien, 3 % le basque, 25 % le breton, 5 % le catalan) dans des établissements publics, privés ou associatifs (ex : Diwan en Bretagne). La seule question pendante reste celle de la signature puis de la ratification de la « ***Charte européenne des langues régionales ou minoritaires*** » adoptée le 5 novembre 1992 par le Conseil de l'Europe, souhaitée par J. Chirac comme par L. Jospin (cf. le rapport confié à Nicole Péry puis, après sa nomination au gouvernement, par Bernard Poignant, remis au premier ministre en juillet 1998), mais qui se heurte, selon l'avis formé par le CE en septembre 1996, « au principe constitutionnel selon lequel le français est la langue de la République qui s'oppose à l'usage de langues minoritaires dans les domaines de la justice et de l'administration », ce qui devrait nous obliger à réviser l'article 2 de la Constitution sur ce point.

Bibliographie

MOREAU (J) et alii, *Code général des collectivités territoriales*, Litec, 1997, 879 p. + suppl. 1998.

GRÜBER (A), *La décentralisation et les institutions administratives*, A. Colin, coll. « U », 1996, 2e éd. refondue, 620 p.

MONTAIN–DOMENACH (J) et DUFRESNE (C), *Droit des collectivités locales*, PUG, coll. « Le droit en plus », 1997.

VITAL–DURAND (E), *Les collectivités territoriales en France*, Hachette sup., coll. « Les Fondamentaux », 1994, 158 p.

BLANC (J) et RÉMOND (B), *Les collectivités locales*, Presses de la FNSP, Dalloz, 1993, 524 p.

BOURDON (J), PONTIER (JM), et RICCI (JC), *Droit des collectivités territoriales*, PUF, coll. « Thèmis », 2e éd., 1993.

Pouvoirs n° 60, 1992 : « La décentralisation ».

TURPIN (D), *La région*, Economica, coll. « Collectivités territoriales », 1987, 448 p.

AUBY (JM) et PONTIER (JM), *Le département*, Economica, coll. « Collectivités territoriales », 1988, 266 p.

LACHAUME (JF), *L'administration communale*, LGDJ, coll. « Systèmes », 2e éd. 1997.

ALBERTINI (JB), BERENGUER (C) et MARX (JL), *Dictionnaire juridique. Pouvoirs locaux*, Dalloz, 1993.

MABIOT (Y), *Aménagement du territoire*, A. Colin, coll. « U », 3e éd., 1996, 215 p.

BODINEAU (P) et VERPEAUX (M), *Histoire de la décentralisation*, PUF, « Que sais-je ? », 1993.

DOUENCE (JC), *La commune*, Dalloz, coll. « Connaissance du droit », 1994.

GILBERT (G) et DELCAMP (A), *La Décentralisation dix ans après*, LGDJ, 1993.

Index

COLLECTION

Fac Universités

- Droit et pratique de l'Union européenne – J. M. Favret (*Manuel*)
- Droit administratif – J. P. Pastorel (*Mémento*) – 3ème édition
- Droit administratif des biens – O. de David Beauregard-Berthier (*Mémento*)
- Droit commercial : instruments de crédit et instruments de paiement – D. Valette (*Mémento*)
- Droit constitutionnel et institutions politiques – J. C. Acquaviva – (*Mémento*) – 3ème édition
- Droit de la décentralisation – Principes, Institutions, Compétences – D. Turpin – (*Mémento*)
- Droit de la famille – C. Brahinsky (*Mémento*) – 2ème édition
- Le droit international public à l'épreuve de la mondialisation – R. Séroussi et J. Plantin (*Mémento*)
- Finances publiques – F. Chouvel (*Mémento*)
- Institutions et structures administratives de la France – J. P. Pastorel (*Mémento*)
- La note de synthèse – M. Deyra (*Mémento*) – 3ème édition
- Les libertés publiques – D. Turpin (*Mémento*) – 4ème édition
- Les relations internationales – J. P. Ferrier (*Mémento*)
- Mathématiques pour l'économie et la gestion – J. L. Dorier et M. Duc-Jacquet (*Mémento*)
- Procédure pénale – C. Renault-Brahinsky (*Mémento*)
- Droit civil : Introduction, les personnes, les biens – C. Renault-Brahinsky (*Mémento*)
- Travaux dirigés de Droit administratif – Ch. Bertrand et J. P. Massias (*Travaux dirigés*)
- Travaux dirigés de Droit civil – D. Valette (*Travaux dirigés*) – 2ème édition
- Travaux dirigés de Droit constitutionnel – D. Turpin (*Travaux dirigés*) – 2ème édition
- Exercices corrigés de fiscalité – Th. Lamulle (*Exercices corrigés*)
- Exercices corrigés de Note de synthèse – Ch. Bertrand et M. Deyra (*Exercices corrigés*)
- Exercices corrigés de statistique descriptive – M. Rodriguez et M. Terraza (*Exercices corrigés*)
- QCM et QRC aux concours d'entrée des Instituts Régionaux d'Administration – C. Chabanon et M. Deyra (*Annales corrigées*)

Achevé d'imprimer
sur les presses de
l'Imprimerie France Quercy
113, rue André Breton
46001 CAHORS
d'après montages et gravure
numériques
(Computer To Plate)
Dépôt légal : novembre1998
Numéro d'impression : 82204